연대하는 인간,
호모 솔리다리우스

연대하는 인간, 호모 솔리다리우스

초판 1쇄 펴낸날 | 2019년 8월 5일

지은이 | 강수택
펴낸이 | 류수노
펴낸곳 | (사)한국방송통신대학교출판문화원
　　　　03088 서울시 종로구 이화장길 54
　　　　대표전화 1644-1232
　　　　팩스 02-742-0956
　　　　홈페이지 http://press.knou.ac.kr
　　　　출판등록 1982년 6월 7일 제1-491호

출판위원장 | 백삼균
편집 | 신경진 · 이기남
본문 디자인 | (주)성지이디피
표지 디자인 | bookdesign SM

ⓒ 강수택, 2019
ISBN 978-89-20-99244-5　93300

값 20,000원

이 도서의 국립중앙도서관 출판예정도서목록(CIP)은 서지정보유통지원시스템 홈페이지(http://seoji.nl.go.kr)와
국가자료공동목록시스템(http://www.nl.go.kr/kolisnet)에서 이용하실 수 있습니다.(CIP제어번호: CIP2019027726)

연대하는 인간,
호모 솔리다리우스

강수택 지음

Homo
Solidarius

지식의날개

차례

1장 들어가는 글

HOMO SOLIDARIUS

1.

이 책의 중심 주제는 '연대하는 인간'이다. 우리는 이 책에서 '연대하는 인간', 즉 '호모 솔리다리우스(Homo solidarius)'를 여러 측면에서 살펴보게 될 것이다. 연대하는 인간을 이 책의 주제로 삼은 데는 세 가지 이유가 있다.

첫째, 근대 이후 오랫동안 학계를 지배해 온 반연대적인 인간상을 교정하기 위해 다양한 이론 전통에서 새로운 인간상을 제시해 왔는데, '연대하는 인간' 혹은 '호모 솔리다리우스'라는 이름으로 이들 새로운 인간상을 좀 더 뚜렷이 드러냄으로써 반연대적인 인간상의 편향성을 바로잡을 필요가 있기 때문이다.

둘째, 신자유주의 이념과 정책의 확산으로 지금의 시대가 이기적인 인간을 요구하는 것처럼 보이지만, 좀 더 큰 눈으로 보면 과거어느 때보다도 연대적인 인간이 더욱 필요해졌다. 또한 현대 서구사회와 한국사회에서 그동안 다양한 형태의 도전이 있었지만, 길게 볼때 연대적인 인간은 더욱 확산되고 성장해 왔는데 이런 사실을 깨달을 필요가 있기 때문이다.

마지막으로 저자 개인의 학문적인 작업 때문이다. 저자는 그동안 현대사회, 특히 오늘날 한국사회에서 매우 필요한 화두로서 연대성에 주목한 이후, 연대 관념과 이념의 역사에 대한 사상적인 논의, 시민사회와 연대성의 관계에 대한 사회이론적인 논의, 한국사회 연대 영역의 구조 변화에 대한 역사사회학적인 논의 등을 전개해 왔다. 그러면서 마침내 역사와 사회의 주체인 인간이 연대의 가치와 정신을 어느 정도 내면화할 수 있고 또한 실제로 내면화하고 있는지를 파악하는 것이야말로 학문적인 논의를 위해서뿐만 아니라 연대 지향적인 사회로 발전하기를 바라는 실천적인 관점에서도 매우 필요하다고 깨달았기 때문이다. 연대성은 한편으로 사회질서 혹은 사회조직의 원리이자 이를 뒷받침하는 이념이지만, 더 근본적으로는 사회와 그 구성원들이 지향하는 기본가치이자 정신이다. 저자는 함석헌의 씨올 사상을 연대 사상의 관점에서 체계적으로 재해석한 연구 작업을 수행한 바 있는데, 역사와 사회의 주체로 규정한 씨올에 대한 그의 사상은 연대적 인간에 대한 사상이라고 볼 수도 있다. 이 책에서 연대적 인간에 대한 논의의 필요성을 인식하고 논의를 전개하는 데 그의 씨올 사상이 의미 있는 통찰을 제공했다(강수택, 2019).

2.

인간은 본래 어떤 존재인가? 선한 존재인가 아니면 악한 존재인가? 이타적인 존재인가 아니면 이기적인 존재인가? 인간 본성에 대한 이런 질문은 고대 사상가나 철학자로부터 지금까지 수없이 제기되어 왔으며, 이에 대한 대답도 다양한 방식으로 제시되어 왔다. 이처럼 인간 본성에 대한 질문과 대답이 수천 년 동안 계속된 것은 사람들이 이 질문을 그만큼 중요하게 생각하였고, 그만큼 이 질문에 적절한 대답을 찾기 어려웠음을 말해 주는 증거이다.

하지만 현대사회에는 어떤 유형의 인간이 더 많이 존재하는가? 선한 인간 혹은 악한 인간? 이타적 인간 혹은 이기적 인간? 그리고 한국사회는 어떠한가? 이와 같은 인간 유형의 시대적·사회적 분포를 묻는 사회학적인 질문은 인간 본성을 묻는 질문보다는 대답하기가 쉽다. 그러나 이런 역사적·사회학적 질문에 설득력 있게 대답하기 위해서는 인간 유형의 분포를 잘 보여 주는 경험 자료를 수집·분석하는 방법을 둘러싼 논의가 필요하므로 이 또한 그렇게 쉬운 문제만은 아니다.

연대하는 인간에 관한 논의는 복합적인 성격을 띤다. 관심의 초점은 현대 한국사회의 구성원이 어떤 유형의 인간에 해당하고, 연대하는 인간 유형과 어떤 관계가 있는지 알아보는 인간 유형론에 있다. 하지만 이 책에서 살펴보려는 인간 유형론은 인간 본성을 다루는 순수 철학적인 논의라기보다는 기본적으로 인간 유형의 사회 분포를 다루는 사회학적인 논의의 성격을 띤다. 그렇기 때문에 '현대사회 혹은 한국사회에서 특정한 유형의 인간이 득세하는 사회적인 배경은 무엇인가?', '연대하는 인간 유형의 분포가 사회에 따라 큰 차이를 나타내는 사회적인 이유는 무엇인가?' 등의 질문이 제기된다. 물론 '특정한 인간 유형, 특히 연대하는 인간 유형의 분포가 사회에서 근대 이후에 어떻게 변했으며, 그 이유는 무엇인가?'라는 역사적 혹은 사회변동론적 질문도 제기된다.

그러나 이 책에서 살펴보는 연대하는 인간에 관한 논의에서 인간 본성을 완전히 배제할 수는 없다. 왜냐하면 사회학적으로 볼 때 어떤 사회적인 배경으로 이기적 인간 유형이 한 사회에서 다수로 분포하면서 득세하더라도 이를 정당화하려는 사람들은 이것을 인간 본성의 자연스러운 결과라고 설명하는 경향이 있기 때문이다. 즉, 인간 유형의 분포를 정당화하는 이데올로기로 인간 본성론을 사용하는 경향이 있기 때문에 인간 유형의 분포를 다루는 논의에서 이를 자연스럽게 언급할 수밖에 없다.

근대 사회과학에서 정치학은 홉스의 주장처럼 이기적이고 권력을 추구하는 정치적 인간상을 바탕으로 등장했고, 경제학은 이기적이고 이윤을 추구하는 경제적 인간상을 바탕으로 발전했다. 물론 이들 인간상은 근대 정치학과 경제학의 바탕이 되었을 뿐만 아니라 이두 학문으로 뒷받침된 근대 국민국가의 정치질서와 자본주의적인 경제질서의 바탕이 되었다. 하지만 근대 국민국가와 자본주의 질서의 한계가 점점 더 뚜렷이 드러나면서 이들 질서를 변화시키려는 노력과 함께 그 바탕을 이루는 정치적 인간상과 경제적 인간상의 한계를 극복한 새로운 인간상을 모색하는 노력도 활발히 이루어졌다.

한편 사회학은 정치학이나 경제학에 비해 늦게 출현한 까닭에, 초기에 오랫동안 이들 두 학문의 인간상에 큰 영향을 받아 비교적 늦게 독자적인 인간상을 정립했다. 마침내 사회학적인 인간상은 정치학이나 경제학의 인간상과 달리 자아 중심적인 존재가 아니라 사회적 역할 수행자라는 사회 중심적인 존재로 제시되었는데, 사실 이는 과잉 사회화된 인간상이었다. 이 같은 사회학적 인간상을 기초로 사회질서를 설명할 때는 사회 구성원들이 정치적 인간이나 경제적 인간처럼 이기적인 존재로 묘사되지는 않지만 지나치게 수동적인 존재로 묘사된다. 그래서 그 후 현대 사회학에서는 좀 더 자율적·능동적인 새로운 사회학적 인간상을 모색해 왔다.

이처럼 근대 정치학과 경제학에서는 이기적인 인간상을 둘러싼 논의가, 사회학에서는 지나치게 사회적인 인간상을 둘러싼 논의가 각각 활발히 진행되었다. 이 과정에서 사회과학의 토대가 되는 인간상이 과연 단순히 가공된 인간상이 아닌 인간의 실제 모습을 제대로 반영했는지의 문제가 제기되었다. 그러면서 또한 기존의 인간상에 기초한 사회과학이 좀 더 인간다운 사회질서를 구축하고 사회현실을 구성하는 데 심각한 걸림돌이 되고 있다는 문제도 제기되었다.

그래서 저자는 사회과학적인 인간 논의에서 발견되는 다양한 연대적 인간상에 특별히 주목하여, 새로운 인간상의 정체를 해명하고 그 의미를 강조하려고 한다. 왜냐하면 연대하는 인간상이야말로 지나치게 이기적·개인주의적인 인간상의 한계와 지나치게 사회화되어 자율성을 상실한 인간상의 한계를 함께 극복할 수 있기 때문이다. 또한 기존의 사회과학적 인간상에 비해 현대 인간의 실상을 더욱 적절히 반영할 수 있기 때문이다.

3.

이처럼 연대하는 인간은 인간을 다루는 사회과학적인 담론과 학문 바깥의 일상적인 담론에서 대안으로 필요할 뿐 아니라, 현대사회, 특히 오늘날 한국사회가 당면한 여러 심각한 문제를 극복하기 위한 실제 사유와 행위의 주체로도 절실히 필요하다.

무엇보다 지구 생태계의 위기는 전 인류를 향해 인간 상호 간뿐 아니라 인간과 자연환경 간에도 존재하는 밀접한 상호 의존성을 일깨우면서 전 지구적인 범위의 연대 가치를 내면화하고 이를 실천하는 존재로 거듭날 것을 강력히 요청하고 있다.

또한 20세기 말에 전 세계로 빠르게 확산된 신자유주의 경제는, 경제 주체 간에 다양한 경쟁과 불평등을 심화시켜 심각한 사회분열을 가져왔다. 그 결과 어느 사회에서든 사회 분열을 극복하고 통합을 이룩할 필요성이 크게 제기되었다. 사회통합을 위해서는 정책과 제도를 통한 구체적인 노력도 중요하지만 그 바탕이 되는 통합의 필요성에 대한 공통된 인식, 통합을 실천하려는 참여 의지가 더욱 중요하다. 따라서 오늘날 많은 사회에서 공통적으로 심화되는 사회분열이 역설적으로 이를 극복하기 위한 인식과 실천을 공유하는 연대적 인간의 확산과 성장을 요구하고 있다.

국민국가 안팎에서 끊임없이 발생하는 정치적·종교적 갈등도 연대적 인간의 확산과 성장을 필요로 한다. 정치적인 이유로 고향을 잃고 방황하는 난민을 둘러싼 갈등이 그 대표적인 경우이다. 난민 문제는 오늘날 전 세계에서 가장 뜨거운 정치 쟁점으로, 한 사회의 연대성 수준을 적나라하게 보여 주는 지표이다. 왜냐하면 오늘날 발생한 대부분의 난민은 이들이 유입되는 사회에서 일자리 같은 경제 문제뿐 아니라 종교와 같은 문화 갈등의 배경이 되기 때문이다. 물론 이런 갈등을 해결하기 위해서는 먼저 난민 발생의 원인을 해소해야 한다. 하지만 인류 역사에서 난민이 끊임없이 발생한 것을 보면, 결국 난민 문제는 연대하는 인간이 비교적 많이 확산된 사회에서 공동으로 노력하여 인도적으로 해결할 수밖에 없음을 알 수 있다.

이 외에 오늘날 급속히 진행되는 정보통신기술 같은 새로운 과학기술의 발달도 상호 협력의 역량을 지닌 인간을 과거보다 훨씬 더 필요로 할 뿐 아니라 역으로 상호 협력의 문화를 가능하게 하는 더 나은 기술적인 여건을 제공하고 있다. 인터넷의 발달이 위계적인 조직 구조를 수평적인 구조로 전환하는 데 크게 기여해 온 것은 누구나 경험적으로 알 수 있을 것이다. 인터넷이 발달하면서 수평적인 조직 구조가 빠르게 확산된 것은 한편으로 다층적인 위계 구조를 통하지 않더라도 의사결정이 이루어질 수 있는 기술적인 조건이 충족되었기 때문이지만, 다른 한편으로는 새로운 과학기술을 이용하는 많은 업무에서 과거와 달리 상호 간의 신속하고 긴밀한 협력이 더욱더 필요해졌기 때문이다. 이와 같이 오늘날 급속히 진행되는 과학기술의 발달이 타인과의 사회적 협력 문화를 강화하는 데 기여하는 측면에서는 연대적 인간의 확산과 관련이 있다고 볼 수 있다. 하지만 그 반대로 과학기술의 발달이 감시와 통제, 경쟁과 착취 등을 심화시키는 도구로 악용됨으로써 반연대적인 인간을 확산시킬 위험성도 함께 존재한다는 점을 기억할 필요가 있다.

물론 현대사회가 당면한 전 지구적인 문제뿐 아니라 한국사회가 특별히 처한 문제 중에도 연대하는 인간의 확산·성장을 요구하는 것들이 많다. 예를 들어 오랜 국가주의 전통, 권위주의, 가부장제, 연고주의, 근대적 집단주의, 반공주의, 경제주의, 양적 성장주의 등의 문화는 한국사회에서 각종 억압, 차별, 갈등의 중요한 원인으로 작용하였으며, 사회의 모든 구성원이 함께 민주적인 관계로 인간다운 삶을 추구하는 데 걸림돌이 되어 왔다. 그리고 한국사회 내부만의 문제는 아니지만 그동안 남북한의 오랜 대립으로 남한과 북한 시민의 관계뿐 아니라 남한 시민 내부의 관계도 심하게 왜곡되어 왔다. 그러므로 한국사회 안팎의 이런 문제들을 극복하기 위해서는 무엇보다 이들 문제를 인식하고 극복하려는 실천 의지를 폭넓게 공유한 연대적 인간의 확산·성장이 필요하다.

4.

이와 같은 문제 의식을 갖고 이 책에서는 연대하는 인간, 즉 호모 솔리다리우스에 대해 크게 다섯 파트로 나누어서 논의하려고 한다. 첫째 파트는 책의 머리말에 해당하는 1장 '들어가는 글'이고, 둘째 파트는 호모 솔리다리우스론의 필요성, 역사, 정체 등을 다룬 2~4장이다. 이 중 2장 '왜 호모 솔리다리우스인가?'에서는 호모 솔리다리우스론이 필요한 이유를 설명하였다. 즉, 새로운 사회학적 인간상이 필요할 뿐만 아니라 정치적 인간상과 경제적 인간상처럼 사회적 연대관계를 단절하는 인간상을 극복해야 하고, 더 나아가 반연대적인 인간 현실에 대해 비판적인 성찰을 하고 이런 현실을 극복하는 데 호모 솔리다리우스론이 필요하다는 것이다.

3장 '호모 솔리다리우스론의 뿌리와 역사'에서는 호모 솔리다리우스론의 역사에 해당하는 사상과 이론을 소개했다. 고대 중국 사상, 근대 서구 철학, 생물학의 인간 본성론 가운데 이기성-이타성 논쟁과 관련된 대표적인 사상을 간략히 정리한 후에, 현대의 여러 새로운 인간론 중에서 특별히 인간 협력의 원리를 해명하는 데 기여해 온 호혜적 인간(Homo reciprocans)론과 공감적 인간(Homo empathicus)론을 비교적 자세히 살펴보았다.

4장 '호모 솔리다리우스란 누구인가?'에서는 호모 솔리다리우스의 특징을 설명했다. 먼저 호모 솔리다리우스라는 용어와 유사한 용어를 사용한 다른 학자들의 앞선 논의를 간략히 소개한 후에, ① 연대적 합리성, ② 연대적 감성인 동감(同感) 능력, ③ 연대적 윤리와 도덕성이라는 세 측면에서 호모 솔리다리우스의 특징을 설명했다. 그리고 호모 솔리다리우스에도 다양한 유형이 존재한다는 관점에서 호모 솔리다리우스의 유형론을 간단히 덧붙였다.

5장과 6장으로 이루어진 셋째 파트에서는 현대 서구사회와 한국사회에서 각각 호모 솔리다리우스라는 인간 유형이 탄생하여 성장해 온 역사적인 과정을 다루었다. 5장 '현대 서구사회의 변화와 호모 솔리다리우스'에서는 근대 서구사회에서 호모 솔리다리우스가 탄생한 이후 계급주의, 민족주의, 파시즘 등에 따른 제1차 성장통, 신자유주의에 따른 제2차 성장통을 겪으면서 성숙해 온 과정을 기술했다. 이에 덧붙여 현대 서구사회의 호모 솔리다리우스가 당면한 과제도 간략히 언급했다.

6장 '현대 한국사회의 변화와 호모 솔리다리우스'에서는 한국사회에서 호모 솔리다리우스가 탄생한 후 일본 제국의 침략으로 겪은 제1차 성장통, 한반도 분단과 국가주의 억압에 따른 제2차 성장통, 신자유주의와 소비사회의 시장원리로 발생한 제3차 성장통을 겪으면서 성숙해 온 역사적인 과정을 기술했다. 여기에 한국사회의 호모 솔리다리우스가 처한 현실 상황과 해결해야 할 당면 과제도 덧붙였다.

넷째 파트는 7장과 8장으로, 연대하는 인간 유형의 분포 실태와 이런 분포가 사회발전을 위해 갖는 의미를 다루었다. 7장 '사회적 인간 지수와 연대적 인간 분포의 국제 비교'에서는 경제적 인간, 정치적 인간, 연대적 인간 유형의 분포와 각국 시민의 경제 지향성, 정치 지향성, 특히 연대 지향성의 정도를 파악하기 위해 사회적 인간 지수, 즉 경제적 인간 지수, 정치적 인간 지수, 연대적 인간 지수의 측정 방법을 개발한 내용과 세계가치조사(World Values Survey) 자료를 활용하여 이들 분포와 지향성 정도를 산정한 결과를 한국사회 중심으로 제시했다.

8장 '연대하는 인간과 사회발전'에서는 연대적 인간 지수를 비롯한 여러 사회적 인간 지수와 사회발전에 관한 여러 지표, 예를 들어 행복감, 행복도, 사회통합 지수, 사회갈등 지수, 민주주의 지수, 1인당 GDP 사이의 상관관계를 분석했다. 그런 후에 이들 사회적 인간 지수로 표현된 한국의 연대적 인간 유형과 경제적 인간 유형의 분포 정도를 통해 한국사회의 현실을 설명하고 앞으로 사회발전에 시사하는 점을 살펴보았다.

마지막 다섯째 파트는 이 책의 결론부에 해당하는 9장 '연대하는 인간을 위한 교육'과 10장 '책을 마무리하며'이다. 호모 솔리다리우스의 확산과 성장을 촉진하는 두 가지 중요한 방법으로 연대 지향적인 사회제도를 통한 노력과 연대 지향적인 교육을 통한 노력이 있는데, 9장에서는 후자의 중요성을 특별히 강조하면서 다음 두 가지 방식으로 연대교육을 살펴보았다. 하나는 연대교육의 중요성을 강조한 프레이리(P. Freire)의 교육사상을 소개한 것이다. 다른 하나는 협동을 매우 중시하는 선구적인 학교교육 체제로 뛰어난 학업성취를 이룩하여 세계 교육계의 큰 인정을 받아 온 핀란드 교육체제를 연대 지향적인 교육의 관점에서 소개한 것이다.

프레이리의 교육철학과 핀란드의 교육체제는 여러 면에서 관계가 매우 먼 것처럼 보이지만 연대교육이라는 관점에서 커다란 공통점을 지닌다. 둘 다 교육에서 경쟁 원리를 강조하는 신자유주의 교육관을 적극 비판하고 더 나아가 이런 경쟁 중심적 교육관의 한계를 극복하기 위해 연대 지향적인 교육에서 대안을 찾았다. 오늘날 한국 사회의 교육을 살펴보면, 학업 성취도 면에서는 세계에서 인정을 받지만 신자유주의 교육관의 영향으로 경쟁이 치열해져 학생뿐 아니라 일반 시민의 연대 지향성이 약화되고 행복감도 떨어졌다. 그래서 연대 지향적인 프레이리의 교육사상과 핀란드의 교육체제가 한국의 교육현실에 주는 시사점을 소개한 것이다.

마지막 10장에서는 이 책의 전체 내용을 통해 확인할 수 있는 중요한 사실들, 그중에서도 특히 연대하는 인간상이야말로 새로운 시대정신에 가장 부응하는 인간상이라는 점을 강조하면서 책을 마무리하는 내용을 간략히 덧붙였다.

이 책의 내용은 '연대하는 인간, 호모 솔리다리우스'라는 주제로 기획한 의도에 따라 모두 새롭게 쓴 것으로, 대부분 처음 소개된다. 다만, 7장과 8장의 일부 내용은 논문 형식에 맞게 수정해서 '사회적 인간 유형의 분포와 사회발전'이라는 제목의 논문으로 학술지 『사회이론』 제54호에 게재한 바 있다.

2장 왜 연대하는 인간, 호모 솔리다리우스인가?

HOMO SOLIDARIUS

연대하는 인간, 호모 솔리다리우스에 대한 논의가 왜 지금 필요한가? 이 책에서는 두 가지 이유로 설명한다. 하나는 현대 세계의 반연대적인 현실 문제를 비판적으로 성찰하고 이를 극복하기 위해서이다. 다른 하나는 인간이 그동안 제시해 온 여러 인간상 중에서 특히 근대 이후 매우 큰 영향을 끼쳐 온 경제적 인간상과 정치적 인간상의 반연대적인 특성을 극복하기 위해서이고, 이를 극복하기 위해 제시되었으나 또 다른 한계를 지닌 기존 사회학적 인간상을 대신할 새로운 인간상이 필요하기 때문이다. 여기서는 후자의 논의부터 시작하겠다.

1. 사회적 연대관계를 단절하는 모나드형 인간론의 극복

1) 인간의 능력과 지배

인간을 지칭하는 데는 다양한 이름이 있다. 생물학에서는 현생 인류를 호모 사피엔스(Homo sapiens)라고 부르며, 호모 에렉투스(Homo erectus), 호모 하빌리스(Homo habilis) 등과 같은 화석 인류에도 인간속을 가리키는 호모(Homo)라는 명칭을 사용한다.[1] 한편 철학, 인류학 등 인간론에 관심을 가진 인문학과 사회과학에서도 인간의 특징을 부각시키기 위해 인간에게 다양한 이름을 붙인다. 도구를 사용하는 인간의 능력을 강조한 호모 파베르(Homo faber), 상징을 사용하는 능력을 강조한 호모 심볼리쿠스(Homo symbolicus), 인간의 종교적 성향을 강조한 호모 렐리기오수스(Homo religiosus) 등이 대표적이다.

이 외에 인간의 문화, 사회, 기술문명 등의 어떤 특징을 강조하기 위해 인간 전체나 특정한 집단을 가리키는 이름을 붙이기도 한다. 인간 문화의 유희적 특성을 강조한 호모 루덴스(Homo ludens), 사회에서 극단적으로 차별 받고 배제된 집단을 가리키는 호모 사케르(Homo sacer), 새로운 기술문명으로 탄생하거나 재탄생할 것으로 예견되는 호모 데우스(Homo deus)와 호모 노마드(Homo nomad) 등이 그 사례이다. 이 외에도 인간의 과거, 현재, 혹은 미래의 모습을 더욱 잘 묘사하기 위해 붙인 수많은 이름이 있다. 물론 인간의 사회과학적인 특징을 좀 더 잘 드러내기 위해 사회과학자들이 붙인 것도 있다. 호모 에코노미쿠스(Homo economicus), 호모 폴리티쿠스(Homo politicus), 호모 소시올로기쿠스(Homo sociologicus) 등이 그것이다.

그런데 생물학과 철학에서 붙인 인간의 이름은 대부분 인간이 다른 동물과 특별히 구별되는 점을 부각하기 위해 인간 고유의 특징을 드러낸 경우가 많다. 인간은 직립 능력, 도구사용 능력, 뛰어난 지능, 상징 능력, 종교적 성향 등으로 볼 때 다른 동물과 뚜렷이 구별된다는 것이다. 인간에게 붙여진 이런 이름들은 인간이 자신의 능력을 이해하는 데 도움이 된다. 하지만 인간이 다른 동물보다 우수한 능력을 지녔다고 해서 다른 동물을 지배하고 생태계를 파괴할 권리를 가진 것은 아니다. 하물며 이런 능력이 인간 사이에서 다른 인종, 민족, 성, 계급, 세대 등을 차별하는 근거가 되어서는 더더욱 안된다.

그런데 근대 초기, 특히 사회진화론의 영향이 컸던 19세기와 20세기 초에는 지성과 같은 인간의 고유한 능력이 상대적으로 떨어진다는 이유로 다른 사람을 지배하거나 차별하는 일이 수없이 벌어졌다. 여성에 대한 차별, 노동자 계급에 대한 차별, 인종차별, 제국주의 침략 등의 논리에는 이들 차별받는 사람들에게 인간으로서의 능력이 부족하다는 잘못된 인식이 작용했던 것이다.

2) 모나드형 인간상인 호모 에코노미쿠스

게다가 인간의 사회생활에 특별히 큰 관심을 갖고 인간관계의 특징에 주목한 사회과학자들이 이 시기에 지녔던 인간상과 이들의 인간론도 이런 지배 현상에 한몫을 했다. 대표적인 사례는 경제적 인간상인 호모 에코노미쿠스이다. 고전경제학의 경제적 인간은 효용의 극대화를 추구하는 시장형 인간이자 경쟁 지향형 인간이었다. 그리고 이런 고전경제학의 인간상에 대한 비판을 극복하기 위해 신고전경제학이 합리적 행위자라는 경제적 인간상을 새롭게 제시했으나, 이 또한 기본적으로 시장경제의 틀 안에서 자유로운 선택을 통해 개인의 효용 극대화를 추구하는 존재였다.[2]

이처럼 자본주의 사회의 주류 경제학자들은 경제적 인간인 호모 에코노미쿠스를 시장경제의 틀 안에서 자신의 이익과 효용을 추구하는 존재로 규정했다. 그러면서 인간의 이런 이기적이고 경쟁 지향적인 존재방식이 세계 질서에 부합할 뿐 아니라 공동체의 선에도 기여한다고 정당화함으로써 다른 사람을 물질적으로 착취하고 지배하는 현상을 이론적으로 뒷받침했던 것이다. 물론 애덤 스미스(A. Smith)의 사상에서 보듯이 경제적 인간이 추구하는 이기심이 공감(共感)의 원리를 원천적으로 배제하지는 않지만, 경쟁의 원리가 특별히 강조될수록 '공감'의 입지가 좁아지는 것이 시장경제의 원리이다.

그래서 아처(M. S. Archer)는 호모 에코노미쿠스를 "원자론적 개인"으로 규정했으며, 푸코 역시 "호모 에코노미쿠스가 이해관계의 치환 불가능하며 환원 불가능한 원자 같은 것을 구성하고 있다"고 표현한 바 있다. 즉, 호모 에코노미쿠스가 이해관계의 최소단위에 해당한다는 것이다. 그러면서 푸코는 이들 호모 에코노미쿠스 사이에도 유대관계가 형성되고 이 관계가 전 세계로 확장될 수 있지만, 이들의 유대는 철저히 이기적인 이해관계에 입각하고 있어 시민사회 구성원들 사이에서 형성되는 공감과 호감의 유대관계와는 질적으로 구별된다고 보았다. 무엇보다도 호모 에코노미쿠스 사이의 경제적 유대관계는 "여러 이해관계의 자연발생적 수렴을 통해 개개인을 서로에게 연결시킨다." 하지만 개개인의 이기적 이해관계 때문에 시민사회의 자연발생적인 유대관계를 끊임없이 해체하려고 함으로써 결국 "분리의 원리"가 된다는 것이다(Archer, 2000: 50; 푸코, 2012: 399, 414 이하).

이처럼 그동안 자본주의 사회의 주류 경제학에서 제시된 경제적 인간상인 호모 에코노미쿠스는 합리적이지만 기본적으로 이기적인 존재이며, 폭넓은 관계를 형성하는 능력을 가졌지만 이기적인 이해관심에 기초한 계약관계라는 한계를 지닌다. 뿐만 아니라 시민사회의 연대를 파괴하는 부정적인 측면도 있다. 결국 호모 에코노미쿠스는 이해관계의 원자와 같은 존재로, 공감의 문을 활짝 열고 타인과 인격적으로 소통하고 왕래하며 결합하기보다는 이해관계의 좁은 창을 통해서만 다른 원자나 이들의 세계와 부분적으로 관계를 형성했다가 이해관계가 불일치하면 금세 창을 닫고 자신의 세계로 돌아가 버리는 현대판 모나드형의 인간상에서 크게 벗어나지 않는 존재이다.

3) 모나드형 인간상인 호모 폴리티쿠스

물론 사람 사이의 지배관계에 크게 기여한 사회과학자들의 인간상으로 주류 경제학자들이 제시한 호모 에코노미쿠스만 있었던 것은 아니다. 근대 초기의 정치적 인간상인 이기적이며 계산적이며 지배권력 추구적인 존재로서의 호모 폴리티쿠스도 인간사회의 지배관계를 정당화하는 데 크게 기여했다.[3]

근대 초기의 이런 정치적 인간상이 형성되는 데 중요한 역할을 한 홉스(T. Hobbes)는 인간을 기본적으로 원자와 같은 존재인 '개인'이라는 관점에서 이해했다. 그에 따르면, 인간의 가장 기본적이며 자연적인 본성은 스스로 자신을 보존하려는 것이다. 그래서 대부분의 개인에게 자기보존이 최고의 선이고, 자기파괴가 최고의 악이다. 그리고 인간의 다른 중요한 자연적인 성향은 "강압적인 힘에 대한 두려움을 통해 제약되지 않는다면, 누구나 서로 믿지 못하고 두려워한다는 것"이다. 그래서 인간은 각자 자기보존을 위해 자기 힘을 사용한다(박완규, 2007: 53; 홉스, 2013a: 45; 2013b: 22).

이처럼 홉스는 인간이 일차적으로 자기보존 욕구의 실현을 추구하지만 다른 사람에 대한 불신과 두려움 때문에 결국 자기 스스로의 노력에 의존할 수밖에 없다고 보았다. 그래서 그는 인간의 모든 자발적인 행위란 자기 이익을 추구하기 위한 것이며, 이처럼 각자가 자기보존과 자기 이익의 추구를 위해 경쟁하게 됨으로써 결국은 반목, 전쟁, 혹은 파괴와 같은 불행한 결과가 불가피하게 초래된다고 보았다(홉스, 2008: 139, 169, 180).

물론 홉스는 인간이 이런 불행을 원하지 않기 때문에 평화를 위해 자신들의 권리를 위임하는 계약을 통해서 모두가 두려워할 공통의 권력인 절대주권 국가를 형성하게 된다고 보았다. 하지만 국가 성립의 기원에 대한 그의 설명과는 별개로 인간과 권력의 기본 속성에 대한 그의 인식에는 변화가 없었으며, 이런 그의 인식은 근대 정치관과 정치적 인간상에 큰 영향을 끼쳤다. 즉, 인간의 이기심, 권력에 대한 욕망, 권력과 지배를 둘러싼 경쟁 등을 자연스러운 것으로 정당화하는 정치관과 이런 인식을 체화한 정치적 인간상이 근대적 정치관과 정치적 인간상으로 자리 잡는 데 기여했다.[4]

여기서 알 수 있듯이, 홉스의 정치사상에 기초한 근대의 정치적 인간상인 호모 폴리티쿠스는 기본적으로 원자적 존재인 개인의 관점에서 구성된 인간상이다. 그의 개인주의적인 인간상을 특별히 원자적 존재로 규정한 이유는 이 인간상이 무엇보다도 자기보존 욕구에 충실한 이기적인 존재로 제시되었기 때문이다. 그래서 타인과의 관계에서도 공감이나 이타적 사랑보다는 자기 이익이 언제나 더 중요하며, 더 나아가 협력관계보다 경쟁이나 지배가 훨씬 중시된다. 그렇기 때문에 이러한 인간상에 입각한 호모 폴리티쿠스는 사회계약을 통해 질서를 형성하고 이를 기반으로 타인들과 어느 정도 평화롭게 공존할 수 있지만, 타인과의 계약관계가 강력한 힘에 기반을 두고 있어 불안정하다는 한계를 지닌다. 게다가 이런 호모 폴리티쿠스는 이기적이며 권력추구적인 성향 때문에 시민사회 구성원 간의 수평적인 연대관계를 뒷받침하기보다는 오히려 이것을 끊임없이 왜곡하고 결국은 파괴하는 위협적인 존재가 되기 쉽다.

물론 개인주의적인 호모 폴리티쿠스에 대해 공화주의적 관점에서 비판하고 대안이 모색되었지만, 이기적이며 권력 추구적인 근대 초의 정치적 인간상은 오늘날에도 여전히 폭넓게 수용되고 있다. 어쨌든 이러한 호모 폴리티쿠스도 주류 경제학의 호모 에코노미쿠스처럼 현대판 모나드형 인간상의 특성을 강하게 띤다. 왜냐하면 사람 사이에 있는 문을 서로 활짝 열고 진정한 공감과 소통의 관계를 추구하기보다는 정치적 이해관계의 좁은 창을 통해 타인과 소통하거나 경쟁하면서 관계를 유지하는 존재이기 때문이다. 그러다가 자신의 이해관계에 어긋나면 금세 창을 닫아버린 채 개인이나 자신이 속한 집단의 권력을 행사하여 타인을 지배하려고 하기 때문이다.

이와 같이 사회과학자들이 제시한 근대적인 인간상 가운데 대표적인 두 사례인 호모 에코노미쿠스와 호모 폴리티쿠스는 개인적이고 자기중심적이며 도구합리적인 존재이다. 이들은 이해관계를 매개로 타인과 결합하지만 동시에 이해관계 때문에 타인과 경쟁하거나 타인을 지배하는 것을 자연스럽게 받아들인다. 그 결과 이들이 형성하는 타인과의 사회적 관계는 비인격적이며 매우 불안정하다. 그래서 만약 이들이 경제나 정치 영역이 아닌 시민사회를 주도하게 되면 시민들의 자발적인 연대에 기초한 사회적 관계가 단절되거나 왜곡되기 쉽다. 물론 이런 상황에서는 정치적이거나 경제적인 각종 지배도 이루어지기 쉽다.

그런데 전문적인 정치나 경제 영역이 아닌 시민사회에서도 넓은 의미의 정치·경제적인 활동이 불가피하다. 문제는 그렇다고 해서 시민들이 시민사회에 위협적인 정치적 또는 경제적 인간상을 체화할 수는 없다는 점이다. 게다가 전문적인 정치나 경제 영역도 합리적으로 조직된 영역이지만 인간활동이 이루어지는 영역이라는 점에서 본다면 공감과 소통에 기초한 연대관계의 중요성을 소홀히 할 수 없다.

어쨌든 최소한 시민사회 구성원들이 연대 파괴적인 인간상이 아니라 시민사회의 속성인 연대관계에 부합하는 인간상을 내면화하기 위해서는 호모 에코노미쿠스, 호모 폴리티쿠스 같은 모나드형 인간상 대신에 공감과 소통을 바탕으로 자발적인 연대관계를 추구하는 사회적인 인간상이 필요하다. 이런 사회적 인간상을 여기서 '연대적 인간'이라는 뜻인 '호모 솔리다리우스(Homo solidarius)'라고 부른다. 그런데 이 인간상은 시민사회의 구성원에게만 필요한 것이 아니다. 전문적인 정치 및 경제 영역에서 호모 폴리티쿠스와 호모 에코노미쿠스가 공감과 소통에 기초한 연대관계를 중시하는 존재로 거듭나게 하는 데도 매우 필요하다.

2. 새로운 사회학적 인간상의 요청

1) 과잉 사회화된 존재인 호모 소시올로기쿠스

경제학자와 정치학자가 각각 경제활동의 주체인 호모 에코노미쿠스와 정치활동의 주체인 호모 폴리티쿠스를 창안했듯이 사회학자도 사회생활의 주체로서 호모 소시올로기쿠스(Homo sociologicus)

를 창안했다. 사회학자가 창안한 호모 소시올로기쿠스, 즉 사회학적 인간상은 정치적 인간상이나 경제적 인간상으로는 쉽게 설명할 수 없는 사회생활의 각종 행위의 주체로서 전문적인 정치나 경제 영역보다는 시민사회 영역을 설명하는 데 훨씬 더 적합하다.[5]

하지만 다렌도르프(R. Dahrendorf)가 사회적 역할의 수행자로 제시한 호모 소시올로기쿠스나 파슨즈(T. Parsons)가 제시한 사회학적 인간론은 시민사회뿐 아니라 정치·경제 영역도 모두 포괄하는 사회 전체에 적용된다. 게다가 박효종의 설명처럼 구조적 마르크스주의를 포함하는 구조론적 사회학이 대변하는 인간관이 호모 소시올로기쿠스라고 한다면 이 사회학적 인간상이 사회 전체에 적용되는 모델임이 더욱 분명해진다(Dahrendorf, 1974: 20 이하; Parsons, 1978: 352 이하; 박효종, 1994: 79 이하).

어쨌든 다렌도르프가 제시한 역할 수행자이든 아니면 구조론적 사회학에서 제시된 구조의 담지자이든 간에 기존의 호모 소시올로기쿠스는 현대의 모나드형 인간상인 주류 경제학의 호모 에코노미쿠스나 개인주의적인 호모 폴리티쿠스와 반대로 철저히 사회적인 인간상이다. 호모 소시올로기쿠스의 행위는 그가 속한 외부 세계의 문화, 규범, 정치·경제적 조건 등의 결과로 간주된다. 심지어 그의 사고와 가치관 같은 내면 세계조차도 외부 세계를 수동적으로 반영한다고 보기 때문에 주체의 상실 혹은 소외가 오히려 문제로 지적된다. 호모 소시올로기쿠스는 앞의 두 모나드형 인간상과 달리 사회성을 회복한 존재라는 점에서 진전된 인간상으로 볼 수 있다. 하지만 과잉 사회화된 존재로 묘사됨으로써 근대적 인간론에서 가장 강조되어 온 주체성과 자율성을 소홀히 다루었다는 평가를 받았다.

이런 관점에서 본다면, 현대의 모나드형 인간상인 호모 에코노미쿠스와 호모 폴리티쿠스의 한계를 극복할 사회적 인간상이 필요하다. 특히 시민사회 구성원에게는 사회적인 인간상이 대안으로 더욱더 절실히 필요하지만, 기존의 호모 소시올로기쿠스는 결코 이들의 대안이 되기 어렵다는 것을 알 수 있다.

2) 호모 센티엔스와 상호작용하는 인간

그래서 그동안 두 모나드형 인간상과 함께 기존의 호모 소시올로기쿠스의 한계도 극복할 새로운 사회학적인 인간상을 제시하기 위한 노력이 이루어져 왔는데, 저자는 이들 노력 가운데서 특히 아처의 호모 센티엔스(Homo sentiens) 모델에 주목한 바 있다. 여기서 호모 센티엔스는 감정의 인간으로 번역할 수 있다. 하지만 아처의 호모 센티엔스는 단순히 감정적인 인간이 아니라 합리적 인간상인 호모 에코노미쿠스와 규범적 인간상인 기존의 호모 소시올로기쿠스가 결여하고 있는 감정적 요소를 합리적 및 규범적 요소와 함께 고려한 인간상이다(Archer, 2000: 37, 53 이하).[6]

아처의 표현에 따르면 호모 센티엔스는 도덕적으로 헌신할 능력이 있을 뿐 아니라 헌신을 유지해야 할 이유를 알고 있다. 여기서 아처가 의미한 도덕적인 헌신은 단순히 계산적이거나 사회화된 것이 아니라 합리적이면서 동시에 사회적인 것이다. 그리고 헌신의 원천은 아처가 "최종 관심사(ultimate concern)"라고 표현한 것인데, 이것은 우리가 마음을 가장 많이 쓰는 것 혹은 최종 목표 같은 것에 해당하며 여기에는 우리의 감정과 지식이 함께 관여한다. 이처럼 자신의 최종 관심사에 기인한 도덕적인 헌신을 행할 수 있는 진정한 판단력을 지닌 인간을 아처는 호모 센티엔스라고 했다. 그런데 이런 인간상은 근대적 인간상에 결여된 요소를 진지하게 고려한 것으로서 오늘날 이차 근대 혹은 탈근대라고 하는 새로운 시대의 정신에도 부합한다고 볼 수 있다(Archer, 2000: 53-54).

저자는 또한 한완상이 기존의 호모 소시올로기쿠스의 비극적이며 비인간적인 인간상을 비판하면서 이를 극복할 새로운 대안적 인간상으로 제시한 고프만(E. Goffman)과 버거(P. L. Berger)의 사회학적 인간상에도 주목한다. 고프만과 버거는 서로 영향을 주고받으면서 전개되어 온 상징적 상호작용론 전통과 현상학적 사회학 전통에 각각 속한 사회학자들이다. 이들은 인간이란 사회생활에서 주어진 사회적 역할을 수행하지만 이 역할을 주어진 대로 기계적으로만 수행하지 않고 자신에게 유리한 방식으로 변형하여 수행하거나 심지어 이 역할 자체를 거부하고 더 나아가 역할을 변화시킬 수 있는 존재로 보았다. 물론 이들이 제시한 인간상은 처음부터 사회적인 인간상으로서 과잉 사회화된 기존의 호모 소시올로기쿠스뿐 아니라 모나드형 인간상과도 명백히 구별된다(한완상, 1977: 199-202).

기존의 호모 소시올로기쿠스는 모나드형 인간상의 한계를 극복한 사회적인 인간상으로 제시되었지만, 단순한 역할 수행자나 구조의 담지자라는 수동적이며 기계적인 이미지가 뚜렷하다. 이런 인간상은 소외되고 비인간적일 뿐 아니라 감성과 책임성을 상실했기 때문에 이런 인간들로 구성된 사회상 역시 제도나 구조로 결정되는 매우 비인간적이며 무책임한 사회상으로 왜곡되게 묘사되기 쉽다. 따라서 감성과 지성, 윤리적 책임성을 함께 지닌 자율적인 인간들이 주체가 되어 더불어 살아가는 사회상을 회복하기 위해서는 사회적

이면서도 자율적이며 능동적일 뿐 아니라 지성과 함께 감성과 책임성도 갖춘 새로운 사회학적 인간상이 절실히 필요하다. 이런 점에서 상징적 상호작용론자 고프만, 현상학적 사회학자 버거 등이 제시하는 사회학적 인간상이나 아처의 호모 센티엔스 등은 기존의 호모 소시올로기쿠스의 한계를 극복하면서 오늘날의 시대정신에도 부합하는 새로운 사회학적 인간상을 구성하는 데 중요한 기초가 될 것이다.

새로운 사회학적 인간상은 기본적으로 행위자로서 묘사되어야 한다. 물론 인간상을 묘사하기 위해서는 사유와 욕구를 행위와 함께 고려해야 하고 사유와 욕구가 행위의 토대가 된다는 점에서 본다면, 행위자로서의 인간상보다는 사유와 욕구의 주체로서의 인간상에 대한 묘사가 인간 본성론에 더욱 근접한 근본적인 인간론이다. 하지만 사회과학자들의 기본 관심은 인간 본성 자체가 아니라 인간 본성에서 출발하여 맺게 되는 사회적 관계에 있다. 그것이 정치적 또는 경제적 관계이든 아니면 가족관계, 친구관계 같은 시민사회 영역의 관계이든 간에 사회과학자는 개인이나 집단 간의 사회적 관계에 주목하는데, 이들 사회적 관계는 결국 드러난 행위를 바탕으로 할 수밖에 없다. 그렇기 때문에 사회과학자들은 인간의 사유나 욕구보다는 행위에 더 큰 관심을 기울인다.

그런데 기존의 호모 소시올로기쿠스를 극복할 대안을 제시하려고 한 아처나 심지어 부동(R. Boudon) 같은 사회학자도 새로운 사회학적 인간상으로서 어떤 대안적인 행위자 모델을 제시했다기보다는 합리성이나 판단력 같은 행위의 토대에 대해 근본적인 문제를 제기하고 대안을 마련하는 데 관심을 기울였다.[7] 물론 이들의 논의도 결국 행위자 모델로 이어질 수 있고, 특히 아처의 호모 센티엔스는 도덕적으로 헌신하는 행위자라는 구체적인 모습으로 표현되기도 했다. 하지만 도덕적으로 헌신하는 행위는 사회적 인간의 일부 행위를 가리킬 뿐 행위 전체나 대부분의 행위를 가리킨다고 보기 어렵기 때문에 호모 센티엔스가 일반적인 사회학적 행위자 모델이 되기는 어렵다. 다만, 아처의 호모 센티엔스 모델은 사회적 인간에게 도덕적인 헌신을 행할 능력을 갖는 것이 중요할 뿐 아니라 가능하며, 이를 위해서는 합리적 요소, 규범적 요소와 함께 감정적 요소도 필요하다고 강조했다는 점에서 의미가 있다.

이에 비해 고프만과 버거의 사회학적 인간상은 훨씬 뚜렷한 행위자 모델에 해당한다. 이들은 기존의 호모 소시올로기쿠스가 제시한 사회적 역할 수행자라는 행위자 모델을 기본적으로 받아들여 사회적 인간이 역할 수행자임을 부인하지 않는다. 하지만 이들이 제시한 사회적 인간은 주어진 역할의 단순한 수행자가 아니라 주어진 역할에 몰두하거나 그 역할과 거리를 둘 수 있으며, 심지어는 역할을 거부하거나 바꿀 수도 있는 존재이다. 즉, 인간은 사회적 환경 속에서 큰 영향을 받고 살지만 이 환경에 단지 적응하려고 할 뿐만 아니라 환경을 거부하거나 변화시키려고도 한다는 것이다. 이러한 인간 속성은 기본적으로 개인이 갖는 자유의지에 기인하는 것으로서 이들은 이것이 일반적인 인간 행위에서 쉽게 발견된다는 점을 "역할거리(role distance)"[8] 같은 개념을 통해 제시했다(Goffman, 1961: 105 이하; 버거, 1978: 175, 183 이하).

이처럼 이들은 기존의 호모 소시올로기쿠스가 제시한 인간상의 수동적이며 타율적인 한계를 극복하고 능동적이며 자율적인 사회적 인간상을 제시하려고 노력했다. 하지만 인간이 어떻게 사회적으로 결속되는지에 관해서는 여전히 기존의 구조론적 사회학에 의존하거나 특별히 큰 관심을 기울이지 않았다. 그것은 이들의 기본 관심이 사회적 환경에 영향을 받고 사회적 관계를 형성하지만, 그렇다고 사회적 환경에 지배되지 않는 상대적으로 자율적인 인간상을 제시하는 데 있었기 때문이다. 그래서 이런 인간상을 간단하게 "상호작용하는 인간"으로 표현하고자 한다(버거, 1978: 92 이하; Goffman, 1974: 13 이하).

상호작용하는 인간상이 기존의 호모 소시올로기쿠스와 구별되는 가장 큰 차이점은 사회 구조나 사회적 역할이 행위자의 주관적인 해석을 통해 그에게 전달된다고 본다는 것이다. 이 점은 사회인식의 매우 중요한 진전을 의미한다. 하지만 사회학의 전통적인 문제 의식인 사회적 결속이 어떻게 이루어지는지에 관해 상호작용하는 인간상이 기존의 구조론적 설명과 다른 새로운 설명을 뚜렷이 제시하지 못한다면 기존의 호모 소시올로기쿠스의 대안이 되기는 어렵다.

3) 연대적 행위자인 호모 솔리다리우스와 오늘날의 시대정신

그래서 여기서는 상호작용하는 인간상에서 더 나아간 사회적 인간상으로서 "연대적 행위자"를 제안하려고 한다. 연대적 행위자란 타인이나 다른 집단과의 자율적인 연대관계를 추구하는 행위자를 뜻한다. 이 행위의 과정은 상호작용하는 인간에 의해 이루어지지만 아처가 강조한 감정적 요소가 상호작용 과정에서 중요한 역할을 한다. 아처는 연대에서 오는 사회적 안정성과, 집합적 저항으로 발생하는 사회적 불안정성을 설명하기 위해 감정적 요소를 고려해야 한다고 보았다. 이 감정적 요소의 정체에 관해서는 더 자세히 고찰할 필요가 있지만 어쨌든 자율적인 행위자들이 합리적·규범적·감정적인 근거 위에서 사회적 결속과 그 결과로서의 질서를 형성하거나 이에 대한 변화를 꾀하는 행위가 연대적 행위이다. 그러므로 연대적 행위자는 모나드형 인간과 구별되는 사회적 인간이자 사회학적 인간으로서 자율적인 존재일 뿐 아니라 사회적 결속의 형성과 변화의 공동 주체이기도 하다.[9]

사실상 근대 사회학은 사회적 연대에 관한 학문으로 출발했다. 그래서 콩트(A. Comte), 뒤르켐(E. Durkheim), 마르크스(K. Marx), 베버(M. Weber) 등 중요한 여러 초기 사회학자와 고전 사회학자들이 사회적 연대 혹은 그와 관련된 문제에 큰 관심을 기울였다. 물론 이들이 관심을 가졌던 연대의 문제는 사회통합과 사회갈등, 사회질서와 사회변동에 모두 관련된 것이었다. 그런데 초기의 사회적 연대론에서는 연대 행위자의 자율성을 충분히 고려하지 못했다(강수택, 2012a: 41 이하).

비록 뒤르켐은 개인의 자율성이 존중되는 연대를 근대사회의 특징적인 연대로 보면서 이를 유기적 연대라고 부르기도 했으나, 뒤르켐의 사회학에 기초하여 다렌도르프가 제시한 호모 소시올로기쿠스는 기계적 연대가 아닌 유기적 연대의 특징을 갖는 사회상을 제대로 반영하지 못했다. 이것은 다렌도르프 자신이 호모 소시올로기쿠스를 자유가 상실된 소외된 인간으로 보았을 뿐 아니라 일반적으로도 기존의 호모 소시올로기쿠스가 이렇게 이해되는 경향이 있다는 점을 통해 쉽게 확인된다.

그래서 여기서는 개인의 자율성에 기초한 유기적 연대의 특징이 훨씬 뚜렷한 생활세계 혹은 시민사회에 초점을 맞추어 이 구성원들을 연대적 행위자로 특징짓고 사회학의 기초적인 분석단위로 삼으려고 한다. 반면에 오늘날의 사회를 시민사회와 더불어 구성하는 전문적인 정치·경제 영역의 경우는 도구적 합리성이 훨씬 뚜렷하다. 따라서 연대적 행위자보다는 호모 폴리티쿠스와 호모 에코노미쿠스가 각각 이들 영역의 기초적인 분석단위로서의 행위자에 해당한다고 본다. 하지만 정치·경제 영역에서 연대적 성격이 강화되는 경향이 있거나 또는 연대적 성격을 의도적으로 강화하려면 호모 폴리티쿠스와 호모 에코노미쿠스가 제시하는 인간상도 연대적 행위자에 가까운 방향으로 바뀔 수 있다. 정치적 패러다임 전환을 추구하는 현대 공화주의자들이 제시한 새로운 호모 폴리티쿠스의 인간상이 그 좋은 예이다.

이처럼 새로운 사회학적 인간상은 행위자로 묘사될 필요가 있기에 저자는 새로운 인간상을 연대적 행위자로 제시했다. 그런데 이 새로운 인간상은 시대정신을 반영하는 행위자여야 한다. 기존의 호모 소시올로기쿠스는 합리성을 중시하는 근대정신, 특히 제도나 조직을 중시한 초기 근대의 정신을 적극 반영했다. 그래서 제도와 조직의 핵심 요소인 규범과 이에 기초한 역할에 대한 동조의 필요성을 강조했다.

하지만 오늘날을 후기 근대로 부르든지 아니면 탈근대로 부르든지 간에 어쨌든 오늘날의 시대정신은 초기 근대의 한계에 대한 분명한 성찰과 비판 의식에 기초해 있다. 비록 관점에 따라 초기 근대의 한계는 달리 인식되지만 적어도 다음 세 가지 인식은 사회학적 인간론과 관련하여 매우 중요한 의미를 지닌다.

첫째, 근대정신이 개인의 자유와 권리를 존중하는 데서 출발했지만 초기 근대는 이들 개인 간의 형식적인 계약관계에 기초한 제도와 조직을 매우 중시하면서 구성원 개인의 자율성을 소홀히 하는 경향이 뚜렷했다. 이에 비해 오늘날의 시대정신은 이 개인의 자율성을 보다 더 중시한다. 이런 점에서 볼 때 기존의 호모 소시올로기쿠스는 오늘날의 시대정신에 부합하기 어렵기 때문에 개인의 자율성에 기초한 사회적 연대관계를 추구하는 연대적 행위자라는 새로운 사회학적 인간상이 필요해진다.

둘째, 초기 근대가 제도와 조직을 중시하면서 개인의 자율성을 소홀히 한 것은 근대정신이 합리성, 특히 도구적 합리성을 중시하면서 감성과 윤리를 소홀히 한 것과 무관하지 않다. 주지하다시피 근대의 지배정신은 합리주의 정신이어서 감성과 윤리를 상대적으로 소홀히 취급해 왔다. 이런 정신에 따라 기존의 호모 소시올로기쿠스역시 근대사회에서 도구적 합리성에 기초하여 구성된 구조와 역할을 수동적으로 따를 뿐 감성과 윤리적 책임감은 상실된 존재로 묘사되었다. 그 결과 이 모델은 초기 근대의 합리주의, 특히 도구적 합리주의 정신에 비판적인 오늘날의 시대정신에 부합하지 않는다. 그렇기 때문에 새롭게 모색될 사회학적 인간상은 합리적 행위자이지만 감정적이면서 윤리적인 존재일 필요도 있다.

저자가 새로운 사회학적 인간상으로 제시하는 연대적 행위자는 공감이라는 감정적 요소와 소통이라는 합리적 요소를 토대로 다른 사람과의 사회적 연대관계를 추구한다. 그리고 이 과정을 통해 형성, 유지되는 연대관계는 단순한 지위-역할 관계에 비해 훨씬 뚜렷한 인격적인 관계의 성격을 지니는데, 인격적인 관계는 자연스레 윤리적인 의미를 지닐 수밖에 없다. 그렇기 때문에 결국 연대적 행위자는 합리성뿐 아니라 감성과 윤리도 함께 고려하여 인간을 인식하려는 오늘날의 시대정신에 부합하는 인간상이 될 수 있다.

셋째, 근대정신의 또 다른 중요한 특징은 인간주의 혹은 인본주의라고도 하는 인간 중심주의에 있다. 중세가 신(神) 중심주의, 즉 신본주의 시대였기 때문에 여기에 반발하여 출현한 근대는 신 중심주의 세계관을 거부하고 인간 중심주의, 즉 인간주의를 새로운 세계관으로 삼은 것이다. 이렇게 하여 중세시대에 상실되었던 인간, 특히 개인의 위상을 회복시키고 인권을 강조하는 새로운 인간존중 시대를 연 것은 근대의 큰 공이라고 할 수 있다. 하지만 인간 중심주의가 그 후 자연 생태계의 파괴를 초래한 근본 원인이 되었기 때문에 생태계의 파괴를 무엇보다도 우려하는 오늘날의 시대정신은 초기 근대의 편협한 인간 중심주의에 매우 비판적이다.

이렇게 본다면 근대의 산물로 탄생한 사회학이 인간세계의 사회적 관계에만 관심을 갖거나 인간 중심의 세계관에 매몰되어 탄생시킨 기존의 호모 소시올로기쿠스는 오늘날의 시대정신에 부합하기 어렵다. 하지만 사회학, 특히 현대사회학은 그동안 시야를 넓혀서 인간사회를 자연 생태계 속에서 파악하려는 다양한 관점과 지식을 발전시켜 왔다. 그래서 던랩(R. E. Dunlap)과 캐턴(W. R. Catton, Jr)은 이런 새로운 사회학적 관점과 지식을 "신 환경 패러다임" 혹은 "신 생태주의 패러다임"이라고 부르면서 전통적인 사회학의 세계관인 "인간 예외주의 패러다임" 혹은 "인간 면제주의 패러다임"과 대조시키기도 했다(Dunlap & Catton, 1979: 250).[10]

어쨌든 새로운 사회학적 인간상이 이처럼 생태계 보존의 관점에서 근대 초기의 인간 중심주의적 세계관에 비판적인 오늘날의 시대정신에 부합하기 위해서는 던랩과 캐턴의 인간 예외주의 패러다임이 아닌 신 환경 패러다임에 속하는 세계관과 사회관을 체화한 행위자일 필요가 있다. 여기서 신 환경 패러다임의 핵심은 인간과 사회가 생태계의 일부로서 자연환경과 밀접한 상호 의존관계에 있다는 인식이다. 그러므로 새로운 사회학적 인간상은 사회적 역할과 사회구조를 수동적으로 따르는 것을 넘어 타인이나 사회 구조와의 상호작용을 통해 관계를 형성할 뿐 아니라 자연환경과도 상호작용하는 방식으로 관계를 형성하는 행위자로 묘사될 필요가 있다. 그런데 저자가 새로운 사회학적 인간상으로 제시하는 연대적 행위자인 호모 솔리다리우스는 단지 사회적 연대만을 추구하지 않고 생태학적 연대도 추구하는 존재로서 제시될 수 있다. 왜냐하면 오늘날의 연대 관념과 사상이 인간세계로부터 생태계로 확장되어 개방적으로 사용되고 있기 때문이다.

3. 반연대적인 인간 현실에 대한 비판적 성찰과 극복

1) 난민 위기

오늘날 지구촌에서 가장 뜨거운 정치적 쟁점 중의 하나가 난민 위기라고도 하는 난민 문제이다. 전쟁과 이로 인한 정복이 거듭되어 온 인류 역사에서 난민은 오랜 뿌리를 지닌 현상이다. 하지만 세계경제가 자본주의화되고 게다가 세계가 여러 모로 급속히 가까워지면서 난민은 매우 빠른 속도로 증가했다. 특히 2011년 시리아 내전이 발생하면서 난민 증가 속도는 더욱 빨라졌다. 유엔난민기구(UNHCR)에 따르면 2016년 유엔난민기구와 팔레스타인난민구호기구(UNRWA)에 등록된 난민이 2,250만 명에 이르며, 이 외에도 국내실향민 4,030만 명 등을 포함하면 총 6,560만 명이 전 세계의 분쟁, 폭력, 박해, 인권침해 등으로 인해 강제적으로 고향을 떠나야만 했다(유엔난민기구, 2017: 4).

이처럼 고향을 잃은 사람들은 이방인이기 때문에 새로이 정착하는 과정에서 수많은 어려움을 겪는다. 특히 난민은 자신이 떠나온 국가로부터 보호받지 못할 뿐 아니라 새롭게 정착하려는 국가의 보호를 받게 되기까지도 때로는 목숨을 걸어야 하는 수많은 난관을 이겨 내야 한다. 이처럼 보호받을 수 있는 법적 지위를 상실한 난민은 아감벤이 호모 사케르(Homo sacer)라고 부른, 그야말로 아무런 보호막 없이 벌거벗은 생명으로 내동댕이쳐진 사람들이다(아감벤, 2008: 255 이하).

그런데 이처럼 삶이 내동댕이쳐진 채 목숨을 이어가는 '추방된 자'가 수천만 명에 이르지만, 이들이 열망했던 삶을 누릴 수 있는 국가들은 이들을 맞이할 준비가 되어 있지 않다는 점이 딜레마이다. 물론 난민을 대하는 정책은 국가에 따라 다소 차이가 있지만 난민 문제를 근본적으로 해결하기에는 근대 국민국가의 특성상 여러 모로 한계가 있다. 그 결과 난민 문제는 단순한 국지적인 문제를 넘어 전 세계적인 차원에서 근대 정치 자체의 위기를 초래한다. 그렇기 때문에 전 지구적인 난민 위기를 해결하기 위해서는 근대 국민국가를 탈근대 시민국가로 바꾸는 패러다임의 전환이 필요하다.

그런데 패러다임을 전환하기 위해서는 국가주의, 민족주의, 인종주의 같은 닫힌 공동체 의식을 벗어나 지구상의 모든 인간을 인권과 연대의 관점에서 바라보는 열린 시민 의식이 필요하다. 물론 이런 인식의 전환은 난민 문제 해결의 걸림돌을 제거하는 데 충분조건은 아니지만 문제해결의 가장 중요한 전제가 된다. 어쨌든 오늘날 지구촌의 수많은 인간을 더없이 비참하게 만드는 심각한 난민 문제는 지구촌의 인간들, 특히 선진국 시민들에게 보편적 인류애에 기초한 인간적 연대 가치를 무엇보다 중시하는 연대적 인간, 즉 호모 솔리다리우스로 거듭날 것을 요구하고 있다(오창은, 2016: 45-46).

2) 신자유주의 경제 세계화

20세기 말부터 미국과 영국에서 시작되어 전 세계적으로 빠르게 확산된 신자유주의적 경제 세계화는 지구촌에서 난민이 빠르게 증가하는 배경이 되었다. 그리고 경제적으로도 이주 노동자의 증가, 국내 노동시장의 유연화와 복지축소 정책 등으로 인해 노동자의 고용과 생활 상태를 매우 불안정하게 만들었다. 뿐만 아니라 경제적 세계화는 모든 경제 주체들을 훨씬 더 치열한 생존경쟁에 참여하도록 만들었다.

물론 경제적 세계화는 세계무역의 규모를 증대시키는 등 세계경제를 활성화시켰으며, 그 결과 새로운 일자리 창출에도 기여했다. 하지만 경제적 세계화를 통해 창출된 부의 혜택은 가난한 나라보다는 부유한 나라가, 하층계급보다는 상층계급이 훨씬 더 많이 취하면서 국제적으로뿐만 아니라 국내에서도 양극화가 훨씬 심해졌다. 이 과정에서 노동자를 인간이 아닌 단순한 노동력으로 보는 인식이 훨씬 강화되었으며, 이로 인해 종업원 수의 감축, 비정규직화, 외주화, 안전규정의 완화, 노동자 대표권의 약화 등 노동환경이 열악해졌다. 뿐만 아니라 경제적 세계화는 브레처(J. Brecher) 등이 "바닥을 향한 경주"라고 표현한 파괴적인 경쟁을 촉진시켰는데, 이런 경쟁은 선진국과 개발도상국 사이에서뿐 아니라 개발도상국들 사이에서도 그리고 선진국들 사이에서도 치열해졌다. 물론 한 국가 안에서도 기업들 사이에서 그리고 노동자들 사이에서 경쟁이 심해졌다(브레처 외, 2003: 25 이하).

그런데 브레처 등에 따르면, 이런 파괴적인 경쟁이 한편으로는 빈곤과 불평등의 심화, 경제적 불안정성 증대, 민주주의의 쇠퇴, 환경파괴 등을 초래했지만, 이와 함께 이에 저항하는 세계시민들의 주도로 아래로부터의 세계화가 광범위하게 전개되는 계기도 되었다. 여기서 특별히 주목할 점은 위로부터의 세계화가 촉진하는 파괴적인 경쟁에 저항하고 이를 극복하기 위해서는 무엇보다도 세계시민의 연대가 중요한데, 아래로부터의 세계화란 바로 이런 연대의 표현이라는 것이다. 이런 관점에서 본다면 신자유주의적인 경제 세계화가 초래하는 비인간적인 상황의 개선이나 극복을 위해서도 세계시민들이 무엇보다 사회적 연대 가치를 중시하는 연대적 인간, 즉 호모 솔리다리우스가 될 필요가 있다(브레처 외, 2003: 30 이하).

3) 지구 생태계의 위기

또한 오늘날 전 세계적으로 뜨거운 쟁점이 되고 있는 다른 중요한 주제로 지구를 둘러싼 생태계의 파괴 문제를 들 수 있다. 앞에서 신자유주의적인 경제 세계화가 환경파괴를 초래했다는 점을 언급했지만 환경파괴는 그 이전부터, 즉 인류역사에서 산업사회가 출현하면서부터 본격적으로 시작했다. 이렇게 시작된 환경파괴의 역사가 20세기에 와서는 인구폭발, 자본주의 확산, 대량생산 체제 확립,

자동차 대량보급, 소비사회 등장, 핵기술 발전 및 핵산업 팽창 등으로 인해 크게 심화되었다.

이런 상황에서 1972년 로마클럽은 『성장의 한계』라는 보고서에서 당시의 성장추세가 지속된다면 머지않아 지구의 성장이 한계에 도달할 것임을 지적함으로써 환경문제의 심각성을 세계시민들이 절감하도록 했다. 이처럼 20세기는 대규모 환경파괴가 이루어진 시대였지만, 생태계에 대한 위기의식이 고조되면서 환경문제를 극복하기 위한 인류 공동의 노력이 본격적으로 시작된 시대이기도 하다. 그것은 울리히 벡(U. Beck)에 따르면 인류가 전례 없는 위협을 경험하면서 하나의 지구적 운명공동체 의식을 갖게 된 결과이다. 그에 의하면 환경문제가 본격적으로 드러나기 이전의 초기 근대사회에서는 사람들이 물질적인 필요를 충족시키기 위해 서로 연대했으나, 이제 환경문제 같은 대규모의 위험에 직면하면서 사람들이 두려움, 즉 불안에서 벗어나기 위해 연대하게 된다(벡, 1997: 92-98).[11]

이처럼 벡은 오늘날 인류가 직면한 생태계 위기 상황이 공동체 의식을 제공함으로써 인류가 단결하도록 만든다고 보았다. 그런데 이 연대와 그 결과로서의 연대공동체는 기본적으로 위험이 제공하는 불안감에 기인하기 때문에 불안감의 근거에 반하는 지식과 정보가 불안감을 약화시키거나 해소하면 연대와 연대공동체도 흔들리거나 심지어 산산조각날 수 있다(벡, 1997: 98).

그래서 인류는 지구온난화의 속도를 늦추기 위해 단결하여 1997년 교토 의정서를 채택하고 2015년 파리기후협정을 체결하는 등의 노력을 기울이고 있다. 그러나 이에 반대하는 사람들이 지구온난화에 반대되는 정보를 확산시키면서 이런 노력을 끊임없이 흔들고 있다. 핵 문제의 경우도 마찬가지이다. 세계의 많은 국가와 시민들이 현대사에서 경험해 온 핵무기와 핵발전소 사고의 대재앙을 교훈삼아 핵의 위험으로부터 벗어나려고 함께 노력하고 있지만, 핵 산업에 관련된 사람들과 이들의 이해관계를 대변하는 정치인들은 핵기술의 안전성에 대한 정보를 확산시키면서 핵의 확산을 위해 노력하고 있는 것이다.

이렇게 본다면 세계시민들은 지구온난화, 핵 확산 등 지구 생태계의 위기 상황을 정확한 지식과 정보를 토대로 있는 그대로 받아들일 필요가 있다. 그리고 생태계 위기 상황에서 비롯된 막연한 두려움에서 벗어나 비록 자신의 생활이 다소 불편하더라도 생태계를 보존하기 위한 다양한 실천노력에 함께 참여해야 한다. 이런 실천은 세계시민들의 사회적이며 지구적인 연대 형태로 이루어져야 하겠지만, 무엇보다도 인류가 지구 생태계의 일부로서 생태계 보전의 책임을 지니고 있다는 생태적 연대 의식에 기반을 두고 행해야 할 것이다. 이런 실천이 지속적으로 이루어지기 위해서는 세계시민이 성장주의와 지배주의로써 생태계 위기를 초래해 온 호모 에코노미쿠스나 호모 폴리티쿠스에서 벗어나 호모 솔리다리우스, 즉 지구적 연대와 특히 생태적 연대의 가치를 무엇보다 중시하며 실천하는 인간으로 거듭날 필요가 있다.

4) 근본주의 종교의 정치화와 종교 갈등

이 외에도 근본주의 종교의 정치화로 인한 종교 간의 갈등과 이로 인한 테러의 위협은 이슬람교 같은 특정한 종교에 대한 편견과 배타적 태도를 심화시킨다. 그리고 이것은 앞에서 다룬 난민 위기를 해결하는 데 심각한 걸림돌이 되기도 한다. 제2차 세계대전 이후부터 인류를 양편으로 나누어 극단적으로 대립시켜 온 공산주의와 자유주의의 정치적 이념 대립은 1990년 냉전체제가 공식적으로 종료되면서 세계적인 수준에서는 끝이 났다. 그래서 인류는 이제 이념에 따른 극단적인 갈등과 대립을 더 이상 경험하지 않아도 된다고 기대했으나, 정치화된 근본주의 종교가 극단적인 정치적 갈등과 대립의 중요한 온상으로 부상했다.

정치적 이념이든 종교든 간에 세계적인 규모로 확산된 것들은 나름대로 강한 설득력과 매력이 있기 때문에 폭넓은 지지자가 생긴 것으로 볼 수 있다. 그러므로 권력 지향적인 호모 폴리티쿠스나 이윤 추구적인 호모 에코노미쿠스가 이를 이기적으로 악용하지 않는다면 평화적으로 공존하는 가운데 더 나은 방향으로 발전하면서 인류에 기여할 수 있을 것이다. 이런 관점에서 본다면 정치적인 이념 대립과 오늘날 특별히 더 심해지고 있는 종교 갈등을 극복하고 세계시민이 평화롭게 공존하기 위해서는 이념과 종교의 차이를 부각시켜 자신들의 이익에 이용하려는 호모 폴리티쿠스나 호모 에코노미쿠스 대신에 이들의 차이를 넘어 연대 가치를 실현하려는 호모 솔리다리우스로서의 세계시민이 절실히 요구된다.

5) 권위주의 정치체제

지금까지는 세계적인 규모의 위기 상황을 중심으로 호모 솔리다리우스의 필요성을 설명했지만, 국민국가 내부적으로 호모 솔리다리우스가 필요한 상황도 전 세계적으로 광범위하게 존재한다. 신자유주의적인 경제 세계화가 국가 사이에서뿐 아니라 국민국가 내부에서도 부의 양극화를 심화시켰다는 점과 노동자의 고용 및 생활 상태의 불안정성을 증가시켰으며 경제 영역을 비롯한 사회의 여러 영역에서 사람들 간의 경쟁을 심화시켰다는 점은 이미 지적되었다. 이런 경제적·사회적 상황은 자연스레 사회의 약자들 간의 연대와 약자들에 대한 연대의 필요성을 제기한다.

게다가 세계에는 여전히 수많은 권위주의 체제의 국가가 있고 그 속에서 수많은 사람들이 살고 있다. 시사 경제 주간지『이코노미스트(The Economist)』를 발간하는 이코노미스트 그룹의 계열사인 이코노미스트 인텔리전스 유닛(The Economist Intelligence Unit, EIU)에서는 2006년 이후 지속적으로『민주주의 지수』라는 보고서를 통해 세계 각국의 민주주의 지수를 발표해 왔다. 그런데『민주주의 지수 2016』에 따르면 167개의 조사 대상국 가운데 약 1/3에 해당하는 51개국이 권위주의 체제에 속하며 이들 국가의 인구는 전 세계 인구의 32.7%에 달한다. 이 보고서는 전 세계 국가들을 민주주의의 정도에 따라 완전한 민주주의, 결함 있는 민주주의, 혼합 체제, 권위주의 체제의 네 가지 유형으로 나누었다. 그런데 이 중에서 완전한 민주주의 국가로는 노르웨이, 아이슬란드, 스웨덴 등 19개국만 있을 뿐, 나머지 148개 국가는 일본, 미국, 이탈리아, 한국 등 57개의 결함 있는 민주주의 국가와 잠비아, 태국, 터키 등 40개의 혼합 체제 국가, 그리고 51개의 권위주의 체제 국가이다. 이들 148개국은 전체 조사 대상국의 88.6%에 해당하지만 이들 국가의 인구는 전 세계 인구의 95.5%에 이르러 전 세계 인구의 대부분이 정치적으로 결함이 있는 체제에서 살고 있어 완전한 민주화를 위해 시민들의 단결된 노력이 필요하다. 결국 이것은 오늘날에도 대부분의 세계시민들에게 민주

화를 위한 정치적 연대의 필요성이 강력히 존재함을 보여 준다(EIU, 2017: 3 이하).[12]

3장 호모 솔리다리우스론의
뿌리와 역사

HOMO SOLIDARIUS

여기서는 본격적으로 연대적 인간상인 호모 솔리다리우스를 알아보기에 앞서, 연대적 인간상과 마찬가지로 인간을 사회적인 존재로, 그 가운데서도 특히 협력하는 존재로 제시해 온 기존의 호혜적 인간론과 공감적 인간론을 살펴보려고 한다. 이 두 논의는 물질적이며 이기적인 인간상에 기초한 고전적인 호모 폴리티쿠스 모델이나 호모 에코노미쿠스 모델의 한계를 비판하면서 이를 극복하기 위한 대안적인 모델을 추구한다는 점에서 연대적 인간론과 큰 공통점을 갖는다. 그래서 이 두 논의는 연대적 인간상을 모색하는 과정에서 여러 가지 의미 있는 기초적인 논의와 통찰력을 제공하기 때문에 여기서 이들 두 논의에 관해 미리 소개하고자 한다.

　호혜적 인간론과 공감적 인간론을 이해하기 위해서는 인간 본성에 관한 기존 논의의 역사를 어느 정도 알 필요가 있다. 하지만 인간 본성론의 역사는 매우 광범위하기 때문에 간단히 정리하기가 쉽지 않다. 여기서는 인간 본성론 가운데 특히 사회성과 관련 깊은 세 가지 논의를 간략히 소개하려고 한다. 고대 중국사상에서 성선설과 성악설을 둘러싼 논의, 근대 서구 철학에서 인간 본성의 이기성과 이타성을 둘러싼 논의, 그리고 19세기 후반 이후 현대까지 생물학계를 중심으로 이루어져 온 인간 본성에 대한 논의가 그것이다.

1. 인간 본성론

인간은 성찰 능력이 있는 존재이다. 그래서 일찍부터 인간으로서 자신이 누구인지를 끊임없이 물어 왔다. 즉, 인간의 역사는 인간 탐구의 역사라고 볼 수 있다. 기록으로 남아 있는 최초의 체계적인 인간론은 공자, 맹자, 순자로 이어지는 동양의 고대사상과 소크라테스, 플라톤, 아리스토텔레스로 이어지는 비슷한 시기의 서양 고대사상 등에서 발견된다. 그 후로 인간에 대한 논의는 서양에서 중세의 오랜 기간 동안 창조, 타락, 구원이라는 기독교 사상에 입각하여 제한적으로 이루어지다가 합리주의, 개인주의 등의 근대 사상이 발전하면서 다양한 학문 분야에서 폭넓고 활발하게 전개되었다. 그리고 이러한 서양 근대사상의 한계에 대한 비판적인 성찰이 본격적으로 이루어지면서 오늘날에는 이보다 훨씬 더 넓은 열린 시각에서 인간을 이해하려는 노력이 이루어지고 있다.

인간이 누구인지를 묻는 인간 속성에 대한 이런 논의는 오랫동안 인간 본성론이라고 불렀다. 하지만 인간 본성의 개념이나 인간 본성론의 쟁점과 시각은 매우 다양하다. 이 글에서는 이들 다양한 쟁점과 시각 가운데 호모 솔리다리우스론과 연관성이 비교적 큰 세 가지 쟁점을 둘러싼 주요 논의를 간략히 소개하고자 한다.

1) 성선설과 성악설

먼저, 고대 중국에서 맹자와 순자에 의해 본격적으로 전개된 인간 본성에 관한 논의는 '인간은 본래 선한 존재인가 아니면 악한 존재인가'를 둘러싸고 이루어졌다. 여기서 맹자는 인간이 선한 존재로 태어난다는 성선설을 대변한 반면에 순자는 이를 비판하면서 인간이 악한 존재로 태어난다는 성악설을 대변했다.

맹자의 성선설은 사단(四端)론에서 출발하는데, 『맹자』의 공손추(公孫丑)편에서 맹자는 측은해하는 마음인 측은지심(惻隱之心), 부끄러워하는 마음인 수오지심(羞惡之心), 사양하는 마음인 사양지심(辭讓之心), 옳고 그름을 가리는 마음인 시비지심(是非之心)이 없으면 인간이 아니라고 했다. 측은해하는 마음이 인(仁)의 단서(端緒), 곧 실마리이며, 부끄러워하는 마음은 의(義)의 단서요, 사양하는 마음은 예(禮)의 단서요, 옳고 그름을 가리는 마음은 지(智)의 단서라고 했는데, 이 네 가지에 대한 주장을 사단론이라고 한다(맹자, 1986: 117-118).

맹자의 사단론에 따르면 인간은 태어날 때 측은해하는 마음과 같은 선한 감정의 단서인 사단을 가지고 태어난다. 그러므로 사단을 깨달아 잘 살리면 누구나 성인이 될 수 있다. 하지만 사단을 깨달아 잘 살리지 못하면 소인으로 살아가고, 더 나아가 악한 환경 조건에 휘둘리면 악한 행위를 하게도 된다. 결국 맹자의 입장에서 보면 인간의 본성은 선한데 외부적인 요인 때문에 악인이 되기도 한다는 것이다(홍일립, 2017: 116-124).

맹자의 성선설에서 제시된 성(性) 개념은 흔히 'nature'로 표현되는 서양의 '성(性)' 혹은 '본성' 개념과 많이 다르다. 서양의 'nature'가 생물학적으로 주어진 선천적인 속성으로서 인위적으로 변화시키기 어려운 것을 가리키는 경향이 있는 데 비해 맹자의 성(性)은 잠재적인 특성으로서 인위적인 노력을 통해 구현되는 것이어서 홍일립에 따르면 영어의 'character,' 'personality' 등에 오히려 가깝다(홍일립, 2017: 115).

이와 같은 맹자의 성선설을 비판한 대표적인 인물이 순자였다. 우선 순자는 맹자와 달리 성(性)이란 선천적으로 주어지는 자연적인 재질로서 모든 인간에게 보편적인 것이라고 보았다. 그러면서 그는 인간의 성을 기본적으로 악하다고 규정했다. 『순자』의 성악편에서 그는 "사람의 본성은 나면서 이득을 좋아하게 되어 있다. 이를 따르기 때문에 쟁탈이 생기고 사양하는 마음이 없어진다. 나면서부터 시새우고 미워하게 되어 있다. 이를 따르기 때문에 잔악이 생기고 충직·성실한 마음이 없어진다. 나면서부터 귀나 눈이 아름다운 소리나 색깔보기를 좋아하게 되어 있다. 이를 따르기 때문에 음란이 생기고 예의 문리는 없어진다. … 이렇게 본다면 바로 사람의 본성이 악함은 분명하다"고 주장했다(순자, 2006: 215).

즉, 순자는 인간이 태어날 때부터 이기적이며 질투하고 미워하며 감각적이어서 이런 본성과 감정대로 따른다면 반드시 서로 다투며 무질서하고 잔인한 행동을 하게 된다고 보았다. 그래서 그는 인간이 선해지기 위해 인위적인 노력이 필요하다면서 특히 본성의 억제와 도덕적인 훈련의 필요성을 강조했다.[13] 그는 인간의 본성은 악하지만 인위적인 노력을 통해 선해질 수 있다고 한 것이다. 이런 관점에서 본다면 인위적인 노력의 결과로 달성될 수 있는 선을 인간의 본성으로 규정한 맹자의 성선설은 수용되기 어렵다.[14]

2) 인간 본성의 이기성과 이타성

다음으로 인간 본성론의 두 번째 쟁점은 '인간이 이기적인 존재인가 아니면 이타적인 존재인가'이다. 이것은 앞에서 살펴본 성악설 및 성선설의 쟁점과도 관련이 있지만, 성악설과 성선설 논쟁보다 제한된 주제를 다룬다. 예를 들어, 순자의 성악설에 따르면 인간의 본성은 이기적이고 시기심에 차 있으며 감각적인데, 이 가운데서 이기적인 특성에 초점을 맞춘다는 것이다. 여기서 보듯이 고대사상에서 유래되어 오랜 전통을 지닌 성악설과 성선설은 선악의 뿌리를 인간의 합리적인 속성뿐 아니라 감성적이거나 종교적인 속성에서도 찾는다. 그에 비해 근대 인간론은 인간의 합리적인 속성에 초점을 맞추려는 경향이 있다. 물론 근대 초기에는 인간의 본성이 기본적으로 합리적인지 감정적인지를 둘러싼 논쟁이 활발했으며, 이런 논쟁 가운데서 이기적 인간론은 합리적 인간론의 지지자에게서 주로 발견되는 반면에 이타적 인간론은 합리적 인간론의 비판자에게서 많이 발견된다.

서구의 근대사상에서 이기적인 인간 본성론을 뚜렷이 제시한 대표적인 초기 사상가로는 마키아벨리(N. Machiavelli), 홉스 등이 있다. 이 중 특히 사회계약 사상가인 홉스는 근대의 여명기인 16세기 말에서 17세기를 살면서 자연 상태의 인간 본성론을 제시했다. 그는 인간이 이성적일 뿐 아니라 감정적인 존재이기도 하다고 보았으나 이성은 참으로 좋은 것을 추구하지만 감정은 이성의 이런 작용을 방해하는 경우가 많다는 이성 중심의 합리적 인간관을 드러냈다. 그런데 그는 인간 이성의 가장 중요한 능력이 계산하는 능력이며, 인간의 모든 자발적인 행위는 자신의 이익을 목적으로 한다고 주장함으로써 결국 이기적이며 계산적인 존재로서의 인간 본성론을 제시한 것이다(홉스, 2013a: 57; 2013b: 35; 2008: 65 이하, 180;).

홉스는 이처럼 본성이 이기적이며 계산적이며 게다가 권력 추구적이기까지 한 인간이 서로 치열하게 경쟁하고 투쟁하던 상태를 자연상태라고 보았다. 그런데 이런 상태는 '만인에 대한 만인의 투쟁' 상태와 같이 인간의 지속적인 보존을 위협한다. 그래서 사람들이 이런 공포를 벗어나기 위해서, 각자가 지닌 자신의 권리를 위임하여 절대주권 국가, 즉 리바이어던을 탄생시킴으로써 막강한 권력을 통해 평화를 보장받으려고 한다는 것이다(홉스, 2013b: 46 이하; 2008: 171 이하).[15]

홉스의 이런 이기적인 인간 본성론은 그 후 서구사회에서 오랫동안 신랄한 비판을 포함한 폭넓은 반향을 불러일으켰다. 비판적 논의의 대표적인 예로서는 도덕감정(moral sense)을 주창한 영국 철학자 샤프츠베리(3rd Earl of Shaftesbury)와 이 개념을 계승한 허치슨(F. Hutcheson)의 인간론을 들 수 있다. 이들 가운데 특히 허치슨은 스코틀랜드 계몽주의의 창시자로서 스코틀랜드 계몽주의 사상가인 흄(D. Hume), 스미스(A. Smith) 등에게 큰 영향을 끼쳤다. 그 결과 이들도 홉스에 매우 비판적이거나 보완적인 인간론을 제시했는데, 그중에서 특히 흄은 홉스와 대립하면서도 함께 근대적인 인간 본성론을 대표하는 사상가로 알려졌다(이영재, 2014: 160 이하; 2015: 234-237).

흄은 홉스처럼 인간 본성에 이기적이며 계산적인 특성이 있음을 인정했을 뿐 아니라 이들 특성이 매우 강력한 힘을 지닌 감정에 기초해 있다고 보았다. 그런데 홉스는 이런 특성에 지배되는 인간 본성이 초래할 공포스러운 상태를 벗어나기 위해 인간에게 이성의 판단을 통한 강력한 외부의 힘이 필요하다고 보았다. 하지만 흄은 이와 달리 인간 본성에 존재하는 다른 중요한 감정인 동감(sympathy)을 통해 이기적인 특성이 완화되거나 심지어 억제될 수 있다고 주장했다(흄, 2009: 530 이하; 621 이하).

흄은 인간의 행위에 끼치는 영향으로 감정보다 이성의 힘을 더욱 강조해 온 합리주의자들을 비판하면서 이성만으로는 인간 행위에 어떤 동기도 부여할 수 없는데 반해 정념, 곧 감정은 근원적인 영향력을 갖는다고 보았다.[16] 이런 관점에서 그는 인간 본성에서 가장 두드러진 감정인 동감의 성향 혹은 원리에 주목하여 인간이 스스로 이기적인 본성을 억제하고 도덕적인 혹은 이타적인 존재가 될 수 있는 힘이 여기서 나온다고 주장한 것이다. 도덕성 혹은 이타성이 결코 인간 본성 바깥의 이질적인 속성이 아니라 인간 본성 자체에 기인하는 것이며, 따라서 인간 본성을 단순히 이기적이며 계산적으로 보는 것은 옳지 않다는 것이다(흄, 2009: 450 이하, 667).[17]

이와 같은 흄의 동감론은 애덤 스미스의 도덕감정론에 큰 영향을 끼쳤다. 스미스는 50대에 쓴『국부론』으로 근대 경제학의 창시자로 알려져 있을 뿐 아니라 특히 경제학자에게는 이기적 인간상을 정당화한 대표적인 인물로도 알려져 있다. 하지만 그는 30대에 집필한『도덕감정론』을 훨씬 더 중시한 도덕철학자이기도 하다.[18] 그는 인간 본성에 이기적인 성격과 함께 이와 상반되는 성격도 존재한다면서 동정심 같은 동료감정(fellow-feeling)을 제시한 후 이를 동감이라고 불렀다. 즉, 인간 본성에는 도덕적 혹은 이타적 요소도 내재되어 있음을 동감 개념을 통해 제시하고, 이에 기초한 도덕철학을 발전시킴으로써 이기적인 인간 본성론의 한계를 극복하고 이를 보완하려고 한 것이다(스미스, 2009: 3 이하).

한편 흄, 스미스와 함께 18세기의 거의 같은 시기에 프랑스의 대표적인 계몽주의 사상가로 살았던 루소 역시 인간은 본성적으로 자기애(self-love)를 지닌 존재이지만 동시에 동정심(pity)도 함께 지닌 존재라면서 홉스의 이기적인 인간 본성론을 비판했다. 그는 홉스처럼 자연 상태의 인간 본성에 대해 설명했다. 하지만 인간의 이기심이 자연 상태의 인간 본성에서 유래한 것이 아니라 사회에서 만들어진 인위적인 것이라고 보았다. 자연 상태의 인간은 자신을 보존하기 위한 자기애와 동포의 고통을 덜어 주고 싶어 하는 동정심을 함께 지니고 있어서 이 동정심의 감정으로 인해 자기애의 감정이 완화된다. 여기서 보듯이 루소는 자기애와 이기심을 분명히 구별했다. 자연적인 감정인 자기애는 동정심과 이성을 통해 인간애와 미덕을 낳을 수 있지만, 이기심은 사회에서 다른 사람과의 비교를 통해 인위적으로 생기는 것으로서 많은 악행의 원인이 된다. 결국 스코틀랜드 계몽주의자들처럼 루소 역시 홉스의 이기적인 인간 본성론을 거부하는 관점에서 인간이 자연적인 동정심과 이성을 통해 이타적인 존재가 될 수 있음을 주장한 것이다(루소, 2003a: 116, 380 이하, 521; 2003b: 79 이하).

홉스의 이기적 인간 본성론을 신랄하게 비판한 스코틀랜드 계몽주의자 흄, 프랑스 계몽주의자 루소 등의 인간관과 맹자의 성선설 사이에는 큰 공통점이 있다. 그것은 맹자가 인(仁)의 단초로서 제시한 측은해하는 마음, 즉 측은지심이 흄의 동감이나 루소의 동정심과 크게 다르지 않으며, 이것들이 모두 도덕적 감정의 중요한 뿌리로 제시되었다는 점이다. 물론 흄은 인간 본성에 이기적인 특성도 함께 내재해 있다고 본 반면에 맹자와 루소는 인간의 이기심이 인간의 본성이 아니라 사회적 환경에서 유래한다고 보았다. 이렇게 보면 인간 본성의 이기성과 이타성에 관한 쟁점에서는 흄을 비롯한 스코틀랜드 계몽주의자들의 인간론보다는 루소의 인간론이 맹자의 성선설에 더 가깝다는 것을 알 수 있다.

어쨌든 동감이나 동정심 같은 개념을 통해 이기적인 인간 본성론을 비판하는 관점은 19세기를 거쳐 오늘날까지 강력히 이어져 왔는데, 이 전통에서 이루어지고 있는 오늘날의 논의는 잠시 후에 공감적 인간상인 호모 엠파티쿠스(Homo empathicus)에 관한 논의에서 소개될 것이다.

3) 생물학적인 인간 본성론

인간 본성론의 세 번째 쟁점은 인간 본성에 대한 생물학적인 설명을 둘러싼 것이다. 생물학적인 설명은 인간 본성이 선천적으로 결정된 자연적인 것이라고 보는 공통된 특징을 갖고 있다. 하지만 여기서도 인간 본성을 이기적이라고 규정하는 논의와 이타적이라고 하는 논의가 서로 충돌한다. 물론 이런 생물학적인 인간 본성론 자체에 대한 비판도 생물학계 안팎에 널리 존재한다.

19세기와 20세기에 생물학이 급속하게 발전하면서 인간 본성에 대한 기존의 철학적인 혹은 사회과학적인 탐구 방식이 생물학 중심의 자연과학적인 탐구 방식으로 전환되었다. 그 결과 생물학적인 인간 본성론에 대한 관심이 증대하였는데, 여기에는 특히 진화론의 등장과 유전학의 발전이 크게 기여했다.

(1) 초기 진화론: 다윈과 크로포트킨

먼저, 진화론을 확립한 다윈(C. Darwin)은 자연 속에서 살아가는 모든 생명체에게는 생존경쟁이 요구되며 이 경쟁에서 유리한 조건을 갖춘 개체만 살아남아서 후손을 번식한다는 자연선택설을 주장했다. 이처럼 그는 자연선택이야말로 생명체의 존속과 진화를 가능하게 하는 가장 중요한 원리라고 보면서 이 원리를 다른 생명체와 마찬가지로 인간에게도 동일하게 적용했다(다윈, 2014: 97 이하; 2006: 119).

그 결과 다윈은 생존경쟁에서 살아남기 위해 필요한 이기심이 자연스레 인간 본성의 기본적인 속성이 되었다고 보았다. 하지만 그렇다고 인간의 행위가 언제나 이기심으로 결정된다고 생각하지는 않았는데 그것은 사회적인 본능도 함께 발달했다고 보았기 때문이다. 그에 따르면 사회적인 본능이 발달한 집단이 그렇지 않은 집단보다 더욱 잘 번성하기 때문에 결국 사회적인 본능도 자연선택의 결과로 볼 수 있다. 여기서 다윈은 흄, 스미스 등의 영향을 받아서 동감에 특별히 주목하여 이를 사회적인 본능의 핵심 요소로 간주했다. 그러면서 일종의 사회적인 본능인 동감이 인간 본성의 고귀한 부분의 기초를 형성함으로써 결국 인간 본성이 극단적인 이기심 같은 저급한 본능에 지배되지 않게 되었다고 보았다. 뿐만 아니라 미래에는 더욱 고급스런 본능이 승리하여 인간이 지식, 도덕, 종교에서 최고 수준으로 향상되리라고 낙관했다(다윈, 2006: 176 이하, 233).

이렇게 보면 인간 본성에 대한 다윈의 관점이 흄이나 스미스의 관점과 공통점이 많음을 알 수 있다. 물론 흄과 스미스는 인간 본성에 내재한 동감을 통해 인간 본성의 이기성을 극복하기 위한 도덕철학을 제시하는 데 주목했다. 이에 비해 다윈은 자신의 진화론이 인간 본성의 이기성을 정당화한다는 오해를 극복하기 위해 동감에 기초한 사회성 역시 인간 본성의 또 다른 중요한 특징임을 제시하는 데 더 큰 관심이 있었다. 하지만 어쨌든 인간 본성에 대한 흄과 스미스의 철학적인 논의와 달리 다윈은 인간 본성의 이기성과 사회성이 인간의 진화 과정에서 자연선택의 원리로 형성된 것임을 수많은 생물학적인 증거 자료를 통해 제시함으로써 결국 인간 본성에 대한 자연과학적인 해명의 큰 물꼬를 텄다는 점에서 매우 큰 의미가 있다.[19]

다윈은 이처럼 인간 본성의 이기성과 사회성을 함께 강조했으나 『종의 기원』을 통해 특히 진화론자들 사이에서 이기적인 인간 본성관을 대표하는 인물로 알려져 왔다. 이것은 스미스가 인간 본성의 두 측면을 함께 강조했음에도 『국부론』을 통해 특히 경제학자들 사이에서 마치 그가 이기적인 인간 본성관의 대변자인 듯이 오랫동안 알려져 온 것과 마찬가지이다. 물론 이것은 무엇보다도 스미스와 다윈이 살았던 시대가 경제적으로는 자본주의가, 정치 이념적으로는 자유주의가 득세하던 때여서 경제적인 혹은 정치적인 힘을 가진 자들이 경쟁을 통한 자신들의 승리를 정당화해 줄 사상적인 근거로 이들을 적극 활용했기 때문이다.[20]

이런 점은 크로포트킨(P. A. Kropotkin)의 저서를 통해 잘 알 수 있다. 크로포트킨은 다윈이 분명히 인간 본성의 이기성과 함께 사회성을 강조했음에도 당시에 다윈을 따르던 헉슬리(T. H. Huxley) 같은 주류 진화론자들이 그의 생존투쟁 개념을 협소하게 사용하여 인간의 이기성을 지나치게 부각시켰다고 지적했다. 그러면서 자신이 수많은 경험적인 증거를 통해 상호부조(mutual aid)가 인간과 일반 동물 진화의 핵심 원리라는 사실을 제시하려는 것도 사실 다윈이 『인간의 유래』에서 전개한 사상을 더욱 발전시키기 위한 것이라고 해명했다(크로포트킨, 2005: 13, 28 이하).

물론 크로포트킨 역시 인간의 이기성을 부인하지 않았을 뿐 아니라 이것이 인간 진화의 한 원리라는 점도 부인하지 않았다. 하지만 그는 여러 경험적인 증거를 통해 볼 때 상호부조 혹은 상호 협력 이야말로 경쟁보다 훨씬 더 중요한 진화의 원리이며 그렇기 때문에 인간 본성도 이기성보다는 사회성의 관점에서 이해해야 한다고 생각했다.[21] 흥미로운 점은 크로포트킨이 진화의 원리로서 상호부조를 강조하기 위해 제시한 논리가 다윈이 『인간의 유래』에서 제시한 논리와 다르지 않다는 것이다. 즉, 개별적인 투쟁을 최소화하면서 상호부조를 더욱 발전시켜 뛰어난 사회성을 지니게 된 동물 종들이 그렇지 않은 종들보다 수적으로 더 우세하며, 번성하고 발전할 가능성이 크다는 것이다(크로포트킨, 2005: 20, 342 이하).

어쨌든 크로포트킨은 인간의 이기심과 인간세계의 경쟁이 자연의 원리에 부합한다는 당시 주류 진화론자들의 주장이 잘못된 것일 뿐 아니라 오히려 인간의 사회성과 상호부조, 즉 연대 의식에 기초한 협력이 자연의 원리에 더욱 부합한다는 새로운 진화론을 제시했다. 그리고 이를 통해 인간 본성을 둘러싼 진화론적인 논의의 관점을 확장시키는 데 크게 기여했다.

(2) 유전적 진화론: 윌슨과 도킨스

다음으로 유전학이 발전하면서 생물학적인 인간 본성론에 대한 관심이 커졌다. 유전학은 19세기 중엽 멘델(G. J. Mendel)에 의해 개척되고 20세기 들어 본격적으로 발전하기 시작했으며, 1953년 왓슨(J. D. Watson)과 크릭(F. Crick)에 의해 DNA의 이중나선 구조가 발견되면서 획기적으로 발전한 생물학 분야이다. 유전학의 연구 대상인 유전자는 염색체를 통해 다음 세대로 전해지면서 생물의 형질을 지배하는 생물체의 핵심 요소이다. 그런데 이 생물 유전자에 주목한 사람들 가운데 인간 본성이 유전자에 의해 결정된다는 관점에서 생물학적인 인간 본성론을 제기하는 사람들이 등장하게 되었다.

그 대표적인 생물학자는 윌슨(E. O. Wilson), 도킨스(R. Dawkins) 등의 동물행동학자들이다. 먼저, 사회생물학의 창시자로 알려진 윌슨은 저서『사회생물학』(1975),『인간 본성에 관하여』(1979) 등을 통해 인간 본성에 대한 탐구가 이제 기존의 철학적인 방법을 벗어나 자연과학, 특히 생물학의 방법으로 이루어져야 한다고 주장했다. 그가 특별히 강조한 생물학의 방법은 유전적 진화론인데, 그것은 그가 인간을 비롯한 모든 생물이란 결국 자연선택을 통해 진화하는 유전자의 운반체라고 보았기 때문이다. 그에 따르면 인간 본성도 인간의 오랜 진화 과정에서 유전자들이 적응 과정을 거치면서 형성된 결과다(윌슨, 1992: 19-20; 2011: 59 이하).[22]

이런 진화론의 관점에서 윌슨은 인간 본성을 기본적으로 이기적인 것으로 규정했다. 그에 따르면 자연선택은 가장 먼저 개인에게 그리고 더 나아가 가까운 친척에게 이익이 되는 방향으로 작용해 왔기 때문에 인간은 이기주의와 종족주의 성향을 띤다. 하지만 인간은 가까운 친척의 범위를 넘어서는 협력을 하기도 하는데 이것도 자신이나 자신이 속한 집단의 이익에 도움이 되기 때문이다. 그 결과 비록 인간 본성에서는 이타주의 능력의 요소도 진화하게 되지만, 윌슨은 인간의 이타주의도 대부분 궁극적으로는 이기적 속성을 지닌다고 보았다(윌슨, 2011: 190 이하, 238 이하).[23]

이처럼 윌슨은 인간 본성을 유전적 진화론이라는 생물학적 인식에 기초하여 해명하려고 하면서 다윈보다도 인간을 훨씬 더 이기적인 존재로 규정했다. 그런데 인간 본성을 유전적 진화론의 관점에서 더욱 분명하게 제시하여 사회적으로 더 큰 반향을 일으킨 인물은 도킨스이다. 그는 윌슨의 『사회생물학』이 출간된 다음 해에 나온 『이기적 유전자』(1976)를 통해 생물 진화의 단위는 집단이나 개체라기보다는 유전자라는 점을 강조했다. 왜냐하면 자연선택을 통한 진화가 집단이나 개체 수준이 아닌 유전자 수준에서 이루어진다고 보았기 때문이다. 그에 따르면 인간을 포함한 모든 생물은 자기 복제자(replicator)인 유전자가 자신을 위해 만든 생존기계 혹은 운반체로서, 유전자에 의해 행동이 간접적으로 제어된다(도킨스, 2010: 40, 52, 69, 113, 410-411).

이런 관점에서 그는 다윈의 진화론을 통해 인간 본성을 제대로 이해할 수 있다고 주장했다. 즉, 인간의 정체, 존재의 목적, 생명의 의미 등에 관한 질문에 대한 그 이전의 답은 미신에 근거했으며, 다윈 이후에 비로소 진실이 밝혀지기 시작했다는 것이다. 그는 인간 본성을 기본적으로 이기적인 것으로 규정하면서 그 이유를 유전자의 이기성에서 찾았다. 유전자는 생존을 둘러싸고 유전자 풀 내의 대립 유전자와 경쟁하여 살아남을 확률을 키워야만 하는데, 인간 본성을 이루는 유전자는 다른 생명체의 성공적인 유전자와 마찬가지로 그동안 오랜 시간을 치열한 경쟁에서 생존해 왔다. 이처럼 경쟁에서 생존하려는 유전자가 갖는 가장 중요한 특성을 그는 '비정한 이기주의'라고 부르면서 인간 본성이 이런 이기적인 유전자로 프로그램되어 있다고 주장한 것이다(도킨스, 2010: 38 이하, 90).[24]

이처럼 도킨스는 유전자의 보편적인 법칙에 따르면 인간 본성이 이기적이어서 인간 사회는 매우 험악할 수밖에 없다고 보았다. 그렇다고 그가 인간의 이기적인 본성이 불가피하거나 더 나아가 바람직하다고 본 것은 아니다. 그에 따르면 순수한 이타주의는 자연계에 자리를 잡을 여지도 또한 그런 적도 없기 때문에 인간의 생물학적인 본성에서 이타성을 기대하기는 어렵다. 오히려 인간은 이기적인 유전자를 통해 이기적인 행동을 하도록 지시를 받는 이기적인 존재로 태어난다. 하지만 도킨스는 인간이 평생을 자신의 이기적인 유전자에 반드시 복종해야만 하며 더 나아가 유전된 형질이 고정된 것이어서 변경이 불가능하다고 보지는 않았다. 이타적인 행동을 하도록 프로그램되어 있는 경우보다 어렵기는 하지만 그래도 인간은 이기적인 유전자의 의도에 대항하여 이타주의의 능력을 의식적으로 육성할 수 있는 존재로 본 것이다(도킨스, 2010: 41, 335).

여기서 볼 수 있듯이 도킨스는 인간이 생물학적으로 이기적인 본성을 지니고 태어난다는 점을 분명히 주장하면서도 이런 생물학적인 속성이 비가역적인 것이라거나 인간 존재를 최종적으로 결정한다고 보지는 않았다.[25] 그는 후에 덧붙인 글에서 영국 마거릿 대처 (M. Thatcher) 정부의 신자유주의 정책이 인간의 이기심을 이데올로기의 위치에까지 끌어올렸다고 비판했다. 그러면서 그는 이런 상황 때문에 자신의 주장도 같은 정치적인 맥락에서 이해되거나 마치 자신이 이기심을 생활 원리로서 옹호하는 것처럼 여겨진다고 안타까움을 토로했다(도킨스, 2010: 428-430).

하지만 도킨스의 진정한 의도가 무엇이었든 간에 인간의 자연적인 본성이 이기적이라는 점을 유전자 수준에서 해명한 것은 생존경쟁을 자연의 보편적인 원리로 여긴 다윈주의적인 진화론과 함께 1980년대에 휘몰아친 신자유주의 물결을 뒷받침하는 논리로서 매우 큰 매력이 있었다. 즉, 이기적인 경제 주체들 간의 자유로운 경쟁을 중시하는 시장경제 원리를 더욱 강화하려는 자에게는 인간의 이기적인 본성과 진화론을 주장하는 도킨스나 윌슨 같은 생물학자들의 주장이 호소력이 있었기 때문에 이 시기에 이들의 주장이 특히 큰 반향을 불러일으킬 수 있었다.

(3) 뇌신경학과 거울 뉴런

이탈리아 신경생리학자 리촐라티(Giacomo Rizzolatti) 교수의 연구팀이 1990년대에 원숭이 뇌에서 거울 뉴런(mirror neurons)이라는 신경세포를 발견한 이후, 이것이 인간의 뇌에도 존재한다는 사실이 여러 실험을 통해 확인되었다. 리촐라티 연구팀은 원숭이가 특정한 행동을 하려고 할 때만 신호를 보내는 원숭이 뇌의 신경세포에서 매우 흥미로운 현상을 발견했다. 다른 원숭이가 동일한 행동을 하는 것을 실험 대상 원숭이가 단지 관찰만 할 때도 이 세포에서 같은 생체 전기적인 신호가 발사된 것이다. 이것은 다른 원숭이가 어떤 행동을 하면 그 행동을 하는 원숭이에게도 영향을 미친다는 것을 의미하는 신경생물학적인 공명 현상이다. 그런데 다른 원숭이의 행동에 공명하는 이 거울 신경세포는 그 원숭이가 실제로 행동하는 것을 관찰하지 않고 그 행동에 따르는 소리만 들어도 작동했다. 여기서 더 나아가 인간에게서 확인된 거울 뉴런은 다른 사람의 행동을 관찰하거나 소리를 들을 때뿐만 아니라 그 행동을 상상하기만 해도 활성화되었으며, 관찰한 행동을 흉내 낼 때 가장 활발하게 작동했다. 물론 거울 뉴런에서 일어나는 이런 현상들은 인간 자신의 의지나 사고와 상관없이 자동적으로 발생한다(바우어, 2006: 22 이하; 장대익, 2012: 34-35).

거울 뉴런의 발견은 생물학계, 심리학계 등에서 매우 중요한 사건으로서 지금까지 다양한 후속 연구가 활발히 진행되고 있다. 그것은 거울 뉴런이 다른 개체 혹은 타인의 행위와 감정을 이해하는 데 중요한 역할을 한다고 밝혀졌기 때문이다. 타인의 감정, 특히 고통을 내 것처럼 이해하는 것은 인간의 도덕 관념의 출발점이다. 맹자의 성선설에서나 근대 서구 철학에서, 그리고 심지어 다윈의 진화론에서조차 인간의 사회성 혹은 도덕성의 가장 중요한 근거로서 측은지심, 동감, 동정심 등이 특별히 강조되었다. 그런데 거울 뉴런이란 바로 이런 도덕성의 기초인 인간의 보편적인 동감 능력의 뇌신경학적인 기제를 보여 준다(장대익, 2012: 45 이하).[26]

이런 관점에서 바우어는 도킨스처럼 생존경쟁과 인간의 이기성을 강조하는 진화론자들을 비판했다. 그는 다윈의 진화론이 실제로는 인간의 사회성을 중시한 데 비해 '적자생존' 개념을 중시한 스펜서(H. Spencer)의 사회적 다원주의의 영향을 크게 받은 잘못된 진화론이 최근 유전적 진화론까지 이어졌다고 보았다. 그러면서 그는 그 대표적인 사례로서 도킨스의 이기적 유전자론을 신랄하게 비판했다(바우어, 2006: 186 이하).

바우어에 따르면, 생존경쟁이 개별 생명체가 생명을 유지하는 동기 중의 하나이긴 하지만 진화의 중심사상이라고 할 수는 없다. 생명체는 자신의 생존을 확실히 하려고 노력하면서 동시에 적응과 거울반응을 함께 추구하는데, 여기서 적응과 거울반응을 추구하는 것이 생존을 추구하는 것보다 덜 중요한 것은 아니다. 거울 뉴런을 통한 공명은 인간의 기본 욕구에 해당하기 때문에 출생 후 얼마 되지 않아 사회에서 격리된 사람은 음식을 충분히 주더라도 정신적·신체적 손상을 입어 사회적으로 부적합한 태도를 취하고 심지어 죽는 경우도 흔히 있다. 이런 사람들은 신경생리학적으로 고통을 인지하는 중추가 크게 활성화되어 있는데, 좋은 유전자를 갖고 태어났더라도 소용이 없다(바우어, 2006: 186 이하).

이런 관점에서 그는 거울 현상이 진화론에서 '적자생존' 원칙에 견줄 위치에 있다고까지 주장했다. 왜냐하면 거울반응과 적응을 하려는 경향은 유전물질에서 비롯된 것으로서 이를 거부할 수 있는 생명체가 없기 때문이다. 그에 따르면, 생물의 DNA는 쌍으로 구성된 물질로 구성되어 있는데 이 물질은 거울반응과 적응을 담당한다. 여기서 거울반응, 즉 공명 현상은 동일한 종의 개체들이 서로를 이해하고 소속감을 느끼고 태도를 직감적으로 일치시키는 데 필수적인 생물학적인 원리이다. 그래서 바우어는 DNA부터 인간에 이르기까지 영향을 미치는 거울 현상과 공명은 생명체에 영향을 미치는 일종의 중력의 법칙과 같다고 보았다. 그러면서 그는 '적자생존'을 진화의 핵심 원리로 간주해 온 기존의 진화론이 생명체들 사이의 거울반응과 적응, 그리고 일치를 이루려는 또 다른 생물학적인 핵심 원리를 통해 보완되어야 한다고 강조했다(바우어, 2006: 188-190).

이처럼 거울 뉴런의 발견에서 시작된 뇌신경학의 새로운 연구 결과들은 앞에서 살펴본 몇몇 대표적인 유전적 진화론자들을 통해 확산된 이기주의적인 인간 본성론에 대한 매우 강력한 생물학적인 도전을 의미했다.[27] 비록 거울 뉴런 체계가 인간의 사회적 능력에 기여하는 바에 대한 회의적인 목소리가 없지 않지만, 그럼에도 거울 뉴런에 대한 신경생리학적인 연구가 1970년대에 동물행동학자들을 통해 제기된 기존의 유전적 진화론의 시각을 근본적으로 교정하거나 보완하는 데 큰 역할을 해 왔다(장대익, 2012: 50).

이런 논의는 고대 중국사상의 성선설과 성악설 논쟁, 근대 초기 서구 철학의 이기성과 이타성 논쟁, 그리고 19세기 후반과 20세기 초에 이루어진 진화론의 원리를 둘러싼 논쟁이 20세기 후반에 와서 생물학계와 여기에 영향을 받은 심리학계를 중심으로 재현된 것으로 보인다. 그런데 앞에서도 언급했듯이 20세기 말에는 인간의 이기심을 정당화하고 이를 바탕으로 사회의 경쟁원리를 강조하려는 신자유주의 이념이 도킨스의 영국과 윌슨의 미국에서부터 전 세계적으로 강력하게 확산되었고, 또한 이로 인한 폐해 때문에 신자유주의 이념에 대한 비판이 거세졌다. 이런 배경 때문에 이들의 논의는 정치경제적인 이념을 뒷받침하는 과학적인 근거로 주목을 받아 과학계를 넘어 사회의 폭넓은 영역에서 매우 큰 반향을 불러일으켰다.[28]

이처럼 인간 본성에 관한 논의는 고대 중국사상뿐 아니라 이 글에서 다루지 않은 기독교, 불교 같은 오래된 종교사상이나 고대 그리스 철학 같은 고대사상으로부터 중세와 근대의 철학 및 최근의 자연과학에 이르기까지 여러 영역에서 다양한 모습으로 이어져 왔다. 그러면서 수많은 사상가 혹은 학자들이 '인간 본성이란 기본적으로 이기적이거나 비도덕적인 특성을 갖는가 아니면 이타적이거나 도덕적인 특성을 갖는가', '선천적으로 자연에 의해 정해지는 것인가 아니면 후천적으로 사회문화적인 영향으로 형성되는가', '모든 인간에게 보편적인가 아니면 개별적인가' 등을 중심으로 대답을 제시하려고 노력해 왔다.

그런데 위에서 소개된 인간 본성론을 보면, 인간 본성이 기본적으로 이기적이라는 입장, 이타적이라는 입장, 이기성과 이타성을 함께 지닌다는 입장으로 나뉜다. 또한 인간 본성의 이기적 특성과 이타적 특성의 기원에 대해서는 자연에 의해 선천적으로 주어진다는 입장과 후천적으로 습득된다는 입장으로 나뉜다. 따라서 인간 본성이 모든 인간에게 보편적으로 주어진다는 입장과 개인·집단·문명 등에 따라 다르게 형성된다는 입장으로 나뉜다는 것도 알 수 있다. 어쨌든 위의 여러 인간 본성론은 자신들의 이런 입장을 모두 독창적인 방법으로 제시한 것이다.

그런데 지금까지 학계, 특히 사회과학계를 보면 일찍이 인간 본성을 이기적으로 규정한 홉스의 인간관에 기초했거나 그에 큰 영향을 받아 구성된 인간상, 예컨대 호모 폴리티쿠스, 호모 에코노미쿠스 등이 여전히 매우 큰 역할을 하고 있다. 물론 이런 이기적인 인간상에 반발하여 사회학에서는 호모 소시올로기쿠스 같은 과잉 사회화된 인간상이 한동안 주도적인 역할을 하기도 했다. 하지만 이들 인간상은 모두 이기적 특성과 이타적 특성을 함께 지닌 인간의 본성을 제대로 반영하지 못한다. 게다가 호모 폴리티쿠스와 특히 호모 에코노미쿠스 같은 이기적인 인간상이 20세기 말부터는 지나친 인간의 이기심과 사회의 경쟁을 정당화하는 이데올로기 역할도 해 오고 있다. 그 결과 개인이나 사회 혹은 국가 간에 경쟁과 갈등이 치열해지면서 관계의 해체, 불평등, 양극화 등이 심해지는 비인간화 현상이 뚜렷해졌다.

그렇기 때문에 이런 문제를 극복하기 위해서는 인간의 본성을 제대로 반영하지 못할 뿐 아니라 편향된 이데올로기 역할까지 수행하는 왜곡된 인간상의 한계를 극복하거나 적어도 보완할 사회적 인간상이 필요하다. 그런데 과잉 사회화된 인간상인 호모 소시올로기쿠스는 이런 새로운 인간상으로는 부적절하기 때문에 개인의 자율성을 전제로 사회적 본성을 충분히 반영할 수 있는 인간상을 모색할 필요가 있다. 그래서 이 책에서는 이런 새로운 사회적 인간상을 호모 솔리다리우스라고 부르고, 이 새로운 인간상의 정체에 대해 다음 장에서 소개하겠다. 그 전에 우선 이 장의 나머지 부분에서 개인의 자율성과 사회성을 함께 고려하여 구성된 기존의 대표적인 사회적 인간상에 관해 간략히 소개하고자 한다. 이것은 인간 본성의 이기성과 이타성을 함께 반영한 사회적 인간상의 구성을 모색해 온 기존의 노력을 보여 주려는 것이다. 하지만 또한 호모 솔리다리우스가 어떤 점에서 기존의 사회적 인간상들과 구별되며 더 나아가 이들보다 진전된 모델인지 해명하기 위해서도 필요하다.

2. 호혜적 인간, 호모 레시프로칸스

호혜적 인간, 상호적 인간 등으로 번역되어 온 호모 레시프로칸스(Homo reciprocans)는 경제학 분야를 중심으로 이기적인 경제 행위자인 호모 에코노미쿠스에 대립하는 협력적인 경제 행위자 모델로 제시되어 왔다. 그런데 여기서 의미하는 협력 행위는 기본적으로 행위자 사이의 상호 협력이다. 그렇기 때문에 호모 레시프로칸스는 타인과의 상호 협력을 추구하는 인간이라고 할 수 있다.

물론 인간의 기본 속성을 상호 협력에서 찾으려는 노력은 호모 레시프로칸스라는 개념이 등장하기 전부터 이루어졌다. 인간에게는 자연선택 과정을 통해 사회적 본성이 발달해 왔다는 다윈의 관점을 더욱 발전시켜 크로포트킨이 상호부조 혹은 상호 협력이야말로 인간과 일반 동물의 진화의 핵심 원리라는 사실을 밝힌 것이 그 대표적인 사례이다.

하지만 호모 에코노미쿠스 모델의 한계를 극복할 대안적인 행위자 모델로서 호모 레시프로칸스가 탄생하게 된 직접적인 근거는 진화론적인 이타주의 담론이었는데, 이 가운데 특히 생물학자 트리버스(R. L. Trivers)의 호혜적 이타주의론이 매우 중요한 역할을 했다.

1) 진화론적 이타주의 담론: 호혜적 이타주의론과 호혜적 협력론

생물학자 해밀턴(W. D. Hamilton)은 비슷한 유전자를 지닌 혈연적 친족 사이에서 나타나는 이타적 행동을 유전적 진화론의 관점에서 설명하는 혈연선택론을 제시했다. 그에 따르면, 자신에게 손해가 됨에도 타인에게 이로움을 가져다주는 이타적 행동이 부모와 자녀 사이나 형제간처럼 혈연적으로 가까운 친족 집단에서 일어나는 현상은 유전자 자신의 영구보존에 기여할 유전자의 자연선택 과정이며, 이 과정에서 개인 혹은 개체의 생존 여부가 중심적인 역할을 하지 않는다(Trivers, 1971: 35; 홍일립, 2017: 900-903).

트리버스의 호혜적 이타주의론은 해밀턴이 이처럼 친족 집단에 한정시킨 이타적 행동의 범위를 확장시켜 비혈연 관계에서 나타나는 이타주의의 원리를 진화론적으로 설명하려고 한 것이다. 그에 따르면, 자신에게 일시적으로 해가 되지만 다른 개체를 돕는 이타적인 행동은 만약 후에 반대로 그 개체로부터 도움을 받을 가능성이 있다면 오히려 유익하기 때문에 진화되어 왔을 것이다. 이처럼 그는 이타주의를 기본적으로 호혜성의 원리에 입각하여 설명하는데, 문제는 상대방이 같은 이타적 행동을 하지 않는 경우이다. 그는 이런 유형의 행동을 "기만(cheating)"이라고 부르면서 호혜적 이타주의를 파괴하는 기만 행동에 대항하여 어떻게 자연선택이 작동할 수 있는지를 보여 주려고 했다(Trivers, 1971: 35).

트리버스에 따르면, 호혜적 이타주의는 인간뿐 아니라 다른 동물에서도 자주 발견된다. 그는 청소하면서 공생관계를 유지하는 해양생물과 또한 경고 울음소리를 냄으로써 스스로를 위험에 노출시키는 조류의 행동을 이런 사례로 제시했다. 하지만 그의 더 큰 관심은 인간의 호혜적 이타주의에 있었다(Trivers, 1971: 39, 43).

그런데 인간에게는 이타적인 경향과 기만적인 경향이 함께 있기 때문에 이타주의가 매우 민감하고 불안정하다. 그래서 이런 경향이 인간의 사회적이며 생태적인 외부 환경에 적절한 균형을 이루기 위해서는 이런 경향들을 적절히 규제하는 데 좀 더 효과적인 원리들이 선택됨으로써 인간의 이타주의 체계가 진화한다. 이런 관점에서 트리버스는 우정, 애증의 감정, 도덕적인 공격성, 감사의 마음, 동감, 죄책감, 교묘한 속임수, 신뢰, 의심, 이타적 동반자 관계의 형성 등이 인간의 이타주의 체계를 적절히 규제하기 위해 선택된 적응 원리라고 설명했다(Trivers, 1971: 35, 48 이하).

트리버스의 호혜적 이타주의론을 계기로 다양한 영역에서 많은 후속 논의가 진행되었다. 예를 들어, 심리학에서는 코스미데스(L. Cosmides)와 투비(J. Tooby)의 사회계약 이론을 비롯한 여러 진화심리학자의 이타주의론이 이어졌다. 코스미데스와 투비에 따르면, 호혜적 이타주의가 진화하려면 기만 행동을 간파하고 회피하는 기제가 필요하다. 그래서 인간에게 다음과 같은 인지능력, 즉 ① 다른 개인을 식별할 수 있는 능력, ② 이들과 상호작용한 이력을 기억하는 능력, ③ 자신의 가치와 욕구와 필요를 다른 사람에게 알리는 능력, ④ 다른 사람에게서도 이런 가치, 욕구, 필요를 파악할 수 있는 능력, ⑤ 다양한 교환 품목의 비용과 편익을 이해하고 인식할 수 있는 능력이 진화했다고 보았다(버스, 2012: 427-431).[29]

또한 정치학에서는 많은 사람들이 게임이론을 활용하여 호혜적 이타주의를 설명하려고 했는데, 액설로드(R. Axelrod)가 대표적인 인물이다. 그는 1981년에 해밀턴과 함께 쓴 논문에서 죄수의 딜레마 게임 전략을 통해 호혜적 협력이 진화할 수 있는 조건을 분석했다. 그 결과 반복적인 죄수의 딜레마 게임에서는 이기적인 전략보다 이타적인 전략이 우월하며, 특히 수리 심리학자이자 게임이론가인 라포포르트(A. Rapoport)가 제안한 팃포탯(tit for tat) 전략이 월등하게 뛰어나다는 것을 발견했다. 이 전략은 처음에는 상대방과 협력하지만 다음부터는 상대방이 그전에 행한 대로 되갚는 전략, 즉 상대방이 협력했으면 그에게 협력하고 상대방이 그 협력을 저버리고 배반했으면 똑같이 그렇게 하는 전략이다(Axelrod & Hamilton, 1981: 1391 이하).

그 후 1984년에 펴낸 단행본에서는 액설로드가 팃포탯 전략의 의미와 여기서 도출된 호혜적 협력의 창발 및 증진 과정과 방안에 대해 더욱 구체적으로 설명했다. 그는 팃포탯 전략의 성공 요인이 먼저 배신하지 않는 '신사적인' 특성과 상대방의 배신을 응징한 후에 다시 '용서'하고 협력하는 경향에 있다고 보았다. 그리고 협력이 진화하려면 개인들이 다시 만날 확률이 커서 미래에 이해관계를 통해 서로 얽힐 것이라는 믿음이 필요하며, 만약 이렇게 된다면 협력이 다음의 세 단계로 진화한다고 설명했다. 첫 단계에서는 무조건

배신만 하는 세계에서도 협력이 싹틀 수 있다. 즉, 아주 작게나마 대가성 협력을 바탕으로 서로 상호작용하는 무리가 있으면 협력이 진화할 수 있다는 것이다. 둘째 단계에서는 수많은 전략이 난무하는 세계라고 할지라도 호혜주의를 기초로 하는 전략이 살아남는다. 마지막 셋째 단계에서는 협력이 일단 호혜주의를 원칙으로 안착되면 덜 협력적인 전략들에 맞서 스스로를 지켜낼 수 있다는 것이다(액설로드, 2009: 43-44, 66).[30]

2) 행동경제학의 호혜적 인간론

이렇게 보면 호혜적 이타주의론이나 호혜적 협력론에서 의미하는 호혜성이란 단지 쌍방향성을 가리키는 일반적인 상호성을 넘어 상대방에게 행한 바에 상응하는 공평한 행위를 상대방에게 기대한다는 것을 전제로 하는 조건부 상호성이라고 할 수 있다. 이런 의미에서 호혜적 이타주의나 호혜적 협력은 무조건적인 순수한 이타주의 혹은 협력과 구별되는 조건부 이타주의 혹은 협력이다.

호혜적 인간, 즉 호모 레시프로칸스는 이런 의미의 호혜적 이타주의 혹은 협력을 추구하는 인간상에 기초하여 제시된 행위자 모델로서, 볼스(S. Bowles), 페어(E. Fehr) 등의 행동경제학자들을 중심으로 한 일군의 학자들이 본격적으로 제시한 이후 경제학계를 넘어 폭넓게 확산되고 있다.

볼스, 보이드(R. Boyd) 등은 1997년에 공동 집필한 논문에서 호모 레시프로칸스 개념을 제시했다. 이들은 공공재 게임, 최후통첩 게임 등 협력행동에서 이득을 얻는 게임에서는 행위자가 협력의 성향을 지닐 뿐 아니라 협력에 배반하는 행동을 하는 자에 대해서는 비용을 감수해서라도 처벌을 가하려는 성향도 갖는다는 점에 주목했다. 그러면서 이들은 상호 관련된 이 두 성향의 결합을 "호혜적 공정성(reciprocal fairness)"이라고 부르고, 이것의 기원, 차원, 그리고 정책적 함의를 집중적으로 분석했다. 그런데 여기서 이들은 특히 호혜적 공정성이 다양한 사회적 상황에 존재할 뿐 아니라 많은 개인들이 이런 원리에 따라 행동한다는 점을 보여 주려고 노력했다(Bowles et al., 1997: 1, 4).

호모 레시프로칸스란 이런 호혜적 공정성을 추구하는 사람을 가리키는 것으로, 볼스를 비롯한 저자들이 기존의 호모 에코노미쿠스와 대조되는 인간상으로 제시한 것이다. 그러므로 호모 레시프로칸스는 신고전경제학의 이기적인 행위자와 다르지만 그렇다고 해서 자신을 고려하지 않는 온전한 이타적 행위자도 아니며, 자신들의 호혜적인 성향을 적절한 조건 속에서 드러내는 조건적인 협력자라고 할 수 있다.[31] 어쨌든 볼스 등은 호혜적 공정성과 호혜적 인간, 즉 호모 레시프로칸스 개념을 통해 배반에 대한 응징이 결국은 협력을 촉진함으로써 집단에 유익을 가져다준다는 의미에서 이타적인 특성을 지닌다는 점을 강조했다(Bowles et al., 1997: 4-5).

볼스는 긴티스(H. Gintis)와 함께 2002년에 쓴 논문에서 호모 레시프로칸스의 응징이 갖는 이타적 특성을 더욱 분명히 하기 위해 이를 "이타적 처벌(altruistic punishment)"이라고 부르면서 인간의 협력을 유지하는 핵심 요소라고 지적했다. 그리고 페어(E. Fehr)와 개히터(S. Gächter)의 공공재 게임 실험 결과를 토대로 이타적 처벌 행동이 매우 일반적인 것이라고 주장했다. 또한 수렵채취인들에 대한 여러 연구 결과들을 토대로 이것이 오래 전부터 일반적인 것으로 행해져 왔는데, 그 이유는 이타적 처벌 행동이 진화 과정에서 성공적인 전략이었기 때문이라고 주장했다. 즉, 이타적 처벌자의 비율이 높은 집단이 그렇지 않은 집단에 비해 더욱 성공적으로 협력을 유지해 왔을 것이기 때문에 널리 일반화되었다는 것이다(Bowles & Gintis, 2002: 125 이하).

이와 관련하여 독일 경제학자 도멘(T. Dohmen), 팔크(A. Falk) 등은 독일 사회경제 패널 자료의 분석 결과를 토대로 독일 성인들 사이에서 호모 레시프로칸스가 얼마나 일반화되어 있으며, 호혜성이 약하거나 전혀 없는 사람들과 비교할 때 호모 레시프로칸스가 인생을 어떻게 살아가는지를 실증적으로 보여 주는 연구를 수행했다. 그 결과 독일 성인에게서는 호혜적 성향이 일반화되어 있으며 부정적인 호혜성보다는 긍정적인 호혜성이 더욱 뚜렷하다는 사실이 드러났다. 그리고 긍정적인 호혜성이 클수록 친구관계, 경제적 소득, 삶의 만족도로 측정된 인생에서의 성공 정도가 더욱 크다는 것이 밝혀져 사실상 호모 레시프로칸스가 비호혜적인 사람들에 비해 더욱 성공적이라는 점을 알 수 있다고 주장했다(Dohmen et al., 2009: 592 이하).

한국의 경제학계에서도 최정규, 원용찬 등이 호모 레시프로칸스에 주목했다. 볼스의 제자이자 공동 연구자이기도 한 최정규는 개인 행위자들 간의 조정과 관련한 시장과 국가의 실패를 극복하는 제3의 방안으로서 호모 레시프로칸스의 존재와 이들을 통한 공동체적 유대가 갖는 적극적인 의미를 특별히 강조했다. 그러면서 집단 간의 경쟁에서는 강력하지만 개인 간의 경쟁에서는 취약한 호모 레시프로칸스가 호모 에코노미쿠스 같은 이기적인 인간과의 경쟁에서 살아남고 진화할 수 있는 원리들을 살펴봄으로써 결국 호모 레시프로

칸스가 성공적으로 자리잡을 수 있는 조건들을 보여 주려고 하는 등
여러 방식으로 호모 레시프로칸스를 비교적 자세히 다루었다(최정
규, 2000: 124 이하, 132 이하; 2009: 153-154, 272 이하).

한편 원용찬은 폴라니(K. Polanyi)의 실체적 경제 개념에 입각한
논의를 통해, 그동안 사회에서 이탈되었던 시장경제가 제자리를 잡
고 선험적인 호모 에코노미쿠스로 인해 잃어버렸던 경험적이며 실
체적인 인간상이 회복되는 데 호모 레시프로칸스가 갖는 특별한 의
미를 강조했다. 그러면서 실체적 존재이자 윤리적 존재이기도 한 호
모 레시프로칸스와 문화가 서로 영향을 주고받는 관계라는 관점에
서, 호모 레시프로칸스가 사회에서 지배적인 인간 유형으로 자리를
잡는 데 필요한 문화와 사회제도를 깊이 있게 해명할 필요성이 있음
을 지적했다(원용찬, 2005: 2356 이하).[32]

3. 공감적 인간, 호모 엠파티쿠스

호모 에코노미쿠스가 강조하는 인간의 이기적인 특성과 반대로
인간의 이타성을 보여 주는 행위자 모델로 제시된 것이 호혜적 인
간, 즉 호모 레시프로칸스이다. 이에 비해 호모 에코노미쿠스가 인
간을 철저히 이성적인 존재로 본다는 점을 문제로 삼으면서 인간의
감성이 중시되는 행위자 모델로 제시된 것이 공감적 인간인 호모 엠
파티쿠스(Homo empathicus)이다. 그렇기 때문에 호모 엠파티쿠스와
호모 레시프로칸스는 둘 다 인간의 사회성을 강조하는 모델이라는
점에서는 비슷하지만 후자가 합리적인 행위자 모델에 의존하는 만

큼 양자 사이의 차이와 이질성이 더욱 뚜렷해진다. 그렇다면 공감적인 인간인 호모 엠파티쿠스는 구체적으로 어떤 인간인가? 이를 설명하기에 앞서 먼저 호모 엠파티쿠스의 핵심적인 특성을 규정하는 공감이라는 개념에 대한 설명이 필요하다.

1) 공감이란 무엇인가?

여기서 말하는 공감은 영어의 empathy에 해당한다. empathy는 영국인 심리학자 티처너(E. B. Titchener)가 1909년 독일어 Einfühlung을 영어로 번역하기 위해 만든 단어이다. Einfühlung은 감정이입을 뜻하는 말로, 독일 철학자 피셔(R. Vischer)가 1873년에 미학 개념으로 처음 사용한 후 독일 철학자이자 심리학자인 립스(T. Lipps)가 발전시킨 개념이다. 립스는 프로이트(S. Freud)의 사상에도 큰 영향을 끼친 당대의 매우 저명한 학자로서 Einfühlung이 미학 분야를 넘어 심리학 분야에서 중요한 개념으로 발전하는 데 크게 기여했다. 이 개념을 티처너가 영어로 표현한 것이 우리말로는 '공감'으로 번역되는 empathy인 것이다(리프킨, 2010: 19; Darwall, 1998: 262).

하지만 영어 단어 empathy와 독일어 단어 Einfühlung이 만들어지기 전에도 공감 또는 이와 비슷한 뜻으로 사용된 단어가 있었다. 앞에서 살펴보았듯이 18세기 스코틀랜드 계몽주의자 흄, 스미스 등과 19세기 영국 진화론자 다윈이 사용한 '동감'과 18세기 프랑스 계몽주의자 루소가 주목한 '동정심(pity, pitié)' 같은 단어가 그 대표적인 예에 해당한다.[33]

그래서 이들 단어가 종종 공감으로 번역되기도 하는데, 막스 셸러(M. Scheler)는 일찍이 동감(sympathy, Sympathie/Mitgefühl)과 유사한 현상들을 설명하면서 이들과 동감의 차이를 분명히 제시한 바 있다. 그가 동감과 유사한 현상으로 제시한 것은 직접적인 상호 동일적 감정(Mit-einanderfühlen), 감정전염(Gefühlsansteckung), 그리고 감정합일(Einsfühlung)이다.[34] 직접적인 상호 동일적 감정이란 예컨대 사랑하는 자식의 시신 앞에 서 있는 어머니와 아버지가 동일한 아픔과 고통을 느끼는 것처럼 나의 동정과 그의 고통이 하나를 이루는 경우인데, 여기서는 한 사람의 고통이 다른 사람에게 결코 대상화되지 않는다. 이것은 최고의 사랑을 전제로 하는 감정이다. 감정전염은 진정한 동감 현상이 아니면서도 자주 동감과 혼동되는 것으로, 타인의 기쁨과 고통을 느끼려는 의도가 전혀 없는 상태에서 비자의적·무의식적으로 진행되어 무엇이 일어나는지 모르는 채 그런 상태에 빠지게 되는 특징을 지닌다. 물론 이런 전염 과정이 의식적인 의도에 이용될 수 있다. 감정합일은 감정전염의 극단적인 경우로서 무의식적으로 타인의 감정을 자신의 감정으로 간주할 뿐 아니라 타인의 자아도 나의 자아와 동일시하는 상태이다. 이런 상태는 감정의 전염이 고도화되면서 나타날 수 있다(셸러, 2006: 49 이하).

셸러는 이들 현상과 동감을 구별했다. 셸러에 따르면 진정한 동감이란 타인의 체험에 실제적으로 참여하는 것으로, 타인이 체험한 고통이나 기쁨을 의도적으로 따라 느낄 뿐 아니라 이 느낌과 관련된 사실과 가치에 반응하는 것이다. 그런데 이렇게 동감하는 나의 느낌은 결코 타인의 고통이나 기쁨과 하나일 수 없고 서로 구분되는 별개의 것이다. 이런 점에서 셸러는 두 감정이 아주 밀접히 혼합되어 분리 체험이 어려운 상호 동일적 감정에 대해 이것이 비록 감정전염과 감정합일에 비하면 동감에 가깝지만 그럼에도 불구하고 진정한 동감이라고 볼 수 없는 현상이라고 설명했다(셸러, 2006: 51-52).

여기서 셸러는 타인의 고통을 따라 느끼는 것과 그 후에 이 느낌으로 인한 반응을 드러내는 것이 동감의 핵심적인 두 가지 요소라면서 동감적인 반응의 요소가 빠진 단순한 추감정(Nachfühlen)이나 감정이입(Einfühlung, 공감)과 동감 사이의 차이를 강조했다. 그에 따르면, 타인의 느낌을 뒤따라 느끼는 것이나 감정이입은 동감 없이 얼마든지 이루어질 수 있으며, 심지어 동감 작용에 정반대되는 결과를 낳을 수도 있다.[35] 예를 들어 타인의 고통을 느끼지만 타인과 그의 느낌을 전혀 배려하지 않는 거친 태도가 있을 수 있으며, 더 나아가 타인의 고통을 확대하여 느낌으로써 자신의 더 큰 쾌락을 경험하려는 잔인한 태도도 가능하다는 것이다(셸러, 2006: 51 이하).

한편 그 후에 다월(S. Darwall)은 공감과 동감을 구별하고, 공감을 다시 감정전염, 투사적 공감(projective empathy), 초기 동감적 공감(proto-sympathetic empathy)의 셋으로 분류하여 설명했다. 그에 따르면 동감이란 타인의 선이나 안녕에 방해가 되거나 이를 위협하는 것을 마주하여 그 타인을 위해 그와 그의 안녕을 염려하는 것이다. 이에 비해 공감은 타인의 감정 상태와 일치하는 감정이지만 타인에 대한 염려를 필요로 하지는 않는다. 즉, 공감은 타인이 어떻게 느끼리라고 상상하게 되는 것을 느끼는 것으로서, 타인의 관점에 관심을 갖는 이유에 따라서 순수한 관찰자의 무관심한 태도나 심지어 가학증의 잔인한 태도로 나타날 수도 있다. 이처럼 동감에서는 타인의 입장에서의 배려가 우선시되지만 공감에서는 자신의 관점이 더욱 크게 작용한다(Darwall, 1998: 261).

어쨌든 다월에 따르면 이런 공감에도 세 가지 형태가 있다. 먼저

연대하는 인간, 호모 솔리다리우스

셸러도 언급한 바 있는 감정전염은 가장 초보적인 공감 형태로, 타인의 상태에 대한 상상적인 투사를 통하지 않고 좀 더 직접적으로 타인의 감정을 전달받는 것이다. 다음으로 투사적 공감은 애덤 스미스의 동감 개념과 비슷한 것으로, 우리가 타인의 상황에 있다면 느끼게 되리라고 상상하게 되는 것을 느끼는 것이다. 그렇기 때문에 여기서는 타인의 감정을 상상할 수 있는 능력이 필요하다. 동감에서는 관심의 초점이 타인에게 맞추어져 있지만, 투사적 공감에서는 타인이 처한 상황에 관심의 초점이 맞추어져 있다. 하지만 공감 가운데서도 동감처럼 타인에게 주목하는 것이 있는데, 다월은 이런 형태의 공감을 초기 동감적 공감이라고 불렀다. 초기 동감적 공감에서는 투사적 공감을 통해 정보를 제공받은 후 이것을 넘어 타인에게까지 관심을 확장시키지만 타인의 관점을 온전히 취하려고 하기보다는 자신의 관점을 유지하려고 한다(Darwall, 1998: 264-272).[36]

셸러와 다월의 설명을 크게 종합하면, 동감은 나와 타인의 구별이 분명한 상태에서 내가 타인의 감정을 의도적으로 따라 느끼는 것이지만, 이 과정에서 나의 관점보다는 타인의 관점을 우선시하여 타인의 감정을 내가 단순히 공유할 뿐 아니라 더욱 적극적으로 타인을 위해 그 감정에 따른 반응을 드러낸다. 이에 비해 공감은 비록 투사적 공감에 한정하여 좁게 볼 수도 있고 아니면 다월의 설명처럼 좀 더 넓게 볼 수도 있지만, 감정의 공유에서 나의 관점보다 타인의 관점을 우선시하여 그 타인을 위해 반응할 필요가 없다는 것이 뚜렷한 특징이라는 점에서 동감과 다르다. 이 외에 다월이 넓은 의미의 공감으로 분류한 감정전염처럼 나와 타인의 구별이 분명하지 않거나 따라 느끼려는 의도성이 결여된 공감도 진정한 동감과는 구별된다.

하지만 실제로는 이런 의미 차이를 크게 염두에 두지 않고 동감과 공감을 함께 사용하는 경우가 적지 않으며, 바르트키의 지적처럼 특히 오늘날에는 공감이라는 단어가 심지어 동감까지도 포함하는 매우 넓은 의미로 사용되는 경향도 있다(Bartky, 2002: 88).

2) 공감적 인간, 호모 엠파티쿠스

공감적 인간상인 호모 엠파티쿠스가 등장하여 널리 확산된 것은 무엇보다 리프킨(J. Rifkin)의 저서를 통해서이다. 2009년에 출간된 『공감의 시대』에서 호모 엠파티쿠스에 대한 집중 조명이 있었고, 그 후 바그너(H. J. Wagner), 후사인(S. T. Hussain) 등을 비롯한 많은 사람들이 이 인간상에 관한 학술적인 혹은 대중적인 글을 잇달아 써내었다. 또한 독일에서는 2014년 극작가 크리헬도르프(R. Kricheldorf)의 연극 〈호모 엠파티쿠스〉가 상영되기 시작하면서 호모 엠파티쿠스에 대한 학술적인 관심뿐 아니라 대중적인 관심도 빠르게 확산되었다(리프킨, 2010; Wagner, 2013; Hussain, 2013; Kricheldorf, 2015; 이준서·신선영, 2016: 131).

리프킨은 오늘날의 시대를 공감의 시대라고 규정했다. 그것은 시대의 환경이 공감의 필요성을 뚜렷이 제기하고 또한 공감의 확장을 촉진하고 있어서 그 어느 때보다 공감에 대한 관심이 커지고 그 논의가 활발하게 이루어지고 있기 때문이다. 뿐만 아니라 이전 세대보다 공감 능력이 큰 새로운 세대가 실제로 광범위하게 형성되고 있기 때문이기도 하다.[37]

그는 공감을 요청하는 이 시대의 환경으로서 무엇보다도 정치·경제·사회·문화 영역 전반에서 세계적인 교류가 확대되고 있다는 점을 들었다. 이와 같은 세계화로 인해 좁아진 지구촌에서 사람들은 전례가 없을 정도로 상호 간 노출이 많아짐으로써 공감의 가능성이 커졌다는 것이다. 대도시 거주 인구, 국제 이민, 세계 여행의 증가는 배경이 다른 사람들의 삶을 직접 경험하는 기회를 크게 증가시켰으며, 특히 정보통신기술의 발달은 세계 곳곳에서 발생하는 고통을 세계시민들이 매체를 통해 생생하게 접할 수 있게 함으로써 공감의 폭을 증대시켰다. 또한 그는 그동안 영어가 온라인과 오프라인에서 모두 국제 공통 언어로 자리를 잡게 된 것도 공감 의식의 확장을 오랫동안 가로막아 온 언어의 장벽을 낮추는 계기가 되었다고 보았다(리프킨, 2010: 531 이하).

그런데 급속한 세계화는 밀접히 연결된 사회경제 구조를 형성해 왔으며, 이 구조는 고도로 복잡하고 상호 의존적인 문명을 유지하기 위해 지구상의 엄청난 자원을 빨아들이고 있다. 그 결과 사용 가능한 에너지의 손실을 의미하는 엔트로피의 엄청난 증가를 초래함으로써 인류를 포함한 생태계 전체에 대한 위기의식을 고조시켰다. 물론 엔트로피의 증가는 세계화 때문만은 아니고 오랜 인류 역사와 함께해 온 것이지만, 특히 제1차 산업혁명과 제2차 산업혁명으로 크게 증가하였고 세계화를 통해 더욱 가속화된 것이다. 어쨌든 리프킨은 이와 같은 지구 엔트로피의 급속한 증가가 인간세계의 취약성에 대한 실존적인 자각과 이에 기초한 공감 의식의 확장을 초래하고 있다고 보았다(리프킨, 2010: 33, 49 이하).

게다가 제1차 산업혁명과 제2차 산업혁명의 기반이 되었던 화석연료의 고갈과 화석연료의 사용으로 인한 기후변화의 문제에 직면한 인류가 그 대안으로서 인터넷 커뮤니케이션 기술과 재생 가능 에너지 체계를 기반으로 태동시킨 제3차 산업혁명은 리프킨의 표현에 의하면 자연스레 "분산 자본주의" 시대를 출범시켰다. 그것은 인터 넷 커뮤니케이션이 네트워크형의 분산 커뮤니케이션이며, 또한 태 양력, 풍력, 수력, 지열, 조력 등 어디서나 얻을 수 있는 에너지인 재 생 가능 에너지는 분산형 에너지이기 때문이다. 그런데 이런 민주 적인 에너지와 커뮤니케이션에 기초한 자본주의의 경제활동에는 위계적 통제가 아닌 협업의 원리가 더욱 잘 부합한다. 그래서 그는 위키피디아, 리눅스 등의 예에서 볼 수 있는 "협업경제(collaborative economy)"가 분산 자본주의 경제의 중요한 특징이며, 이런 경제에서 이루어지는 기업 활동은 공감적 감수성을 필수적으로 그리고 핵심적 으로 요구한다고 보았다(리프킨, 2010: 637 이하, 675-677; 2012: 159 이하).[38]

이처럼 오늘날 공감의 시대가 요청하는 인간상이 바로 "호모 엠 파티쿠스"이다. 물론 호모 엠파티쿠스는 단지 공감의 시대에 필요 한 인간상일 뿐 아니라, 시대의 조건과 요청에 따라 실제로 역사 속 에서 그 모습을 드러내고 있는 인간이기도 하다.

리프킨은 호모 엠파티쿠스의 모습을 "밀레니엄 세대"에서 찾았 다. 밀레니엄 세대는 인터넷과 함께 자란 세대로서 사회적 네트워킹 과 문자 메시지 등이 몸에 배어 있는 첫 세대이기도 하다. 그에 따르 면 이 세대는 인터넷과 함께 자라서 전문가의 견해에는 비판적이지 만 대중의 결합된 지혜는 신뢰하는 경향이 있다. 그리고 이전의 X세 대와 달리 가족과 더 많은 시간을 보내거나 휴대폰으로 더 많이 소 통하기 때문에 가족을 향한 애착과 신뢰감도 높은 편이다. 이런 배 경으로 인해 이들은 자신의 집단 속에서 다른 사람에 대한 공감을 많이 느끼고 각 개인의 관점을 이해하려고 할 뿐 아니라 더욱 큰 공동체, 심지어 지구촌 공동체의 가난한 사람들과 환경에도 공감적인 태도로 접근하는 경향이 있다(리프킨, 2010: 725-726).

물론 이들은 급속한 세계화를 경험하여 다른 문화를 접할 기회를 이전 세대보다 훨씬 더 많이 갖게 된 세대이기도 하다. 그 결과 이들은 매우 코스모폴리탄적인 세대가 되었지만, 신자유주의적인 경제 세계화로 인해 시장의 원리가 강조되고 물질주의 가치관이 증대하면서 밀레니엄 세대에 확산되던 공감의 기세가 많이 약화되기도 했다. 뿐만 아니라 인터넷이라는 매체의 속성과 사용방법 때문에 깊이 있는 소통과 공감의 능력이 약화된다는 우려도 존재한다. 그럼에도 불구하고 리프킨은 밀레니엄 세대가 "서열을 하찮게 여기고, 네트워킹 방식으로 세상과 관계를 맺고 협력이 체질화되어 있고 자율과 배척보다는 접속과 포함에 관심이 있고 인간의 다양성에 감수성이 강한" 세대라는 점에서 역사상 가장 공감적인 세대가 될 가능성이 크다고 진단했다(리프킨, 2010: 629 이하, 674, 726 이하).

이와 같은 밀레니엄 세대에서 리프킨은 호모 엠파티쿠스를 발견했지만, 그는 인간의 공감 의식과 능력이 오늘날에 와서 비로소 나타난 것은 아니라고 보았다. 그는 공감을 인간 본성의 핵심적인 특성으로 간주하면서 오랜 인류 역사와 함께 공감이 시작되었다고 보았다. 그에 따르면 공감 의식은 17만 5천 년의 인류 역사를 통해 서서히 성장해 왔다. 공감 의식의 발전은 들쭉날쭉하여 전성기를 누린 때도 있었으나 오랜 동안 기를 펴지 못하다가 제1차 산업혁명과 특히 제2차 산업혁명을 거치면서 크게 가속화되어 오늘날에 이르게 되었다(리프킨, 2010: 17 이하, 48 이하).[39]

따라서 그는 인간의 본성을 기본적으로 물질적이며 이기적인 것으로 규정해 온 종래의 관점은 잘못된 것이며 오히려 공감이 일차적인 본성이라고 주장했다. 그동안 일차적인 본성으로 간주되어 온 탐욕, 이기성, 공격성 같은 것은 공감적 본성이 억제되고 거부됨으로써 나타난 병리적인 파생물이며 이런 사실은 여러 과학적인 근거들을 통해 그동안 입증되어 왔다고도 주장했다. 그러면서 그는 할로 (H. Harlow)의 사랑에 대한 심리학적인 실험 결과와 리촐라티 연구팀의 거울 뉴런 발견 사실을 비롯한 다양한 심리학적 연구와 생물학적 연구 등의 결과를 그 근거로서 폭넓게 소개했다(리프킨, 2010: 26 이하, 101 이하).[40]

어쨌든 그는 이제 공감적 인간인 호모 엠파티쿠스와 이들이 주도하는 공감의 문명이 서서히 모습을 드러내고 있다고 보았다. 공감의 범위가 가족 중심의 혈연집단이나 민족국가에 머물던 과거와 달리 이제는 전체 인류에게로 빠르게 넓어지고 있을 뿐 아니라 지구를 감싸는 거대한 생명권(biosphere), 즉 식물과 동물을 포함하는 전체 생태계로까지 확장되고 있다고 보았기 때문이다. 하지만 문제는 엔트로피 증가의 속도가 심각할 정도로 빠르다는 것이다. 그러므로 지구촌의 붕괴가 현실화되기 전에 공감이 전 세계의 인류와 생명권으로까지 확장될 수 있도록 공감의 문명이 빠르게 발전할 필요가 있다고 보았다. 이를 위해서는 무엇보다 문명의 주역인 전 인류가 자신의 고유한 공감 능력과 공감 의식을 빠르게 회복하고 발전시켜 호모 엠파티쿠스로 되는 것이 시급하다는 점을 리프킨은 강조했다(리프킨, 2010: 223-224, 760-761).

이렇게 보면 리프킨의 호모 엠파티쿠스는 한편으로 근대 서구사회를 지배해 온 호모 에코노미쿠스 같은 물질적이며 이기적인 인간상으로 인해 오랫동안 감추어져 왔던 공감적인 인간 본성을 전면에 드러내면서 다른 한편으로는 인간세계를 포함한 전체 지구 생태계의 위기에 대처하기 위해 시급하게 요청되는 필수적인 인간상으로 제시된 것이다.

극작가 크리헬도르프는 자신의 연극을 통해 호모 에코노미쿠스가 지배하는 사회와는 전혀 다른 유토피아 같은 호모 엠파티쿠스의 공동체를 보여 주었다. 이 공동체는 공감을 중심으로 신뢰, 상호 존중, 배려, 이해, 소통, 협동, 공존 등을 추구함으로써 물질적이며 이기적인 인간에 의해 지배되는 현실 사회를 극복할 방향을 보여 주었다. 하지만 크리헬도르프는 이런 유토피아가 갖는 한계와 위험성도 암시함으로써 호모 엠파티쿠스 공동체의 양면성을 드러내려고 했다(Kricheldorf, 2015: 2 이하; 이준서·신선영, 2016: 132 이하).

그렇지만 리프킨의 호모 엠파티쿠스는 결코 유토피아적인 사회상을 보여 주려고 제시된 것이 아니다. 앞에서 지적했듯이 리프킨은 인간의 일차적인 본성이 물질적이거나 이기적이기보다는 공감적인 특징을 지닌다는 점을 해명하면서 결국은 인간세계뿐 아니라 생태계의 위기를 극복할 방안으로서 호모 엠파티쿠스를 제시한 것이다. 물론 인간 본성에는 비록 일차적인 특성은 아니라고 하더라도 분명히 물질적이고 이기적인 특성이 존재한다. 따라서 인류 역사가 인간 본성의 이들 상반되는 특성들의 상호작용을 통해 전개되어 왔듯이 앞으로도 물질적이며 이기적인 특성이 인간세계에서 결코 완전히 사라지지 않을 것이다.

그렇기 때문에 현 시점에서 필요한 것은 호모 엠파티쿠스 공동체의 부작용을 상상하면서 두려움이나 경계심을 키우는 대신에 현실세계를 여전히 지배하고 있는 고전적인 호모 폴리티쿠스나 호모 에코노미쿠스를 호모 엠파티쿠스로 전환시키는 일이다. 이런 관점에서 본다면 공감의 가치를 중심에 두는 인성교육의 필요성을 특별히 강조한 이인경의 호모 엠파티쿠스론 같은 것이 오히려 리프킨의 의도에 훨씬 부합하는 논의라고 생각된다(이인경, 2014: 332 이하).

호모 엠파티쿠스는 호모 레시프로칸스와 함께 고전적인 호모 폴리티쿠스나 호모 에코노미쿠스의 이기적인 인간상에 대항하여 사회적이며 도덕적인 인간 본성을 드러내기 위해 제시된 현대의 대표적인 인간 모델들이다. 그런데 앞에서도 지적했듯이 호모 레시프로칸스가 인간의 사회성의 합리적인 근거에 더욱 주목했다면 호모 엠파티쿠스는 공감이라는 감정의 측면에서 인간의 사회성을 해명하려고 했다. 그래서 이 두 모델이 인간상에 관한 상반된 시각을 드러낸다고 볼 수 있지만, 인간이 이성과 감성을 함께 지닌 존재라는 관점에서 본다면 인간의 사회성을 이해하는 데 이들이 서로 보완적인 모델이라고 볼 수도 있다.

어쨌든 호모 레시프로칸스와 호모 엠파티쿠스는 함께 인간의 사회성을 이해하는 데 의미 있는 기여를 함으로써 그동안 인간 협력의 원리를 해명한 대표적인 모델로 간주되어 왔다. 그래서 저자가 연대하는 인간상인 호모 솔리다리우스를 제시하는 데도 이들이 중요한 통찰을 많이 제공한다. 그렇지만 호혜적 협력과 연대 사이에는 공통점과 함께 뚜렷한 차이도 존재한다. 또한 공감도 협력이나 연대의 중요한 근거가 되기는 하지만 그 자체만으로 협력이나 연대가 될 수는 없다. 그러므로 연대적 인간에 관한 논의는 호혜적 인간론과 공감적 인간론을 기초로 하면서도 여기서 한 걸음 더 나아가야 한다.

4장 연대하는 인간,
호모 솔리다리우스란 누구인가?

HOMO SOLIDARIUS

1. 연대적 인간상에 대한 선구적 논의

앞에서 언급된 여러 시대 상황으로 인해 정치, 경제, 사회, 환경 등 여러 영역에서 연대에 대한 관심이 크게 증대하면서 최근에는 연대적 인간에 대한 언급과 논의가 종종 발견된다. 호모 솔리다리우스 혹은 호모 솔리다리스(Homo solidaris)로 표기된 이들 연대적 인간상은 비록 서로 다른 영역의 논의에서 등장하지만, 이기적이며 경쟁 지향적인 인간상으로서의 호모 에코노미쿠스와 특별히 대조되는 인간상으로 제시되는 경향이 있다.

1) 리히터와 비스베데의 호모 솔리다리스

몇 가지 사례를 간략히 소개하면, 먼저 리히터(T. Richter)는 사회적 진보와 번영을 위한 경쟁의 필요성을 강조하는 경제주의적인 사고방식과 이를 비판하고 협력의 원리를 강조하는 사고방식이 기초해 있는 가치체계를 설명하면서 "경쟁적 인간(Homo concurrens)"과 대조되는 연대적 인간으로서의 "호모 솔리다리스(Homo solidaris)"를 제시했다. 그는 매우 복잡하지만 어쨌든 사회 구성원의 사고와 행위에 큰 영향을 끼치는 가치체계를 "개인-집합체"와 "경쟁-협력"의 두 차원에서 접근하여, 이것이 개인적 이기주의적 가치, 개인적 이타주의적 가치, 집합적 이기주의적 가치, 보편적 이타주의적 가치의 네 영역으로 구성되어 있다고 보았다(Richter, 2010: 212-213).

리히터는 경쟁적 인간과 연대적 인간을 대조하여 제시했다. 경쟁적 인간은 개인적 차원이든 집합적 차원이든 이기주의적 가치를 내면화하여 경쟁을 추구하는 인간상을 가리키는 데 반해 연대적 인간은 이타주의적 가치를 내면화하여 협력을 추구하는 인간상을 가리킨다. 리히터에 따르면 지난 약 30년 동안 사회를 지배해 온 신자유주의적인 인간상이 수학적 논리와 개인적이며 이기주의적인 가치를 선호하면서 인도주의, 자유주의, 개신교 노동윤리, 사회진화론, 경제적 인간상을 결합하여 경쟁적 인간상을 만들어 왔기 때문에 이제는 다시 연대적 인간상을 표방할 때가 되었다. 더구나 심화되고 있는 인류의 사회적·생태적·정치적·경제적 문제를 해결하기 위해서는 자신들을 사회적 존재로 인식할 뿐 아니라 지구적 차원에서 타인과의 연대를 통해 협력해야 한다는 것이다(Richter, 2010: 213, 217).

리히터처럼 연대적 인간상으로 호모 솔리다리스를 제시한 사람으로는 비스베데(G. Wiswede)도 있다. 그는 비록 호모 솔리다리스를 자세하게 설명하지 않았지만 호모 솔리다리스를 이해하는 데 유익한 연대성 모델을 제시했다. 이 모델에서 핵심이 되는 변수는 연대성을 촉진하는 인식과 감정, 그리고 규범으로서 이들을 통해 연대적 인간의 특징인 연대적 태도와 행동이 형성된다(Wiswede, 2001: 346).

연대성을 촉진하는 인식의 예로는 사회 불평등을 불의로 평가하는 것, 자신의 안녕과 타인의 상황 사이의 관련성을 인식하는 것, 타인의 곤경의 책임을 그들에게 돌리지 않는 것, 업적 원리의 부당성에 대한 인식, 상황에 대한 적절한 해석 등이 있다. 그리고 연대성을 촉진하는 감정의 예로는 실존적인 부채감, 불의와 억압자에 대한 분노, 불의와 억압의 피해자에 대한 동정심, 시민적 용기를 실행하는 대담함 등이 있다. 이들 인식과 감정이 활성화되면 연대성을 촉진하는 규범의 활성화에 영향을 끼치게 되는데, 비스베데는 연대성을 촉진하는 규범의 예로서 타인에 대한 사회적 책임성의 규범, 정의와 형제애의 규범, 타인에 대한 동정의 규범, 타인 특히 종속된 자를 지원하는 규범 등을 들었다(Wiswede, 2001: 345-348).

2) 스카렐, 빈터, 구티에레즈, 페디코네의 호모 솔리다리우스

한편, 스카렐(E. Scarel)은 인류의 지속 가능한 발전을 위한 조건으로 연대적 인간상인 "호모 솔리다리우스"를 제시했다. 그에 따르면, 지속 가능한 발전을 이루기 위해서는 인권의 이행, 빈곤의 극복, 집합적 참여, 탐욕 경제에 대한 투쟁이 무엇보다 중요하다. 그런데 이러한 것들은 오직 인간상의 패러다임에 커다란 전환이 있을 때만 실현이 가능하다. 그는 먼저 근대사회에서 전통적인 경제학에 따라 깊이 뿌리내린 이기적인 인간상, 즉 어떤 비용을 치르더라도 더 많은 것을 획득하고 소유하려는 갈망을 가진 경제적 인간 개념을 극복해야 한다고 주장했다. 더 나아가 그는 친밀한 영역에서의 평화, 내적인 행복, 타인에 대한 존중 같은 좋은 삶(well-living)의 가치를 회복하고 자연과 인간세계의 고통 속에서 성장함으로써 마침내 연대적인 인간, 즉 호모 솔리다리우스로 변해야 한다고 역설했다(Scarel, 2012: 4).

스카렐처럼 생태학적인 관점을 매우 중요시하면서 호모 솔리다리우스를 연대적인 인간상으로 제시한 사람으로는 빈터(G. Winter)도 있다. 그는 오늘날 인간의 경제와 사회 체계가 자연생태계에서 너무 멀리 벗어난 결과 인간 문명이 자멸의 과정에 있다고 진단했다. 그래서 기술문명과 자연환경 간의 조화를 회복하는 것을 21세기의 가장 중요한 과제로 삼아 이에 관한 논의를 전개하는 과정에서 호모 솔리다리우스에 대해 언급한 것이다(Winter, 2005: 1, 4; 2015).

빈터에 따르면 인간 문명과 자연의 관계는 역사적으로 여러 단계를 거쳐 변해 왔다. 원시적인 균형 상태에서 시작하여 기술 발전을 통해 서서히 상대적인 균형 상태와 불균형 상태를 거친 후에, 기술이 고도로 발전한 오늘날에는 인간이 오히려 자연으로부터 고립되기 시작하는 중대한 기로에 놓이게 되었다는 것이다. 그래서 인간은 앞으로 두 가지 경로 가운데 하나를 선택해야 하는 상황에 처했다. 하나는 지금까지와 같은 통상적인 경로로서 그 마지막은 인간이 사라지고 없는 생태적인 균형 상태이다. 다른 하나는 지금까지와 다른 변경된 경로로서 그 끝은 인간이 계속 생존하면서 이루는 생태계의 새로운 균형 상태이다(Winter, 2005: 2-3; 2015).

빈터는 인간이 계속 생존하면서 새로운 균형 상태를 이루기 위해 불가피하게 선택할 수밖에 없는 새로운 경로의 첫째 단계와 둘째 단계를 재지향(reorientation) 단계와 적응 단계라고 불렀다. 그러면서 그는 이들 단계의 전형적인 인간상을 각각 호모 솔리다리우스, 즉 연대적 인간과 호모 프라테르누스(Homo fraternus), 즉 박애적 인간이라고 불렀다. 그에 따르면 연대적 인간은 사회적으로 어려움을 당하는 소수 집단, 도움이 필요한 사람, 미래 세대에 대해 책임감을 느끼는 인간이며, 동시에 동물과 식물, 특히 이들 생명체의 종의 보호에도 책임감을 느끼는 인간이다. 박애적 인간은 연대적 인간의 책임감과 연대적 실천이 박애문화로까지 성숙해져서 자신을 인간의 현 세대와 미래 세대, 지구상의 모든 동식물을 포함하는 온 생명체의 한 가족 구성원으로 인식하고 행동하는 인간이다(Winter, 2005: 4; 2015).

이처럼 빈터는 인간이 자연환경과의 관계에서 맞이한 위기 상황을 극복하기 위해 선택해야 하는 새로운 경로가 생태계의 새로운 균형 상태에 이르기 위해서는 연대적 인간과 박애적 인간이 각각 주도하는 단계를 거쳐야 한다고 보았다. 그런데 그가 비록 연대적 인간을 초기적인 유형으로, 박애적 인간을 성숙한 유형으로 구별하여 단계를 제시했으나, 그의 대안적인 경로는 기본적으로 지구상의 인간과 여타의 생명체를 포괄하는 연대관계에 대한 인식, 이들에 대한 책임감, 여기에 상응하는 연대적 실천 행위에 기초해 있다. 이런 점에서 본다면 빈터의 박애적 인간상은 연대적 인간상과 질적으로 다른 종류의 인간상이라기보다는 오히려 더욱 성숙한 연대적 인간상이라고 할 수 있다. 결국 빈터 역시 스카렐과 크게 다르지 않게 인류와 생태계의 보존을 위해서는 무엇보다 오늘날의 지배적인 인간상이 연대적인 인간상으로 전환되어야 한다고 주장한 것이다.

이들 외에도 구티에레즈(Luis T. Gutierrez), 페디코네(Fernando Raúl Pedicone) 등 여러 사람이 자신의 이익을 최우선으로 삼는 경제적 인간상이 갖는 사회경제적인 한계나 생태적인 한계를 극복할 필요성을 강조하면서 그 대안으로 호모 솔리다리우스라는 연대적 인간상을 제시한 바 있다(Gutierrez, 2008; Pedicone, 2001). 이렇게 본다면 이기적이며 물질주의적인 현대 서구문명의 문제점을 비판하는 사람들이 호모 에코노미쿠스를 현대 서구문명의 토대가 되는 인간상으로 간주하여 이를 극복할 것을 주장하면서 그 대안으로 호혜적 인간,

공감적 인간, 연대적 인간 등을 제시해 왔지만, 이 가운데서 지구적 차원의 정치경제 체계나 생태계의 위기를 강조하는 경향은 연대적 인간상을 제시하는 글에서 훨씬 두드러지게 발견된다는 것을 알 수 있다.[41]

2. 호모 솔리다리우스의 특징

1) 관점의 차이와 인간상

(1) 현실세계와 학문

앞서 2장에서 연대적 인간상으로서 호모 솔리다리우스가 필요한 이유를 현실적인 관점과 사회과학을 중심으로 한 학문적인 관점에서 설명했다. 현실과 학문은 서로 밀접한 관계에 있지만 오늘날의 세계 현실과 학문, 특히 세계 현실을 다루는 사회과학에서 새로운 인간상으로서의 호모 솔리다리우스를 강력히 요구한다는 것이다. 물론 현실과 학문이 함께 필요로 하는 새로운 인간상은 이기적이며 현실주의적인 인간상을 극복할 사회적이며 윤리적인 인간상이지만 이와 함께 자율성을 잃지 않은 인간상이다.

그런데 현실세계에 필요한 새로운 인간상은 현실의 문제를 해결하기 위한 실천성을 매우 강조하지만, 사회과학은 (비록 이를 완전히 배제하지는 않지만) 사회 현실을 분석하고 설명하는 능력을 훨씬 더 중시한다. 게다가 현실세계가 요구하는 새로운 인간상은 합리적인 존재일 뿐 아니라 매우 감정적인 존재이기도 하다. 이에 비해 사회과학이 필요로 하는 새로운 인간상은 비록 근대 초기의 사회과학에서처럼 감정을 무시하거나 소홀히 여기지는 않지만 학문의 속성상 합리성을 더욱 중시할 수밖에 없다. 물론 사회과학이 새롭게 주목하는 합리성은 근대 초기의 사회과학적 인간상에서 강조된 도구적 합리성 대신에 실질적 합리성 같은 새로운 합리성을 말한다.

이처럼 오늘날의 시대정신에 부합하는 연대적 인간상인 호모 솔리다리우스라고 하더라도 현실세계와 학문이 각각 요구하는 특성에서는 차이가 난다. 하지만 저자는 사회과학이 논리적인 일관성을 잃지 않는 범위에서 가능한 한 현실의 요구를 적극 반영할 수 있어야 한다고 본다. 특히 사회학이나 경제학처럼 근대 초기에 성립한 사회과학은 오늘날 초기 근대성이 급속히 변하고 있는 상황에서 새로운 현실을 적극 대면하여 새로운 방식으로 적절히 설명하지 못하면 존재 기반을 상실할 수밖에 없다. 이런 이유에서 호모 솔리다리우스가 앞으로 새로운 사회학적인 인간상으로 더욱 발전하기 바라면서, 여기서는 현실적인 맥락과 관점을 더욱 중시하는 관점에서 호모 솔리다리우스의 특징을 소개한다.

(2) 사회통합론과 사회갈등론

그런데 현실세계의 좀 더 실천적인 관점에서 연대적인 인간상이 필요하다고 하더라도, 현실세계 자체가 매우 복합적이고 현실세계의 문제를 인식하는 관점도 다양하기 때문에 결국 필요로 하는 연대적인 인간상도 관점에 따라 다를 수 있다. 예를 들어 계급, 지역, 세대, 인종 등 사회집단 간의 분열과 갈등을 부정적으로 인식하고 이를 극복하려는 사회통합론의 관점이 있지만, 여기에 반대하여 분열

과 갈등은 사회의 정상 상태이며 오히려 사회 변동에 기여한다고 보는 사회갈등론의 관점도 있다.[42]

사회통합론의 관점에서 연대의 필요성을 주장하는 사람들은 사회갈등을 극복의 대상으로 삼으면서 사회적 연대를 사회통합과 동일시하거나 사회통합의 수단으로 여기는 경향이 있다. 이런 경향의 사회통합론자들이 추구하는 연대는 갈등 적대적 연대 혹은 갈등 배제적 연대인 경우가 많다. 이에 비해, 사회갈등론의 관점에서 연대를 주장하는 사람들은 사회갈등의 긍정적인 의미를 인정하여 이를 적극 수용하거나 아니면 효과적으로 규제하는 데 관심을 기울인다. 그러면서 사회적 연대를 사회갈등의 단순한 수단으로 여기거나 사회적 연대의 효과적인 규제에 관심을 기울인다. 사회갈등론자들이 추구하는 연대 가운데 사회갈등의 단순한 수단으로 여기는 연대는 갈등 산출적 연대인 경우가 많고, 효과적인 규제에 큰 관심을 기울이는 연대는 갈등 포섭적이거나 갈등 관리적 연대인 경우가 많다.[43]

어쨌든 이렇게 본다면 사회통합론의 관점에서 요청되는 연대적 인간상은 사회통합에 기여하는 인간상이다. 하지만 사회통합의 주된 원리를 무엇으로 보는가에 따라 사회적 가치와 규범을 사회화하여 주어진 역할과 기능을 충실히 수행하는 인간, 소통적 합리성에 충실한 인간, 공감 능력이 뛰어난 인간 등이 사회통합에 기여하는 연대적 인간상으로 제시될 수 있다.

한편 사회갈등론의 관점에서 요청되는 연대적 인간상은 사회발전을 위한 적절한 사회갈등에 기여하는 인간상이다.[44] 여기서는 사회발전의 바람직한 방향과 사회갈등의 적절한 양상을 어떻게 보느냐에 따라 다양한 연대적 인간상이 제시될 수 있지만 그래도 진보적 가치관과 연대적 실천을 중시하는 공통된 경향이 존재한다. 그런데 진보적 가치관이 근대 초기에는 인간세계의 연대적 공존을 추구하는 데 머물렀으나 이제는 인간과 자연을 아우르는 생태계의 보존으로 그 추구하는 범위가 넓어졌다. 그리고 인간세계의 연대적 공존을 위한 실천의 기반도 과거에는 계급적 이해관계 같은 '이해관계의 공유'에 주로 집중되어 있었으나 이제는 '정체성의 공유'가 그 이상으로 중요한 기반이 되고 있다. 이에 따라 과거에는 이해관계를 중시하는 합리성과 사회성이 연대적 인간상으로서 함께 강조되었으나, 이제는 정체성의 인정 욕구와 사회성이 새로운 연대적 인간상으로 강조된다. 물론 생태계 보존을 위한 실천의 기반은 철저히 생태계 파괴의 일상적인 경험과 위기의식에 있다. 그렇기 때문에 생태적 감수성과 생태적 의식 역시 새로운 연대적 인간상으로 매우 강조된다.[45]

(3) 행위론과 구조론

이처럼 현실세계의 문제를 인식하는 관점에 따라 현실세계에서 필요한 연대적 인간상이 다양하듯이, 학문, 특히 사회학이 사회현실을 분석하고 설명하는 근본적인 접근방법 내지는 관점의 차이는 학문세계에서 서로 다른 연대적 인간상을 제시한다. 대표적인 예로는 행위론과 구조론의 관점의 차이를 들 수 있다. 행위론은 사회가 결국 구성원들에 의해 이루어지므로 구성원의 사고와 특히 행위에 대한 적절한 이해로 사회를 설명할 수 있다고 보고, 구성원의 사고와 행위에서 주관적인 요소를 중요하게 고려한다. 이에 비해 구조론은 사회 구성원의 주체적이며 능동적인 역할보다는 사회의 구조적인 원리에 더욱 주목한다. 그렇기 때문에 사회를 설명할 때 사회 구성원, 특히 개인의 역할을 크게 고려하지 않으며 설혹 이들을 고려하더라도 사회 구조의 산물로서 수행하는 수동적인 역할로 제한하는 경향이 있다.[46]

따라서 행위론의 관점에서는 연대적 행위자로서의 연대적 인간에 주목하면서 사회적 행위로서의 연대적 행위가 이루어지는 의미 맥락, 예컨대 연대적인 정신, 가치관, 규범 등을 파악하는 데 관심을 갖는다. 즉, 연대적 인간이 이들 연대 문화를 어떻게 적극적으로 수용하여 실천하는지에 주목한다. 이에 비해 구조론의 관점에서는 연대적 인간에 관심을 기울이지 않거나 만약 기울인다면 구조적 원리의 담지자라는 도구적 역할 수행자로서의 연대적 인간에 관해서이다. 구조론적 관점의 예로서는 자본주의 체제를 극복하기 위한 프롤레타리아 연대의 역할을 강조한 정통 마르크스주의 사회학을 들 수 있다. 행위론적 관점의 예로서는 비록 연대적 인간에 대해 명시적으로 언급하지는 않았지만 현대인의 연대 윤리의 사회적 필요성, 가능성, 방향 등에 대해 의미 있는 논의를 전개한 하버마스(J. Habermas), 바우만(Z. Bauman) 등이 있다.

저자는 이 책에서 연대적 인간에 대해 서술할 때 구조론의 관점보다는 행위론의 관점을 기본적으로 선호한다. 그러나 연대적 인간의 기본 속성인 연대성이 비록 온전히 시대적인 상황만을 반영하지는 않지만 많은 면에서 시대 상황을 반영한다. 따라서 인간의 자아 정체성이 사회적으로 구성된다고 보는 푸코(M. Foucault) 같은 탈구조론자의 관점도 현대 세계의 연대적 인간상을 이해하는 데 필요하다고 생각한다.

또한 저자는 사회통합론과 사회갈등론을 양자택일해야 할 관점으로 보지 않는다. 사회학의 두 관점을 사회통합론(혹은 사회균형론)과 사회갈등론(혹은 사회강제론)으로 나눈 후 자신의 사회갈등 이론을 제시한 다렌도르프 역시 일찍이 통합과 갈등, 안정과 변동을 모두 사회의 중요한 두 측면으로 여겨 어느 한 면을 무시하거나 배제할 수 없다고 보았다. 저자 역시 통합과 갈등을 모두 사회의 중요한 현상으로 간주하면서 연대가 이 두 현상 모두에 깊이 관련되어 있다는 점에 주목한다. 이런 관점에서 저자는 다른 글에서 현대 시민사회의 특징에 부합하는 사회적 연대로서의 시민적 연대가 갈등 포섭적 연대의 특징을 지닌다고 주장한 바 있다. 어쨌든 이 책에서 앞으로 다루려고 하는 연대적 인간상으로서의 호모 솔리다리우스에게는 사회통합의 과제뿐 아니라 갈등을 통한 사회발전의 과제도 부여될 것이다(Dahrendorf, 1958: 174-175; 강수택, 2013: 18).

2) 호모 솔리다리우스의 특징

(1) 연대적 합리성

① 소통적 합리성과 연대적 합리성

연대적 인간인 호모 솔리다리우스는 이성, 감성, 도덕성을 함께 지닌 존재이다. 이 중에서 그가 지닌 이성은 연대적 합리성(solidary rationality)을 특징으로 하는 이성이다. 저자는 다른 글에서 연대적 합리성이란 상호주관성을 전제로 하는 합리적인 사고방식으로서 연대적인 시민사회의 문화적 토대를 이루는 가장 중요한 특징이라고 설명한 바 있다(강수택, 2012a: 478).

그런데 상호주관적인 사고방식은 단지 연대적인 합리성에만 해당되는 것이 아니다. 하버마스가 생활세계의 가장 중요한 특징으로 규정한 소통적 합리성(communicative rationality)도 상호주관성을 전제로 하는 합리적 사고방식의 매우 중요한 사례이다. 하버마스는 근대사회의 두 영역 가운데 국가의 정치행정 체계와 시장경제 체계로 구성된 사회체계 영역이 목적합리성을 특징으로 하는 것과 달리 생활세계 영역은 소통적 합리성을 특징으로 한다고 보았다. 여기서 목적합리성은 효과적인 목표 달성을 위해 사회체계 참여자들을 목적과 수단의 관계 혹은 주체와 객체의 관계로 배치하는 경향이 있다. 이에 반해 소통적 합리성은 생활세계 구성원들의 상호 이해를 지향하는데, 이것은 목적과 목적의 관계 혹은 주체와 주체의 상호주관적 관계를 전제로 하는 것이다(하버마스, 2006b: 515).

즉, 하버마스에 따르면 생활세계의 가장 중요한 특징은 상호주관성을 전제로 하는 소통적 합리성이다. 그런데 국가 및 시장과 구별되는 제3의 영역이라는 의미로 사용되는 삼분법적인 현대 시민사회 개념이 이런 생활세계 개념에 기초하고 있기 때문에 결국 하버마스 이론의 전통에서는 소통적 합리성이 시민사회의 가장 중요한 문화적 특징으로 간주된다(하버마스, 2000: 440 이하; 코헨·아라토, 2013: 140 이하).

물론 사회학적인 생활세계 개념을 제시한 하버마스와 그의 이론 전통 위에서 시민사회 개념을 재구성한 코헨과 아라토 역시 생활세계와 시민사회의 기본 속성으로서 의사소통과 함께 연대성에도 주목했다. 하지만 하버마스는 비록 연대가 현대사회에서 생활세계의 통합을 위한 핵심적인 매체라고 생각했으나 일상적 의사소통을 연대의 근원이라고 여겼을 뿐 아니라, 담론이라는 성찰적 의사소통을 통해 연대를 더욱 발전시킬 수 있다고 주장하는 등 의사소통 중심의 연대관을 보여 주었다(하버마스, 2006b: 230 이하; 1996: 28).

코헨과 아라토는 기본적으로 하버마스 이론의 전통을 계승하면 서도 시민사회에서 연대가 갖는 의미를 더욱 강조했다. 이들은 연대를 생활세계의 대표적인 자원으로 간주하면서 "연대적인 개인들"이란 같은 혹은 크게 중첩되는 생활세계에 의식적으로 뿌리를 내리고 있는 존재들이라고 보았다.[47] 그리고 논란과 도전의 여지가 있는 근대 생활세계의 중요한 사안에 대한 합의가 가능한 것도 이들 때문이라고 보았다. 어쨌든 코헨과 아라토는 생활세계의 소중한 자원인 연대를 보호할 책임이 시민사회의 제도, 결사체, 공중에게 있다는 점을 강조했다. 그러면서 이들 가운데 특히 결사체의 역할에 주목하여, 결사체가 비록 '무임승차'의 문제를 해결하기 위해 연대를 필요로 하지만 거꾸로 결사체 내의 소규모 공론장을 통해 연대를 보존하고 갱신하는 데 결정적인 역할도 한다고 설명했다(코헨·아라토, 2013: 205-206).

이처럼 소통적 행위론을 주장한 하버마스와 이 전통을 계승하는 사람들은 생활세계와 시민사회에서 의사소통의 중요성을 특별히 강조한다. 그리고 연대를 강조할 때도 의사소통이 연대의 기초임을 강조한다. 비록 코헨과 아라토는 생활세계의 연대가 의사소통에 대해 갖는 의미에도 주목했지만 기본적으로는 하버마스의 의사소통 중심의 연대관에서 크게 벗어나지 않았다.

하버마스가 자신의 소통적 행위론을 전개할 때 가장 중요한 이론 근거로 삼은 사회학자는 미드(G. H. Mead)였는데, 미드 역시 의사소통이 연대, 즉 협력의 발전에 중요하다고 주장한 바 있다. 하지만 미드는 이와 함께 협력적 활동, 즉 연대가 없는 곳에서는 의사소통이 일어나지 않는다고 보았는데, 하버마스는 이 점을 주목하지 못했다. 즉, 의사소통은 연대의 발전에 기여하지만 더 근본적으로는 의사소통이 연대를 전제로 한다는 것이다. 이런 관점에서 본다면 하버마스의 소통적 합리성은 연대와 특히 연대적 합리성의 토대라기보다는 오히려 이들을 토대로 하는 것임을 알 수 있다(하버마스, 2006b: 21 이하, 515; 미드, 2010: 359 이하).

② 협력과 이타주의의 합리적 근거

어쨌든 생활세계와 시민사회의 가장 중요한 특성으로서 소통적 합리성의 중요한 토대가 되는 연대성과 특히 연대적 합리성은 인간의 자연스러운 특성이기도 하다. 인간이 본래 연대적인 존재이며 연대하는 것이 인간에게 합리적이라는 진술의 근거는 앞에서 호혜적 인간론을 소개할 때 언급된 여러 분야의 학자들의 논의를 통해 제시된 바 있다. 이들은 비록 연대라는 표현 대신에 협력이라는 표현을 즐겨 사용했으나, 어쨌든 인간이 원래 경쟁적인 존재라기보다는 타인과의 협력을 추구하는 존재이며 이렇게 하는 것이 보다 합리적임을 여러 각도에서 입증하려고 한 것이다.

진화생물학자인 다윈과 특히 크로포트킨은 인간의 이기성뿐 아니라 협력을 추구하는 사회성도 자연의 원리에 부합한다는 사실을 여러 경험적인 자료를 통해 입증하려고 노력했다. 그리고 이런 관점에서 진화생물학자 해밀턴은 친족 집단 사이에서 이루어지는 이타적 행동이 유전자의 관점에서 합리적인 근거를 갖고 있다고 설명했으며, 트리버스는 친족 집단을 넘어 비혈연 관계에서 이루어지는 이타적 행동도 호혜성의 원리에 따른 합리적인 근거를 지닌다고 설명했다. 트리버스의 호혜적 이타주의론을 계기로 여러 다른 분야의 연구자들이 호혜적 이타주의를 설명하려고 노력했는데, 예컨대 정치학자 액설로드, 경제학자 볼스 등은 게임이론을 활용하여 호혜적 협력의 합리적인 조건을 제시했다.

액설로드의 논의는 매우 흥미롭다. 그것은 의사소통이 허용되지 않은 게임 참여자들을 전제로 한 반복적인 죄수의 딜레마 게임에서 이타적인 전략이 이기적인 전략보다 우월하며 특히 팃포탯 전략, 즉 처음에는 상대방과 협력하지만 그 다음부터는 상대방이 행한 대로 되갚는 조건부 협력의 전략이 월등히 우월하다는 점을 그가 발견했다는 것이다. 이것은 의사소통이 없는 상황에서도 상호 협력이 이루어질 수 있으며, 그렇게 하는 것이 장기적으로는 자신이나 타인에게 모두 더 합리적이라는 점을 밝혔다는 점에서 의미가 있다. 한편 볼스는 호혜적 이타주의와 팃포탯 전략을 통한 협력을 이기적인 협력으로 간주했다. 그러면서 그는 비록 개인적으로 미래의 보상이 예상되지 않더라도 상대방에 대한 배려와 과정의 공정성에 근거한 협력이 이루어지는 합리적인 조건을 '호혜적 공정성,' '이타적 처벌' 등의 개념을 통해 제시한 바 있다.

더욱 명시적으로 연대 행위를 합리적 사고의 결과로 설명하는 학자들도 있다. 합리적 선택 이론의 관점에서 연대를 설명하는 헥터(M. Hechter), 콜먼(J. S. Coleman) 등의 경우이다. 이들은 이기적 관심을 추구하는 개인들도 특정한 조건 아래에서는 연대 행위가 합리적이라고 판단하여 이를 행한다고 보고, 개인들이 합리적으로 연대 행위를 선택하게 되는 조건을 제시하려고 노력했다. 하지만 이들 합리적 선택 이론가의 인간관은 연대적 인간이 아닌 경제적 인간, 즉 호모 에코노미쿠스에 훨씬 가깝다. 그리고 이들이 사용하는 합리성 개념은 기본적으로 경제적 합리성 혹은 도구적 합리성에 해당한다. 볼스가 이기적 협력이라고 평가한 전략적 협력도 이런 합리성에 기초해 있다(Hechter, 1987: 30 이하; 터너, 2001: 384 이하).

③ 연대적 인식과 연대적 합리성

이상의 논의를 통해 알 수 있는 것은 연대 행위가 감정이나 규범과 직접적으로는 무관하게 개인의 합리적인 판단을 통해서 이루어질 수 있고, 조건에 따라서는 자신의 이해관계에 반해서도 이루어질 수 있다는 점이다. 이처럼 감정이나 규범보다는 자신의 판단에 따라서, 그러면서도 자신과 상대방의 관점을 함께 고려하여 연대 행위를 가능하게 하는 사고방식이 연대적 합리성이다. 이렇게 본다면 진정한 연대적 합리성은 타인을 자신의 단순한 수단으로 여기는 목적합리성 혹은 도구적 합리성과 구별된다. 이런 점에서 연대적 합리성은 소통적 합리성과 공통점이 뚜렷하며 또한 소통적 합리성으로 뒷받침될 여지도 많다. 하지만 앞에서도 보았듯이 연대적 합리성은 의사소통이 부재한 상황에서도 필요할 뿐 아니라 실제로 그 작동이 가능한데, 이를 가능하게 하는 것은 결국 타인과 생태계에 대한 연대적인 인식이다. 즉, 타인을 존엄한 개인으로 간주할 뿐 아니라 자신의 개인적인 삶의 조건이 대부분 이전 세대나 동시대의 타인이나 소속 공동체의 성취 및 지원과 관련이 있다는 인식, 그리고 이런 존중과 상호 의존성의 대상이 지구상의 인류뿐 아니라 자연계로도 확장될

필요가 있다는 인식이 그것이다.[48]

결국 친족 집단은 말할 것도 없고 비혈연 집단이라고 하더라도 생활세계에서 비교적 가까이 있는 타인과 연대적 관계를 맺는 것은 자연스럽고 합리적이다. 따라서 생활세계에 속한 개인이 연대적 인간으로서 사고하고 행위하는 것은 자연스러우면서도 합리적인 근거를 갖는다. 뿐만 아니라 연대적 인간에게는 생활세계를 기반으로 구성된 시민사회에서 비교적 원거리에 있는 타인들, 멀리는 세계시민사회의 다른 구성원들과 전체 생태계를 향해서도 연대적인 인식과 실천을 행할 수 있는 합리적인 근거가 존재한다.

물론 시민사회와 생활세계에서도 연대가 아닌 경쟁이나 지배를 추구할 합리적인 근거가 현실적으로 존재할 뿐 아니라, 이것에 의해 구성원들의 사고와 행위, 심지어 자아 정체성이 강요되기도 한다. 그것은 일차적으로 국가권력의 논리나 시장경제의 논리가 시민사회와 생활세계에 깊숙이 침투한 결과이기도 하지만, 특히 국가권력의 논리가 오랜 역사적 과정을 통해 문화와 제도의 형태로 생활세계에 자리를 잡아 유지되어 왔기 때문이기도 하다. 하지만 어쨌든 경쟁과 지배는 시민사회와 특히 생활세계의 기본 속성에 부합한다고 보기 어렵다. 그렇기 때문에 이들의 논리가 지배하는 것은 시민사회와 생활세계에서는 결코 자연스럽지 않고 지속가능하지도 않다. 연대적 합리성과 관련하여 앞에서 살펴본 다양한 논의들은 공통적으로 이런 점을 뒷받침한다. 이렇게 본다면 생활세계와 시민사회의 구성원, 즉 시민이 지닌 가장 기본적인 속성은 연대하는 인간, 곧 호모 솔리다리우스라는 점이다. 그럼에도 여기서 발견되는 지배적 인간이나 경쟁적 인간은 생활세계의 연대적 합리성이 아닌 국가권력이나 시장경제의 목적합리성에 근거하여 인위적으로 만들어진 인간, 곧 국가권력이나 시장경제의 아바타에 다름 아니다.

(2) 연대적 감성인 동감 능력

연대적 인간은 이성적 존재이지만 감성적 존재이기도 하다. 그래서 그의 연대적 특성은 이성뿐 아니라 감성에도 기초해 있는데, 이 가운데 가장 중요한 감성적 기초가 동감 능력이다.[49] 인간의 본성이 이성적인지 아니면 감성적인지, 특히 인간의 연대적 특성이 기본적으로 이성에 기초한 것인지 아니면 감성에 기초한 것인지에 대해서는 견해 차이가 분명히 존재한다. 하지만 인간 본성, 특히 연대적 인간 본성의 감성적 특성을 강조하는 사람들은 오래전부터 동감, 동정심, 공감 등에 주목해 왔다.[50]

① 감정 공유 능력에 대한 계몽주의자와 생물학자의 기본 관점

앞에서 살펴보았듯이 샤프츠베리의 도덕감정 개념을 계승한 허치슨에서 시작된 스코틀랜드 계몽주의자들과 프랑스 계몽주의자 루소 같은 사람들이 일찍이 이런 주장을 펼친 대표적인 인물들이다. 스코틀랜드 계몽주의자 흄과 스미스는 인간 본성에 이기적 특성뿐 아니라 이와 상반되는 두드러진 감정인 동감도 존재하기 때문에 인간이 이를 통해 이기적 본성을 억제하고 이타적인 존재가 될 수 있다고 보았다. 여기서 한 걸음 더 나아가 루소는 자연 상태의 인간 본성에는 이기적 특성이 존재하지 않는다고 보았다. 그 대신 자기애와 동정심이 있는데 이 가운데 동정심이 자기애의 감정을 완화시키고 이를 이성이 뒷받침함으로써 인간이 이타적인 존재가 될 수 있다고 보았다.

　18세기 스코틀랜드 계몽주의자들이 주목한 감정인 동감은 그 후 많은 사람들의 관심의 대상이 되었을 뿐 아니라, 공감 같은 유사한 여러 감정에 대한 관심을 촉발하는 계기도 되었다. 앞에서 살펴본 셸러의 동감론, 다월의 공감 유형론 등은 이런 유사한 감정을 함께 다루면서 이들 사이의 관계를 나름의 관점에서 해명한 바 있다.

　한편 인간 본성으로서의 동감이나 공감 같은 감정은 인문사회과학자뿐 아니라 자연과학자의 관심도 크게 끌었는데, 그 대표적인 인물은 이미 19세기 후반에 동감을 자연의 진화 과정에서 발달한 인간의 사회적 본능의 핵심 요소로 간주한 바 있는 진화생물학자 다윈이다. 이와 비슷하게 현대의 동물행동학자인 발(Frans de Waal)은 동물 행동에 대한 본격적인 연구 결과를 바탕으로 인간 본성에서 이기성과 함께 사회성이 중요하며, 이 사회성의 기초가 되는 것은 오랜 진화 과정을 통해 발달한 공감 능력이라고 주장했다. 또한 현대의 신경생리학자 리촐라티를 비롯한 여러 생물학자, 심리학자 등이 인간 뇌의 거울 뉴런에서 인간의 사회성 혹은 도덕성의 기초가 되는 동감의 뇌신경학적인 기제를 발견함으로써 동감 능력이 인간 본성에 속하는 것이라는 주장을 뒷받침했다. 이처럼 다윈 이후에 특히 현대 생물학자들이 여러 분야에서 이기성과 대립되는 개념으로서의 사회성이 인간의 본성에 속할 뿐 아니라 동감 혹은 공감이라는 감정 능력에 기초해 있다는 점을 자연과학적인 연구방법을 통해 밝혀 왔다.

② 연대적 감성의 특징

동감, 동정심, 공감 등의 개념에 대한 정의와 이들 사이의 관계에 대해서는 학자들마다 다양한 견해를 보인다. 하지만 이들 감정의 뚜렷한 공통점은 타인의 감정을 공유한다는 것이다. 물론 공유하려는 타인의 감정이 부정적인 감정인가 아니면 긍정적인 감정까지도 포괄하는가, 타인의 감정과 자신의 감정 사이의 거리를 인정하는가 아니면 인정하지 않는가, 감정을 공유할 때 타인의 관점이 우선시되는가 아니면 자신의 관점이 더 우선시되는가, 타인의 감정을 공유하면서 그 감정으로 인한 반응을 드러내는가 아니면 드러내지 않는가 등 감정을 공유한다고 하더라도 그 내용에서는 큰 차이가 있을 수 있다.[51]

여기서 연대적 감성의 초점은 타인의 감정 가운데서도 특히 고통, 슬픔 같은 부정적인 감정을 공유하는 것이다. 물론 어려운 상황 속에 있는 타인의 기쁨, 행복 같은 긍정적인 감정을 공유하는 것은 그를 격려하는 의미가 있기 때문에 긍정적인 감정의 공유를 연대적 감성에서 온전히 배제할 수는 없다. 하지만 연대적 감성은 타인의 긍정적인 감정보다는 부정적인 감정을 공유하는 데 더 큰 비중을 둔다.

동정심은 대부분 타인의 부정적인 감정에 주목한다. 그리고 동감이라는 개념도 원래 18세기 계몽주의자들에 의해 주목을 받아 도덕감정으로 간주되었을 때 주로 타인의 부정적인 감정을 공유하는 데 초점이 있었으나, 그 후 이 개념이 도덕과 무관한 과학적인 개념 혹은 중립적인 개념으로 변하면서 포괄하는 감정의 범위가 넓어졌다. 동감 개념의 과학화 과정에서 등장한 대표적인 개념이 공감이다 (아렌트, 2004: 149; 리프킨, 2010: 19; 이승훈, 2012: 12-13).

또한 연대적 감성은 감정을 공유할 때 자신의 관점과 타인의 관점을 함께 중시한다. 이것은 세 가지 의미를 갖는데, 하나는 감정을 공유하더라도 공유하는 자들 사이에 관점 혹은 감정의 차이와 거리가 존재한다는 의미이다. 셸러는 동감이 상호 동일적 감정, 감정합일 등과 구별되는 가장 뚜렷한 차이점으로 서로 다른 관점 혹은 감정을 지닌 자들 사이에서 감정의 공유가 이루어진다는 점을 지적했다. 즉, 상호 동일적 감정이나 특히 감정합일에서는 나의 관점 혹은 감정이 타인의 것과 아주 밀접히 혼합되어 있거나 일체화되어 있어서 서로 분리되거나 다른 것으로 체험되기 어려운 데 비해, 동감하는 사람은 비록 타인과 감정을 공유하지만 자신의 감정과 타인의 감정이 하나일 수 없음을 체험한다는 것이다. 이와 같은 셸러의 동감 개념처럼 연대적 감성은 감정의 공유에 참여하는 사람들 사이의 관점이나 감정의 차이를 전제로 한다(셸러, 2006: 49 이하).

다른 하나는 감정의 공유가 구성원들의 의도와 자발성에 기초하여 이루어진다는 의미이다. 셸러는 진정한 동감이란 타인의 감정을 공유하려는 의도를 통해 이루어진다고 보고, 의도가 전혀 없는 상태에서 비자발적으로 일어나 무의식적으로 진행되는 감정전염과 동감을 구별했다. 연대적 감성은 셸러의 이런 동감 개념처럼 서로 다른 관점 혹은 감정을 지닌 자들이 의도적이고 자발적으로 공유하는 감정을 가리킨다. 따라서 본인이 의도하지 않았고 심지어 알지도 못하는 사이에 전염되어 공유된 감정은 결코 연대적 감성이라고 볼 수 없다(셸러, 2006: 54 이하).

마지막 하나는 마치 연대적 합리성이 상호주관성을 전제로 하듯이 연대적 감성 역시 감정의 상호주관적인 공유를 추구한다는 의미이다. 감정의 상호주관적인 공유는 자신의 관점이나 감정을 타인에게 강요하지 않을 뿐 아니라 거꾸로 타인의 관점이나 감정을 강요받지도 않는다는 의미이다. 어쨌든 연대적 감성은 감정을 공유할 때 자신의 관점과 타인의 관점을 함께 중시하는 것이지만, 만약 우선순위의 선택을 요구받는다면 자신의 관점보다는 타인의 관점을 우선시하는 것이 연대적 감성의 속성에 더욱 부합한다. 그것은 인간이 타인의 관점을 내려놓기는 쉬워도 자신의 관점을 내려놓기는 어려운 탓에 타인의 관점을 우선시하려는 의도적인 노력은 연대적 감성을 보호할 수 있지만, 자신의 관점을 우선시하려는 노력은 타인의 관점을 주변화시켜 결국 연대적 감성을 훼손시키기 쉽기 때문이다.

다월은 동감과 공감을 구분하여 동감은 타인을 위한 관심(concern for)이 기초가 되기 때문에 자신의 관점보다는 타인의 관점을 더 중시하려는 경향이 있는 데 비해, 공감은 타인에 대한 관심(concern of)이 기초가 될 뿐 아니라 자신의 관점을 타인의 관점보다 우선시하는 경향이 있다고 보았다. 이런 관점에서 볼 때 동감의 결과는 언제나 타인에 대한 배려로 나타나지만, 공감의 결과는 공감하는 사람의 관점에 따라 타인을 배려할 수도 있고 반대로 오히려 무시할 수도 있다(Darwall, 1998: 261 이하).

이 경우에 물론 연대적 감성에 더 가까운 것은 공감이 아닌 동감이다. 동감과 공감에 대해서는 학자에 따라 개념의 차이가 있어서 다월의 개념 구분에는 이견이 있을 수 있다. 하지만 어쨌든 연대적 감성은 자신의 관점과 타인의 관점을 함께 중시하면서도 타인의 관점을 최대한 우선적으로 고려하려는 가운데 공유되는 감정이다.

끝으로, 연대적 감성은 공유된 감정에 기초한 반응과 관련이 있다. 타인의 감정을 공유하는 사람은 그 감정으로 인한 반응을 자신이나 타인에게 드러낼 수도 있고 드러내지 않을 수도 있다. 드러내는 경우에는 타인을 배려하거나 위하는 방향으로 반응할 수도 있고 그렇지 않은 부정적인 방향으로 반응할 수도 있다. 배려하거나 위하는 방향으로 반응할 때도 감정의 공유를 표현하는 수준의 반응만을 보일 수 있고 더 나아가 실천적인 행위 수준의 반응을 보일 수 있다. 여기서 타인을 위한 관심에 기초하여 공유한 감정이 어떤 형태든 반응을 초래하는 경우에 연대적 감성이라고 할 수 있다.

셸러는 이처럼 동정적인 반응을 수반하는 감정의 공유를 동감이라고 부르고, 그렇지 않은 감정의 공유를 가리키는 감정이입 혹은 공감과 구별했다. 즉, 그는 감정이입 혹은 공감에 비해 동감이 훨씬 적극적인 의미를 지니는 것으로 본 것이다. 이에 비해 리프킨은 오히려 동감이 수동적인 의미를 갖고 공감은 적극적인 의미를 갖는다면서 공감을 중심으로 논의를 전개했다. 하지만 어떤 경우든 연대적 감성은 일차적으로 타인을 위한 관심에 기초하여 이루어진 감정의 공유에서 시작되어 더 적극적으로 연대적인 반응을 초래하는 데까지 나아간다. 그러므로 연대적 감성이라 하더라도 수반되는 반응의 정도와 형태에 따라 아직 연대적인 반응이 출현하지 않은 최저 수준에서 연대의 실천이라는 매우 적극적인 형태의 반응을 낳는 최고 수준까지 다양함을 알 수 있다(셸러, 2006: 52; 리프킨, 2010: 20).

(3) 연대적 윤리와 도덕성

연대적 인간은 감성적 존재인 동시에 이성적 존재이지만, 더 나아가 도덕적이며 윤리적인 존재이기도 하다. 연대적 인간은 타인의

연대하는 인간, 호모 솔리다리우스

감정, 특히 타인의 슬픔과 고통 같은 부정적인 감정을 공유하는 능력을 지녔기 때문에 타인과 연대할 수 있다. 그리고 합리적인 판단을 통해서도, 즉 일정한 조건에서는 연대가 자신에게 유익하기 때문에, 그리고 자신의 직접적인 유익과 무관하게 타인이 자신처럼 존엄한 존재라는 인식과 또한 자신의 개인적인 삶의 조건이 타인이나 소속 공동체, 더 나아가 생태계와 밀접히 관련되어 있다는 인식 때문에도 연대의 필요성을 인정하고 이를 실천할 수 있다.

하지만 인간의 감정에는 타인을 위한 감정과 함께 이를 억누르는 감정도 존재한다. 예컨대 자신을 향한 타인의 부정적인 감정이나 공격 앞에서는 타인의 관점을 우선시하는 연대적 감성을 유지하기 어렵다. 그리고 무임승차처럼 연대 행위의 결과가 자신에게 지속적인 불이익으로 돌아오는 상황, 타인에 대한 부정적인 경험이나 불신 때문에 타인의 존엄성을 인정하기 어려운 상황, 자신의 삶의 조건이 사회적으로나 생태적으로 깊이 연관되어 있음을 인식하기 어려운 상황 등에서는 연대가 필요하고 유지되어야 한다고 판단하기 어렵다.

이렇게 본다면 연대적 감성과 합리성은 연대적 인간을 위한 필요조건이 되지만 충분조건은 되지 못한다는 것을 알 수 있다. 그러므로 연대적 감성이나 합리성을 유지하기 어려운 상황에서도 연대 행위를 유지하기 위해서는, 그리고 더 나아가 연대적 감성이나 합리성에 기반을 둔 연대 행위가 깊이, 폭, 지속성, 질 등의 면에서 더욱 성숙하기 위해서는 감성과 합리성에 부응하는 윤리적인 요소가 필요하다.

① 셸러의 인격주의 윤리와 인격적 책임성

연대의 윤리적인 속성을 일찍부터 강조한 대표적인 인물은 셸러로서, 그는 책임성을 연대의 핵심적인 토대로 간주하여 인격적인 책임성에 기초한 연대를 진정한 연대라고 주장했다. 물론 그에 따르면 다른 형태의 연대도 존재한다. 전근대 공동체 사회에서는 구성원들이 자신들 개인에 대한 책임성은 없이 공동체에 대한 책임성에 근거하여 연대를 형성했는데, 이때 근거가 되는 책임성은 공동체의 다른 구성원들에게 쉽게 대체될 수 있어서 셸러는 이런 연대를 대체 가능한 연대라고 불렀다. 이 연대는 뒤르켐이 기계적 연대라고 부른 전근대 사회의 연대와 다르지 않다(셸러, 1998: 610 이하; Durkheim, 1984: 61).

근대 이익사회에서는 구성원들이 자기 의식적인 존재이자 자기 이익을 지향하는 존재여서 타인이나 사회 전체에 대한 공동 책임보다는 일방적인 자기 책임성에 기초하여 계약관계를 통해 연대를 형성한다. 셸러는 근대 이익사회의 이런 연대를 "이해관계 연대(Interessensolidarität)"라고 불렀지만, 이것은 연대의 성격이 매우 불안정하여 실질적인 연대가 될 수 없다고 보았다(셸러, 2006: 398; 1998: 612 이하).

하지만 그는 자기 의식적인 개별 인격체의 출현이 근대사회에서 비로소 가능했다는 점에 주목하면서 이들 개별 인격체가 자신에 대해서만 책임을 질 뿐 아니라 자신이 속한 인격 공동체와 그 구성원들에게도 책임을 짐으로써 형성되는 연대에 관심을 기울였다. 그런데 이 연대의 기초가 되는 책임성은 공동체의 전통이나 규범, 개인의 이해관계 등이 아니라 철저히 개인의 인격적인 특성에 기인하는

연대하는 인간, 호모 솔리다리우스

것이다. 그렇기 때문에 셸러가 진정한 연대로 제시한 이 제3의 새로운 연대는 '인격적인 연대'라고 할 수 있는데, 셸러 자신은 이를 전근대 사회의 연대와 구별하는 의미에서 대체 불가능한 연대라고 부르고, 근대사회의 이해관계 연대와 구별하여 윤리적 연대라고 불렀다(셸러, 1998: 437, 522 이하; 2006: 124).

셸러가 인격적 연대를 윤리적 연대로 규정한 것은 이 연대의 기초가 되는 책임의 인격적인 특성이 윤리적이기 때문이다. 그는 인간을 다른 생명체와 같은 하나의 생명체이면서도 고유한 정신을 소유한 인격체로 보았는데, 인간의 의식과 행위에 큰 영향을 끼치는 정신은 윤리적 가치와 밀접히 결부되어 있다. 따라서 인격체는 윤리와 결코 뗄 수 없는 관계일 뿐 아니라 이들 인격체가 자신과 소속 공동체 및 그 구성원에 대해 지니는 책임도 선의와 인격적인 사랑에 기초한 윤리적인 것이다. 그러므로 이런 윤리적인 책임성을 기반으로 개별 인격체들이 형성하는 연대는 단순히 자기 이익을 위해 형성되는 합리적인 이해관계 연대, 자연 상태의 인간 본성이나 본능에 의해 자동적으로 형성되는 감정적인 연대, 사회의 힘이나 규범을 통해 거의 강제적으로 이루어지는 집합주의적인 연대 등과 구별되는 매우 윤리적인 연대라고 할 수 있다(셸러, 1998: 442 이하, 617 이하; 2006: 298 이하, 342 이하).

② 하버마스의 담론 윤리와 지속적인 의사소통

셸러가 인격과 가치를 중시하는 인격주의 윤리의 관점에서 기존의 전근대적 연대나 근대적 연대의 한계를 극복할 새로운 연대를 제시한 것처럼, 하버마스는 의사소통을 중시하는 담론 윤리의 관점에서 생활세계 연대의 한계를 극복할 새로운 연대를 제시했다. 하버마스에 따르면 연대는 원래 생활세계의 기본 속성이다. 그런데 전근대 사회가 합리화 과정을 통해 근대사회로 전환되면서 정치행정체계와 경제체계로 이루어진 사회체계가 생활세계로부터 독립하여 권력과 화폐를 매개로 하는 통합원리를 형성함으로써 연대는 사회문화 영역으로 축소된 생활세계의 통합에만 주로 관계하게 되었다.

하버마스는 생활세계에서 비교적 자연스레 형성된 연대가 갖는 한계에 주목했는데, 그것은 한마디로 폐쇄성과 특수성이다. 즉, 가족, 부족, 지역사회 구성원들처럼 생활세계에 함께 소속되어 연대를 형성하는 상대의 범위가 한정되어 있을 뿐 아니라 이들이 형성하는 연대의 토대가 되는 공유된 문화가 역사적·사회적으로 특수해서 모든 인간에게 적용될 수 있는 보편적인 연대로 나아갈 수 없다는 것이다(하버마스, 1997: 88-89).

그래서 그가 제안한 것이 담론 윤리를 통해 보완된 도덕적인 연대이다. 담론 윤리란 의사소통 윤리라고도 하는데, 그의 정의에 따르면 "논증의 일반적인 전제조건들로부터 보편주의적인 도덕 내용을 도출하는" 윤리이다. 더 쉽게 표현하면 합리적인 반성에 기초한 지속적인 의사소통을 통해 도덕의 내용을 도출하려는 것이다. 그런데 그는 현대 다원주의 사회에 필요한 도덕의 핵심적인 두 과제를 정의와 연대로 파악했기 때문에 결국 논증이라는 담론 형식을 통해 연대의 원리를 도출할 것을 제안한 것이다. 그에 따르면 논증은 특수한 생활세계를 초월하여 이상적인 의사소통 공동체로 확장하는 내재적 특성을 지니고 있다. 따라서 기존의 생활세계 연대가 이처럼 보편적인 담론을 통한 의지의 형성을 추구할 때 비로소 폐쇄성과 특수성의 한계를 극복하고 보편적인 성격의 도덕적 연대로 나아갈 수 있다(하버마스, 1997: 88 이하).

이렇게 보면 셸러가 연대의 윤리적 특성으로 특별히 강조한 점이 연대 행위자의 인격성과 이에 기초한 자신과 소속 공동체 및 다른 구성원을 향한 책임성인 데 비해, 하버마스는 의사소통적 담론을 통한 지속적인 반성의 필요성을 강조한 것을 알 수 있다. 하지만 하버마스의 담론 윤리가 담론적 실천에 참여하는 자들 간의 인격적인 상호 인정을 전제로 하기 때문에 결국 그가 타인 인격의 존중과 함께 지속적인 의사소통의 필요성을 강조했다고 볼 수 있다(하버마스, 1997: 77, 86 이하; 2006a: 50 이하, 423-424).

그런데 하버마스가 담론 윤리를 통해 추구한 것은 보편적인 성격의 도덕적 연대를 가능하게 하는 합의였다. 그는 논증의 절차와 담론의 특성 때문에 합의가 가능하다고 보았다(하버마스, 1997: 89-91). 하지만 보편적 윤리를 추구하는 근대주의적 접근을 비판하는 시각에서 본다면 보편적 도덕의 원리를 도출할 수 있다는 하버마스의 담론 윤리뿐 아니라 보편적 가치를 전제로 한 셸러의 인격주의 윤리도 수용하기 어렵다. 그래서 바우만은 이런 근대주의 시각에서 벗어나 연대의 윤리적 특성을 새롭게 제시하기 위해 탈근대 윤리의 기본 관점을 제시했다.

③ 바우만의 탈근대 윤리와 자발적인 관심 및 관용적인 책임성

바우만은 우선 도덕과 윤리를 구분했다. 도덕은 인간의 자연스러운 충동과 밀접히 관련되어 있지만, 윤리는 논리적 사고를 바탕으로 한다. 이런 의미에서 인간은 기본적으로 도덕적인 존재이다. 여기서 도덕적 존재란 선한 존재라는 뜻이 아니라 선악을 판단해야만 하는 존재라는 뜻이다. 그런데 근대의 도덕은 확고한 토대를 지닌 보편적 윤리에 의존했으나 탈근대 시대는 진리나 윤리의 확고하고도 보편적인 토대를 찾기 힘든 시대여서 탈근대 시대의 도덕은 근대적 윤리에 의존할 수 없다(Bauman, 1993: 31 이하, 61; 1995: 1-2).

그래서 바우만은 탈근대의 시대적 특성에 부합하는 도덕과 윤리를 모색하면서 다음 세 가지 점을 특별히 강조했다. 첫째, 탈근대 시대에는 도덕적 판단의 근거가 보편적인 윤리체계나 사회규범을 통해 객관적으로 주어지는 데 한계가 있기 때문에 결국 최종적인 판단은 도덕적 자아의 자율적인 선택을 통해 이루어질 수밖에 없다. 둘째, 근대적 윤리에서 배제되었던 애매모호성이 탈근대 시대의 도덕과 윤리에서는 가장 중요한 토대가 된다. 즉, 선악으로 명백히 구분될 수 없는 영역의 존재를 인정하고 존중할 뿐 아니라 이들 도덕적 애매모호성과 더불어 살 수 있는 능력의 함양을 중시한다. 셋째, 탈근대 시대에서는 도덕적 판단의 핵심 요소로서 책임성이 더욱 중시된다. 책임성은 보편적 윤리, 사회규범, 계약관계 등에 의해 주어지기 전에 이미 개인이 원초적으로 맺는 타인과의 관계에서 나온다. 하지만 이런 타인에 대한 도덕적 책임성이 근대에는 사회제도나 조직을 통해 사회적 책임성으로 대체됨으로써 도덕적 무관심 상태가 초래되기도 했다. 그런데 탈근대 시대에는 개인의 관점이 더욱 중시되어 도덕적 책임성이 다시 전면에 부각됨으로써 바우만이 개인의 책임성을 새로운 시대의 도덕과 윤리의 핵심 요소로 강조한 것이다 (Bauman, 1995: 2, 60; 1993: 10 이하, 78, 125).[52]

바우만의 연대론은 이런 탈근대의 도덕 및 윤리의 관점과 밀접히 관련되어 있다. 그는 개별성과 차이의 존재를 인정하고 공존을 가능하게 하는 자유, 다양성, 관용 같은 정신이 탈근대 시대에 특별히 중시된다는 점에 주목하면서 이들 정신의 적극적인 의미는 수용하되 한계를 극복할 대안적 가치로서 연대를 제시했다. 예컨대 관용은 탈근대 정신에 맞게 차이를 존중하지만 타인에 대한 무관심과 소외를 낳을 수 있다. 그렇기 때문에 차이를 존중하면서도 타인을 향한 적극적인 관심과 책임성을 갖는 정신이 필요한데, 바우만은 연대가 바로 이에 해당한다고 보았다. 말하자면 연대는 차이를 존중하지만 관용과 달리 강한 사회적 지향성을 갖는 정신이자 가치라는 것이다(Bauman, 1991: 98, 235 이하, 256 이하; 강수택, 2007a: 190-191).[53]

그런데 문제는 사회적 관계에서 어떻게 연대를 실현할 수 있는가 하는 점이다. 이와 관련하여 바우만이 흥미로운 설명을 제시했는데, 그것은 인간의 공존(togetherness) 양식의 변화에 관한 설명이다. 그는 인간의 공존 양식을 "떨어져 있는 관계(being-aside)," "함께 있는 관계(being-with)," "위하는 관계(being-for)"의 셋으로 나누었다. 공존, 즉 더불어 함께한다는 것은 비록 넓은 의미의 연대의 다른 표현이기도 하지만, 이 세 양식 중에서 둘째와 셋째가 좁은 의미에서의 진정한 연대라고 볼 수 있다. 하지만 그는 이 둘 가운데서도 특히 셋째 양식에 초점을 맞추었는데, 그것은 셋째 양식이 도덕적 의미를 갖는 연대 양식이기 때문이다. 연대는 크게 분석적 혹은 사회학적 개념과 실천적 혹은 윤리적 의미로 나눌 수 있는데 "함께 있는 관계"가 전자의 연대 개념에 해당한다면 "위하는 관계"는 후자의 연대 개념에 해당한다. 바우만은 사회학자로서 이 두 연대 개념 모두에 관해 다루었지만 최종적으로는 위하는 관계로서의 연대에 가장 큰 관심을 기울였다(Bauman, 1995: 49 이하; 강수택, 2013: 12-13).[54]

이런 관점에서 그는 함께 있는 관계가 어떻게 위하는 관계로 전환될 수 있는지 설명하려고 노력했다. 그런데 그에 따르면 함께 있는 관계에서 위하는 관계로의 전환은 도약으로 표현될 수 있을 정도의 큰 변화를 의미한다. 그래서 그는 위하는 관계란 함께 있는 관계의 초월 행위라고 표현하기도 했다. 어쨌든 그에 따르면 위하는 관계란 타인과의 감정적인 관계의 성격을 갖기 때문에 단순히 함께 있는 관계가 위하는 관계로 전환되기 위해서는 감정이 필요하다. 여기서 의미하는 감정에는 흔히 연대적 감정으로 언급되는 공감, 동감, 동료애, 동정심 등이 속할 수 있지만, 그는 타인에 대한 무관심으로부터 벗어나는 것 혹은 타인의 객체화에 저항하는 것이 이들 감정보다 더 우선하며 또한 이런 감정이 최종적으로 향하는 것은 타인에 대한 책임감이라고 보았다. 그리고 이 책임성이 처음에는 나 자신에서 시작되며 여기에서 도덕이 출발하지만 결국 이것은 함께하는 자들의 상호 의존의 결속을 낳게 된다고 보았다(Bauman, 1995: 50 이하, 59 이하).

바우만은 탈근대 시대의 인간이 도덕적 존재로서 더 이상 근대적 윤리에 의존할 수도 또한 그렇게 할 필요도 없어졌다고 보았지만, 그렇다고 윤리의 필요성이나 가능성 자체를 부인하지 않았다. 그는 탈근대적 윤리의 기본 관점을 모색하려고 노력했으며, 이런 노력의 과정에서 그의 연대론이 중요한 위치를 차지했다. 어쨌든 그는 연대의 도덕성과 윤리성을 매우 중시했으며, 타인에 대한 자발적인 관심과 책임성을 도덕적 연대 혹은 윤리적 연대의 핵심 요소로 간주했다. 물론 이 관심과 책임성은 근대 윤리학에서처럼 합리적인 사유의 결과로 도출된 것이 아니라 인간에게 원초적으로 주어진 충동과 감정에 기인하는 것이다. 하지만 이런 원초적인 도덕감정에 기초한 연대성이 탈근대 시대에 부합하는 방향으로 구현되기 위해서는 탈근대 윤리의 뒷받침이 필요하다. 여기서 핵심적으로 중요한 점은 연대의 실천이 개인의 자율성에 입각해야 하고, 차이에 대한 관용을 전제로 해야 하며, 타인과 자신에 대한 책임성을 실현할 수 있는 것이어야 한다는 점이다.[55]

바우만은 사회제도나 조직을 통해 형성된 근대적 연대가 사회 구성원들의 도덕적 무감각을 초래한 점에 특별히 주목했다. 그래서 그는 탈근대 사회에서 개인들의 자발적인 도덕적 책임성에 기반을 두면서도 차이에 대한 관용 같은 시대정신에 부응하는 새로운 연대의 방향을 제시했다. 이것은 연대적 인간, 즉 호모 솔리다리우스가 탈근대라는 변화된 시대 조건 속에서 생존하기 위해 연대적 감정이나 연대적 합리성의 토대와 발전 방향으로 삼아야 할 것이 무엇인지를 알려 준다. 그것은 무엇보다도 타인에 대한 관심의 회복에서 시작되는 도덕적 감정이 연대적 감정의 토대이고, 자유와 관용의 정신 위에서 타인에 대한 도덕적 책임의 실현을 추구하는 탈근대적 책임 윤리가 연대의 나아갈 방향이라는 점이다(Bauman, 1995: 62, 267 이하; 1991: 234 이하; 1993: 13-15).

④ 노딩스의 배려의 윤리와 모성적 감정

기존의 근대적 연대의 한계를 극복할 새로운 연대상을 제시하려는 노력은 바우만의 탈근대 윤리의 관점에서뿐 아니라, 노딩스(N.

Noddings)의 배려의 윤리 같은 여성주의 윤리의 관점에서도 보인다. 노딩스는 정의의 윤리를 중심으로 제시된 기존의 윤리가 남성 중심적이어서 여성의 관점을 적극 반영한 배려의 윤리로 보완되어야 한다는 길리건(C. Gilligan)의 문제 의식을 발전시켜 배려의 윤리를 제시한 바 있다(길리건, 1997: 289, 303-304; 노딩스, 2009).

물론 길리건, 노딩스 등 배려의 윤리를 제시한 인물들이 직접 연대를 언급한 것을 찾기는 어렵다. 하지만 이들의 윤리가 내용적으로 연대와 깊은 관련이 있어서 다른 학자들의 연대에 대한 논의에서 종종 언급되고 있다.[56]

노딩스의 배려의 윤리는 엄마와 자녀 간의 배려관계를 기초로 한다. 그렇기 때문에 배려의 윤리는 기본적으로 독립된 개인의 윤리가 아닌 상호주관적인 관계의 윤리라는 특징을 갖는다. 하지만 하버마스의 담론 윤리가 상호주관적인 관계의 합리적인 특성에 주목한다면, 노딩스의 배려의 윤리는 정서적인 특성에 더욱 주목한다는 점에서 구별된다. 어쨌든 배려의 윤리가 상호주관적인 관계를 중시한다는 점은 연대가 상호주관적인 관계를 지향하는 것과 공통점이며, 더 나아가 관계의 정서적인 특성에 주목한다는 점은 감정의 상호주관적인 공유에 기초한 감정적 연대와의 유사성을 보여 준다(노딩스, 2009: 72, 103).

노딩스는 흄처럼 도덕성이 감정에 기초한다고 보았다. 그리고 배려를 자연적 배려와 윤리적 배려로 구분하고, 자연적 배려는 엄마가 자녀를 대할 때처럼 타인을 배려하려는 자연스러운 감정에서 나오며, 윤리적 배려에는 이런 자연적 배려의 태도를 유지하거나 강화하려는 인위적인 노력이 필요하다고 설명했다. 이런 노력은 그녀가 언급한 윤리적 자아와 윤리적 이상의 발달을 통해 이루어진다. 그녀가 특별히 강조한 윤리적 이상이란 윤리적으로 최상의 자아, 즉 진정한 배려관계 속에 있는 자아에 대한 비전으로서 어떤 보편적인 규칙이나 원리에 기인하는 것이 아니라 다음 두 가지 감정에서 나온다. 하나는 인간이 서로를 향해 느끼는 자연스러운 동정이며, 다른 하나는 최고로 배려하는 순간의 기억을 유지하거나 회복하거나 고양하려는 열망이다. 게다가 그녀는 배려관계가 제공하는 기쁨의 감정이 윤리적 이상의 성장을 고무한다는 점을 강조했다(노딩스, 2009: 72-73, 115 이하, 152, 194).[57]

이렇게 보면 노딩스의 윤리적 배려는 (비록 자연적 배려와 달리 인위적인 특성이 뚜렷하지만) 인위적인 노력도 감정에 기초한다는 점에서 여전히 자연적 배려와 큰 공통점을 지닌다. 어쨌든 노딩스가 도덕성과 윤리의 기초로서 특별히 주목한 배려관계는 배려하는 자와 배려받는 자 사이에 존재하는 비대칭성에도 불구하고 기본적으로 감정에 기초하여 형성되고 유지되는 상호주관적인 관계라는 점에서 연대관계, 특히 감정적인 연대관계에 해당한다고 볼 수 있다. 그런데 배려관계는 비록 원거리에 있는 사람들 사이의 관계로도 확장될 수 있지만, 기본적으로는 대면적인 관계를 중심으로 한다. 이런 점에서 배려의 윤리는 브라운(H. Braun)이 거시적 연대와 중도적 연대라고 각각 부른 원거리와 중거리 범위의 연대보다는 사회적 근거리의 미시적 연대의 형성과 유지에 더욱 많은 시사점을 제공한다(노딩스, 2009: 68-72; 브라운, 2006: 30-32).

노딩스의 자연적 배려와 윤리적 배려의 구분은 하버마스의 생활세계 연대와 담론 윤리를 통한 도덕적 연대의 구분을 연상시킨다.

하지만 하버마스는 합리주의 관점에서 후자를 통한 전자의 한계 극복에 관심을 가졌다. 이에 반해 노딩스는 윤리적 배려관계의 필요성을 인정하면서도 이것이 자연적 배려관계보다 우월한 위치에 있다기보다는 오히려 여기에 의존해야 한다는 점을 강조했다. 배려관계에 입각한 연대를 형성·유지·발전시키기 위해서는 엄마와 자녀관계에서 전형적으로 경험되는 자연적 배려의 감정적인 관계를 가능하게 하는 요소들에 지속적으로 주목해야 한다는 뜻이다. 이와 관련하여 그녀는 앞에서 언급된 여러 요소 외에 따뜻한 수용과 신뢰의 태도가 배려하는 자에게 특히 필요하다는 점을 강조했다. 이와 함께 그녀가 자연적 배려를 통해 경험한 진정한 배려관계에 대한 기억의 중요성을 강조한 점도 연대의 형성, 유지, 발전과 관련하여 특별히 주목할 필요가 있는 부분이다(노딩스, 2009: 87 이하, 116).

연대적 인간, 즉 호모 솔리다리우스에 대한 논의에서 배려의 윤리를 통해 얻을 수 있는 가장 큰 교훈은 연대적 인간이 남성적인 인간상만으로 제시되어서는 안 된다는 경고이다. 물론 연대적 인간상에 대한 논의를 의도적으로 남성 중심적인 방향으로 전개할 리는 없겠지만, 남성 중심적인 특성이 뚜렷한 근대 사상에 의지하여 전개하면 자연스럽게 남성 중심적으로 흘러갈 위험이 크다. 예를 들면, 연대적 인간을 연대적 합리성을 지닌 존재로만 묘사한다면 이런 위험이 따를 것이다.

하지만 저자는 연대적 인간을 연대적 합리성뿐 아니라 연대적 감성과 연대적 도덕성을 함께 지닌 존재로 간주했다. 그리고 연대적 도덕성이 감성과 밀접히 관련되어 있고, 도덕성을 뒷받침할 윤리로서 근대적 윤리뿐 아니라 탈근대적 윤리의 관점도 중요하다고 강조했다. 이런 관점에서 저자가 탈근대주의 관점으로 제시한 바우만의 탈근대 윤리는 남성 중심적인 근대 윤리를 비판한 배려의 윤리와 공통점이 많다. 이들의 윤리는 기본적으로 관계 윤리에서 출발하며, 구체성과 맥락성을 중시하는 의무론을 제시하고, 윤리의 감정적인 토대를 중시한다.

이처럼 배려의 윤리는 탈근대 윤리와 여러 공통점을 지니지만 모성적 특성이 뚜렷한 감정과 태도의 역할을 더욱 강조했다는 점에서 의미가 있다. 노딩스가 윤리의 토대로 특별히 주목한 배려와 관련된 여러 감정 및 태도들, 예컨대 사랑, 동정, 수용성, 신뢰, 관계의 기쁨, 일상생활의 찬양 등은 물론 여성이나 모성에만 관련된 것은 아니다. 하지만 여성, 특히 모성적 특성을 비교적 잘 드러내고 있어 호모 솔리다리우스의 중요한 특징으로 간주될 필요가 있다.

지금까지 우리는 서로 다른 시각에서 연대에 관해 직·간접적으로 다룬 셸러, 하버마스, 바우만, 그리고 노딩스의 윤리론을 중심으로 호모 솔리다리우스의 윤리적 특성과 도덕성을 살펴보았다. 물론 이들의 논의에서 다룬 점들이 호모 솔리다리우스의 모든 중요한 윤리적 특성과 도덕성을 포괄하지는 않는다. 예컨대, 부당한 억압이나 착취에 맞서 연대하려거나 자신의 불이익을 감수하고 연대하기 위해서는 많은 경우, 결단, 용기, 굳센 의지 등의 덕성이 필요하다. 그래서 씨올의 연대를 강조한 함석헌은 용기의 중요성을 강조한 바 있다.[58] 하지만 이들의 논의는 호모 솔리다리우스에게 필요한 도덕성과 윤리성의 기본 요소에 대해 매우 소중한 통찰을 제공해 준다.

3. 호모 솔리다리우스의 다양성과 유형

지금까지 연대적 합리성, 연대적 감성, 연대적 윤리성을 살펴보았는데, 이 세 가지는 호모 솔리다리우스의 핵심적인 특성이다. 그렇다면 이들 세 특성 가운데서도 더욱 기본이 되거나 중요한 특성은 무엇이며, 또한 이들 세 특성의 상호관계는 무엇일까? 먼저 세 가지 특성 가운데 가장 기본이 되거나 중요한 특성을 획일적으로 규정할 필요는 없다. 왜냐하면 인간의 성격이 각양각색이듯이 호모 솔리다리우스 가운데도 좀 더 이성적인 존재, 좀 더 감성적인 존재, 좀 더 도덕적이거나 윤리적인 존재가 있을 수 있기 때문이다. 호모 솔리다리우스라고 할 수 있는 인간은 권력을 추구하는 지배적 인간(Homo dominans) 내지는 고전적인 정치적 인간(Homo politikus)이나 경쟁을 통해 경제적 이익을 추구하는 경쟁적 인간(Homo concurrens) 내지는 고전적인 경제적 인간(Homo economicus)과 달리 타인과의 연대적 관계를 추구하는 존재라는 점에서는 공통된다. 하지만 이런 연대적 관계를 추구하는 계기나 방식 등에서는 다양한 차이를 나타낼 수 있다.[59]

가족, 학교, 종교단체, 시민단체 등 집단의 종류에 따라 구성원들에게 더욱 요구되는 특성은 다르다. 그리고 가족이나 친구처럼 사회적 근거리에 있는 잘 아는 타인과의 연대와 원거리에 있는 직접 잘 알지 못하는 타인이나 그 중간 정도에 위치한 결사체 구성원들과의 연대에 더욱 요구되는 특성에도 차이가 있다. 또한 시대의 변화에 따라 더 강조되는 특성도 각각 다르다. 이런 배경으로 인해 호모 솔리다리우스라고 하더라도 성별, 세대, 직업 등에 따라서 더욱 두드러지는 특성이 다를 수 있는 것이다.

이런 점은 자연스레 세 특성 간의 관계를 설명하는 데도 영향을 끼친다. 그래서 동정심 같은 연대적 감성의 기초 위에서 합리적 판단과 윤리적 판단을 더하여 연대적 실천을 행할 수 있지만, 그 반대로 냉철한 합리적 판단의 결과 이를 바탕으로 감성과 윤리성을 더하여 연대적 실천을 행하는 것도 충분히 가능하다. 하지만 어떤 경우든지 연대에 반하는 감정이나 판단의 계기들이 자신의 안팎에서 출현하여 연대를 무력화할 가능성이 존재하기 때문에 이들을 극복하기 위한 윤리성이 감성이나 합리성을 안정적으로 안내할 필요가 있다. 이 윤리성이 강력한 힘을 발휘하기 위해서는 물론 생활세계의 경험에 입각한 논리와 특히 감정에 뿌리를 내리고 있어야 한다.[60]

저자는 연대의 지향성, 근거, 그리고 관계의 성격이라는 세 차원에서 사회적 연대를 여덟 가지 유형으로 분류한 적이 있다. 여기서 연대의 지향성이란 연대 형성의 목적이 연대관계 자체에 있는가 아니면 연대를 통해 다른 목표를 달성하는 데 있는가의 차원이며, 연대의 근거는 연대의 일차적 기반이 감정에 있는가 혹은 합리성에 있는가의 차원이다. 그리고 연대관계의 성격이란 연대 참여자들의 자율성이 적게 보장되는가 혹은 많이 보장되는가의 차원이다(강수택, 2007a: 206-217).

이들 세 차원을 호모 솔리다리우스에게 적용한다면, 먼저 자율성의 정도는 호모 솔리다리우스가 속한 시대나 사회, 호모 솔리다리우스 자신의 성숙의 정도를 판단하는 중요한 기준으로 볼 수 있다. 그래서 자율적인 연대를 추구하는 시대나 사회의 성숙한 호모 솔리다리우스에 한정시키는 경우에는 연대적 실천의 근거와 추구하는 목표를 중심으로 네 가지 유형의 호모 솔리다리우스를 분류할 수 있다.[61] 한편에는 감정적 연대관계 자체를 중시하면서 이를 추구하는 유형이 있으며, 반대편에는 합리적 연대를 통해 연대관계 외의 다른 목표를 추구하는 유형이 있다. 그리고 이 사이에 감정적 연대를 통해 다른 목표를 추구하는 유형과 합리적 연대관계 자체를 중시하고 이를 추구하는 유형이 있다.

저자는 이 네 가지 유형의 호모 솔리다리우스를 순서대로 정서적 관계형, 합리적 목적형, 감정적 목적형, 합리적 관계형이라고 부르고자 한다. 이 중에서 정서적 관계형은 물론 가족, 친지, 친구 같은 사적으로 친밀한 사회관계 혹은 미시적 연대관계에서 주로 많이 요구되는 데 비해 브라운이 거시적 연대라고 부른 국가의 사회보장체계를 구성하는 연대관계에서는 합리적 관계형이 요구된다. 그리고 그가 중도적 연대라고 부른 정치적·경제적·사회적 자조 집단들, 예컨대 노동조합, 협동조합 등이나 각종 사회운동에서는 합리적 목적형이나 감정적 목적형이 요구되는 경우가 많다. 물론 이런 유형론은 이념형적이며, 실제로는 다양한 혼합형이 존재한다. 적용 사례들도 단순하게 든 것이어서 예컨대 사회운동이나 자발적 결사체도 유형에 따라 요구되는 구성원, 즉 호모 솔리다리우스의 유형에 큰 차이가 존재할 것이다.

이런 유형론 외에도 다양한 다른 유형론이 가능하다. 예컨대 호혜성을 추구하는 호모 솔리다리우스 유형과 그렇지 않은 유형으로 나눌 수 있는데, 그것은 상호주관성 혹은 상호성이 연대의 필수조건이지만 호혜성은 그렇지 않기 때문이다. 물론 앞에서 살펴보았듯이 연대적 합리성의 근거로 제시된 호혜적 이타주의론이나 호혜적 협력론은 호혜성을 전제로 한다. 하지만 대부분의 경우 호혜성을 필수조건으로 여기지 않는 연대적 감성과 연대적 윤리성의 관점, 호혜성을 필수조건으로 여기지 않는 합리적 선택이론의 관점 등에서 제시되는 연대는 호혜성을 전제로 하지 않는다. 실제로 협동조합 활동 같은 자조활동은 호혜성을 지향하지만, 반대급부를 기대할 수 없는 사회적 약자를 향한 많은 자발적인 기부활동은 호혜성과 무관하다.

어쨌든 이런 유형론은 호모 솔리다리우스의 기본 특성을 좀 더 자세히 이해하는 데 도움이 될 뿐 아니라, 호모 솔리다리우스의 존재 방식이나 행위 방식이 다양하며 또한 변할 수 있다는 점을 깨닫게 하는 데도 유익하다.

1. 근대 서구사회와 연대하는 인간의 탄생

원래 인간은 사회적 존재, 그 가운데서도 특히 협력을 중시하는 연대적 존재이다. 동감, 동정심, 공감 등 타인의 감정을 공유할 수 있는 능력을 인간의 본성 혹은 본능으로 간주한 철학자나 자연과학자들의 주장이 이를 뒷받침한다. 특히 이런 주장을 하는 생물학자들은 인간뿐 아니라 영장류를 비롯한 다른 동물에게도 이런 본능이 존재한다고 본다. 그러므로 인간에게는 처음부터 다른 사람과 협력할 수 있는 감정적인 능력이 있다. 물론 인간의 이성을 중시하는 학자들 중에 다른 사람과의 협력이 필요함을 인식할 능력이 인간에게 존재한다고 주장하는 사람도 많다. 어쨌든 이런 다양한 주장들은 인간에게 원래부터 협력할 수 있는 능력이 존재한다는 것을 보여 준다. 그렇다고 이런 주장을 하는 사람들이 모두 인간의 이기심을 부인하는 것은 아니다. 오히려 많은 사람들은 인간에게 협력의 능력과 성향뿐 아니라 이에 반대되는 속성도 함께 존재한다고 본다.

이처럼 인간은 원래부터 협력의 능력과 성향을 지닌 존재지만 이런 인간이 곧 연대하는 인간, 호모 솔리다리우스인 것은 아니다. 왜냐하면 진정한 연대적 인간은 근대에 와서 비로소 탄생했기 때문이다. 근대 이전의 인간은 비록 협력의 능력과 성향을 지닌 존재였지만 호모 솔리다리우스는 아니고 그 조상에 해당한다.

그렇다면 연대하는 인간의 탄생이 왜 근대에 와서 비로소 가능하게 되었는가? 연대의 전제 조건인 개인과 자유의 관념이 근대에 와서 확립되었기 때문이다. 개인의 자유에 입각한 연대는 근대적 관념에 속한다. 뒤르켐은 전근대 사회의 특징을 기계적 연대에서 찾았으며, 셸러도 전근대 공동체 사회에서는 자신이 아닌 공동체에만 책임지는 연대가 존재한다고 보았다. 하지만 이들이 전근대 사회의 연대라고 부른 것은 공동체의 강제력에 기초한 결속으로, 근대에 들어 형성되고 확립된 자유로운 개인 간의 연대와 비교할 때 사회적 결속이라는 점에서만 공통될 뿐 개인의 자율성이 결여되어 진정한 연대라고 보기 어렵다. 그래서 이들이 진정한 연대라고 본 것은 근대 이후에 개인의 자율성을 전제로 형성되었거나 발전한 연대이다.

근대적 연대 관념이 처음 형성되고 널리 확산된 것은 근대 초기의 프랑스에서였다. 아렌트가 지적했듯이 프랑스 대혁명은 루소가 인간 본성으로서 강조한 동정심이 매우 중요한 역할을 한 사건이었다. 시민의 자유 및 권리와 함께 박애가 이 혁명 과정에서 특별히 강조된 것은 고통 받는 동료 인간들을 향한 동정심이 배경으로 작용했기 때문이다(아렌트, 2004: 154 이하). 이 박애 관념이 18세기 말부터 형성되기 시작한 연대 관념과 함께 사용되다가 19세기 중엽에 연대 관념으로 대체되는 과정을 거치면서 결국 19세기 중엽 이후 연대 관념이 프랑스에서 시작하여 독일, 영국 등 유럽과 전 세계로 빠르게 확산되었다(강수택, 2012a: 33-40).

18세기 말 프랑스에서 형성되기 시작하여 프랑스 대혁명을 거친 후 19세기에 빠르게 확산된 이 연대 관념은 자유, 평등, 박애의 근대 정신이 집약된 것으로, 사회 현실 속에서는 다양한 방식으로 구현되었다. 대표적인 방식으로는 1789년의 프랑스 대혁명과 특히 1848년의 프랑스 혁명 같은 근대 시민혁명, 노동운동·참정권운동·여성운동 같은 사회운동, 협동조합·노동조합·공제조합 같은 다양한 결사체, 그리고 노동재해·퇴직연금 등에 관한 사회보험제도의 도입을 들 수 있다(다나카 다쿠지, 2014: 168 이하).

즉, 전근대 사회가 근대 시민사회로 전환되고 또한 근대 시민사회가 자리를 잡아 가는 과정에서 자유롭고 평등한 개인이자 국가와 사회의 주체로서의 정체성을 자각하게 된 시민들, 특히 그 가운데서도 가난한 민중들이 근대정신의 구현을 위해 사회운동, 결사체 같은 시민사회의 연대 영역을 경험하고 사회보험 같은 제도화된 연대체계에 참여함으로써 연대하는 인간, 즉 호모 솔리다리우스가 탄생한 것이다.[62]

연대하는 인간의 최초의 산실인 프랑스 대혁명은 제3신분인 평민들이 주도했는데, 이들은 인구의 95% 이상을 차지했다. 물론 처음에는 시민계급인 부르주아지가 혁명을 주도했으나 곧바로 빈곤한 민중들이 합류했다. 도시의 노동자, 실업자뿐 아니라 인구의 3/4을 차지하는 농민들도 합류함으로써 프랑스 민중들이 근대 시민혁명 이념의 세례를 받으면서 연대적 인간으로 탄생했던 것이다. 그후 이들은 구체제 세력의 반혁명과 더 나아가 부르주아지의 횡포에 맞서는 또 다른 혁명의 과정들을 거치면서 더욱 성장해 갔다. 뿐만 아니라 프랑스의 호모 솔리다리우스는 벨기에, 독일, 이탈리아, 스페인 등 인근 유럽 국가에 큰 영향을 끼쳐 이들 국가의 민중들 사이에서도 호모 솔리다리우스가 확산되는 계기가 되었다(르페브르, 1982: 65, 213, 323 이하; 브린톤 외, 1963: 469 이하).

물론 이 시기의 시민혁명이 민중들에게 일차적으로 제공한 것은 연대의 정치적인 성격을 강력히 경험하는 계기였다. 하지만 부르주아지와 달리 많은 민중들이 빈곤, 실업 같은 심각한 사회문제를 겪고 있던 상황이어서 시민혁명을 직·간접적으로 경험하게 된 민중들과 지식인들은 사회문제를 해결하기 위해 일상생활에서도 지속적인 노력을 기울였다. 시민혁명 이후에 사회의 새로운 주도 세력이 된 시민계급, 즉 부르주아지는 정치권력과 경제적 자본을 둘러싸고 서로 간에 치열하게 경쟁하는 한편 가난한 민중들에게는 지배와 착취를 서슴없이 행했다. 따라서 노동자, 농민 등 힘없는 민중들은 서로에게 의지할 수밖에 없는 상황이었다. 그 결과 프랑스, 독일, 영국, 이탈리아를 비롯한 유럽 전역에서 노동운동, 협동조합운동 등이 민중들 사이에서 빠르게 널리 확산됨으로써 이들이 경제적 연대와 사회문화적 연대를 새롭게 강력히 경험할 수 있었다(콜, 2012: 45 이하; 그레빙, 1985: 35 이하; 윤형근, 2013).

2. 연대하는 인간의 1차 성장통:
   계급주의, 민족주의, 파시즘의 도전

이렇게 하여 태어난 서구사회의 연대하는 인간은 경제의 산업화와 자본주의화가 급속히 진행되는 과정에서 급격히 팽창한 노동자계급을 중심으로 빠르게 확산되었다. 뿐만 아니라 자본가들의 착취와 국가권력의 탄압에 맞서 생존권을 지키며 자활 능력을 키우고 또한 정치적 권리를 확보하는 등 전반적으로 자립 능력을 키우면서 점차 성장해 갔다.

이 시기의 서구사회에서 연대하는 인간이 성장해 가는 과정에 이들에게 큰 영향을 끼친 여러 사상들이 나타났다. 물론 사회마다 영향을 끼친 사상의 차이가 있었지만 크게 본다면 초기의 유토피아적 사회주의 사상의 영향을 받은 비교적 온건한 사회주의 사상, 마르크스주의의 영향을 크게 받은 혁명적 사회주의 사상, 사회적 자유주의 같은 비교적 온건한 자유주의 사상, 사회적 보수주의 같은 온건한 보수주의 사상, 기독교 사회주의나 가톨릭 사회론 같은 개혁적 기독교 사회사상 등이 그것이다. 물론 이들 간에 서로 영향을 주고받아 생긴 다양한 변종도 존재하지만 어쨌든 연대하는 인간은 이들 다양한 사상의 영향을 받으면서 성장했다.

그중에서 19세기 후반과 20세기 초에 걸쳐 유럽 노동자 출신의 연대하는 인간이 성장하는 과정에서 전반적으로 가장 큰 영향을 끼친 사상은 사회주의였다. 물론 나라마다 차이가 있어서 예컨대 독일 같은 경우에는 혁명적 사회주의 사상이 매우 큰 영향을 끼친 반면에 영국에서는 온건한 사회주의 사상이 기독교 사회주의, 사회적 자유주의 사상 등과 함께 큰 영향력을 발휘했다. 프랑스의 경우에는 다양한 초기 사회주의 전통 위에서 사회경제 사상, 사회공화주의, 연대주의 사상 등이 등장하여 많은 영향을 끼쳤다(코울, 1975: 101 이하; 다나카 다쿠지, 2014: 23 이하, 101 이하).

이 시기의 대표적인 혁명적 사회주의 사상이었던 마르크스주의적 사회주의는 독일을 중심으로 유럽 대륙에서 특별히 영향력이 컸다. 마르크스는 초기 사상에서 자유와 연대의 중요성을 함께 강조했다. 하지만 마르크스주의 사상이 마르크스의 후기 사상을 기초로 확립되면서 배타적인 노동자 계급연대를 강조했을 뿐 아니라 계급연대를 위해 개인의 자유를 희생시키는 것을 당연시하는 집단주의 경향도 나타났다. 이 경향은 레닌주의자들에게 계승되어 더욱 강화되었는데, 이들은 마르크스주의의 주류 계승자인 독일 사회민주주의자들에 비해 배타적인 노동자 계급연대를 더욱 강조했을 뿐 아니라 노동자 연대를 전적으로 공산주의 혁명의 도구로 이해하는 경향이 뚜렷했다(강수택, 2012a: 91-95).

물론 이런 현상은 독일이 영국이나 프랑스에 비해 시민사회가 매우 늦게 형성되었으며 특히 러시아는 여전히 봉건체제하에 있어서 개인의 자유의 가치에 대한 인식이 상대적으로 약했다는 점과 무관하지 않다. 게다가 이 시기의 노동운동은 노동조합의 조직화와 노동자 정치세력의 조직화를 가져왔을 뿐 아니라 조직이 커지면서 관료제화와 중앙집권화의 경향도 나타났다. 이것은 미헬스(R. Michels)가 독일 사회민주당을 중심으로 이 시기의 서유럽 노동자 정당들과 대표적인 노동운동 조직을 분석한 결과가 뒷받침한다(미헬스, 2002: 196 이하).

마르크스주의적 사회주의, 특히 마르크스·레닌주의 사상의 배타적 연대 및 집단주의 경향과 노동운동의 관료제화 및 중앙집권화 경향은 이들 사상과 조직의 영향 아래 있던 호모 솔리다리우스의 성장에 매우 부정적인 영향을 끼쳤다. 그것은 한마디로 호모 솔리다리우스가 개방성과 자율성에 기초한 성숙한 존재로 성장하는 것을 가로막아 전근대 공동체 사회의 구성원들과 비슷한 존재로 퇴보하게 만든 것이었다. 그것은 또한 호모 솔리다리우스로 하여금 연대에 대한 배타적·도구주의적 인식을 강하게 내면화하도록 함으로써 결국 주로 미성숙한 감정적 혹은 합리적 목적형 유형에 머물게 했다.

그런데 이런 유형의 호모 솔리다리우스는 개인의 자유의 가치가 비교적 안정적으로 자리를 잡은 영국이나 특히 비교적 개방적인 미국 사회에서는 환영받기 힘들었다. 이런 유형은 공동체 문화가 비교적 강한 가톨릭의 영향 아래 있던 남부 유럽 국가 가운데 근대 시민혁명의 발상지인 프랑스에서도 환영받기가 상대적으로 어려웠다. 그 결과 노동운동에서 개인의 자율성을 더 강조한 영국과 프랑스에서는 노동자들 사이에서 협동조합 운동이 발달하게 되었다. 그리고 미국에서는 일찍이 토크빌이 관찰한 바와 같이 협동조합뿐만 아니라 매우 다양한 종류의 자발적 결사체가 만들어져서 시민사회의 폭넓은 기반을 형성했다(윤형근, 2013; 토크빌, 1997: 676 이하).[63]

이에 비해 독일, 이탈리아, 러시아처럼 시민사회의 형성이 늦어 개인의 자유의 가치에 대한 인식이 상대적으로 약한 사회에서는 이처럼 배타적이며 도구주의적인 인식이 권력 집단에 의해 악용될 위험이 컸다. 실제로 러시아에서는 혁명 이후 그리고 특히 스탈린 체제에서 노동자 계급연대 혹은 프롤레타리아 계급연대가 철저히 국가권력을 위한 수단으로 이용되었으며, 이를 거부하면 탄압 받았다.

그리고 독일과 이탈리아 등에서는 배타적이며 도구주의적인 연대관이 민족주의 및 중앙집권적인 국가주의와 결합하여 파시스트 권력을 위해 이용되었다. 파시스트는 당시 노동자에 대한 자본가의 지배와 착취를 허용하고 은폐하는 것으로 비판 받던 자유방임주의와 개인주의를 비난했을 뿐 아니라 배타적인 계급투쟁을 주장하던 혁명적 사회주의도 신랄하게 비난했다. 그러면서 민족국가의 틀 안에서 초계급적으로 단결할 필요성을 주장했다. 하지만 이들이 추구한 민족적 단결은 결코 민주주의 원리에 입각한 자발적이며 자율적인 연대가 아니었고, 강력한 국가권력을 위한 그리고 국가권력에 의해 뒷받침된 강압적인 단결이었다. 비록 이 시기에도 민중의 자발적인 연대가 있었지만 왜곡된 형태로 변질되어 배타적인 민족국가의 권력을 위한 도구로 동원되었으며, 이를 거부하는 경우에는 철저히 탄압되었다(미셸, 1979: 14 이하).[64]

그런데 20세기 전반의 파시즘은 단지 독일과 이탈리아에 한정된 현상이 아니었다. 비록 이 두 국가에서처럼 강력하지는 않았지만 스페인, 프랑스를 비롯한 유럽 전역에서 파시스트가 출현하여 세를 키워 갔을 뿐 아니라 브라질을 비롯한 중남미, 이집트를 비롯한 아프리카, 아시아의 일본 등 세계 도처에서 파시즘과 유사한 현상이 출현했다. 미국과 영국도 예외는 아니었다. 이들 나라에서도 파시즘 운동이 일어났으나 다른 나라들에 비해 민중의 마음을 크게 사로잡는 데 성공하지 못했을 뿐이다. 어쨌든 이 시기에 이처럼 파시즘이 유럽에서뿐 아니라 전 세계적인 현상으로 출현한 것은 착취, 분열, 그리고 대립을 극복하고 사회적 결속과 통합을 이루어야 한다는 커다란 공감대가 특히 민중들 사이에서 널리 확산되어 있어서 이를 정치적으로 이용하기 쉬웠기 때문이다(미셸, 1979: 113 이하).

어쨌든 파시즘의 발흥은 근대정신에 입각하여 19세기경부터 탄생하기 시작한 서구의 호모 솔리다리우스가 연대 사상과 연대 영역에서의 실천 경험을 바탕으로 성장하기 시작한 지 얼마 되지 않아 겪은 심각한 일탈행동에 해당한다. 물론 이들은 파시즘을 경험하기 전에도 배타적 민족주의의 유혹을 통해 비서구 사회에 대한 제국주의적인 침탈과 제1차 세계대전에 대한 협력을 요구받아 실제로 참여한 바 있다. 하지만 파시즘의 유혹을 받아 국가권력과 전쟁에 협력한 일탈은 비록 두 번 모두 국가권력의 주도 아래 이루어진 것이기는 하지만 훨씬 더 적극적인 민중의 참여 아래 이루어진 것이다.

물론 이런 일탈 과정이 호모 솔리다리우스의 성장에서 결코 불가피한 것이 아니었음은 사회마다 일탈의 정도와 형태에 큰 차이가 있었다는 사실에서 알 수 있다. 그런데 중요한 점은 이런 진통과 성장의 관계이다. 이런 진통을 겪지 않고도 성장할 수 있었으면 훨씬 더 좋았겠지만 진통을 겪은 후에는 이것을 성장의 계기로 삼는 것이 중요하다. 그런데 실제로 이런 진통을 겪은 사회 가운데는 진통의 경험을 교훈 삼아 호모 솔리다리우스로서 비교적 빠르게 성장한 곳이 있는 반면에 그렇지 않은 곳도 있다.

3. 연대하는 인간의 성숙

한편 서구의 열강들이 자본주의 체제의 확장을 위해 해외 식민지 개척을 둘러싸고 치열한 경쟁을 벌이던 19세기 말과 20세기 초에 프랑스에서는 국가의 적극적인 공공 사회정책과 노동조합, 생산자 협동조합, 소비자 협동조합 같은 자발적인 결사체를 통해 계급갈등을 극복하고 사회적 통합을 이루려는 연대주의(solidarism) 이념이 등장했다. 장관, 수상, 상원의장 등을 역임한 정치인이자 사상가이기도 한 레옹 부르주아(L. Bourgeois)가 제시한 연대주의는 당시의 연대 관념을 정치경제 체제에까지 적용한 정치 이념으로서 프랑스 복지정책을 뒷받침하는 사상으로 크게 기여했다(강수택, 2012a: 102-107).

뿐만 아니라 레옹 부르주아는 연대주의 관점을 국제관계에도 확대하여 적용하려고 노력했다. 그는 제국주의 경쟁으로 인한 전쟁을 방지하고 국제평화를 이루기 위해 국제연맹을 제창했을 뿐 아니라 국제연맹 총회 초대 의장을 역임하는 등 제1차 세계대전 이후의 국제평화를 위해 노력했다. 그리고 이로 인해 노벨 평화상을 수상하기도 했다.

정치적 이념의 형태를 취한 연대주의는 이처럼 국내에서는 사회갈등을 극복하고 국제적으로는 평화를 확립하기 위한 연대 사상으로서 발전했다. 게다가 정치경제 체제에 관한 이념으로서의 연대주의는 다른 사회에도 영향을 끼쳐서 예컨대 독일에서는 예수회 소속 경제학자 페쉬(H. Pesch)를 통해 독일 기독교연대주의(Christlicher Solidarismus) 사상이 발전하는 계기가 되었다. 독일 기독교연대주의 사상은 여러 가톨릭 교황들의 중요한 사회회칙에 반영되어 전 세계 가톨릭 사회윤리에서 연대성의 원리가 핵심원리로 자리를 잡는 데 기여했다(강수택, 2012a: 107 이하).

이와 같이 연대 사상은 19세기 이후 서구사회에서 주로 노동자, 농민 같은 가난한 민중을 위한 사상으로 이들 사이에 확산되면서 이들이 주축이 된 사회운동의 핵심원리로서의 역할을 수행하다가 더 거시적으로 국가의 사회정책과 국제평화를 뒷받침하는 이념으로 발전했다. 그리고 더 나아가 인간세계의 모든 사회적 관계에 적용되는 보편적 사회윤리의 핵심 원리로까지 발전했다. 연대 사상의 발전 과정에서 연대에 대한 기본 인식도 크게 성숙되어 연대를 도구주의·집합주의적으로 인식하던 것이 크게 개선되었다. 뿐만 아니라 연대의 개방성도 매우 커져서 계급, 지역, 성별, 민족 등의 경계를 넘어 전 세계 인류를 포괄하는 지구적 혹은 인간적 연대가 필요하다는 인식이 확대되었다. 그리고 더 나아가 자연의 생명체까지 포괄하는 생태적 연대가 필요하다는 인식도 커졌다(강수택, 2012a: 141 이하).

특히 제2차 세계대전이 끝난 후에 연대 사상은 급속하게 발전했다. 물론 연대 사상의 발전은 순수한 사상체계의 내적 논리에 의해서만 이루어진 것은 아니었고, 사회적 혹은 시대적 상황의 변화에 따른 측면도 분명히 있었다. 하지만 어쨌든 연대 사상의 발전은 연대하는 인간, 호모 솔리다리우스의 성장을 위한 중요한 정신적인 바탕이 되었다. 그런데 인간의 성장을 위해서는 정신적인 조건뿐 아니라 현실적인 조건도 필요하다.

실제로 그동안 연대하는 인간이 성장하는 과정에서 정치경제적인 상황과 사회문화적인 상황이 현실적인 조건으로서 중요한 역할을 했다. 정치적인 면에서는 먼저 제2차 세계대전 종전 후에 서구에서 복지국가가 빠르게 발전했는데, 그것은 무엇보다 각 사회의 민중들의 요구와 실천적인 노력의 결과였다. 하지만 20세기 초의 사회주의 혁명과 전후의 동서 냉전체제가 자본주의 시장 경쟁을 어느 정도 제한하면서 노동자를 비롯한 전체 시민을 위한 초계급적인 연대를 강화할 필요가 있다는 인식을 폭넓게 제공한 것도 매우 큰 역할을 했다.

경제적으로는 19세기 말 이후 진행된 기업의 거대화 및 관료제화, 포드주의 생산체제의 도입 및 확산, 탈산업 사회의 도래 등으로 인해 교육 받은 화이트칼라 층이 급속히 증가했다. 그 결과 이런 추세가 가장 빨랐던 미국사회를 비롯한 서구사회에서 20세기 중엽부터는 화이트칼라 노동자 수가 블루칼라 노동자 수를 추월하게 되었다. 이런 변화는 화이트칼라 층이 기존의 양대 계급 사이에서 완충 혹은 가교 역할을 하면서 양대 계급 간의 첨예한 대립 구도를 완화하는 결과를 초래했다. 뿐만 아니라 이들은 블루칼라 노동자 중심으로 전개되었던 기존의 노동운동에서 더 나아가 다양한 노동자 집단이 참여하는 새로운 노동운동과 여성운동, 환경운동, 평화운동, 풀뿌리 민주주의 운동 등 새로운 사회운동을 확산시키는 주축이 됨으로써 연대적 실천의 장을 크게 넓혔다.

사회문화적인 조건으로는 사회의 개인화 경향과 탈물질주의 문화의 부상을 들 수 있다. 먼저, 20세기 중엽 이후 서구사회에서는 급속한 사회 분화와 유동성의 증대로 개인화가 사회관계의 전반적인 특징으로 자리를 잡으면서 능동적인 연대의 필요성이 부각되었다. 물론 개인화는 일찍이 개인이 탄생하기 시작한 근대 초부터 진행되었지만, 이 시기에 와서 기존의 안정된 계급이나 특히 가족 같은 집단의 구심력이 크게 약화되면서 이들 집단과 관련된 구성원의 역할이 개인의 결정에 의존하는 방향으로 재조정되기 시작한 것이다. 어쨌든 이처럼 사회적 관계가 집단이나 제도의 구속에서 벗어나 개인의 결정에 더 의존하는 개인화 경향이 가족을 비롯한 시민사회 전반에서 뚜렷이 진행되면서 사회적 관계의 해체 위험성이 증대했다. 그래서 이를 극복하기 위해 구성원들이 상호 신뢰관계와 이에 기초한 연대관계를 형성하는 데 적극적으로 노력할 필요성이 훨씬 더 커진 것이다(벡, 1997: 211 이하; 홍찬숙, 2015: 31 이하; 강수택, 2012a: 136-138).

또한 제2차 세계대전 종전 후에 서구사회에서는 자본주의가 급격히 성장함으로써 이를 경험한 전후 세대를 중심으로 탈물질주의 적인 가치관과 문화가 부상했는데, 이것이 연대하는 인간의 성장 에 기여하는 문화적인 조건이 되었다. 탈물질주의적인 전후 세대의 등장에 일찍부터 주목한 정치학자 잉글하트(R. Inglehart)는 매슬로(A. Maslow)의 욕구론과 서구인들의 가치관에 대한 경험적인 조사 결과 를 바탕으로 서구사회에서 물질적인 풍요를 경험한 전후 세대가 그 이전 세대에 비해 훨씬 더 뚜렷한 탈물질주의 가치를 지녔음을 설득 력 있게 보여 주었다. 그러면서 이런 가치를 지닌 탈물질주의자들이 물질주의자들에 비해 인류적 연대 같은 개방적인 연대 의식을 훨씬 더 많이 가졌을 뿐 아니라 새로운 사회운동에도 훨씬 더 적극적으로 참여해 왔다고 주장했다(잉글하트, 1983: 317 이하, 371-372; 1996: 78, 86 이 하).

앞에서 호모 솔리다리우스의 선구적인 모델로 소개한 바 있는 호모 엠파티쿠스를 제시한 리프킨 역시 전후 서구사회에서 출현한 탈물질주의적인 베이비붐 세대에 주목했다. 리프킨도 잉글하트처 럼 탈물질주의적인 세대가 그 이전 세대보다 훨씬 크고 개방적인 공 감 의식을 지녔을 뿐 아니라 새로운 사회운동의 기폭제가 된 1960 년대 저항운동의 산실이 되었다고 주장했다. 어느 시대나 인간에게 는 타인과 공감하고 협력할 수 있는 능력이 있다. 하지만 자신이 속 한 가족이나 친족 같은 특정한 집단을 넘어 공감이나 협력의 범위 를 확장시키기 위해서는 탈물질주의적인 가치가 필요하다. 그런데 이것은 물질적인 기본 욕구가 어느 정도 충족될 때 비로소 추구하 게 된다. 제2차 세계대전 종전 후 1950~1960년대의 서구사회는 자 본주의 성장을 바탕으로 이런 조건을 어느 정도 충족시킴으로써 탈물질주의적인 가치관을 지닌 새로운 세대가 출현할 수 있었다. 결국 잉글하트와 리프킨의 논의는 공통적으로 이 시기의 서구사회에서 탈물질주의 가치관을 지닌 새로운 세대가 등장하여 탈물질주의 문화를 확산시킨 것이 연대하는 인간의 성장에 필요한 문화적인 조건을 제공하는 데 기여했음을 보여 준다(리프킨, 2010: 563-565, 627 이하).

4. 연대하는 인간의 2차 성장통: 신자유주의의 도전과 극복

이처럼 서구의 연대하는 인간은 1차 성장통에 대한 직·간접적인 경험을 바탕으로 20세기 중엽 이후에 더욱 확산되고 성숙해졌지만, 이 과정에서도 연대 가치에 적대적인 정신과 세력의 도전은 중단되지 않았다. 1차 성장통의 주요인이었던 계급주의, 민족주의, 그리고 파시즘과 이들에 대한 지지자들은 이들의 과오에 대한 역사적인 교훈으로 인해 경계의 주요 대상이 되면서 오랫동안 상당히 위축되었다.

물론 연대하는 인간이 1차 성장통을 겪게 된 데에는 중앙집권적인 국가주의와 관료주의도 주요 원인 제공자로 작용했다. 비록 제2차 세계대전 종전 후의 서구사회에서는 국가주의와 관료주의가 파시즘의 옷을 벗어 버렸지만, 서구사회가 동구권의 현실 사회주의 체제와 경쟁하는 상황이 이어지면서 복지국가를 향한 열망이 매우 커졌다. 그 결과 이 시기에 서구사회는 의회 민주주의에 입각하긴 했지만 복지국가의 발달로 국가의 기능과 권한이 크게 증대했다.

국가 기능과 권한의 증대는 자연스레 국가주의와 관료주의의 여러 병폐를 낳았는데, 대표적인 병폐는 정치인과 관료의 권력을 강화시키고 시민사회의 자발성을 억압하거나 위축시키는 것이었다. 이런 상황에서는 정치적 인간과 관료적 인간이 득세하는 반면, 자발적인 연대를 추구하는 호모 솔리다리우스는 위축된다. 하지만 1차 성장통의 시기를 지나 성숙의 과정을 밟고 있던 연대하는 인간에게 이런 도전은 한편으로 위축의 계기가 되었지만, 다른 한편으로는 더욱 큰 성숙의 계기가 되어 이들이 도전에 적극 대처하기도 했다. 20세기 후반에 시민사회를 중심으로 적극적으로 전개된 새로운 사회운동과 특히 참여 민주주의 운동은 이들의 성숙한 대처 노력을 잘 보여 준다.[65]

1) 신자유주의의 등장과 호모 에코노미쿠스의 득세

이에 비해 근대적 연대 사상의 형성과 연대하는 인간의 탄생에 중요한 배경이 되었던 자본주의 경제체제는 제2차 세계대전 종전 후인 1950~1960년대에 서구 자본주의가 급성장함에 따라 확고히 자리를 잡았다. 하지만 일찍이 자본주의의 출현과 확산을 뒷받침했던 자유방임형 자유주의 경제사상은 19세기 말 이후 20세기 중엽까지 영향력이 크게 약해졌다. 그것은 국가, 제도, 결사체 같은 시장 외의 다른 요소를 통해 이러한 초기 자유주의적 경제사상의 한계를 보완하려는 새로운 경제사상이 부상했기 때문이며, 게다가 이들 새로운 경제사상이 특히 20세기 중엽에는 서구 복지체제를 가능하게 한 수정자본주의를 강력히 뒷받침했기 때문이다.

그러다가 1970년대에 서구 자본주의 체제가 석유위기, 경기침체, 대량실업 등을 경험하고 국가의 재정적자가 과도하게 커지자 국가의 부담을 줄이고 시장경제를 활성화하여 이런 문제를 극복하려는 목소리가 다시 부상하여 큰 힘을 얻게 되었다. 이런 배경에서 1980년대에 영국의 보수당 정부와 미국의 공화당 정부를 중심으로 등장하여 전 세계적으로 확산된 것이 소위 신자유주의 경제정책이었다. 이것은 단순한 경제정책이 아니라 사회복지, 문화, 정치 등 사회 전반의 질서를 시장경제 원리에 더욱 충실하도록 재구성하려는 매우 포괄적인 정책이었다. 이 정책이 추구한 가장 중요한 목표는 사회 전반에 시장의 경쟁 원리를 도입하여 생산성을 향상시키고, 이를 통해 경제와 국가의 위기를 함께 해결하는 것이었다.

그런데 1980년대에 등장한 신자유주의 정책과 이를 뒷받침한 하이에크(F. Hayek), 프리드먼(M. Friedman) 등의 시장주의적인 경제사상이 극단적인 경쟁의 원리를 경제 영역뿐 아니라 사회 전반에 도입하려고 하면서 경쟁 지향적인 호모 에코노미쿠스가 사회 전반에서 득세하기 시작했다. 그러자 이들은 호모 폴리티쿠스의 산실 역할을 하던 국가 관료제의 축소를 감행했을 뿐 아니라, 연대와 협력을 추구하던 호모 솔리다리우스를 무력화하거나 호모 에코노미쿠스로 전환시키는 각종 조치를 취했는데, 공공부문의 민영화 정책, 노조의 무력화 정책 등이 이 시기에 적극 활용되었다. 물론 호모 솔리다리우스를 호모 에코노미쿠스로 전환시키려는 노력이 교육, 의료, 문화 등 연대와 협력의 가치를 특별히 중시해 온 영역에도 경쟁의 원리를 적극 도입하려거나 이들 영역에서 경쟁의 원리를 강화시키려는 정부의 신자유주의 정책을 통해서만 이루어진 것은 아니다.

바우만의 지적처럼 국민국가와 시장경제의 균형이 깨져서 시장

경제의 영향력이 압도적으로 커진 현대 소비사회에서는 신자유주의 정책 때문이 아니라도 사회생활 전반을 소비상품화하기 위해 시장경제에 편입시키려는 경향이 매우 커졌기 때문이다. 게다가 20세기 말부터 급속히 진행된 세계화는 국민국가의 영향력을 더욱 약화시키고 세계 시장경제의 영향력을 훨씬 더 증대시켰다. 이처럼 소비사회로의 진입과 세계화의 진전은 자연스레 삶의 전 영역에서 시장경제에 대한 의존성을 강화시켰다. 이로 인해 사람들이 사회문제를 종래와 같이 집합적으로 해결하기보다는 사교육이나 민간보험 같은 상품의 소비를 통해 개인적으로 대처하려고 하는 탈연대화 및 개인주의화 경향이 심화되었다. 결국 호모 솔리다리우스는 시장경제의 영향력이 증대함에 따라 정부의 강압적인 정책뿐 아니라 시장의 유혹을 통해서도 호모 에코노미쿠스로 전환될 가능성이 매우 커졌다.

2) 연대 지향적인 시민사회의 확장

그렇다고 해서 호모 에코노미쿠스로의 전환이 불가피해졌다는 것은 결코 아니다. 소비사회로의 진입과 세계화의 진전이 거부하기 어려운 사회변동이라는 점에서 본다면 시장경제의 영향력 증대 역시 받아들일 수밖에 없는 변화이다. 1980년대에 영국과 미국을 중심으로 추진된 신자유주의 정책도 현대사회의 이런 변화 추세를 적극 반영한 결과라고 볼 수 있다. 물론 이와 반대로 신자유주의 정책은 소비사회와 특히 경제적 세계화에 큰 영향을 끼치기도 했다. 하지만 소비사회와 특히 세계화를 신자유주의와 동일시할 수는 없다. 왜냐하면 예컨대 세계화의 진행 과정에서 그동안 비록 신자유주의적인 경제 세계화를 위한 움직임들이 강력하고도 광범위하게 이루어져 왔지만, 이것의 근본적인 부작용에 대한 인식이 커지면서 연대 지향적인 세계화를 위한 시민사회의 움직임들도 빠르고 광범위하게 전개되고 있기 때문이다.

저자는 2장에서 이미 세계시민의 연대를 통한 아래로부터의 세계화가 광범위하게 전개되는 데 신자유주의적인 경제 세계화가 중요한 계기가 되었음을 언급한 바 있다. 그러면서 신자유주의적인 세계화뿐만 아니라 지구 생태계의 위기, 근본주의 종교의 정치화와 종교 갈등, 난민 위기, 그리고 전 세계적으로 광범위하게 존재하는 권위주의 정치체제 등도 세계시민에게 호모 에코노미쿠스나 호모 폴리티쿠스 대신에 연대 지향적인 호모 솔리다리우스의 필요성을 강력히 요청하고 있다고 주장한 바 있다.

(1) 생태학적 위기와 세계시민사회

현대사회를 위험사회(risk society)로 규정한 바 있는 벡(U. Beck)은 현대사회에 특징적인 위험의 범위, 깊이, 결과 등이 과거의 위험과 비교할 수 없을 정도로 심각하다고 보았다. 그 위험의 여파가 어떤 지역이나 국민국가의 범위에 그치는 경우도 많지만 원자력 발전소 사고, 기후 위기, 글로벌 금융 위기, 새로운 전염병의 확산, 사이버 테러 등과 같이 그 여파가 국가 경계를 넘어 전 세계적으로 확산되는 현대사회의 새로운 위험들도 수없이 많이 등장하고 있다. 이처럼 현대사회에 새롭게 등장하는 많은 위험의 규모와 결과가 전 세계적인 경향을 보인다는 점에서 벡은 전 세계가 하나의 위험 공동체, 즉 세계 위험 공동체 혹은 글로벌 위험사회를 이룬다고 보았다(벡, 1997: 52 이하; 1991: 339 이하; 2010: 29).

세계 위험 공동체 혹은 글로벌 위험사회는 일종의 운명공동체이다. 세계시민들이 위험에 공동으로 대처하지 않으면 함께 큰 불행을 경험할 수밖에 없기 때문이다. 벡은 현대사회의 세계시민들을 하나로 묶어 주는 끈을 위험에 대한 두려움 혹은 불안에서 찾았다. 그는 산업사회 구성원들이 생존을 위해 물질적인 결핍을 극복하려는 동기에서 연대했다면 오늘날의 글로벌 위험사회에서는 위험의 두려움 혹은 불안을 극복하고 안전을 확보하려는 동기에서 사람들이 연대를 형성한다고 보았다. 이처럼 앞에서 열거한 세계적인 위기 혹은 위험의 대부분은 세계시민들의 적극적인 연대와 협력 없이는 극복될 수 없어서 이를 극복하려는 세계 시민들의 연대 지향적인 사고와 실천을 수반해 왔다는 것이다(벡, 1997: 92 이하; 1991: 343-345).

실제로 기후 위기 같은 생태학적인 위기를 극복하려는 세계시민들의 노력이 1970년대부터 본격적으로 시작되어 1992년 리우 환경협약 체결, 1997년 교토의정서 체결, 2012년 녹색기후기금 설립, 2015년 파리기후협정 체결 등과 같은 국제 협력의 성과를 낳았다. 특히 교토의정서를 대체한 파리기후협정은 지구 평균온도를 산업화 이전에 비해 2℃ 이하로 유지하고 더 나아가 온도 상승폭을 1.5℃ 이하로 제한하기 위해 참가국들이 온실가스 배출량을 줄이는 등의 노력을 함께 하도록 하는 내용을 담고 있다. 비록 2017년 트럼프 미국 대통령이 탈퇴를 선언했지만, 195개국의 동의로 채택된 이 협정이 생태학적 위기를 극복하려는 세계시민들의 적극적인 노력을 잘 보여 주는 것은 분명하다.

물론 생태학적인 위기를 극복하기 위한 국제협약의 체결은 유엔이 주도한 국제적인 노력의 형태를 띠었지만, 그 이면에 시민사회의 강력한 요구와 연대적인 실천의 노력이 있었기 때문에 가능한 일이었다. 시민사회의 연대적인 노력은 치열한 경쟁이 요구되는 자본주의 경제 영역에서도 일찍부터 지속되어 오다가 신자유주의 경제정책의 부작용이 크게 부각되면서 더욱 빠르게 확산되었다.

(2) 신자유주의적 세계화의 부작용과 연대 지향적 경제의 확장

경제 영역에서 이루어지는 연대적인 노력은 협동조합, 사회적 기업 등을 중심으로 하는 연대경제 혹은 사회적 경제로 가장 잘 표현되지만 시장경제의 틀 속에서 연대 가치를 강화하려는 사회적 시장경제도 이런 노력의 일환으로 볼 수 있다. 어쨌든 사회적 경제나 사회적 시장경제는 경쟁 중심의 자유주의 시장경제의 한계를 극복하려는 취지에서 출현하여 지속되어 왔다. 그러다가 20세기 말, 신자유주의라는 이름으로 자유주의 시장경제가 강조되면서 초래된 여러 사회경제적인 부작용과 위기로 인해 이런 연대 지향적인 경제가 또 다시 폭넓은 주목을 받고 있다(강수택, 2012a: 492 이하).

사회적 경제는 1970년대까지 별다른 성장을 보이지 않다가 유럽에서 1970년대 말부터 부활하기 시작했다. 1989년에는 유럽연합에 사회적 경제 전담부서가 신설되고 2002년에는 사회적 경제 헌장(Charte européenne de l'Economie Sociale; Charter of Principles of the Social Economy)이 발표되는 등 유럽, 캐나다 등을 중심으로 커다란 주목을 받으면서 사회적 경제는 빠르게 성장하고 있다. 유럽의 경우에는 사회적 경제가 1980년대 말부터 폭발적으로 확장되었다. 2018년 기준으로 유럽 전체 기업의 10%에 해당하는 200만 개의 기업이 사회적 경제 기업이며, 유럽연합 전체 노동인구의 6.5%에 해당하는 1,400만 명의 근로자가 이들 기업에 종사할 정도로 커졌다. 2002/2003~2009/2010년의 7년 동안에만 유럽연합 주요 15개국의 사회적 경제 종사자가 협동조합에서는 31.5%, 결사체에서는 24.1% 각각 증가했다(주성수, 2010: 11-16; CEPCMAF, 2007; SEE, 2018; EESC, 2012: 50).[66]

유럽에서 사회적 경제가 활성화되기 시작한 데는 실업 같은 경제적 문제를 해결하기 위한 국가와 유럽연합 차원의 제도적인 노력이 큰 역할을 했다. 하지만 여기서도 경제적인 문제의 해결을 위한 신자유주의적인 접근을 거부하고 연대와 협력을 중시하는 대안적인 접근을 추구하는 시민사회의 강력한 요구가 이를 뒷받침했다.

신자유주의 경제정책에 반발하는 시민사회가 연대 지향적인 경제를 대안으로 추구하는 커다란 움직임은 유럽에서뿐 아니라 전 세계적으로 널리 확산되고 있다. 이런 경향을 쉽게 확인할 수 있는 대표적인 사례로 세계사회포럼(World Social Forum)이 있다. 전 세계 정치 및 경제 지도자들이 모여 세계 경제에 대해 논의하는 세계경제포럼(World Economic Forum)의 신자유주의적인 세계화 경향에 맞서 전 세계의 수많은 시민사회 단체들이 대안적인 논의를 펼치기 위해 모이는 세계사회포럼은 연대 지향적인 경제와 세계화를 추구하는 것을 기본 입장으로 밝히고 있다. 그리고 세계사회포럼을 조직하는 데 중추적인 역할을 한 세계경제 관련 시민운동 단체인 금융거래과세연합, 즉 아탁(ATTAC: Association for the Taxation of Financial Transactions and for Citizens' Action)도 신자유주의적인 세계화를 거부하고 연대의 가치와 원리에 입각한 대안적인 경제와 세계화를 추구한다는 입장을 천명했다(WSF, 2001; ATTAC, 2018).[67]

제2차 세계대전 종전 후 약 반 세기 동안 냉전체제의 한 축을 이루었던 현실 사회주의권이 붕괴되면서 자본주의가 확실하게 세계 경제를 지배하게 된 상황은 자연스레 호모 에코노미쿠스가 득세하기에 매우 좋은 여건이 되었다. 게다가 신자유주의적인 세계화가 빠르게 진행되면서 호모 에코노미쿠스는 경제 영역뿐 아니라 사회 전 영역과 세계 전역에서 별다른 큰 장애물 없이 활보하게 된 것처럼 여겨지기도 했다. 실제로 이들의 득세와 활보가 그동안 매우 두드러지게 증가한 것도 사실이다.

하지만 호모 에코노미쿠스가 오늘날의 세계를 지배하려는 구상은 현실화되기 어렵다는 것이 점점 더 분명해지고 있다. 이들의 목소리가 커질수록 여기에 반대하는 호모 솔리다리우스의 목소리도 더욱 커져 왔기 때문이다. 게다가 2000년대에 들어 세계적인 금융위기를 경험하면서 신자유주의 정책의 한계가 더욱 분명히 드러나게 되자 그동안 어떠한 비판에도 애써 유지하려고 했던 호모 에코노미쿠스의 당당한 풍채는 더 이상 유지되기 어려워졌다. 하지만 무엇보다 중요한 것은 자유주의 시장경제가 지배하던 시대로부터 배운 역사적인 교훈 덕택에 시민사회에서는 물론 경제 영역에서도 연대의 가치와 원리가 중요하다는 인식이 빠르게 확산되고 있으며, 이런 인식에 기초한 실천도 빠르게 증가하고 있다는 점이다(코엔, 2013: 172-173).

(3) 자원봉사 활동을 통한 연대 실천의 증가

연대 가치를 개인 수준에서 실천하는 가장 일반적인 방식 가운데 하나는 자원봉사 활동(voluntary work)이다. 자원봉사 활동의 동기는 다양할 수 있지만, 약자를 지원함으로써 연대 가치를 실현하려는 것이 매우 중요한 배경이 되는 것은 분명하다. 실제로 유럽의회가 2011년에 유럽연합 시민들을 대상으로 실시한 설문조사 결과에 따르면 설문 응답자의 약 1/4이 자원봉사 활동에 참여하고 있었으며, 응답자들은 "연대와 인도주의적 지원" 활동 분야가 자원봉사 활동의 중요성이 가장 큰 분야라고 생각했다(EP, 2011: 2-4).

몇몇 주요 국가를 살펴보면, 독일의 경우 독일연방 가족부에서 실시한 독일 자원봉사자 조사(FWS) 결과에 따르면 1990년대 말에 34.0%였던 자원봉사 참가율이 15년 후인 2014년에는 9.6% 상승한 43.6%로 나타났다. 그리고 1980년대 이후의 여러 조사 결과를 살펴본 오페(C. Offe)와 푹스(S. Fuchs) 역시 독일의 자원봉사 참가율이 이 기간 동안 증가해 왔다는 결론을 내린 바 있다(Simonson & Vogel & Tesch-Röomer, 2016: 21; Offe & Fuchs, 2004: 205).[68]

미국의 경우는 퍼트넘의 자료에 따르면 1975년부터 1999년까지 미국 성인들의 연간 자원봉사 활동 참가 횟수가 비교적 꾸준히 증가해 왔다. 퍼트넘은 비록 결사체 참여자, 사친회 참여자, 노조 회원이 감소했음을 보여 주는 자료 등을 근거로 이 시기에 미국의 사회적 자본이 감소했다고 주장했으나, 자원봉사 활동 참가 횟수는 꾸준히 증가한 것으로 나타났다. 이에 대해 우스노우(R. Wuthnow)는 미국에서 많은 전통적인 형태의 사회자본이 감소한 것은 사실이지만, 자원봉사, 소집단 참여 같은 새로운 형태의 사회자본은 오히려 증가한 데서 알 수 있듯이 모든 형태의 사회자본이 감소한 것은 아니라고 주장했다. 그러면서 특히 자원봉사 참가율이 갤럽조사 결과에 의하면 1970년대 말의 26%에서 1990년대 초의 46%로 급격히 증가한 점에 주목했다(퍼트넘, 2009: 208; Putnam, 1995; Wuthnow, 2004: 75, 93).

결사체 참여와 자원봉사 활동은 모두 개인 수준에서 연대 가치를 실천하는 일반적인 형태이다. 그런데 결사체, 특히 전국적인 단체처럼 규모가 큰 조직의 구성원이 되어 연대 실천에 참여하는 경우에는 개인의 자율성을 제약받기 쉽다. 그러다 보니 개인화 경향이 점점 더 커지는 현대인에게는 이런 형태의 실천보다는 개인의 자율성이 덜 침해되는 자원봉사 형태의 실천을 선호하는 경향이 있다. 그래서 결국 독일과 미국의 예에서 알 수 있듯이 20세기 말 이후의 서구사회에서 연대를 추구하는 개인들의 자원봉사 참가율이 전반적으로 증가해 온 것으로 보인다(강수택, 2007b: 119 이하).

그런데 특별히 주목할 점은 경쟁 지향적인 신자유주의 이념과 정책이 매우 강조되던 시기에도 이들 사회에서 자원봉사가 증가했고, 신자유주의 이념과 정책이 훨씬 더 강조되던 미국과 그렇지 않은 독일에서 공통적으로 자원봉사 참가율이 증가했다는 사실이다.

5. 연대하는 인간과 밀레니엄 세대

앞의 논의를 전반적으로 볼 때 서구사회의 연대하는 인간은 1차 성장통의 경험을 바탕으로 제2차 세계대전 종전 후 지속적으로 성장해 왔음을 알 수 있다. 물론 20세기 말에 신자유주의 이념과 정책이 득세하면서 국가권력과 자본의 탄압이 심해지고 호모 에코노미쿠스로의 전환이 강요되는 등 호모 솔리다리우스가 2차 성장통을 심하게 겪게 된 것은 사실이며, 지금도 이런 성장통에서 벗어난 상태는 아니다.

그럼에도 불구하고 현대 서구사회의 호모 솔리다리우스는 시민사회를 중심으로 지속적으로 성장해 오면서 자신들을 지배하려는 호모 에코노미쿠스나 호모 폴리티쿠스에 대항하여 시민사회를 지키려고 노력해 왔다. 더 나아가 국가와 시장에도 연대 가치를 확산시켜 호모 폴리티쿠스와 호모 에코노미쿠스로 하여금 연대 가치를 내면화하도록 힘쓰고 있다. 그런데 이들도 지구 생태계의 위기, 글로벌 경제 위기, 핵전쟁과 사이버 테러의 위험 등을 함께 극복해야만 하는 운명 공동체로서 연대의 가치와 시급성을 결코 외면할 수 없기 때문에 호모 솔리다리우스의 이런 노력이 비록 더디지만 조금씩 결실을 맺어 가고 있다.

연대하는 인간이 이처럼 확산하고 성장하는 과정에서 리프킨은 특별히 밀레니엄 세대에 주목했다. 밀레니엄 세대는, 서구에서 제2차 세계대전 종전 이전에 출생한 전통 세대, 제2차 세계대전 종전 이후 1960년대 전반까지 출생한 베이비붐 세대, 1960년대 후반부터 1980년대 초까지 출생한 X세대에 이어 대체로 1980년대 초 이후부터 2000년대 초까지 출생한 세대이다. 이들은 어릴 때부터 세계화를 경험했을 뿐 아니라 인터넷과 함께 자라면서 사회적 네트워킹과 문자 메시지 등이 몸에 밴 첫 세대이다(리프킨, 2010: 725; 랭카스터·스틸먼, 2010: 13).

이 밀레니엄 세대를 리프킨은 인류가 호모 엠파티쿠스로 진화하고 있음을 보여 주는 대표적인 증거로 제시했다. 그런데 호모 엠파티쿠스는 일종의 감성적인 호모 솔리다리우스에 해당한다. 그래서 저자는 밀레니엄 세대를 서구의 호모 솔리다리우스가 성장해 가는 과정의 일면을 보여 주는 대표적인 사례로 본다. 어쨌든 리프킨이 밀레니엄 세대에 특별히 주목한 것은 이들이 "서열을 하찮게 여기고, 네트워킹 방식으로 사람이나 세상과 관계를 맺고, 협력이 체질화되어 있고, 자율과 배척보다는 접속과 포함에 관심이 있고, 인간의 다양성에 감수성이 강한" 세대라고 보았기 때문이다. 그래서 밀레니엄 세대야말로 역사상 가장 공감적인 세대가 될 확률이 크다고 보아 이들을 호모 엠파티쿠스의 대표적인 사례로 간주한 것이다(리프킨, 2010: 674).

밀레니엄 세대에 대해 집중적으로 조명한 단행본의 저자들인 랭카스터(L. C. Lancaster)와 스틸먼(D. Stillman)은 리프킨보다 한 걸음 더 나아가 밀레니엄 세대를 위대한 협력자가 될 세대로 간주했다. 이들은 밀레니엄 세대의 특징을 부모와의 관계, 권능감, 의미의 추구, 높은 기대치, 빠른 속도, 소셜 네트워킹, 협력에서 찾아 이들 각각에 대해 자세히 설명하면서 특히 이들 세대의 매우 뛰어난 협력 기술에 주목했다. 그래서 전통 세대를 기여자로, 베이비붐 세대를 경쟁자로, X세대를 통제자로 각각 부르면서 밀레니엄 세대에 대해서는 협력자라는 명칭을 부여했다. 랭카스터와 스틸먼에 따르면, 밀레니엄 세대는 어릴 때부터 가정과 학교에서 협력을 경험했고 팀워크를 배워왔다. 그래서 부모와 친구들을 경쟁 상대가 아닌 동료로 생각하며, 또한 가까이 있는 이웃이나 먼 외국에 있는 사람까지 누구와도 소셜 미디어를 통해 서로 협력할 수 있다(랭카스터·스틸먼, 2010: 15-18, 323-324).

밀레니엄 세대가 탄생한 후의 초기 성장기는 경쟁을 중시하는 신자유주의 이념과 정책의 영향력이 최고조에 이르던 시기와 일치한다. 그럼에도 불구하고 이들은 세계화라는 개방적인 사회 환경과 인터넷, 소셜 네트워킹 등 사회적 관계의 확장을 용이하게 하는 정보통신기술 환경을 일찍부터 경험하면서 성장했기 때문에 어느 세대보다도 개방적이며 협력적인 세대가 될 수 있었다. 그런데 이 세대가 개방, 공감, 협력을 특징으로 하는 세대가 될 수 있었던 것이 정보통신기술의 발달이나 시장경제의 세계적 확장 때문만은 아니다. 리프킨에 따르면 전통 세대에 비해 안정된 경제를 경험한 베이비붐 세대가 자율성, 공감 같은 탈물질주의 가치를 중시하면서 자녀 세대를 양육한 결과 공감의 파도가 다음 세대로 전달되었고 밀레니엄 세대로까지 이어졌다. 즉, 밀레니엄 세대의 공감 및 협력의 능력과 개방성은 이전 세대로부터 전해진 문화적 전승의 결과이기도 하다는 것이다. 이처럼 교육을 통해 계승된 문화 요소들이 밀레니엄 세대에 와서 기술적이며 사회적인 새로운 환경을 만나면서 이 세대의 특징이 되었다(리프킨, 2010: 629).

이렇게 본다면 네트워킹과 협력을 중시하는 탈권위적인 밀레니엄 세대는, 서구사회에서 연대하는 인간이 1차 성장통의 시기를 지나 본격적으로 성장해 가는 과정에서 또 다시 겪게 된 2차 성장통을 세계의 개방화와 특히 정보통신기술의 발전에 힘입어 극복하기 시작한 세대라고 볼 수 있다. 물론 연대하는 인간이 2차 성장통에서 온전히 벗어나기 위해서는 경쟁 중심의 자유주의 시장경제뿐 아니라 시장경제 원리를 사회 전반에 확장시키려는 시장주의를 극복하고 연대와 협력을 중시하는 경제와 사회를 발전시킬 필요가 있다. 그리고 이를 위해서는 연대의 정신과 가치를 중시하는 문화를 확립·확산시키는 것이 무엇보다 중요하다.

어쨌든 이처럼 서구의 연대하는 인간이 (비록 신자유주의 이념과 정책으로 인한 2차 성장통의 시기를 아직 온전히 벗어난 상태는 아니지만) 머지않아 이를 벗어나서 다음 단계의 성장기로 접어들 조짐이 곳곳에서 발견된다. 이제 남은 과제는 이 시기를 앞당겨서 고통을 최소화하는 것이며, 또한 이를 위해 필요한 것을 찾아 행하는 것이다.

6. 연대하는 인간의 당면 과제와 글로벌 호모 솔리다리우스

서구의 연대하는 인간이 이처럼 밀레니엄 세대의 등장으로 과거의 어느 때보다 유리한 확산과 성장의 기회를 맞았지만, 전 세계적인 상황을 보면 진정한 호모 솔리다리우스로 성장하기 위해 해결해야 할 과제가 여전히 많이 남아 있다. 세계은행 보고서에 따르면 2013년 기준으로 전 세계 인구의 10.7%에 해당하는 7.67억 명이 매일 1.9달러 이하로 생활하는 빈곤층에 속한다. 1990년 빈곤 인구가 전 세계 인구의 35.0%인 18.5억 명이었던 것과 비교하면 그 사이에 빠르게 줄었다. 하지만 여전히 세계 인구의 1/10 이상이 빈곤 인구이며 특히 사하라 사막 이남 아프리카 지역의 경우는 인구의 50.7%가 빈곤 인구이다. 이처럼 지구상 수많은 사람들이 생존을 위한 기본 욕구를 충족시키는 데 어려움을 겪고 있다(The World Bank, 2016: 22-24).

게다가 앞에서 언급한 바 있듯이 세계에는 여전히 수많은 사람들이 비민주적인 정치체제 속에서 살고 있다. 이코노미스트 인텔리전스 유닛(EIU)의 보고서 『민주주의 지수 2016』에 따르면 전 세계 인구의 32.7%가 권위주의 체제의 국가에서 살고 있으며, 혼합 체제와 결함 있는 민주주의 체제에 살고 있는 사람을 포함하면 그 수가 대부분의 세계 인구인 95.5%에 이른다. 그리고 시리아, 이라크, 예멘, 수단 등 중동과 아프리카 지역을 비롯한 세계 곳곳에서 전쟁이 이어져 수많은 사람들이 희생을 당하고 있는데, 이들 전쟁의 많은 경우에 강대국들이 직·간접적으로 개입되어 있다(EIU, 2017: 3 이하).

이처럼 정치경제적으로 위험하거나 극도로 어려운 여러 상황 때문에 오늘날 세계적으로 수많은 인구가 불가피하게 고향을 떠나 생활하고 있으며, 이들 가운데 많은 난민이 서구사회를 비롯한 북반구의 경제적으로 안정된 국가로 이주를 시도하고 있다. 앞에서는 유엔난민기구의 통계자료를 활용하여 2016년 유엔난민기구와 팔레스타인난민구호기구에 등록된 난민이 2,250만 명이었으며, 국내 실향민 등을 포함하면 전 세계의 총 6,560만 명이 강제적으로 고향을 떠나야 했다고 소개한 바 있다(유엔난민기구, 2017: 4).

그런데 특히 이들 난민이 서구 국가에 대규모로 진입하려는 시도는 서구의 연대하는 인간에게 매우 큰 도전이 되고 있다. 자신들과 난민 사이의 일상적인 문화의 차이뿐 아니라 국가재정의 지출, 일자리에 대한 염려 등으로 인해 서구인들에게 난민이 연대의 대상이 아닌 경계와 배척의 대상으로 간주되기 쉽기 때문이다. 그래서 사회적으로 취약한 집단을 중심으로 실제로 이들 난민을 경계하고 배척하는 움직임이 커지는 가운데 이들 집단의 배타적인 태도를 정치적으로 이용하려는 민족주의, 인종주의 성향의 정치인들의 의도가 적극적으로 작용하면서 연대 정신에 심각한 도전이 이루어지고 있는 것이다.

이런 도전이 서구의 연대하는 인간에게 신자유주의에 의한 2차 성장통에 이어질 3차 성장통이 될지 아니면 두 차례의 성장통에 비해서는 상대적으로 쉽게 극복될 비교적 작은 도전이 될지는 좀 더 지켜볼 필요가 있다. 하지만 이처럼 서구의 연대하는 인간이 서구사회 안팎으로 직면해 있는 여러 커다란 도전들을 성공적으로 극복하면서 계속 성장하고 더욱 폭넓게 확산되기 위해서는 더 많은 노력과 시간이 필요할 것으로 보인다. 다만, 여기서 특별히 중요한 점은 서구의 연대하는 인간이 이제는 서구세계라는 제한된 시야와 서구적이라는 제한된 정체성으로부터 빨리 벗어나 세계 시민의 일원으로서 전 세계적인 과제를 더욱 적극적으로 대면하려고 노력해야 한다는 것이다. 서구적인 호모 솔리다리우스가 글로벌 호모 솔리다리우스로 탈바꿈해야 비로소 진정한 호모 솔리다리우스로 재탄생할 수 있다.

물론 진정한 호모 솔리다리우스로서의 글로벌 호모 솔리다리우스가 출현하기 위해서는 연대 지향적인 서구인들만의 노력으로는 불충분하다. 여기에 연대 지향적인 비서구인들의 노력이 함께 더해질 때 비로소 서구적인 호모 솔리다리우스와 비서구적인 호모 솔리다리우스가 각자 자신들의 한계를 극복하고 함께 진정한 글로벌 호모 솔리다리우스로 재탄생할 수 있을 것이기 때문이다.

6장 현대 한국사회의 변화와
연대하는 인간

HOMO SOLIDARIUS

한국사회에서 연대하는 인간이 탄생하고 성장해 온 과정을 이해하려면 연대 관념과 사상이 형성되고 발전해 온 역사를 이해할 필요가 있다. 이와 함께 연대적 실천의 현실적인 조건인 연대 영역의 역사도 큰 도움이 된다. 한국사회의 연대 관념과 사상의 역사, 연대 영역의 역사에 대해서는 다른 책을 통해 이미 소개한 바 있다. 여기서는 이들 역사에 대한 기본 지식을 바탕으로 한국사회의 연대하는 인간이 탄생하고 성장해 온 과정을 제시하려고 한다(강수택, 2012a; 211 이하; 2016: 45 이하, 63 이하).

1. 한국사회에서 연대하는 인간의 탄생과 일본 제국에 의한 1차 성장통

한국사회에서 연대하는 인간이 탄생한 시기는 아무래도 개화기인 19세기 말과 20세기 초 무렵으로 보아야 할 것이다. 공동체 사회였던 조선은 특히 후기에 강력한 협력과 상호부조의 문화를 지녔지만 신분제와 공동체 문화가 지배한 전근대 사회였다. 조선사회에서 국가권력과 유교 이념의 영향력이 약화되고 그 대신 특히 19세기 말의 개화기에 서양의 근대 문물이 대거 유입되면서 전근대 사회질서가 근대 질서로 급속히 전환되기 시작했다. 이와 함께 근대적 가치를 접한 사회 구성원도 봉건사회의 신민에서 근대 시민사회의 시민으로 서서히 탈바꿈하기 시작했다.

이 과정에서 서구사회의 연대 관념이 소개되어 사용되기 시작했다. 하지만 초기에는 근대적 가치를 접한 지식인들과 일반 민중들이 이 관념을 알지 못한 채 자유롭고 평등한 개인들로서 상호 협력하는 연대적 실천에 참여하기 시작했다. 이런 연대적 실천의 대표적인 사례로는 독립협회의 활동을 들 수 있다. 독립협회는 처음에는 고급 관료 모임으로 창립되었으나, 관료들이 탈퇴하고 그 대신 많은 일반 민중이 자발적으로 참가하면서 일반 민중 단체의 성격을 분명히 띠게 되었다.[69] 독립협회 외에도 이 시기에 원산학사, 배재학당, 보성학교, 오산학교 등 여러 근대적인 학교가 설립되었으며, 보안회, 공진회, 황성기독교청년회, 대한자강회 등 독립협회의 영향을 받은 수많은 결사체가 설립되어 활동했다. 이런 결사체들은 연대적 실천과 학습이 이루어지는 대표적인 장으로서, 연대 영역에 해당한다. 이들 근대적인 연대 영역이 이 시기에 곳곳에서 형성되어 연대적 실천의 경험과 학습 기회를 제공함으로써 연대하는 인간의 탄생에 크게 기여했다(신용하, 1973: 129; 이기백, 1997: 388 이하, 417 이하).

이처럼 한반도에서 협력과 상호부조의 문화 전통이 근대정신을 만나 근대적인 연대 문화로 거듭나면서 본격적인 연대 영역의 형성과 연대하는 인간, 즉 호모 솔리다리우스의 탄생으로 이어질 즈음에 불행하게도 한반도가 일본 제국에 강제로 합병되어 그 식민지가 되고 말았다. 물론 이 과정에서 한반도의 백성들은 일제의 침략에 저항하는 다양한 형태의 연대적 실천을 곳곳에서 행했다. 하지만 일본 제국은 이런 조선인들의 연대적 실천을 강력하게 짓눌렀을 뿐 아니라, 보안법을 비롯한 여러 법령의 제정을 통해 사회단체, 언론기관, 사립학교 등 연대적 실천의 장인 연대 영역 자체를 탄압했다. 한반도에서 이제 막 탄생한 호모 솔리다리우스에게 일제 강점기는 확산과 성장의 첫 시련기였다. 자유와 평등의 근대적 가치에 입각한 협력과 연대의 소중함을 몸소 깨닫고 경험하기 시작한 한반도의 일반 민중들에게 일본 제국의 지배는 이제 독립을 위한 연대의 소중함을 깨닫고 이를 실천하는 더없이 귀한 계기가 되었다. 삼일운동 때는 200만 명 이상의 남녀노소가 참가하여 독립을 외쳤을 뿐 아니라, 이때 통합된 대한민국 임시정부가 중국 상해에서 수립되었다. 이는 제국의 탄압에도 불구하고 한반도의 일반 민중 사이에서 호모 솔리다리우스가 오히려 빠르게 확산되고 더욱 성장하기 시작했음을 보여준 대표적인 사례이다(이기백, 1997: 434-438).

하지만 한반도 민중 사이에서 연대하는 인간이 확산되고 성장하는 것을 식민지 통치에 대한 가장 큰 위협으로 여긴 일본 제국은 여러 교묘한 방식으로 연대적 인간과 연대 영역을 탄압했다. 일제는 파시즘 체제를 확립하기 시작한 1930년대에는 노골적으로 이들을 탄압했는데, 1937년 중일전쟁이 발발하면서부터 이런 탄압이 훨씬 더 심해졌다. 그 결과 한반도의 공개적인 연대 영역이 전반적으로 크게 파괴되었으나, 일부는 지하의 비공개적인 형태로 유지되었으며 또 다른 일부는 해외로 이동했다. 일본 제국은 연대의 정신과 사고를 억압하고 변질시키는 정책을 통해 한반도 민중들의 탈연대화와 정신적인 예속화를 추구했다. 그리고 예속된 친일세력을 통해 각

연대하는 인간, 호모 솔리다리우스

종 사이비 연대 영역을 조성하여 이를 식민 지배의 수단으로 삼기도 했다. 이처럼 일제 강점기는 한편으로는 한반도 민중들 사이에서 연대정신이 널리 확산되고 강화되어 호모 솔리다리우스의 성장에 필요한 매우 소중한 밑거름이 제공된 시기였다. 하지만 다른 한편으로는 일본 제국의 탄압이 노골화되고 극심해지면서 그 성장이 지체되었을 뿐 아니라 생존 자체를 둘러싼 엄청난 고통을 감당해야만 했던 시기이기도 하다. 그렇지만 이 극심한 고통의 시기에도 여전히 연대의 정신을 포기하지 않고 한반도 안팎에서 끝까지 연대의 정신을 실천하려고 노력한 사람들을 통해 한반도의 호모 솔리다리우스는 계속 성장할 수 있었다(강수택, 2016: 71-73).

2. 대한민국의 국가권력과 시장에 의한 성장통과 극복

1) 한반도 분단과 국가주의적 억압에 의한 2차 성장통

한반도의 해방은 일본 제국의 오랜 억압에서 벗어나 자유, 평등, 연대의 가치에 기초한 독립된 민족국가를 실질적으로 성취하는 것을 의미했다. 왜냐하면 일제의 억압 속에서 대한민국 임시정부를 수립한 후 해방의 날까지 민중들이 꿈꾸어 온 국가가 바로 이런 국가였기 때문이다. 하지만 해방과 함께 주변 강대국들에 의해 한반도가 분단되어 자주적이며 통일된 독립국가의 실현이 어려워졌고, 한반도는 미국과 소련이 주도하는 열강의 각축장과 이념 대립의 장이 되었다. 그 결과 한반도의 남쪽과 북쪽에서 각각 특정한 정치 이념을 명분으로 강대국의 이익을 대변하는 단독정부들이 들어섬으로써 한반도에 분단국가 체제가 수립되었다.

　이런 정치적 상황 변화는 연대하는 인간으로서 본격적으로 성장할 기회를 기대하던 한반도의 민중들에게 일제 강점기에 이어 새로운 커다란 도전이 되었다. 무엇보다 미국과 소련 중심의 냉전체제에 편입된 단독정부들이 수립되는 과정에서 이념과 정치적 이해관계를 둘러싼 갈등이 정치 지도자들뿐 아니라 일반 민중 사이에서도 확대 심화되었기 때문이다. 물론 이념이나 노선의 갈등은 일제 강점기의 독립운동 과정에도 있었다. 하지만 이때는 민족독립이라는 더욱 큰 목표가 있었기 때문에 이념이나 노선의 갈등이 큰 틀에서 어느 정도 봉합될 수 있었다. 이에 비해 해방 이후의 갈등은 강대국의 이해관계와 밀접히 연계되어 이를 자주적으로 봉합하는 데 큰 한계가 있었다. 그럼에도 불구하고 김구, 김규식 등이 한반도에서 통일정부를 자주적으로 수립하려고 노력했지만 이런 한계를 극복하는 데는 역부족이었다. 이렇게 해서 수립된 분단국가 체제는 남북한의 치열한 대립을 낳았으며, 1950년에는 북한의 도발에 의한 한국전쟁 발발이라는 끔찍한 결과를 초래했다.

　한반도의 분단체제는 한국전쟁을 통해 극적으로 표출된 남북한 정부 간의 대립과 민중 간의 갈등만 초래한 것이 아니다. 양쪽 정부는 분단 상황과 이념 대립을 명분으로 국가권력을 집중하고 강화하여 정치적인 적대 세력과 비판적인 이념을 탄압하거나 배제하는 권위주의 국가체제를 구축해 간 것이다. 그 결과 정치인들뿐 아니라 일반 민중 사이에서도 자유와 연대의 진정한 가치를 포기하고 정치적 권력을 추구하거나 이념 갈등에 빠져드는 경향이 커졌다. 이런 가운데서도 대한민국에서는 진정한 자유와 민주주의를 바라는 청년 세대들이 연대한 1960년 4월 혁명을 통해 권위주의 국가체제가 민주적인 체제로 전환되는 경험을 할 수 있었다.

그런데 4월 혁명을 통해 수립된 진전된 민주주의 체제는 곧이어 발생한 권력 지향적인 군인들의 쿠데타로 붕괴되고 말았다. 군부세력은 과거보다 훨씬 더 강력한 권위주의 국가체제를 수립하여 30년 이상이나 유지했는데, 1972년부터 1979년까지 유신체제는 거의 파시즘 체제에 준하는 강력한 권위주의 국가체제였다. 어쨌든 1961년 5·16 쿠데타부터 1993년 문민정부 수립 전까지의 약 30여 년 동안 지속된 군부세력에 의한 권위주의 국가체제에서는 일반 민중 혹은 시민들의 자발적인 결사와 집회가, 그리고 이념을 비롯한 사상의 자유로운 표현이 극도로 제약되었다. 이로써 이 기간 동안 한국사회의 연대 영역이 건강하게 발전하지 못한 채 심한 탄압과 통제 아래 놓이게 되었던 것이다(강수택, 2016: 85 이하).

하지만 이 기간 동안에도 연대 관념과 사상은 지속적으로 발전했을 뿐 아니라 민중 혹은 시민들 사이에 더욱 빠르게 확산되었다. 이것은 연대 관념과 사상의 가치에 주목한 지식인과 실천가의 노력 덕분이었다. 그러나 더 근본적으로는 삼일운동, 4월 혁명 등의 경험을 통해 계승된 연대 정신이 이미 일반 민중 혹은 시민 사이에서 폭넓게 자리 잡고 있었기 때문이었다. 국가권력은 드러난 연대의 실천과 연대 영역을 탄압할 수 있었고 권력에 예속된 개인과 집단을 통해 사이비 연대 실천과 연대 영역을 조성할 수는 있었다. 그렇지만 일반 민중들 혹은 시민 사이에 자리 잡은 진정한 연대 정신 자체를 근절할 수는 없었다. 그 결과 이들의 연대 정신이 바탕이 되어 이 시기에도 연대 관념과 사상이 다양한 형태로 꾸준히 발전했을 뿐 아니라 민중 혹은 시민들 사이에 확산되었다(강수택, 2012a: 218 이하).

게다가 이 시기에 사회의 여러 영역에서 연대를 실천하기 위한 노력도 꾸준히 그리고 다양한 형태로 이루어졌다. 무엇보다 학생, 정치인, 일반 시민 등이 권위주의 국가체제를 민주화하기 위한 크고 작은 다양한 결사체를 결성하여 온갖 희생을 무릅쓰고 민주화운동을 지속적으로 펼쳤다. 뿐만 아니라 이 시기의 급속한 산업화와 도시화 과정에서 발생한 노동자, 농민, 빈민 등의 열악한 실태를 개선하기 위한 노동운동, 농민운동, 빈민운동 같은 기층민중의 생존권 투쟁운동도 활발하게 일어났다. 그 뒤를 이어 비교적 많은 교육을 받은 도시의 신중산층이 급속히 증가하면서 젠더, 환경, 교육, 보건, 교통 등 시민들 생활세계의 삶의 질과 관련된 문제를 해결하기 위한 수많은 결사체가 설립되었으며, 이를 통해 시민운동이 급속히 발전했다(강수택, 2016: 91 이하).

이 시기 대한민국 사회 구성원들의 연대 실천을 위한 노력은 이처럼 다양한 영역의 결사체를 통한 지속적인 사회운동 형태로 많이 나타났지만, 때로는 특정한 상황에서 수많은 시민들이 참가하는 집회와 시위 형태로도 나타났다. 이런 집회와 시위 가운데 특히 박정희 유신정권 치하에서 이루어진 1979년 부마민주항쟁, 전두환 신군부 집권 치하에서 이루어진 1980년 광주민주항쟁과 1987년 민주항쟁 등은 많은 학생과 일반 시민이 참가하여 민주화의 진전에 크게 기여한 역사적인 연대 실천의 대표적인 사례이다.[70]

어쨌든 한반도의 일반 민중 혹은 시민들의 연대 실천을 위한 이런 노력은 공고한 권위주의 국가체제에 마침내 균열을 일으켰다. 1993년 군부 통치가 공식적으로 종식을 고하고 문민 통치가 시작되었으며, 1998년과 2003년에는 민주주의의 확대와 심화를 더욱 강력하게 추구하는 정부가 연이어 출범했다. 이를 통해 그동안 오랜 권위주의 국가체제에서 자행되어 온 연대 사상과 실천에 대한 억압이 완화되고 연대 영역에 대한 억압 구조가 빠르게 개선되기 시작했다 (강수택, 2012a: 115 이하).

1945년 일제로부터의 해방은 한반도의 민중이 연대하는 인간으로 재탄생하여 성장하기 시작하던 초기에 일제의 극심한 탄압으로 겪어야만 했던 커다란 고통을 뒤로 하고 다시금 건강하게 성장할 수 있는 더없이 좋은 새로운 기회였다. 하지만 주변 강대국들에 의해 한반도 분단국가 체제가 수립되고 이로 인한 권위주의 정부의 오랜 통치가 계속됨으로써 한반도의 민중은 협동과 연대의 가치보다 분열과 대립의 필요성이 강조되는 환경 속에 놓이게 되었다. 게다가 권위주의 국가체제가 연대의 사상과 실천을 지속적으로 억압하고 통제함으로써 결국 한국의 일반 민중 혹은 시민들이 모처럼 호모 솔리다리우스로서 건강하게 성장할 수 있었던 기회는 다시금 커다란 고통의 시기로 바뀌었다. 하지만 이런 고통이 연속되는 가운데서도 한국의 연대하는 인간은 꾸준히 성장하여 마침내 군부 통치에 의한 권위주의 국가체제의 종식을 가져오게 되었다.

물론 한국사회의 연대 가치와 실천을 억압하는 연대 영역의 억압 구조가 아직도 온전히 해소된 것은 아니다. 무엇보다도 한국사회는 오랜 국가주의 전통을 갖고 있기 때문에 군부 통치가 종식을 고한 이후에도 강력한 국가권력에 의한 연대 억압이 반복될 수 있다. 실제로 이런 일들이 이명박 정부와 특히 박근혜 정부 같은 민간인 정부에서 지속적으로 벌어졌다. 그렇지만 한국의 연대하는 인간은 30년 이상 지속되어 온 강력한 군부통치를 종식시킬 만큼 크게 성장했기 때문에 연대에 대한 억압이 또 다시 반복된다고 해서 결코 무력화될 수 없었다. 오히려 그동안 여러 새로운 환경 변화 속에서 지속적으로 성장해 온 연대하는 인간의 역량이 유감없이 드러나기도 했다. 이것이 극적으로 드러난 사건이 2016년 말에서 2017년 초에 엄청난 규모의 시민연대를 바탕으로 발생하여 세계를 놀라게 할 만큼 평화롭고 감동적으로 전개된 촛불혁명이었다. 한국의 호모 솔리다리우스는 과거의 권위주의 통치를 답습하려고 한 박근혜 정부를 이 촛불혁명으로써 교체했을 뿐 아니라 새 정부를 통해 권위주의 국가체제의 변화까지도 꾀하고 있다(강수택, 2016: 133 이하, 157 이하).

하지만 정권이 바뀌었다고 하더라도 특히 한국사회에서는 강력한 국가권력을 통해 연대를 억압하려는 유혹을 끊기가 쉽지 않다. 게다가 오랜 권위주의 국가체제에서 유래한 연대 영역의 억압 구조도 완전히 사라지지 않은 채 여전히 존속하고 있다. 그렇기 때문에 어떤 경우에도 국가주의에 대한 경계를 게을리하지 않으면서 연대 영역의 억압 구조를 해체하기 위해 지속적으로 노력하는 것만이 연대하는 인간의 건강한 성장과 한국사회의 건강한 발전을 위한 길이 될 것이다.

2) 신자유주의와 소비사회의 시장원리에 의한 3차 성장통: 강요와 유혹

연대하는 인간의 건강한 성장에 커다란 장애가 된 것으로는 권위주의 국가체제에 의한 억압뿐만 아니라 시장의 강요와 유혹도 있다. 군부통치에 의한 권위주의 국가체제는 1993년에 공식적으로 끝

났으며, 그 후 김영삼 대통령의 문민정부와 특히 김대중 대통령의 국민의 정부, 노무현 대통령의 참여정부 기간 동안 연대의 억압 구조가 빠르게 개선되었다. 이 억압 구조가 완전히 사라지지 않은 채 여전히 존속하고 있고 더구나 이명박 정부와 박근혜 정부 기간에는 오히려 더욱 악화된 부분도 있지만, 민주화의 진전에 대한 시민들의 요구와 인권 관련 국제기구의 감시가 계속될 것이라는 점에서 본다면 억압 구조의 개선은 불가피한 방향이 될 것이다.

이에 비해 시장의 강요와 유혹에 의한 연대의 위축과 해체, 즉 탈연대화는 강력한 국가권력이 더 이상 힘을 발휘하지 못할 때 본격적으로 시작된다. 실제로 한국사회에서 시장원리가 연대 영역에서 본격적인 영향력을 행사하기 시작한 것은 문민정부 시기였으며, 이후 국민의 정부와 참여정부에서도 이런 영향력은 더욱 증대했다.

(1) 신자유주의와 시장의 강요

한국사회의 본격적인 근대화는 박정희 군사정권의 경제성장 정책에 큰 영향을 받았는데, 박정희 정권의 성장주의적인 경제정책은 공식적으로는 시장경제 원리를 중시한다고 했지만 실제로는 철저히 국가 주도에 의한 것이었다. 그 후 박정희 정권이 붕괴되고 전두환 신군부 정권이 출범하자 그동안 목소리를 낮추고 있던 기업인들을 중심으로 시장과 민간기업 중심의 경제로 전환할 것을 주장하는 목소리가 커졌다. 하지만 여전히 경제는 강력한 국가권력의 통제로부터 벗어나기 어려웠다. 그러던 것이 군부통치가 종식되고 세계경제 질서가 다자 간 무역기구인 세계무역기구(WTO) 체제로 전환되면서 경제와 관련한 국가의 통제력이 현저히 약해지는 대신 시장원리가 강화되었다.

그런데 세계경제의 이런 새 흐름은 영국과 미국 중심의 신자유주의 정책과 이념에서 큰 영향을 받았다. 신자유주의는 단지 경제활동에서뿐 아니라 전통적으로 경쟁보다는 협력과 연대의 가치를 중시해 온 교육, 복지 같은 비경제활동 영역에서도 시장원리를 관철시키려고 했다. 그 결과 문민정부는 1995년 초 세계무역기구가 공식 출범하자 이에 가입한 지 얼마 되지 않아 소위 5·31 교육개혁 방안을 발표했다. 이 방안은 교육 공급자 간의 경쟁을 통해 교육 수요자의 선택권을 강화하여 교육을 수요자 중심으로 전환시키는 것을 핵심 목표로 삼았다. 이렇게 해서 교육에 시장을 통한 경쟁체제를 도입하기 시작한 정부의 시장주의적인 교육정책 기조는 그 후 국민의 정부와 참여정부를 거쳐 이명박 정부와 박근혜 정부에 이르기까지 유지되었다. 그 결과 수많은 교육현장이 극도로 치열한 경쟁체제에 편입됨으로써 교육현장의 주요 참여자인 학생, 교사 혹은 교수, 학부모 사이에서도 경쟁, 분열, 갈등이 심해졌다.

교육은 연대하는 인간 개개인의 사회화 과정에서 특별히 중요한 영향을 끼치는 활동 영역이다. 그렇기 때문에 교육현장의 반연대적이거나 탈연대적인 경향은 호모 솔리다리우스의 건강한 성장을 가로막을 뿐 아니라 이들을 오히려 경쟁 지향적인 이기주의적 인간들, 즉 호모 에코노미쿠스로 변질시킨다.

이처럼 협력과 연대의 가치를 중시하는 사회 영역에 시장의 원리가 무차별적으로 도입됨으로써 연대가 위축되고 심지어 해체되기까지 하는 현상이 단지 교육계에서만 일어난 것은 아니다. 문민정부 말기에 외환위기가 발생하자 이를 수습할 과제를 떠맡은 국민의 정부가 국제통화기금(IMF)의 강력한 요구에 따라 기업의 대규모 구조조정과 노동시장 유연화 정책을 추진함으로써 대량실업과 비정규직 노동자의 급증 사태가 발생했다. 노동계는 전통적으로 노동조합을 중심으로 조직화되어 이를 바탕으로 기업주나 정부로부터 자신의 권리를 지키거나 향상시켜 왔다. 그런데 노동자를 생활세계의 주체가 아니라 상품화된 생산요소인 노동력의 단순한 소유자로 간주하여 시장원리 중심으로 다루게 됨으로써 대량실업과 비정규직 같은 불안정 노동이 발생한 것이다.

게다가 노동시장에서 경쟁이 심해지면 노동자들이 생존을 위해 연대와 조직의 전략을 포기하고 각자도생하려는 경향이 심해진다. 뿐만 아니라 조직 노동자들도 자신들의 이해관계 때문에 실업자, 비정규직 노동자 등 상대적으로 열악한 처지의 노동자들을 연대의 대상이 아닌 경쟁과 배제의 대상으로 보게 될 위험이 커진다. 실제로 대량실업, 노동자의 비정규직화 등으로 노동시장에서 경쟁이 심해지면서 노동계의 탈연대화에 대한 이런 우려가 상당히 현실화되었다.

이것은 전통적으로 가장 강력한 연대 영역이었으며, 따라서 연대하는 인간의 형성 및 성장 과정에서 매우 큰 기여를 해 온 노동계가 시장의 강요에 의한 탈연대화라는 심각한 도전을 경험해 왔음을 보여 준다. 이 도전은 한국의 연대하는 인간이 성장하는 과정에서 오랫동안 겪어 온 국가에 의한 억압과는 다른 새로운 것이어서 이를 극복하기 위해서는 새로운 방향의 노력이 필요하다. 국가에 의한 억압의 경우는 억압의 주체가 비교적 분명한 데 비해 시장에 의한 강요는 그렇지 않기 때문에 문화와 제도의 변화를 포함해서 좀 더 포괄적으로 접근해야 한다. 즉, 한편으로는 노동자를 상품화된 노동력의 소유자로뿐 아니라 연대 지향적인 생활세계의 주체로도 간주하는 인식의 전환이 필요하다. 그리고 다른 한편으로는 노동시장을 비롯한 시장경제의 큰 틀이 반연대적인 성격에서 연대친화적인 성격으로 전환되어야 한다.[71]

(2) 소비사회와 시장의 유혹

시장에 의한 탈연대화는 강요의 형태로만 이루어지는 것이 아니다. 생산요소인 노동력을 소유한 노동자의 탈연대화가 시장의 강요 때문이라면, 현대사회가 소비자본주의에 의한 소비사회로 바뀌면서 중심세력으로 부상한 소비자들의 경우에는 시장의 유혹을 통해 개인화되는 방식으로 탈연대화된다.

소비자본주의는 이윤의 극대화를 위해 모든 것을 소비상품으로 만들려는 경향이 있다. 수많은 소비재뿐 아니라 앞에서 언급된 교육 외에도 의료와 심지어 종교활동이나 봉사활동 같은 서비스도 소비상품으로 만들어 이윤을 창출하려고 한다. 그런데 소비자는 자신의 다양한 욕구를 충족하는 방편으로 이들 소비상품을 구매하여 소비하므로 결국 소비상품의 구매를 통한 소비는 상품을 생산 혹은 유통하는 기업에게는 이윤을 제공하며 소비자에게는 욕구 충족을 가능하게 한다. 그래서 만약 소비자가 상품의 소비를 통해 자신의 욕구를 충족하고 자아를 실현할 수 있다고 여긴다면 소비에 몰두하게 될 것이다.

소비사회에서의 소비행위는 개인적이며 차별적인 특성이 뚜렷하다. 소비가 기본적으로 개인 단위로 많이 이루어지기 때문이다. 그리고 오늘날의 상품 생산방식이 소품종 대량생산에서 다품종 소량생산으로 바뀌었을 뿐 아니라 차이를 강조하는 탈근대 문화가 확산되면서 다른 사람과 구별되는 소비를 중시하는 경향이 증대하고 있기 때문이다. 물론 소비사회에서의 이런 소비는 엄청나게 쏟아지는 상품광고의 영향으로 끝없이 지속되고 강화된다.

결국 소비사회의 소비자들은 자신들의 욕구불만과 소외를 연대로써 외부 조건을 변화시키는 방식으로 해결하려고 했던 과거의 노동자들과 달리 개인적으로 상품의 소비에 몰두함으로써 해결하려고 한다. 그리고 상품광고가 제시하는 자아실현의 환상을 개인적으로 구현하기 위해 상품광고를 따라 끝없이 소비한다. 이런 방식으로 소비사회는 소비자의 개인주의화와 탈연대화를 초래하는 경향이 있다.

뿐만 아니라 앞에서도 언급했듯이 소비사회가 교육, 의료, 종교활동 등 전통적으로 협력과 연대의 가치를 소중하게 여겨 온 활동을 상품화하여 영리추구의 수단으로 만듦으로써 교육계, 의료계, 심지어 종교계 등 시민사회의 전통적인 연대 영역의 위축과 상업화를 초래하는 경향도 있다.

게다가 소비자의 상품소비 능력은 경제력에 매우 크게 의존한다. 그런데 사회구성원들 간의 빈부격차가 심해지고 부유층의 과시소비가 확산되면 소비행태를 둘러싼 계층 간의 갈등과 빈곤층의 상대적 박탈감이 커진다. 뿐만 아니라 실질적인 소비능력이 못 미치는 모방소비가 증가하면 이를 뒷받침하기 위한 여러 가지 부작용이 초래된다. 결국 무엇보다 상품소비가 중시되는 소비사회에서는 빈부격차의 문제를 보완하는 제도적인 장치가 마련되지 않으면, 소비를 둘러싼 계층 간의 긴장과 갈등이 사회적 연대의 약화와 해체로 이어질 수 있다.

한국사회에서는 외환위기 이후 최근까지 사회적 양극화가 심해졌을 뿐 아니라 부유층의 과시소비와 중간층과 빈곤층의 모방소비가 심한 상황이다. 이에 비해 빈부격차를 보완하는 복지제도는 그 사이에 꾸준히 확대되긴 했으나 선진 서구사회에 비해 여전히 많이 미흡하다. 그 결과 계층 간의 긴장과 갈등이 심하여 실제로 한국사회의 결속력을 크게 약화시키고 있다.[72]

끝으로, 소비사회가 조장하는 과잉소비는 사회적 연대에 부정적인 결과를 초래할 뿐 아니라 여러 면에서 환경파괴의 원인이 됨으로써 인간과 자연 사이의 생태적 연대에도 심각하게 부정적인 영향을 끼친다. 과잉소비는 아마존 지역의 열대림 파괴 같은 대규모의 직접적인 자연파괴를 통해서뿐 아니라 플라스틱, 비닐 등 쉽게 분해되지 않는 각종 폐기물과 동식물에 해로운 각종 화학물질을 만들어 냄으로써도 생태계에 위협적인 결과를 초래한다. 한국사회는 오랫동안 성장주의 경제정책을 추진해 온 결과 수많은 환경파괴를 초래해 왔으나 지금은 이런 환경파괴를 최소화하기 위한 여러 정책을 시행하고 있다. 하지만 성장주의 정책에 의한 과잉소비는 근래에 들어서도 멈추지 않고 있기 때문에 이를 줄이기 위한 더욱 적극적인 노력이 필요하다.[73]

(3) 연대하는 인간과 3차 성장통의 극복

이와 같이 과거에 연대하는 인간의 성장에 가장 큰 장애물이었던 국가권력의 영향력이 줄어들기 시작한 반면에 시장의 영향력은 크게 증가하여 강요와 유혹 같은 다양한 방식으로 연대의 정신, 실천, 결사체, 제도 등을 위축시켜 왔다.[74] 하지만 시장의 이런 작용을 당연하게 받아들이지 않고 연대의 맹목적인 시장화에 저항하는 사람들의 지속적인 노력으로 연대의 위축을 어느 정도는 완화시켜 왔다. 극심한 고통을 겪으면서도 성장해 온 한국의 연대하는 인간이 그동안 잃지 않고 발전시켜 온 연대 정신에 의거하여 노동, 교육, 의료, 종교, 사회복지 등 전통적인 연대 영역의 분열과 영리화를 저지하기 위해 많은 노력을 기울여 왔고 지금도 계속 노력하고 있기 때문이다. 물론 이들은 시장에 의한 연대의 위축을 단지 저지할 뿐 아니라 더 나아가 연대의 활성화를 이루기 위해서도 노력해 왔다.

하지만 연대하는 인간이 성장하는 과정에서 새롭게 맞이한 시장의 도전은 지금까지와 같은 노력을 통해 쉽사리 저지될 만큼 약하지 않다. 앞으로 신자유주의 이념과 정책은 20세기 말보다 약화되어 결국 자취를 감출지도 모른다. 그러나 소비자본주의에 의한 소비사회의 생명력은 훨씬 더 강하며, 소비사회의 진전은 연대하는 인간에게 이전의 고통보다 훨씬 더 깊고 지속적인 고통을 제공할 것이다. 물론 이런 고통의 많은 부분은 시장이 배출하는 경제인, 즉 호모 에코노미쿠스의 힘과 유혹을 통해 주어진다. 따라서 연대하는 인간, 호모 솔리다리우스가 고통을 극복하고 건강하게 성장하기 위해서는 이들 호모 에코노미쿠스의 직접적인 도전을 슬기롭게 극복해야 하며, 이들을 배출하고 이들에게 힘을 제공하는 시장경제 자체를 연대 친화적인 방향으로 바꾸어 가야 한다.

3. 한국사회에서 연대하는 인간의 현실과 과제

2016년 말에서 2017년 초까지 이어진 촛불혁명은 한국사회의 연대하는 인간이 건재함을 확인시켜 준 사건이었다. 촛불혁명에 참가한 시민들에는 남녀노소가 따로 없었다. 지역, 계층, 세대, 이념을 뛰어넘은 시민들이 함께 연대했는데, 이들 가운데는 역사적인 연대의식이 뚜렷한 사람도 많았다. 자녀세대, 미래세대에게 부끄럽지 않기 위해 본인들이 직접 참가했을 뿐 아니라 미래세대인 어린 자녀에게 소중한 역사적인 경험과 기억을 통한 교육을 제공하기 위해서 이들을 데리고 참가한 시민도 많았다.

이명박 정부와 특히 박근혜 정부 시기 동안 시장에 의해 분열되고 국가권력에 의해 억압된 채 집권자들의 온갖 부당한 행태에도 침묵하고 있던 시민들에게서 연대하는 인간은 찾아볼 수 없을 것 같았다. 그런데 박근혜 정부 말기에 최순실 사건에 대한 보도를 계기로 한국의 시민에게 호모 솔리다리우스의 모습이 분명히 드러난 것이다. 이를 혹자는 연대하는 인간의 귀환이라고 부를지도 모르겠지만 연대하는 인간은 결코 한국사회를 떠나 있지 않았다. 한국사회의 일반 민중 혹은 시민들이 바로 연대하는 인간, 호모 솔리다리우스인데 이들이 한국사회를 떠나 있었을 리 없는 것이다. 이들은 단지 고통 가운데 숨을 죽이고 있었을 뿐이며, 그런 가운데도 지속적으로 성장하고 있었다. 이와 같은 한국의 연대하는 인간이 그동안 성장해 온 건강한 모습을 유감없이 드러낸 결과가 촛불혁명이었다.

1) 국가권력과 시장에 의한 도전의 극복

물론 촛불혁명으로 모든 것이 변한 것은 아니다. 시민들은 촛불연대를 통해 드러낸 연대 지향적인 사회에 대한 염원을 이루기 위해 우선 이를 가로막아 온 정권의 교체를 이루어 냈을 뿐이다. 이제 새로운 정권을 통해 그리고 시민의 뜻을 담은 개헌을 통해 시민들은 이런 염원을 계속해서 이루어 나가고 싶어 한다.

그런데 문제는 촛불혁명을 통해 드러난 호모 솔리다리우스, 즉 연대하는 인간이 완전히 성장한 모습은 아니라는 점이다. 한국의 연대하는 인간은 1차 성장통과 특히 2차 성장통을 겪으면서 국가권력의 억압에 대해 매우 강인한 존재로 성장해 왔는데, 이런 모습이 촛불혁명을 통해 유감없이 드러났다. 그렇지만 오랜 국가주의 전통에서 연유한 연대에 대한 각종 억압 구조는 근절되지 않은 채 존속하면서 연대하는 인간의 건강한 성장을 가로막고 있다. 따라서 연대하는 인간에게는 이런 억압적인 조건을 개선해 가야 할 과제가 여전히 남아 있다.

게다가 연대하는 인간은 지금도 여전히 시장에 의한 3차 성장통을 심하게 겪고 있다. 그렇기 때문에 부당한 국가권력을 감시하고 억압 구조를 개선해야 하는 과제뿐 아니라 시장의 도전에 굴하지 않는 더욱 강인한 존재로 성장할 과제도 함께 안고 있다. 연대하는 인간이 극복해야 할 시장의 도전에 대해서는 앞에서 충분히 설명했다. 중요한 것은 이런 도전들을 어떻게 극복할 것인가 하는 점이다.

한국의 시장경제는 한반도 분단국가 체제로 인해 이념적으로는 매우 자유주의적이면서도 현실적으로는 국가권력에 매우 취약한 모순적인 특성을 지닌다. 이런 특성 때문에 자본과 국가권력이 쉽게 결탁하여 기업주는 국가권력의 보호를 받는 대신에 노동자는 강력한 연대를 통해 자신들을 조직화하지 못하면 기업주의 일방적인 지배에서 벗어나기 어렵다.[75] 따라서 노동하는 호모 솔리다리우스가 무엇보다도 중소기업 노동자, 비정규직 노동자, 여성, 실업자 등 조직화되지 않은 집단으로 노동자 연대를 크게 확장시키고 또한 이를 강화하기 위해 노력해야 한다. 이런 방식으로 노동자 연대를 강화하여 고용 불안정, 장시간 노동, 지나친 임금격차 등의 문제를 개선하는 것이야말로 강요를 통한 노동세계의 탈연대화라는 시장의 도전을 극복하는 길이 될 것이다.

하지만 시장은 노동하는 호모 솔리다리우스뿐 아니라 소비하는 호모 솔리다리우스에게도 도전을 극복할 과제를 부여한다. 소비사회의 중추 집단인 소비자들이 시장의 유혹이라는 어려운 도전을 극복하려면 우선 상품광고에 사로잡혀 과잉소비를 일삼는 수동적인 존재에서 합리적이면서도 사회와 생태계에 연대적인 소비를 추구하는 자율적이며 능동적인 존재로 바뀌어야 한다. 이처럼 소비자의 자아 정체성이 변할 때 비로소 이들은 조세 부담을 감수하고서라도 사회적 서비스의 사적인 소비 형태를 사회복지제도에 의한 공공적 소비 형태로 쉽게 전환할 수 있다. 더 나아가 제3세계 시민들의 희생 위에서 누리는 천박한 소비 대신에 그들에게도 정당한 노동의 대가와 삶의 질을 보장하는 공정한 소비를 통해 그들과의 연대를 실천하는 글로벌 호모 솔리다리우스로 성장할 수 있다. 뿐만 아니라 지구환경의 파괴를 최소화하고 이를 보존하는 데 기여하는 지속 가능한 소비를 통해 생태적 연대도 실천하는 더욱 성숙한 글로벌 호모 솔리다리우스가 될 수 있다.

오늘날 탈근대적인 소비사회에서 소비자가 상품광고에 이끌려 유행을 좇아 과잉소비를 일삼는 데는 개인화되고 급변하는 사회 환경 속에서 소비자들의 불안감이 커진 것이 중요한 원인으로 작용한다(바우만, 2013: 34 이하; Bauman, 2001: 130 이하).[76] 하지만 유행에 따른 지속적이고 과도한 소비는 일시적으로 불안감을 달랠 수 있을 뿐 항구적인 해결책이 될 수 없다. 그렇기 때문에 소비하는 호모 솔리다리우스에게는 끝없는 시장의 유혹을 극복하면서도 개인적인 불안감을 해소할 방안이 필요하다. 앞에서 언급한 소비자의 자아 정체성의 변화는 소비자로 하여금 소비를 통해 자신의 생활세계를 자율적이며 능동적으로 창조할 수 있게 한다는 점에서 불안감의 해소에 유익하다. 하지만 불안감의 해소를 위한 더욱더 적극적인 방안도 필요한데, 소비를 매개로 능동적인 연대를 실천하는 것도 하나의 방안이 될 수 있을 것이다. 그 사례로는 경제적이면서도 건강한 소비를 가능하게 하는 소비협동조합 활동이나 소비자의 권익 보호를 위한 공익적인 소비자운동을 들 수 있다. 특히 공익적인 소비자운동은 오늘날 사이버 공간이나 소셜 네트워크의 발전으로 누구나 쉽게 접근할 수 있다. 이들 방안은 소비하는 호모 솔리다리우스가 시장의 유혹에 의한 과잉소비를 극복하면서도 개인적인 불안감 대신에 연대를 통한 안전감을 누리는 데 기여할 것이다.

시장의 강요든 유혹이든 연대하는 인간이 이들 시장의 도전을 극복하기 위해 결코 게을리해서는 안 되는 과제가 있다. 앞에서도 언급했듯이 시장경제를 연대 친화적인 것으로 만드는 것이다. 시장의 원리를 중시하는 시장경제는 시장의 제도에 따라 형태가 다양하다. 일례를 들면 시장의 원리에만 의존하거나 반대로 국가권력에 지나치게 의존하는 대신에 경쟁을 중시하는 시장 원리를 기본적인 경제 원리로 채택하면서도 시장경제의 한계를 연대의 원리로써 보완하려는 독일의 사회적 시장경제가 있다. 물론 연대의 원리로 시장경제를 더욱 적극적으로 보완하려는 다양한 성격의 사회적 경제도 있는데, 협동조합, 사회적 기업 등은 이런 사회적 경제에 해당한다. 하지만 시장경제는 현대의 대규모 경제에 적용된 경제제도 가운데 생존력이 역사적으로 검증된 유일한 형태이다. 그렇기 때문에 시장경제를 경제의 기본 원리로 삼으면서 그 한계를 연대의 원리로써 극복하려는 노력이 필요한데, 이것이 연대 친화적인 시장경제의 기본 성격이다. 물론 진정한 연대 친화적인 시장경제는 제3세계 경제에 대해서도 연대적이어야 한다. 만약 이런 연대 친화적인 글로벌 시장경제의 환경이 구축된다면 연대하는 인간이 시장의 도전을 극복하고 보다 성숙한 글로벌 호모 솔리다리우스로 성장할 수 있을 것이다.

2) 시민사회 내부의 도전과 극복

연대하는 인간이 진정한 성장을 하기 위해서는 국가권력과 시장이라는 외부의 도전을 극복하는 것만으로 충분하지 않다. 왜냐하면 연대하는 인간이 일차적으로 속해 있는 시민사회 내부에도 여러 반연대적인 요소가 분명히 존재하여 이를 내면화한 호모 솔리다리우스의 자아의 일부를 형성하고 있기 때문이다. 따라서 호모 솔리다리우스는 자신의 내면에서 진정한 연대적인 자아를 억누르고 있는 여러 반연대적인 요소를 분명히 성찰하여 이를 극복하기 위해 노력해야 한다.

(1) 가부장제, 집단주의, 순혈주의

한국의 연대하는 인간이 연대적인 자아의 건강한 성장을 위해 극복해야 하는 내적인 도전에는 무엇이 있는가? 가장 먼저 언급되어야 할 것은 한국의 시민사회에 여전히 폭넓게 자리 잡고 있어서 큰 영향을 끼치는 가부장제 문화이다. 가부장제 문화는 여성에 대한 남성의 지배와 성차별을 통해 젠더 갈등과 대립을 낳는다. 따라서 연대하는 인간, 특히 한국의 남성 호모 솔리다리우스가 건강하게 성장하기 위해서는 자신 속에 내면화되어 있는 가부장제 문화 요소를 극복해야 한다.

2017년 미국에서 시작된 이후 2018년 한국에서 들불처럼 번지기 시작한 미투(Me Too) 운동은 한국 시민사회 곳곳에 깊숙이 자리 잡고 있었던 가부장제 문화와 이에 근거한 성차별, 성억압, 성폭력 구조를 적나라하게 보여 주었다. 게다가 일반 시민에게 특히 큰 충격을 준 것은 이런 문화와 구조가 기존의 정치·사회·사상적으로 보수적인 개인이나 집단뿐 아니라 진보적이라고 알려진 개인과 집단에도 마찬가지로 널리 자리 잡고 있었다는 점이다. 불행 중 다행스러운 점은 여성 피해자들이 자신의 이차 피해 위험을 무릅쓰고 이런 왜곡된 문화와 구조를 극복하기 위한 노력에 함께 나섰다는 것이다. 미투 연대라고 부를 수 있는 이들 피해자들의 용기 있는 실천이 이들만의 연대를 넘어 젠더 구분 없이 연대 지향적인 시민들의 폭넓고도 강력한 연대를 형성하여 가부장제 문화의 개선과 극복에 기여한다면, 연대하는 인간의 건강한 성장에 매우 의미 있는 계기가 될 것이다.

다음으로 연고주의와 집단주의 문화도 한국의 시민사회에서 극복되어야 할 매우 중요한 대상이다. 흔히 학연, 지연, 혈연 등으로 대표되는 한국사회의 연고주의는 연대 문화의 일종으로 오해되기도 하지만, 이것은 전근대적인 집단주의 문화에 해당하기 때문에 자유와 평등에 입각한 근대적 연대 문화와는 근본적으로 다르다. 연고주의 같은 전근대적인 집단주의는 개방적인 연대 문화와 달리 폐쇄성으로 인해 집단 이기주의로 비판을 받으며 집단 갈등의 중요한 원인이 된다. 따라서 특히 이런 연고관계로 인해 혜택을 누리고 있는 연대하는 인간이 자신의 건강한 성장을 위해 앞장서서 이를 극복해야 한다.

물론 한국사회에서는 근대적 집단주의 문화도 여전히 큰 영향력을 가지고 있다. 개인의 가치를 매우 중시하는 젊은 세대와 달리 개인주의 문화가 아직 제대로 자리 잡지 못한 기성세대에서는 집단의 이익을 위해 개인의 자유와 권리의 희생을 쉽게 요구하는 경향이 여전히 발견된다. 한국사회의 이런 근대적 집단주의 문화는 오랜 국가주의 문화와 군대 문화에서 큰 영향을 받았으며, 오늘날 한국사회에서 세대 갈등의 중요한 배경이 되고 있다. 그러므로 개인의 자율성을 억압하는 근대적 집단주의 문화는 특히 기성세대의 연대하는 인간이 건강하게 성장하기 위해 시급히 극복되어야 한다.

이 외에도 세계화로 인해 인구의 지리적 이동이 활발해지고 문화가 빠르게 전파되면서 이질적인 다양한 문화가 한국사회에 유입되고 있다. 이것은 문화적 갈등과 충돌의 원인이 될 수 있는데, 한국은 이 과정에서 다문화주의 정책을 비교적 적극적으로 추진해 온 결과 아직까지는 문화 갈등이 심각한 쟁점은 아니다. 하지만 이주민의 유입이 더욱 증가하여 인구 구성의 큰 부분을 차지하게 되면 문화 갈등이 심화되어 사회의 큰 쟁점으로 부상할 가능성이 크다. 그러므로 한국의 연대하는 인간은 이런 문화 갈등을 예방하면서 건강하고 지속적으로 성장하기 위해 유엔 기구의 권고처럼 순혈주의나 폐쇄적 민족주의에 근거한 자아관과 배타적인 문화관을 극복해야 한다. 이것은 한국의 연대하는 인간이 글로벌 호모 솔리다리우스로 성장하는 데 무엇보다 중요한 과제이기도 하다(UN, 2007: 91).

한국 시민사회에서는 여성, 외국인 등 사회적 소수자를 차별하거나 억압하는 반연대적인 요소를 극복하기 위한 시민들, 즉 연대하는 인간의 꾸준한 연대적 실천이 있어 왔다. 최근의 대표적인 사례로는 세월호 희생자 유가족들의 연대 및 이들과 함께 하는 일반 시민들의 연대를 들 수 있다. 2014년 4월 세월호가 침몰하여 많은 희생자를 낸 후 유가족들은 수년 동안 엄청난 고통을 겪어야 했다. 이런 고통 가운데서도 유가족들과 시민들이 끈질기게 실천한 연대는 국가권력과 사회적 편견에 따른 큰 어려움을 극복하고 마침내 사건의 진실을 밝히는 원동력이 되었다. 이는 더 나아가 진실을 은폐하려던 불의한 국가권력 자체를 평화롭게 붕괴시킨 촛불연대와 촛불혁명의 소중한 도화선이 되기도 했다. 또한 가부장제 문화를 극복하기 위해 촛불혁명 다음 해에 시작된 한국사회의 미투 운동은 촛불혁명의 정신을 계승하여 이루어졌다. 이렇게 본다면 세월호 연대, 촛불혁명, 미투 연대 등으로 이어진 최근 일련의 의미 있는 연대 실천의 경험은 한국의 연대하는 인간이 시민사회 내부에 존재하는 가부장제, 집단주의, 순혈주의 같은 반연대적인 요소를 극복하고 더욱 건강하게 성장하는 데 매우 소중한 밑거름이 될 것이다.

(2) 정치권력주의, 권위주의, 반공주의

시민사회에는 국가권력과 시장이라는 외부 힘의 직접적인 영향으로 형성된 고질적이고 심각한 문제점도 많아서 연대하는 인간의 건강한 성장에 큰 장애물이 되고 있다. 국가권력이 시민사회에 오랫동안 부정적인 영향을 끼쳐 온 대표적인 사례로는 정치권력주의, 권위주의, 반공주의 등을 들 수 있다.

한국사회에서는 오랜 국가주의 전통의 영향으로 정치 영역에서뿐 아니라 경제 영역과 심지어 시민사회에서도 정치권력을 추구하는 문화가 강력히 형성되어 자리 잡아 왔다. 이런 정치권력주의 문화는 국가권력이 그동안 정치 영역뿐 아니라 경제 영역과 시민사회에도 깊숙이 개입하여 커다란 지배력을 행사해 온 결과이다. 그래서 권력 지향적인 호모 폴리티쿠스가 정치 영역은 말할 것도 없고 경제 영역과 시민사회에서도 득세하면서 특히 호모 솔리다리우스에게 큰 도전이 되어 왔다.

정치권력주의 문화는 시민사회 내부에서 국가권력이 아니라도 위계적 권위를 강조하는 비민주적 문화인 권위주의 문화를 조장하는 배경이 되어 왔다. 그동안 한국사회에서는 신분, 연령, 성별에 따른 전통적인 권위주의가 깊숙이 뿌리를 내리고 있었는데, 사회가 근대화되면서 이것과 구별되는 근대적인 권위주의 문화가 새로 형성되었던 것이다. 근대적인 권위주의는 근대 초기의 대표적 대규모 조직인 관료조직의 영향이기도 하다. 한국사회의 관료조직은 먼저 국가기구인 정부조직, 군대조직 등을 통해 발전하였으며, 경제 영역에서는 근대화 과정에서 대기업이 크게 성장하면서 국가 관료조직을 모델로 삼은 대기업 조직을 통해 확산되었다. 시민사회에서도 학교, 병원, 심지어 종교기관 등 크고 작은 각종 조직이 이들 국가 및 기업 관료조직의 영향을 받아 수직적 위계질서를 중시하는 형태로 발전함으로써 권위주의 문화가 널리 자리를 잡게 되었다.

하지만 한국의 시민사회에는 민주화운동의 역사에서 얻은 교훈을 통해 특히 젊은 세대를 중심으로 민주주의 의식이 폭넓게 자리를 잡고 있다. 그래서 이것이 정치적 지배권력을 추구하는 문화나 위계적인 권위주의 문화를 강력히 견제하는 힘이 되고 있다. 게다가 정보통신기술 같은 새로운 과학기술의 발달이 종래의 정치권력주의 문화와 권위주의 문화의 입지를 크게 약화시키는 환경이 되고 있다. 그 결과 시민사회에서 이런 문화들이 갖는 영향력이 과거에 비해 크게 약화되고 있기는 하다. 그럼에도 불구하고 한국사회에 여전히 강력하게 남아 있는 국가주의 전통과 이로 인한 정치권력주의 문화 및 권위주의 문화는 호모 폴리티쿠스의 온상이 되어, 호모 솔리다리우스의 건강한 성장을 크게 방해하고 있다.

연대하는 인간이 건강하게 성장하는 데 장애물이 되어 온 또 다른 요인으로 반공주의를 들 수 있다. 반공주의는 냉전체제와 한반도 분단체제 상황을 이용하여 국가권력이 정치적인 위협으로 간주한 정치세력이나 개인을 탄압하는 명분으로 삼은 이념이다. 이 이념은 국가보안법 같은 형태로 제도화되어 연대 영역의 억압 구조를 형성하기도 했다. 뿐만 아니라 대중매체, 학교교육 등을 통해 오랫동안 시민들에게 내면화되었으며, 이를 통해 건강한 시민사회의 장애요소가 되어 왔다. 물론 냉전체제의 붕괴, 군부통치의 종식 등이 이루어지면서 젊은 세대를 중심으로 반공주의에서 벗어나고 있다. 그러나 한국전쟁이나 군부통치를 경험한 기성세대에게는 여전히 반공주의가 의식적으로나 무의식적으로 상당한 영향을 끼치고 있어서 연대하는 인간의 성장을 방해하는 장애물이 되고 있다. 그렇지만 2018년부터 급속히 진행되고 있는 한반도 평화를 위한 노력이 좋은 결실을 맺어 남북한 간의 적대적 관계가 해소되고 한반도에 평화체제가 확립된다면 반공주의의 영향력은 크게 약화될 것이다.

(3) 경제주의, 양적 성장주의

시장이라는 외부 힘의 영향을 받아 시민사회에 형성된 경제주의와 양적 성장주의 또한 호모 솔리다리우스의 성장을 방해하는 대표적인 사례이다. 경제성장주의는 박정희 군사정권이 국가주도 경제성장 정책을 통해 오랫동안 강조해 온 정신이다. 이런 경제성장 정책은 그 후에도 계승되었으나 국가의 역할은 서서히 민간기업과 시장으로 이양될 수밖에 없었다. 그럼에도 경제성장은 여전히 국가와 경제계의 가장 큰 관심사인데, 경제성장에 대한 뿌리 깊은 관심은 시민사회로도 전이되어 경제적 가치가 곧 사회적 평가의 기준이 되는 경제주의, 양적 성장을 사회발전의 지표로 삼는 양적 성장주의 등이 시민사회의 중요한 문화로서 자리를 잡게 되었다.

그 결과 경제적 이윤을 끝없이 추구하는 호모 에코노미쿠스가 경제 영역을 넘어 시민사회에서도 빠르게 확산되었을 뿐 아니라, 이들이 호모 솔리다리우스를 물리치고 시민사회를 주도하려는 경향을 보이기도 한다. 호모 에코노미쿠스는 학교, 병원, 심지어 종교기관처럼 시민사회의 연대 영역에 해당하는 대표적인 조직까지 소유하거나 경영하면서 연대 정신의 실현이라는 본연의 목표 대신에 이윤을 추구하고 이를 바탕으로 이들 조직을 양적으로 성장시키는 데 관심을 기울인다. 왜냐하면 경제적으로 혹은 양적으로 측정할 수 있는 가시적인 성장이 시민사회에서도 가장 중요한 평가의 기준이 되고 있기 때문이다.

이처럼 경제주의 문화와 양적 성장주의 문화가 호모 에코노미쿠스를 통해 시민사회에 크게 확산되었지만, 그럼에도 시민사회에서는 이런 문화를 거부하고 생활세계로서의 시민사회의 기본 속성인 생명, 인격성, 자율성, 신뢰, 소통, 연대성 등의 가치와 이들에 기반을 둔 진정한 사회발전을 추구하는 호모 솔리다리우스가 많이 존재한다. 게다가 국가 주도로 경제성장주의 정책을 적극적으로 펼쳤던 박정희 정권은 이미 종말을 고했으며, 그 후 경제 영역이 아닌 시민사회조차 시장경제에 예속시키려 했던 신자유주의 시대도 이제 정점을 지나가고 있다. 하지만 경제주의와 양적 성장주의 문화는 한국의 시민사회에 뿌리 깊게 자리를 잡고 여전히 강력한 영향을 행사하고 있기 때문에 연대하는 인간의 건강한 성장을 위해 필히 극복되어야 할 중요한 과제임이 분명하다.[77]

(4) 불신과 불통

정치권력주의, 권위주의, 반공주의, 경제주의, 양적 성장주의 등은 상호주의를 기본 속성으로 하는 시민사회와 달리 국가권력과 시장의 일방적이면서 도구주의적인 속성에 기인한다는 공통점을 지닌다.

하버마스는 시민사회의 바탕이 되는 생활세계가 소통적 합리성에 기초하는 데 비해 근대 국가와 시장경제는 목적합리성에 기초해 있다고 보았다. 여기서 소통적 합리성은 상호 이해를 추구하지만 목적합리성은 특정한 목적의 효과적인 달성을 추구한다. 그렇기 때문에 소통적 합리성에 근거한 시민사회는 결국 구성원들 간의 상호성을 매우 중시하지만, 목적합리성에 기초한 근대 국가와 시장경제는 각각 권력과 경제적 이윤이라는 특정한 목적을 효과적으로 달성하기 위해 사회적 관계를 도구화하는 경향이 있다는 것이다(하버마스, 2006a: 50-53; 2006b: 223 이하, 514-515).

시민사회, 근대 국가, 그리고 시장경제에 대한 하버마스의 이런 설명이 비록 충분하지는 않지만 이들의 기본 속성에 대한 의미 있는 통찰을 제공해 준다. 이런 관점에서 본다면 국가권력과 시장의 일방적이며 도구주의적인 속성에 기인한 정치권력주의, 권위주의, 반공주의, 경제주의, 양적 성장주의 등이 사회적 신뢰와 소통에 긍정적이기보다는 훨씬 부정적인 결과를 초래하며, 이는 시민사회에서 불신과 불통이 확산되는 중요한 배경이 된다. 신뢰와 소통은 연대관계의 형성에 매우 중요한 요소이다. 따라서 국가권력과 시장의 영향으로 한국의 시민사회에서 오랫동안 널리 자리 잡아 온 불신과 불통 역시 연대하는 인간의 건강한 성장을 위해 반드시 극복해야 할 중요한 과제이다.[78]

4. 전망

독창적인 한국의 연대 사상가 함석헌은 민중을 씨올이라고 표현했는데, 그것은 무엇보다 한자 표현을 우리말 표현으로 바꾸려는 뜻

연대하는 인간, 호모 솔리다리우스

에서였다. 그런데 '민중'이 집합적인 의미를 강하게 전달하는 개념인 데 비해 '씨올'은 개체적 의미를 더욱 부각시킨다. 물론 그렇다고 해서 함석헌의 씨올 개념이 원자화된 개인을 가리키는 것은 아니다. 그의 씨올 개념은 인간이 갖는 생명체로서의 속성과 연대적 존재로서의 속성을 매우 강조하는데, 이런 점에서 그의 씨올 개념은 저자가 말하는 연대하는 인간, 즉 호모 솔리다리우스와 상당히 흡사하다 (강수택, 2019: 29-41).

함석헌의 씨올은 사회의 주인이자 역사의 주체이다. 그런데 씨올과 달리 권력이든 부든 가진 사람들로 이루어진 지배 집단이 사회의 주인 행세를 하기 때문에 씨올이 깨어서 주인의 역할을 회복해야 한다는 것이 함석헌의 기본 관점이다. 함석헌은 일제 강점기, 소련의 북한 통치, 남한의 이승만 정권과 박정희·전두환·노태우 군부 통치를 경험하고 이에 저항하면서 일생을 살아온 인물로, 국가권력 집단에 의한 민중의 지배를 극복하는 데 무엇보다 큰 관심을 기울였다. 따라서 그의 씨올은 무엇보다도 국가권력 집단의 부당한 지배를 씨올이 주인 행세를 할 수 있는 민주적인 질서로 바꾸는 데 큰 관심을 갖는 개념이다. 물론 그의 씨올 사상이 궁극적으로 추구하는 목표는 한국의 정치 민주화를 넘어 세계시민이 함께 평화롭게 살 뿐 아니라 우주의 온 생명체가 존중받는 것이다. 저자는 그의 이런 씨올 사상을 씨올연대주의라고 부르면서 그 자세한 내용을 다른 책에서 소개한 바 있다(강수택, 2019: 377 이하).

함석헌의 씨올 사상은 이 책의 연대하는 인간론, 특히 한국의 연대하는 인간이 성장해 온 과정을 이해하는 데 많은 시사점을 제공한다. 그는 한국의 역사를 민중, 즉 씨올 중심의 관점에서 고난의 역사로 기술하면서 이들이 오랜 고난에 굴하지 않고 역사의 주체로서 이어져 온 것이 끈질긴 생명력뿐 아니라 서로 함께하는 속성에 기인한다고 보았다. 이런 그의 역사 서술, 특히 근대사는 이 책에서 한국의 연대하는 인간이 성장해 온 과정으로 묘사한 내용과 크게 상통한다 (함석헌, 1965: 94 이하; 강수택, 2019: 104 이하).

다만, 함석헌의 씨올 개념은 기본적으로 소유를 기준으로 정의되었지만, 이 책에서 말하는 연대하는 인간은 소유의 여부나 정도와는 무관하게 타인에 대한 사회적 태도 혹은 추구하는 사회적 관계의 성격에 의해 규정된다. 즉, 기본적으로 연대적인 태도나 사회관계를 추구하느냐 아니면 지배적인 혹은 경쟁적인 태도나 사회관계를 추구하느냐가 중요한 기준이 된다. 지배적이거나 경쟁적인 태도는 전형적인 반연대적인 태도로서, 모나드적 태도 혹은 단자(單子)적, 단절적 태도라고 할 수 있다.

연대하는 인간, 즉 호모 솔리다리우스는 연대를 기본 속성으로 하는 시민사회의 구성원에게서 주로 발견되는데, 이때 소유 수준이 낮은 기층 시민인지 아니면 중간층이거나 상층 시민인지는 중요하지 않다. 이에 비해 근대 국가의 정치 영역과 자본주의적인 경제 영역에서는 각각 권력을 추구하는 지배적인 인간, 즉 호모 폴리티쿠스와 이윤을 추구하는 경쟁적인 인간, 즉 호모 에코노미쿠스가 주로 발견된다. 이들은 근대적 정치·경제 영역의 내적 논리에 충실한 인간으로서 반연대적인 인간상, 즉 모나드적 인간상을 공통된 특징으로 한다.

하지만 정치·경제 영역에서도 연대를 추구하는 호모 솔리다리우스가 존재할 수 있으며 시민사회, 특히 한국의 시민사회에서는 호

연대하는 인간, 호모 솔리다리우스

모 폴리티쿠스와 호모 에코노미쿠스가 많이 존재한다. 이것은 각 영역의 힘과 논리가 다른 영역에 침투함으로써 생긴 결과이다. 하버마스의 생활세계 식민화 명제도 여기에 해당되는 것으로, 정치·경제 영역에 전형적인 인간상인 호모 폴리티쿠스와 호모 에코노미쿠스가 시민사회에서 호모 솔리다리우스를 대체하면서 득세하는 현상이라고 볼 수 있다.

그러므로 시민사회가 건강하게 발전하기 위해서는 이들 호모 폴리티쿠스와 호모 에코노미쿠스가 함께 존재하는 시민사회를 호모 솔리다리우스가 주도하면서 건강하게 성장해야 한다. 이를 위해서는 오히려 정치·경제 영역이 연대 친화적인 영역으로 발전할 수 있도록 이들 영역에서 호모 솔리다리우스가 각각 호모 폴리티쿠스 및 호모 에코노미쿠스와 협력하면서 함께 적극적인 노력을 기울일 필요도 있다.

한국의 호모 솔리다리우스, 연대하는 인간은 탄생하면서부터 시작된 오랜 성장통을 겪으면서도 크게 성장해 왔다. 그 결과 여러 차례의 민주항쟁, 특히 2016년 말의 촛불혁명이 분명히 보여 주었듯이 국가권력의 억압에 대항하여 시민사회, 그중에서도 연대 영역을 지킬 능력은 크게 갖추게 된 것으로 보인다. 이에 비해 3차 성장통이 아직 진행 중인 가운데 연대하는 인간이 시장경제의 강요 및 유혹으로부터 자신과 시민사회의 연대 영역을 지킬 능력을 갖추기 위해 극복해야 할 도전과 해결해야 할 과제는 매우 많으며, 하나하나가 그렇게 만만하지 않다.

그렇기 때문에 한국의 연대하는 인간은 한편으로 이들 도전과 과제에 슬기롭게 대처하여 자신과 연대 영역이 위축되지 않도록 꾸준히 노력할 필요가 있다. 그러면서 다른 한편으로는 보다 적극적으로 자신과 연대 영역을 활성화시키고 발전시킬 구조를 만들기 위해 노력해야 한다. 물론 이런 노력은 시민사회뿐 아니라 정치·경제 영역, 국제관계, 세계사회에도 해당하는 것이다. 왜냐하면 오늘날에는 이들이 모두 밀접히 연관되어 있어서 서로 깊은 영향을 주고 받는 조건이 되어 있기 때문이다.

우선 시민사회를 공익적인 관점에서 더욱 활성화하고 사회적 약자의 지위를 향상시키는 방안들을 마련하는 것이 무엇보다 필요하다. 정치 영역에서는 독점적이며 중앙집권적인 국가권력 체제를 다양한 이해관계 집단이 공유할 수 있는 연합적이며 분권적인 체제로 발전시키는 것이 매우 중요하다. 경제에서는 소수의 대기업이 지배하며 기업주의 이해관계가 일방적으로 관철되는 경제체제를 수많은 다양한 기업이 함께 참여하여 때로는 경쟁하고 때로는 연대하는 경제, 그러면서도 기업주와 함께 노동자의 이해관계도 충분히 고려되는 경제로 발전시켜야 한다. 이 외에 한반도 평화체제를 확립하고 이런 토대 위에서 남북관계와 동아시아 국제관계를 발전시키는 것도 한국의 연대하는 인간이 성장하고 연대 영역이 발전하는 데 매우 중요한 여건이 될 것이다.

이처럼 한국의 연대하는 인간이 건강하게 성장하는 데는 한국사회 안팎의 여러 여건이 큰 영향을 끼치지만 다른 나라와 지역의 연대하는 인간도 큰 영향을 끼친다. 이들의 영향은 연대 사상 및 담론의 전파, 연대 실천에 대한 매체의 보도, 현장에서의 직접적인 연대 실천 등 다양한 방식으로 이루어진다. 그동안 한국의 연대하는 인간이 성장해 오는 과정에서 외국의 연대하는 인간으로부터 큰 영향을 받은 것은 사실이다.

그런데 이 영향은 반대 방향으로도 이루어져 왔다. 삼일 운동, 4월 혁명, 군부통치에 대한 여러 민주항쟁들, 시민운동, 촛불혁명 등은 인근의 일본, 중국, 대만뿐 아니라 동남 아시아 국가들과 멀리 미국과 유럽에까지도 다양한 방식으로 소식이 전해짐으로써 각 지역의 시민들, 특히 연대하는 인간에게 영향을 주었을 것이다. 이런 영향은 이들 연대 실천을 보도한 현지 매체의 보도 내용과 시민들의 반응을 통해 충분히 짐작할 수 있다.

이와 같이 정보통신기술의 급속한 발달에 힘입어 정치경제적으로뿐 아니라 문화적으로도 세계화가 급속히 진행되면서 각국의 연대하는 인간은 서로 커다란 영향을 주고받으며 성장하고 있다. 아직 국가마다 지역마다 성장의 정도와 방식에 차이가 있긴 하지만 분열과 고립이 특징인 모나드적인 인간과 달리 협력과 연대를 추구하는 호모 솔리다리우스는 앞으로 개별적인 차이를 전제로 하는 글로벌 호모 솔리다리우스로 성장해 갈 것이다. 그러므로 한국의 연대하는 인간이 앞으로 성장해 갈 방향도 주변 국가들의 연대하는 인간들과 함께 성숙한 글로벌 호모 솔리다리우스로 성장하는 것이다.

어쨌든 한국의 연대하는 인간은 그동안의 성장 과정을 바탕으로 현재 주어진 도전과 과제에 슬기롭게 대처하면서 더욱 튼튼하고 성숙한 존재로 성장하고 확산되어야 할 것이다. 이런 과정에서 평화적인 시민 연대 혹은 씨올 연대의 오랜 전통을 잘 계승 발전시키고 확산시킴으로써 세계 각국의 연대하는 인간들이 건강한 글로벌 호모 솔리다리우스로 성장해 가는 데 나름대로 의미 있는 기여를 할 수 있을 것이다.[79]

7장 사회적 인간 지수와
연대하는 인간 분포의 국제 비교

HOMO SOLIDARIUS

1. 사회적 인간 유형의 분포

앞에서는 근대적인 연대 정신을 내면화한 호모 솔리다리우스의 탄생과 성장의 역사를 서구사회와 한국사회를 배경으로 살펴보았다. 근대 서구 및 한국 사회에서는 연대 가치를 내면화한 호모 솔리다리우스뿐 아니라 경제적 가치와 경쟁의 정신을 특별히 중시하는 호모 에코노미쿠스와 또한 정치적 관심과 권력을 추구하는 호모 폴리티쿠스도 탄생하여 성장해 왔다. 호모 에코노미쿠스, 곧 경제적 인간은 근대 자본주의 경제체제가 요구하는 인간상으로서 자본주의 경제의 유지와 성장을 위해 끊임없이 재생산되고 강화되어 왔다. 호모 폴리티쿠스, 곧 정치적 인간은 근대 국가체제에 필요한 인간상으로서 근대 국가의 유지와 강화를 위해 재생산되고 강화되어 왔다.

그런데 근대 정치·경제 영역의 행위자로서 각각 탄생하여 성장해 온 이들 호모 폴리티쿠스와 호모 에코노미쿠스가 정치·경제 영역이 아닌 시민사회에서 주된 행위자로 활동하면서 정치·경제 논리의 확산에 앞장선다면 시민사회가 권력투쟁의 장이나 이윤추구의 장으로 변질되어 파괴될 수밖에 없다. 시민사회는 구성원들의 자율성, 공공성과 함께 연대성을 기반으로 형성되고 유지되는데, 호모 폴리티쿠스가 추구하는 정치의 논리와 호모 에코노미쿠스가 추구하는 경제의 논리는 기본적으로 시민사회의 연대적 관계를 파괴하는 반연대적인 특성을 뚜렷이 지니기 때문이다(강수택, 2007a: 224-225).

하버마스가 우려한 근대사회에서의 생활세계 식민화 현상은 생활세계의 소통적 합리성이 국가와 시장의 목적합리성에 의해 잠식되는 현상을 가리킨다. 그런데 그의 체계론적이며 의사소통론적인 설명을 행위론적이며 연대론적인 관점으로 바꾼다면, 국가와 시장의 전형적인 행위자들인 호모 폴리티쿠스와 호모 에코노미쿠스가 생활세계 혹은 시민사회의 행위자인 호모 솔리다리우스를 대체함으로써 연대성을 파괴하는 현상을 가리킨다고도 볼 수 있다(하버마스, 2006b: 493 이하).

더 나아가 근대 국가의 정치체제와 근대 자본주의 경제체제는 그동안 수많은 사람들이 지적해 온 바와 같이 그 자체로도 여러 장점뿐 아니라 한계도 뚜렷이 지닌다. 이들 한계는 기본적으로 근대적인 정치체제와 경제체제가 각각 권력과 이윤을 끝없이 추구하는 경향에서 비롯된다. 그러므로 근대적인 정치·경제 체제가 내적인 한계를 극복하고 지속 가능한 체제로 발전하기 위해서는 이들의 모태이기도 한 생활세계 혹은 시민사회의 기본 속성들인 자율성, 공공성, 연대성이 강화되는 방향으로 보완될 필요가 있다. 이를 위해서는 자율성, 공공성, 연대성을 추구하는 문화의 발전과 사회적인 확산이 필요하겠지만, 무엇보다도 이를 내면화한 인간 행위자들이 시민사회뿐 아니라 정치·경제 영역에도 이런 정신을 구현하려고 노력하는 것이 중요하다.

이런 관점에서 본다면 한 사회의 생활세계 혹은 시민사회와 정치 및 경제 영역이 건강하게 발전하기 위해서 호모 솔리다리우스, 즉 연대 정신을 내면화한 인간의 확산과 성장이 매우 중요하다. 물론 이런 인간의 확산과 성장의 정도는 사회문화적이며 역사적인 과정의 결과라고 볼 수 있다. 이런 연대 지향적인 인간과 경제 지향적이거나 정치 지향적인 인간의 분포 양상을 정확하게 파악하는 것은 불가능하겠지만, 어느 정도 객관적으로 가늠할 수 있다면 사회의 특성을 진단하고 개선하는 데 매우 유익한 자료가 될 것이다.

2. 사회적 인간 유형 지수 및 분포의 국제 비교

1) 세계가치조사

한 사회의 연대적 인간의 분포를 정확히 측정하는 것은 매우 어려우며 불가능할 수도 있다. 하지만 한 사회의 연대적 인간의 분포 정도가 다른 사회에 비해 상대적으로 어떤지를 파악하는 것은 가능하며 크게 어렵지도 않다. 그래서 여기서는 한 사회의 인간, 제도, 문화 등 총체적인 연대성의 수준이 아닌 구성원들의 연대 지향성의 수준이 국제적으로 어느 정도 위치에 있는지를 살펴보는 방법으로 연대적 인간의 분포와 지수를 제시하고자 한다. 그런 다음 세계가치조사(World Values Survey) 자료를 활용하여 연대적 인간의 분포와 지수를 파악함으로써 한국인의 연대 지향성 수준이 국제적으로 어느 정도 위치에 있는지를 가늠해 본다. 또한 사회적 인간 유형의 분포 및 지수를 통해 한국사회의 특성을 진단하기 위해 경제적 인간과 정치적 인간의 분포와 지수도 함께 파악함으로써 한국인의 경제 지향성 및 정치 지향성의 수준을 연대 지향성과 비교해 본다.

세계가치조사는 다양한 영역의 가치관을 포괄적으로 조사하는 동일한 도구를 세계 여러 나라에서 비슷한 시기에 사용하여 수행하는 조사이다. 이 조사는 사회적 인간 유형의 국제적인 분포를 직·간접적으로 파악하는 데 유용한 질문을 많이 포함하고 있을 뿐 아니라, 이들 조사 결과를 국제적으로 비교하는 데 매우 유익하다. 게다가 1981년 이후 지금까지 여섯 차례 실시되었고 일곱 번째 조사가 2019년까지 진행 중이어서 1980년대 초 이후 지금까지의 가치관의 변화를 파악할 수도 있다. 그런데 그동안 여섯 차례 실시된 조사에서 사용된 질문 항목에 일부 변화가 있어서 여섯 차례의 조사 결과를 모두 일관성 있게 비교할 수 있는 것은 아니다(WVS, 2018).

한국은 첫 조사 때부터 지금까지 계속 참여해 왔지만 일부 질문의 경우는 다른 나라의 조사에서는 사용되었는데 한국의 조사에서는 빠졌으며, 그 반대로 다른 나라의 조사에서 사용되지 않았지만 한국의 조사에서만 사용된 질문도 있다. 여기서는 자료가 공개되어 있는 최근의 두 차례 조사인 다섯 번째 조사와 특히 여섯 번째 조사 결과를 중심으로 사회적 인간 유형의 분포와 지수를 제시하고자 한다.[80]

2) 사회적 인간 유형의 지표와 지수

한국에서 실시된 제5차 및 제6차 세계가치조사에서 사용된 질문은 비교적 유사한 편이지만 일부 차이도 존재한다. 이들 조사에서 사용된 질문을 중심으로 사회적 인간 유형을 파악할 수 있는 지표를 구성하면 다음과 같다.

(1) 연대적 인간의 지표와 지수

제6차 조사 설문지에는 자아 정체성을 파악하는 질문들이 있다. 그중에는 "부유하게 살고 돈이 많아 값비싼 물건을 많이 소유하는 것"을 중시하는 경제적 자아상과 "사회를 위해 어떤 일을 하는 것"을 중요하게 여기는 친사회적인 자아상이 제시되어 있다. 제5차 조사 설문지에서는 "부유하게 살고 돈이 많아 값비싼 물건을 많이 소유하는 것"을 중시하는 경제적 자아상과 "이웃을 돌보고 이웃의 건강한 삶을 중요하게" 여기는 연대적 자아상이 제시되었는데, 이 연대적 자아상이 제6차 조사에서는 친사회적 자아상으로 대체되었다. 어쨌든 이 두 질문은 각각 경제적 인간과 연대적 인간의 자아상을 가리키는 지표로 활용될 수 있다. 제5차 조사의 연대적 자아상 질문이 제6차 조사의 친사회적 자아상 질문보다 연대적 자아상 지표로 더욱 적절하지만, 이 두 질문의 실제 응답 결과가 비교적 유사하게 나온 것으로 보아 두 질문이 비교적 유사한 역할을 했다고 볼 수 있다.

두 차례의 조사 설문지에는 특히 중요한 덕목으로 자녀가 가정에서 배워야 할 것에 관한 질문도 있다. 여기서 제시된 덕목 가운데는 절약과 저축이라는 경제적 덕목, 박애정신이라는 연대적 덕목, 권위와 관련된 순종이라는 덕목이 포함되어 있다. 두 차례의 조사 설문지에 공통적으로 등장하는 이 세 가지 덕목은 설문지에 제시된 여러 덕목 가운데 각각 경제적 인간의 덕목, 연대적 인간의 덕목, 권위를 중시하는 정치적 인간의 덕목에 가장 가깝다. 그래서 세 유형의 인간이 특별히 중시하는 덕목의 지표로 간주될 수 있다.

셋째 지표는 단체 소속과 활동에 관한 것이다. 두 차례의 조사 설

연대하는 인간, 호모 솔리다리우스

문지에는 응답자에게 어떤 단체에 소속해 있으며 어느 정도 활동하는지를 묻는 질문이 있는데, 설문지에 제시된 주요 단체 가운데는 정치적 인간의 실천을 잘 보여 주는 정당과 연대적 인간의 실천을 잘 보여 주는 인권·자선 단체가 있다. 그리고 제5차 조사와 달리 제6차 조사 설문지에는 연대적 인간의 실천을 뚜렷이 보여 주는 단체로 인권·자선 단체와 함께 자활·공제 모임이 제시되어 있다. 따라서 이 질문에서 정당은 정치적 인간의 사회적 실천을, 인권·자선 단체와 자활·공제 모임은 연대적 인간의 사회적 실천을 각각 보여 주는 지표로 삼을 수 있다.

넷째 지표는 사회적 관계의 기본 원리에 대한 인식이다. 세계가치조사는 제1차 조사 때부터 최근까지 사회적 관계의 기본 토대가 되는 타인 신뢰 수준을 조사하는 질문을 계속 사용해 왔다. 그리고 사회적 관계의 유형으로서 자유주의 관점의 경제적 인간이 특히 중시하는 경쟁에 대한 태도를 묻는 질문을 제2차 조사 때부터 사용해 왔으며, 위계적 사회관계의 기초가 되는 권위에 대한 태도를 묻는 질문도 제1차 조사 때부터 지속적으로 사용해 왔다. 이들 가운데 타인에 대한 신뢰는 연대적 관계를 형성하는 매우 중요한 요소인 반면에 경쟁과 권위에 대한 긍정적인 태도는 각각 경제적 인간과 정치적 인간의 중요한 특징이다(강수택, 2007a: 278-282). 따라서 타인에 대한 신뢰의 태도, 경쟁에 대한 긍정적인 태도, 권위에 대한 긍정적인 태도를 각각 연대적 인간, 경제적 인간, 정치적 인간의 기본적인 사회관계 인식의 지표로 활용할 수 있다.

마지막 다섯째 지표는 제도적 연대로서의 복지에 대한 인식이다. 제5차 조사 설문지와 제6차 조사 설문지에는 부자의 세금으로 가난한 사람에게 보조금을 제공하거나 실업수당을 제공하는 기본적인 복지정책에 대한 태도를 묻는 동일한 질문이 사용되었다. 그런데 이 두 가지 정책은 어려움에 처한 국민을 지원하는 가장 기본적인 복지정책에 속하는 것이어서 이들 정책에 대한 태도는 연대적 인간의 기초적인 국가관을 파악하는 지표로 활용될 수 있다.

이상 다섯 가지 유형의 지표를 간략히 정리하면 〈표 1〉과 같다. 이 표에는 연대적 인간상을 보여 주는 다섯 가지 지표 범주가 나와 있고, 이들 각 범주에 해당하는 지표 항목이 제5차와 제6차 조사에서 사용된 설문지 문항을 토대로 제시되어 있다. 여기서는 연대적 인간의 지수를 측정하기 위해 연대적 인간상을 구성하는 다섯 개의 지표 범주 각각에 해당하는 응답자에게 2점씩 동일한 점수를 부여하고, 한 범주가 두 개의 항목으로 이루어진 경우에는 각 항목에

〈표 1〉 연대적 인간의 지표와 지수

지표 범주	지표 항목	제5차 조사	제6차 조사
자아 정체성	연대적 자아상	2점	없음
	친사회적 자아상	없음	2점
중시하는 인간적인 덕목	박애정신	2점	2점
단체 소속 및 활동	인권·자선 단체	2점	1점
	자활·공제 모임	없음	1점
사회적 관계의 기본원리	타인에 대한 신뢰의 태도	2점	2점
기본적인 복지정책에 대한 태도	가난한 사람에게 보조금 지급	1점	1점
	실업수당의 지급	1점	1점
합계		10점	10점

1점씩 부여함으로써 연대적 인간상의 지표 항목에 부합하는 정도에 따라 모든 응답자가 총 0~10점을 취득하는 방법을 사용하고자 한다. 여기서 0점을 취득한 응답자는 가장 비연대적인 인간상에 해당하며 10점은 가장 연대적인 인간에 해당한다.

이런 체계를 바탕으로 세계가치조사에 참가한 각국 응답자의 연대성 수준은 어느 정도이며, 또한 다른 나라 응답자들과 비교한 상대적인 수준은 어느 정도인지를 살펴보고자 한다. 이를 위해 두 가지 분석 결과를 제시하는데, 하나는 각국의 전체 응답자들이 취득한 점수의 평균, 즉 연대적 인간 지수의 평균으로서 각국의 연대적 인간 지수라고 간단히 표현할 수 있다. 물론 이 지수는 한 사회 구성원들의 평균적인 연대성 수준을 수치로 알려 주어 그 사회의 연대성 수준을 파악하는 데 큰 도움이 되지만, 그렇다고 그 사회의 연대성 수준과 동일시될 수는 없다. 왜냐하면 한 사회의 연대성 수준은 구성원의 연대 정신의 수준과 그 사회의 연대 제도의 수준을 함께 고려할 때 더욱 정확하게 파악될 수 있기 때문이다. 구성원의 연대 정신 수준은 높은 반면에 제도의 수준이 그에 미치지 못하는 경우나 그 반대의 경우가 충분히 가능하다. 물론 이 두 측면은 서로 영향을 주고받음으로써 장기적으로는 수렴되겠지만 특정한 시점에서 보면 일치하지 않을 수 있다.

두 번째 분석 결과는 연대적 인간의 분포에 관한 것이다. 여기서는 연대적 인간 지수 총 10점 가운데 5점을 기준으로 그 이하를 취득한 응답자를 비연대적인 인간으로, 5점을 초과한 점수를 취득한 응답자를 연대적 인간 유형으로 각각 범주화한 후 5점을 초과하여 취득한 연대적 인간 유형의 비율을 각국별로 비교해서 제시하고자 한다. 연대적 인간 지수가 사회 전체 구성원들의 평균적인 연대성 수준을 알려 준다면, 연대적 인간 유형의 비율은 구성원들 가운데 연대적 인간 유형이 어느 정도 분포되어 있는지를 알려 준다. 이렇게 보면 두 가지 분석 결과가 한 사회 구성원의 연대성 수준을 제시해 주는 점에서는 공통되지만 서로 다른 측면을 부각시킨다는 차이도 있다는 것을 알 수 있다.

〈표 2〉는 두 차례의 세계가치조사 결과를 바탕으로 측정한 한국의 연대적 인간 지수 평균 및 연대적 인간 유형 비율의 국제 비교 결과를 보여 준다. 이 표에 따르면 최근의 제6차 조사 결과 한국의 연

〈표 2〉 한국의 연대적 인간 지수 및 연대적 인간 유형 비율의 국제 비교

		제5차 조사	제6차 조사
세계가치조사 시기 (한국)		2005~2009년 (2005년)	2010~2014년 (2010년)
연대적 인간 지수 평균	한국의 지수 평균	3.3540	3.4692
	전체 국가 지수 평균	4.4483	4.1563
	전체 국가 순위	51위/51개국	55위/58개국
	OECD 소속 국가 순위	20위/20개국	14위/14개국
	전체 최고 순위 국가	스웨덴 5.5949	호주 5.0525
	전체 최저 순위 국가	한국 3.3540	루마니아 3.2191
연대적 인간 유형 비율	한국 응답자 비율	12.8%	13.9%
	전체 국가 응답자 비율 평균	30.2%	24.4%
	전체 국가 순위	49위/51개국	52위/58개국
	OECD 소속 국가 순위	20위/20개국	14위/14개국
	전체 최고 순위 국가	스웨덴 58.2%	호주 45.5%
	전체 최저 순위 국가	아르헨티나 9.1%	루마니아 5.5%

연대하는 인간, 호모 솔리다리우스

대적 인간 지수가 조사에 참여한 전체 58개국 가운데 55위, OECD 소속 국가 14개국 가운데 14위에 해당하여 연대성 수준이 최하위권임을 알 수 있다. 친사회적 자아 정체성을 지표로 삼은 제6차 조사와 달리 연대적 자아 정체성을 지표로 삼은 제5차 조사 결과에서는 지수 평균이 더욱 낮은 것으로 나왔을 뿐 아니라, OECD 소속 20개 국가와 함께 전체 51개국에서도 최하위권으로 나왔다.[81]

한국인의 연대성 수준이 세계 최하위권이라는 사실은 연대적 인간 유형의 비율을 통해서도 확인된다. 제6차 조사 결과 한국의 연대적 인간 유형 비율이 13.9%로서 세계 전체 국가 평균 24.4%에 크게 못 미칠 뿐 아니라, 전체 58개국 가운데 52위, OECD 소속 14개국 가운데 14위의 최하위권으로 나타났다. 그리고 연대적 자아 정체성을 지표로 삼은 제5차 조사 결과에서는 비율이 더 떨어져서 세계 전체 국가 평균과의 격차가 더 커졌을 뿐 아니라, 전체 51개국 가운데 49위, OECD 소속 20개국 가운데 20위로서 순위도 더욱 낮아졌다.[82]

제5차와 제6차의 두 차례 조사 결과에서 각각 최하위 10위권에 해당되는 국가에는 옛 동구권 국가 및 소련에서 독립한 7개 국가와 여기에 인접한 터키, 남미 대륙의 3개 국가, 아프리카 대륙의 2개 국가, 동남아시아의 말레이시아, 그리고 한국이 속해 있다. 여기에는 서유럽·북미·오세아니아 국가가 하나도 없을 뿐 아니라 동아시아 국가 중에서도 한국이 유일하다. 게다가 한국은 두 차례 모두 최하위 10위권에 들어 있다. 이것은 비교적 오랫동안 근대 시민사회의 가치가 자리를 잡아 온 다른 국가에 비해 한국인들의 연대성 수준이 특이하게 낮다는 사실을 분명하게 보여 준다.

(2) 경제적 인간 및 정치적 인간의 지표와 지수

이 장에서 저자의 주된 관심은 연대적 인간 지수와 연대적 인간 유형의 분포를 통해 시민들의 연대성 수준을 파악하는 데 있다. 하지만 반연대적인 경향을 가진 대표적인 사회적 인간 유형인 정치적 인간과 경제적 인간이 정치 및 경제 영역을 넘어 생활세계 혹은 시민사회조차도 주도할 정도로 지나치게 확산되거나 일반 시민들이 이들 인간상에 의해 지배된다면 시민들의 연대성은 쉽게 파괴될 수 있다. 이런 관점에서 여기서는 연대적 인간에 이어 정치적 인간과 경제적 인간에 대해서도 지수와 분포를 측정하는 작업을 통해 사회 구성원의 정치 지향성 및 경제 지향성과 정치적 인간 및 경제적 인간 유형의 분포를 살펴본다. 그리고 이들 반연대적인 지향성의 정도와 이런 지향성이 뚜렷한 인간 유형의 분포를 시민들의 연대성 수준 및 연대적 인간 유형의 분포와 비교해 봄으로써 한국사회와 시민들의 사회적 성격에 대해 좀 더 깊은 이해를 시도해 보고자 한다.

먼저, 경제적 인간의 지표로는 부자로 부유한 삶을 사는 인간이라는 자아 정체성, 절약과 저축이라는 경제적 덕목을 중시하는 태도, 경쟁에 대한 긍정적인 태도가 연대적 인간의 지표 범주와 동일한 범주에 해당하는 항목으로, 제5차 및 제6차 조사 설문지에서 사용되었기 때문에 이를 활용할 수 있다. 그런데 자신이 활동하는 소속 단체에 관한 질문에 제시된 항목 가운데 경제적 인간의 지표로 이용할 수 있는 것은 발견되지 않는다. 그 대신 생활에서 중시하는 것에 관한 질문에 제시된 항목인 직장은 경제적인 의미만 있는 것은 아니지만 경제적인 의미를 기본으로 삼고 있기 때문에 이것을 새로운 항목으로 추가했다.

두 차례의 조사 설문지에는 공통적으로 "다른 사람의 희생을 통해서만 부유해질 수 있다"는 생각에 대한 태도를 묻는 질문이 있다. 이것은 부의 축적이 불가피하게 타인의 희생을 필요로 한다는 부 축적 방식에 대한 반연대적인 인식 태도를 조사하는 것이다. 이 질문에 대한 긍정적인 태도는 경쟁에 대한 긍정적인 태도와 함께 경제적 인간의 반연대적 특성을 구성하는 중요한 지표 항목이 될 수 있다. 이렇게 하여 구성된 경제적 인간의 지표와 이를 계량화해서 측정하기 위한 지수의 구성 요소를 쉽게 알아볼 수 있도록 제시한 것이 〈표 3〉이다.

정치적 인간의 지표는 두 유형으로 나누어 살펴본다. 하나는 고전적인 권력정치 지향적인 인간 유형이며, 다른 하나는 새로운 시민정치 지향적인 인간 유형이다. 전자는 정치를 중시하면서 정치에 관심을 갖지만 위계적인 권력 관계에 기초한 정치를 추구하는 유형이

〈표 3〉 경제적 인간의 지표와 지수

지표 범주	지표 항목	제5차 조사	제6차 조사
자아 정체성	경제적 자아상 (부자로서의 부유한 삶)	2점	2점
중시하는 인간적인 덕목	절약과 저축	2점	2점
생활에서 중요한 것	직장	2점	2점
사회적 관계의 기본원리	경쟁에 대한 긍정적인 태도	2점	2점
부 축적 방식의 인식	부 축적 방식에 대한 반연대적인 인식	2점	2점
합계		10점	10점

며, 후자는 정치를 중시하면서 정치에 관심을 갖지만 시민권을 중시하는 민주적인 정치 공동체를 추구하는 유형이다.

먼저 권력정치 지향적인 인간, 즉 권력정치적 인간 지표와 이를 계량화한 지수의 구성 요소에 관해 간략히 설명하면 다음과 같다. 세계가치조사의 제5차 및 제6차 조사에 사용된 설문지에서 권력정치적 인간의 자아 정체성을 파악할 수 있는 항목은 발견되지 않는다. 대신 연대적 인간과 경제적 인간의 지표 구성에서 사용된 덕목 범주와 사회적 관계의 기본 원리 범주에 해당하는 항목이 발견되는데, 그것은 앞에서도 언급한 바 있는 순종의 덕목과 권위에 대한 긍정적인 태도이다. 이 두 항목은 베버식 의미의 권력관계 혹은 지배관계라고 하는 위계적인 사회관계에 대한 긍정적인 태도를 알려주는 지표로서, 권력을 중시하는 정치적 인간의 지표로 활용될 수 있다.

연대적 인간에서는 사용되었으나 경제적 인간에서는 사용되지 않은 지표 범주인 단체 소속 및 활동에 관한 질문과 관련하여, 정당 소속 및 활동 정도에 관한 항목이 두 차례의 조사 설문지에서 공통적으로 제시되었다. 정당 소속 및 활동 정도에 관한 질문은 정치적 인간의 실천적인 측면에 관한 것으로서 정치적 인간의 세 번째 지표 항목으로 활용될 수 있다. 그리고 경제적 인간의 지표 범주로 사용된 바 있는 중요한 생활의 요소로 정치에 대한 생각을 묻는 질문이 한국에서는 제2차 조사 때부터 지속적으로 사용되었다. 응답자의 정치적 관심 혹은 흥미의 정도에 대해 묻는 질문은 제1차 조사 때부터 꾸준히 사용되었다. 이처럼 정치에 대한 관심의 정도와 정치의 가치에 대한 평가적인 태도는 정치적 인간의 실천의 토대가 되는 요

연대하는 인간, 호모 솔리다리우스

소로서 정치 지향성을 보여 주는 두 가지 중요한 지표 항목으로 활용될 수 있다.

시민정치 지향적인 인간, 즉 시민정치적 인간의 지표와 이를 계량화한 지수는 권력정치적 인간 지표의 5개 구성 요소 가운데서 권위와 순종에 관한 두 항목을 제외하는 대신에 민주주의와 관련된 두 항목을 새로 추가해서 만들어졌다. 이렇게 해서 구성된 시민정치적 인간 지표의 5개 요소는 ① 생활에서 차지하는 정치의 중요성 정도, ② 정치에 대한 관심의 정도, ③ 정당 소속 및 활동 정도, ④ 정치적 민주주의에 대한 태도, ⑤ 민주주의 요소로서의 시민권에 대한 인식이다.

이 가운데 앞의 세 요소에 대해서는 이미 설명했으므로 나머지 두 요소에 대해 간략히 설명하겠다. 정치적 민주주의에 대한 태도는 민주주의 국가에서 사는 것을 얼마나 중요하게 생각하는지를 묻는 질문에 대한 응답 결과를 통해 파악하고자 했다. 이 질문은 제5차 및 제6차 조사에서 같은 방식으로 제시되었으며, 응답은 중요성의 정도를 가리키는 10개의 지점 가운데 하나를 선택하는 식으로 이루어졌다. 시민권에 대한 태도는 국가의 탄압으로부터 사람들을 보호해 주는 시민권을 어느 정도 민주주의의 필수 요소로 인식하는지를 묻는 질문을 통해 파악하고자 했다. 이 질문도 두 차례의 조사에서 제시되었는데, 다만 제5차 조사에서는 시민권이라는 용어 대신에 시민의 자유라는 용어가 사용되었지만 의미가 크게 다르지 않다. 그리고 응답은 여기서도 필수 요소로 인식하는 정도를 가리키는 10개 지점 가운데 하나를 선택하는 식으로 이루어졌다.

이렇게 구성된 두 유형의 정치적 인간 지표의 각각 다섯 항목에

〈표 4〉 정치적 인간의 지표와 지수

	지표 범주	지표 항목	제5차 조사	제6차 조사
권력 정치적 인간 지표	생활에서 중요한 것	정치	2점	2점
	정치적 관심	정치에 대한 흥미	2점	2점
	단체 소속 및 활동	정당	2점	2점
	중시하는 인간적인 덕목	순종	2점	2점
	사회적 관계의 기본 원리	권위에 대한 긍정적 태도	2점	2점
	합계		10점	10점
시민 정치적 인간 지표	생활에서 중요한 것	정치	2점	2점
	정치적 관심	정치에 대한 흥미	2점	2점
	단체 소속 및 활동	정당	2점	2점
	사회적 관계의 기본 원리	민주주의에 대한 태도	2점	2점
	민주주의의 중요한 요소	시민권에 대한 태도	2점	2점
	합계		10점	10점

대해 동일한 점수 2점씩을 부여함으로써 최저 0점과 최고 10점 사이의 지수를 통해 응답자들이 권력정치와 시민정치를 추구하는 정도를 가늠해 보고자 하는데, 이것을 알기 쉽게 제시한 것이 〈표 4〉다.

그렇다면 이렇게 구성된 경제적 인간과 정치적 인간의 지표로써 제5차 및 제6차 조사 자료를 분석한 결과 도출된 이들 두 사회적 인간 유형의 비율은 각각 어떠한가? 이들 결과를 각각 간략히 정리해서 제시하면 〈표 5〉와 같다.

〈표 5〉에서 제시한 경제적 인간과 정치적 인간 유형의 비율은 앞에 나온 연대적 인간 유형처럼 각각 지수 10점 가운데 5점을 초과한 응답자 비율을 가리킨다. 이런 기준으로 측정된 한국인의 경제적

〈표 5〉 한국의 경제적 인간 및 정치적 인간 유형 비율의 국제 비교

			제5차 조사	제6차 조사
경제적 인간 유형 비율		한국 응답자 비율	60.6%	53.7%
		전체 국가 응답자 비율 평균	46.0%	48.6%
		전체 국가 순위	11위/52개국	19위/60개국
		OECD 소속 국가 순위	1위/20개국	3위/15개국
정치적 인간 유형 비율	권력 정치적 인간	한국 응답자 비율	7.1%	5.1%
		전체 국가 응답자 비율 평균	26.5%	26.3%
		전체 국가 순위	51위/54개국	56위/57개국
		OECD 소속 국가 순위	20위/21개국	14위/15개국
	시민 정치적 인간	한국 응답자 비율	47.6%	44.7%
		전체 국가 응답자 비율 평균	52.2%	44.7%
		전체 국가 순위	29위/52개국	27위/57개국
		OECD 소속 국가 순위	13위/20개국	10위/15개국

인간 비율은 제5차 및 제6차 조사에서 각각 60.6%와 53.7%로서, 해당 질문에 응답한 전체 국가 응답자 비율 평균보다 높다. 그 결과 전체 국가 순위에서 각각 상위권에 위치해 있으며 OECD 소속 국가 순위에서는 더욱 앞당겨진 상위권, 특히 제5차 조사에서는 20개국 가운데 최상위권으로 나타났다.[83] 이것은 연대적 인간의 비율과 매우 대조되는 결과로서, 한국사회에서는 경제적 인간에 비해 연대적 인간의 비율이 현저히 낮다는 것을 보여 준다. 뿐만 아니라 다른 나라와 비교해도 경제적 인간의 비율은 상위권인 데 반해 연대적 인간의 비율이 최하위권에 위치할 정도로 구성원들의 경제 지향성은 강하지만 연대 지향성이 취약하다는 사실을 보여 준다.

이런 사실은 경제적 인간 지수 평균을 통해서도 확인된다. 즉, 제

5차 및 제6차 조사에서 한국의 경제적 인간 지수는 전체 국가 지수 평균보다 높은 5.7906과 5.5826으로 나왔다. 이것은 각각 세계 52개국 가운데 12위, 60개국 가운데 20위, 그리고 OECD 소속 20개국 가운데 1위, 15개국 가운데 3위에 해당한다.

그런데 정치적 인간의 비율은 두 유형에서 큰 차이가 있다. 먼저 권력정치적 인간의 비율은 두 차례 조사에서 각각 7.1%와 5.1%로 매우 낮게 나왔다. 뿐만 아니라 다른 나라와 비교해서도 연대적 인간 비율처럼 최하위권에 속하는 것으로 나왔다. 전체 국가 응답자 가운데 이 유형의 정치적 인간의 비율 평균은 각각 26.5%와 26.3% 이므로 한국의 권력정치적 인간의 비율이 얼마나 낮은지 쉽게 알 수 있다. 이와 달리 시민정치적 인간의 비율은 두 차례 조사에서 각각 47.6%와 44.7%로 훨씬 높게 나왔다. 물론 전체 국가 응답자 가운데 이 유형의 응답자 비율도 권력정치적 인간 비율보다 훨씬 높긴 하지만, 다른 나라와 비교할 때 한국의 시민정치적 인간의 비율은 중위권에 해당되어 최하위권의 권력정치적 인간의 비율과 뚜렷이 구별된다.[84]

이런 두 유형의 정치적 인간 비율이 크게 차이가 있지만 한국의 정치적 인간 비율은 공통적으로 경제적 인간 비율보다 낮을 뿐 아니라, 다른 나라와 비교한 상대적인 위치에서도 정치 지향성이 경제 지향성보다는 떨어진다는 것을 알 수 있다. 그리고 연대 지향성과 비교한다면 권력정치 지향성은 세계 최하위권이라는 점에서 연대 지향성과 마찬가지로 매우 약하지만, 시민정치 지향성은 중위권으로서 연대 지향성보다는 훨씬 강하다.[85]

두 차례 조사에서 권력정치적 인간 비율이 한국처럼 최하위 10

위권에 속한 국가에는 옛 동구권 국가 및 소련에서 독립한 6개 국가와 한국, 중국, 홍콩, 대만, 일본 등 동아시아 5개 국가가 있다. 이 외에는 서유럽의 두 국가인 스웨덴과 안도라, 그리고 유일한 아프리카 국가인 모로코가 있다. 여기서 특별히 눈에 띄는 점은 연대적 인간 비율의 경우처럼 권력정치적 인간 비율이 하위권에 속한 국가들에는 옛 동구권 국가 및 소련에서 독립한 국가가 많이 포함되어 있지만, 이와 함께 대부분의 동아시아 국가도 포함되어 있다는 사실이다. 중남미 국가는 전혀 포함되어 있지 않으며, 스웨덴과 안도라를 제외하고는 서유럽·북미·오세아니아 국가도 없고 모로코를 제외하고는 아프리카 국가도 없다. 이런 결과는 한국인의 약한 연대 지향성이 서유럽·북미·오세아니아 국가뿐 아니라 동아시아의 다른 국가들과도 구별되는 현상인데 비해, 약한 권력정치 지향성은 동아시아 국가들의 공통된 현상임을 보여 준다.[86]

3. 한국인의 연대적 인간상이 취약한 배경 : 자아상과 인간적 덕목

그렇다면 일반적인 한국인의 연대 지향성과 권력정치 지향성은 매우 약하지만 경제 지향성이 강한 이유는 무엇인가? 그 이유를 알기 위해서는 먼저 두 가지 작업이 필요하다. 하나는 연대적 인간, 권력정치적 인간, 경제적 인간의 지표 항목 가운데서 좀 더 구체적으로 약한 점과 강한 점이 무엇인지를 이해하는 것이다. 하지만 여기서는 연대적 인간 유형에 초점을 맞추어 살펴보려고 하기 때문에 연대적 인간 지표의 어떤 요소가 특히 한국인에게 취약해서 연대적 인간의 지수나 비율이 낮게 나오는지를 정확하게 파악할 필요가 있다. 다른 하나는 연대적 인간의 지표 항목에서 한국인이 매우 약한 요소와 여기에 비교적 큰 영향을 끼치는 다른 인간 지표 요소의 사회적 분포와 배경을 들여다보는 것이다. 이를 통해 연대적 인간의 주요 개별 지표 항목과 이들로 구성된 연대적 인간의 지수 혹은 연대 지향성을 더 잘 이해할 수 있기 때문이다.

〈표 6〉은 연대적 인간 지표를 구성하는 5개 범주의 8개 항목 각각에서 한국인의 응답 결과가 조사 대상국 전체에서 차지하는 순위를 제시한 것이다. 이 순위는 각 항목의 응답을 점수화한 후 계산된 국가별 평균치의 순위로서, 한 국가가 연대성을 가리키는 각 항목과 관련하여 전체 조사 대상국에서 어느 정도 앞서 있는지를 알려 준다. 이 표를 보면 한국인 응답자들의 경우는 기본적인 복지정책에 해당하는 가난한 사람을 위한 보조금 정책에 대한 태도를 제외한 나머지 전체 항목에서 중위권 혹은 하위권에 속하고, 특히 자아 정체성 및 중시하는 인간적인 덕목과 관련해서는 연대성 수준이 최하위권 국가에 해당한다는 것을 알 수 있다. 이런 결과는 제6차 조사에서뿐 아니라 제5차 조사에서도 매우 비슷하게 나왔다.

그런데 흥미로운 점은 이와 비교할 때 부유하게 사는 것을 중요하게 생각하는 사람으로 자아를 특징짓는 경제적 자아상에서는 제6차 조사 결과 60개국에서 46위를 차지했으며, 제5차 조사 결과에서도 52개국 가운데 34위를 차지하여 최하위권의 친사회적 자아상이나 연대적 자아상보다 훨씬 앞서 있다는 사실이다. 여기서 더 나아가 개인적으로 특별히 중시하여 자녀가 꼭 배워야 한다고 여기는 인

〈표 6〉 한국의 연대적 인간 지표 구성 요소의 순위

지표 범주	지표 항목	제5차 조사 결과의 순위	제6차 조사 결과의 순위
자아 정체성	연대적 자아상	52위/52국	×
	친사회적 자아상	×	57위/58국
중시하는 인간적인 덕목	박애정신	54위/58국	58위/60국
단체 소속 및 활동	인권·자선 단체	39위/55국	33위/60국
	자활·공제 모임	×	23위/60국
사회적 관계의 기본원리에 대한 태도	타인에 대한 신뢰의 태도	23위/57국	21위/60국
기본적인 복지정책에 대한 태도	가난한 사람에게 보조금 지급	8위/53국	8위/60국
	실업수당의 지급	36위/53국	30위/60국

간적 덕목으로 절약과 저축이라는 경제적 덕목을 지적한 응답자 비율은 전체 60개국 가운데 4위의 최상위권에 위치할 정도로 높아서 박애정신에 대한 최하위권의 태도와 뚜렷한 대조를 보여 준다.[87] 이처럼 연대적 덕목을 선택한 비율과 경제적 덕목을 선택한 비율 사이의 관계는 국가에 따라 매우 다양한데, 우루과이, 아르헨티나, 호주 등 25개국에서는 연대적 덕목을 선택한 응답자가 더 많은 반면에 나머지 35개국은 경제적 덕목을 선택한 비율이 더 높았다. 여기서 매우 뚜렷이 눈에 띄는 점은 연대적 덕목보다 경제적 덕목을 더 중시하는 비율, 즉 두 덕목의 선택 비율 차이가 60개국 가운데 한국이 가장 크다는 사실이다.

그렇다면 연대적 자아상 혹은 친사회적 자아상의 취약성이나 연대적 덕목을 중시하는 태도의 취약성이 어떤 집단에서 특히 두드러지는가? 또한 이들 자아상과 경제적 자아상 사이의 격차, 그리고 연대적 덕목과 경제적 덕목을 중시하는 태도 사이의 차이는 또한 주로 어떤 집단에서 나타나는가?

1) 친사회적 자아상과 연대적 자아상의 분포

제5차 및 제6차 조사 설문지에는 응답자의 자아상을 조사하는 두 가지 질문이 있다. 하나는 개인적인 지향성과 관련된 질문이며 다른 하나는 공동체 귀속 의식과 관련된 질문이다. 공동체 귀속 의식과 관련해서는 자신을 세계시민, 동북아 권역 구성원, 민족 구성원, 지역 공동체 구성원으로 각각 간주하는지 아니면 독자적인 개인으로 간주하는지를 조사했다. 한국인에 대한 제6차 조사 결과에 따르면 한국 민족, 지역 공동체, 세계시민, 동북아 권역의 순으로 귀속 의식이 강하며, 자신을 이들 공동체 구성원이 아닌 독자적인 개인으로 인식하는 정도는 가장 낮은 것으로 나타났다. 그런데 민족과 지역 공동체 귀속 의식은 다른 나라 응답자들보다 약한 편이어서 이 질문에 응답한 59개 국가 가운데 각각 37위와 40위의 후순위로 나타난 반면에 세계시민 의식은 19위로 상위권에 해당한다.[88]

한편 자신을 독자적인 개인으로 인식한 비율은 이들 공동체 구성원으로 인식하는 비율보다 훨씬 낮을 뿐 아니라, 전체 59개국 응답자들 가운데서도 46위로 매우 낮았다. 이것은 한국인들의 비교적 강한 공동체 의식을 보여 주는 것인데, 여기서 특별히 주목할 점은 다른 나라 사람들의 공동체 의식과 비교할 때 민족의식은 약하지만 세계시민 의식은 강한 편이라는 점이다. 한국인의 세계시민 의식은 응답에 참여한 OECD 14개 국가 가운데서도 다섯 번째로 높았는데,

이런 전반적인 경향은 제5차 조사 결과에서도 비슷하게 나타났다.[89]

개인적인 지향성과 관련해서는 두 차례 조사에서 각각 10개씩의 자아상을 제시하면서 이들이 각각 응답자들 자신에게 해당되는지 질문했다. 그런데 이들 10개씩의 자아상 가운데 저자가 살펴보려는 사회적 인간 유형과 비교적 관련성이 깊은 것은 두 개씩이다. 먼저 제5차 조사에서는 "부유하게 살고 돈이 많아 값비싼 물건을 많이 소유하는 것"을 중시하는 경제적 인간상과 "이웃을 돌보고 이웃의 건강한 삶을 중요하게" 여기는 연대적 인간상이 제시되었는데, 한국인 응답자의 78.0%는 자신이 후자의 연대적 인간상과 비슷하다고 대답한 반면에 37.6%만이 전자의 경제적 인간상과 비슷하다고 대답했다.

한편 제6차 조사에서는 유감스럽게도 후자의 인간상이 한국의 조사에서 제외된 대신에 "사회를 위해 어떤 일을 하는 것"을 중요하게 여기는가 하는 친사회적인 인간상이 새로 제시되었다. 이것은 제5차 조사의 연대적 인간상에 비해 더욱 추상적으로 표현된 것이지만, 제6차 조사에서 제시된 10개의 인간상 가운데서는 연대적 인간상에 가장 가깝다.[90] 그래서 실제 응답 결과도 제5차 조사에서와 크게 다르지 않는데, 응답자의 79.4%가 이 친사회적 인간상에 동의한 반면에 41.4%만이 경제적 인간상에 동의했다.

흥미로운 점은 이런 응답률의 국제비교 결과이다. 두 차례의 조사에서 연대적이거나 친사회적인 인간상이 자신의 자아상과 비슷하다고 응답한 비율이 경제적인 인간상의 경우보다 월등히 높긴 하지만 이런 경향은 다른 나라에서 훨씬 더 뚜렷하다. 그 결과 경제적인 자아상의 비율은 제5차 조사와 제6차 조사에서 각각 52개국 가운데 38위, 60개국 가운데 48위를 차지한 데 비해 연대적이거나 친사회적인 자아상은 52개국 가운데 52위, 58개국 가운데 57위라는 최하위권으로 나타났다.[91]

〈그림 1〉은 연대적 자아상을 조사한 제5차 조사 결과를 바탕으로 연대적 자아상을 제시한 비율과 경제적 자아상을 제시한 비율의 격차를 조사에 참여한 OECD 20개국 간에 비교한 것이다. 격차가 클수록 경제적 자아상에 비해 연대적 자아상이 더 강한 사회라고 할 수 있는데, 한국은 20개국 가운데 16위를 차지하여 하위권에 위치해 있다. 이 격차의 순위가 〈표 7〉에서 볼 수 있는 연대적 자아상의 순위보다는 높지만 한국인 응답자의 경우는 연대적 자아상뿐만 아니라 자아의 경제 지향성에 대비한 연대 지향성 역시 OECD 소속 20개국 가운데 매우 약하다는 것을 보여 준다.[92]

이상의 논의를 정리하면 국제 수준에서 볼 때 한국인들은 개인주의적인 자아관보다 자신이 속한 공동체를 중시하는 자아관, 그것도 세계시민사회라는 개방적인 공동체를 중시하는 자아관을 특징으로 한다는 것을 알 수 있다. 그리고 공동체에서 추구하는 타인과의 사회적 관계를 보여 주는 연대적 혹은 친사회적 인간상과 경제적 인간상 가운데 자신을 전자와 동일시하는 비율이 후자보다 훨씬 높게 나타났지만, 다른 나라와 비교해 보면 적어도 2000년대 중엽에서 2010년대 초까지는 한국인의 연대적 혹은 친사회적 자아상이 가장 약한 편이라는 사실을 알 수 있다.

그렇다면 연대적 혹은 친사회적 자아상이 특별히 약하거나 강한 집단은 어떤 사회집단인가? 한국인에게서 친사회적 자아상은 여성보다는 남성에게서 그리고 학력이 높을수록 더 뚜렷한 것으로 나타

연대하는 인간, 호모 솔리다리우스

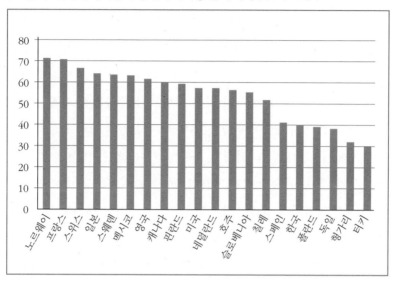

〈그림 1〉 연대적 자아상과 경제적 자아상 간의 격차 (제5차 조사)

〈표 7〉 동일시하는 자아상

	제5차 조사		제6차 조사	
	경제적 자아상	연대적 자아상	경제적 자아상	친사회적 자아상
동일시 비율	37.6%	78.0%	41.4%	79.4%
전체 국가 순위	38위/52국	52위/52국	48위/60국	57위/58국
OECD 국가 순위	10위/20국	20위/20국	7위/15국	13위/14국
전체 국가 응답자 평균	54.6%	95.7%	60.6%	92.6%
OECD 국가 응답자 평균	41.2%	95.4%	44.1%	89.7%

났다. 또한 소득수준이 높거나 스스로 높은 계층에 속한다고 생각할수록 친사회적 사회상이 뚜렷하며, 육체노동 종사자보다는 지적인 활동에 종사하는 사람에게서,[93] 그리고 사기업보다는 정부나 공공기관에 종사하는 사람에게서 각각 훨씬 더 뚜렷하다는 사실도 확인되었다. 이 외에 종교를 갖지 않은 사람보다는 종교를 가진 사람에게서 친사회적 자아상이 뚜렷한 것으로 나타났다. 이렇게 본다면 한국인에게서 나타난 친사회적인 자아상의 취약성은 여성, 저학력자, 저소득자, 하층 귀속 의식자, 사기업 종사자, 육체노동 종사자, 비종교인 등에게서 뚜렷한데, 이들 가운데 비종교인을 제외한 나머지는 상대적으로 사회적 약자에 해당한다.

친사회적인 자아상이 가장 강한 것으로 나타난 10개국 자료를 분석해 본 결과에서도 여성, 저학력자, 하층 귀속 의식자, 사기업 종사자에게서 친사회적 자아상이 약한 것으로 나타났다. 하지만 이들 국가의 자료에서는 집단 간의 차이가 한국사회보다 훨씬 작았을 뿐 아니라 특히 성별에 따른 차이는 매우 미미했다. 게다가 육체노동 종사자의 친사회적 사회상은 오히려 지적인 활동 조사자보다 더 뚜렷하며, 소득수준에 따른 차이는 없었다. 그리고 한국인에게서는 연령집단에 따른 유의미한 차이가 발견되지 않았지만, 이들 국가에서는 30대 이하의 젊은 연령층보다는 40대 이상의 연령층에서 친사회적 자아상이 더 뚜렷한 것으로 나타났다.

이런 상위 10개국 자료와 한국 자료를 비교하면, 한국에서 사회적 약자 집단의 친사회적 자아상이 약한 것이 독특한 것은 아니지만 적어도 친사회적 자아상이 강한 국가에 비해서는 그 정도와 범위에서 훨씬 뚜렷하다는 사실을 알 수 있다. 그리고 이들 국가에서는

연대하는 인간, 호모 솔리다리우스

육체노동 종사자의 친사회적 자아상이 비록 큰 차이는 아니지만 지적 활동 종사자보다 더 강한 데 반해 한국에서는 매우 큰 차이로 오히려 더 약한 것으로 나타났다. 그리고 이들 국가에서는 소득수준에 따른 차이는 발견되지 않았지만, 한국인의 경우는 그 차이가 매우 뚜렷하다. 이 외에 이들 국가에서는 40대와 50대 연령집단이 60대 이상의 연령집단과 함께 강한 친사회적 자아상을 보여 주는 데 비해 한국에서는 그렇지 못하다. 무엇보다 분명한 사실은 한국인의 경우 사회집단의 차이와 무관하게 이들 국가에 비해 친사회적 자아상이 전반적으로 매우 약하기 때문에 한국의 가장 강한 사회집단들조차도 이들 국가의 가장 약한 사회집단보다 현저히 약한 친사회적 자아상을 보여 준다는 점이다.

물론 연대적 자아상과 친사회적 자아상은 동일하지 않다는 점에서 친사회적 자아상의 취약성을 한국인의 약한 연대적 인간상의 근거로 제시하는 데 동의하지 않을 수 있다. 그래서 비록 제5차 조사 자료이긴 하지만 연대적 자아상의 사회적 분포를 살펴본 결과 그 분포 양상이 친사회적 자아상의 분포 양상과 크게 다르지 않은 것으로 나타났다. 즉, 자신이 높은 계층에 속한다고 생각할수록, 중간소득 이하 집단보다는 고소득 집단에게서, 육체노동에 비해 지적인 활동에 종사하는 사람에게서, 사기업 종사자보다는 정부 혹은 공공기관 종사자에게서, 그리고 종교를 갖지 않은 사람보다는 가진 사람에게서 각각 연대적 자아상이 더 뚜렷했다. 이렇게 보면 소득수준, 계층 귀속 의식, 업무의 성격, 그리고 고용 분야에서 사회적 약자에 해당하는 집단이 그렇지 않은 집단에 비해, 그리고 종교가 없는 사람이 있는 사람에 비해 각각 약한 연대적 자아상을 드러낸다는 점에서 친사회적 자아상의 분포 양상과 크게 다르지 않음을 알 수 있다. 다만 여기서는 성별과 학력에 따른 유의미한 차이는 발견되지 않는다.

그렇다면 친사회적 자아상과 경제적 자아상을 비교할 때 각 사회집단은 어떤 자아상을 더 많이 드러내는가? 한국의 제6차 조사 결과를 분석해 보면 경제적 자아상보다 친사회적인 자아상을 더 분명히 드러낸 사람들이 그 반대의 경우보다 훨씬 더 많은 것으로 나타난다. 이런 경향은 높은 연령층일수록, 소득수준이 낮은 집단일수록, 사기업보다는 공기업 종사자에게서, 그리고 종교가 없는 사람보다는 있는 사람에게서 각각 훨씬 더 뚜렷하지만 성별, 직무의 성격 등에 따른 차이는 미미하다.

2) 인간적 덕목으로서의 박애정신

세계가치조사 설문지에는 개인의 가치 지향을 파악하려는 여러 질문이 포함되어 있는데, 그중에서 개인의 사회성과 관련하여 두 개의 질문이 특히 큰 주목을 끈다. 하나는 자신의 생활에서 특히 중요하다고 생각하는 요소가 무엇인지, 다른 하나는 자신의 자녀에게 가르칠 필요가 있을 정도로 중요하게 생각하는 인간적인 덕목이 무엇인지 확인하는 것이다. 먼저 앞의 질문에 대한 응답 결과를 보면 제6차 조사에서는 한국인 응답자의 99.1%와 96.2%가 각각 가족과 친구를 중요한 요소로 여긴다는 것을 알 수 있다. 이에 비해 직장과 여가시간을 중요한 요소로 지적한 비율은 각각 91.6%와 90.2%였으며, 정치와 종교가 중요하다고 응답한 비율은 각각 57.6%와 55%였다. 이것은 한국인이 생활에서 친밀한 인간관계를 정치나 종교, 심지어 직장이나 여가보다 더 중시한다는 사실을 보여 주는데, 이런

응답 결과는 제5차 조사 결과에서도 동일하게 나타났다.[94]

그런데 가족을 중요하게 여기는 경향은 한국인뿐 아니라 다른 나라 사람들에게서도 공통적으로 발견된다. 그것은 가족이 중요하다고 응답한 한국인 응답자 비율이 조사에 참여한 60개국 가운데 34위에 불과하다는 사실에서 확인할 수 있다. 이에 비해 친구를 중요하다고 여기는 응답자 비율은 전체 60개국 가운데 한국이 7위이며, 15개 OECD 국가 가운데서는 4위를 차지하는 것으로 나타나, 친밀한 인간관계 가운데 특히 친구를 중요시하는 경향은 한국인에게서 발견되는 비교적 특징적인 경향이라고 볼 수 있다.[95]

두 번째 질문은 인간적인 덕목에 관한 것으로서 저자가 제시하는 세 가지 사회적 인간 유형의 기본 속성에 해당하는 응답 항목들

〈표 8〉 한국인에게 중요한 자녀교육 덕목

세계가치 조사 회차	한국에서의 조사 시기	절약 및 저축		박애정신	
		언급 비율	국가 순위	언급 비율	국가 순위
제6차 조사 (2010~2014)	2010	60.3%	4위/60국	12.6%	58위/60국
제5차 조사 (2005~2009)	2005	72.5%	1위/58국	11.6%	54위/58국
제4차 조사 (1999~2004)	2001	67.5%	1위/41국	14.7%	36위/40국
제3차 조사 (1995~1998)	1996	66.3%	2위/54국	10.6%	51위/53국
제2차 조사 (1990~1994)	1990	53.2%	3위/17국	10.6%	15위/17국
제1차 조사 (1981~1984)	1982	33.6%	1위/9국	11.9%	7위/9국

을 포함한다. 그래서 저자는 이 질문의 응답 항목을 세 가지 유형의 사회적 인간 지표, 즉 연대적 인간 지표, 경제적 인간 지표, 정치적 인간 지표의 구성 요소로 삼았다. 이 질문은 자녀들이 집에서 배워야 할 덕목으로서 독립심, 근면, 책임감 등 11개 덕목 가운데 5개를 선택할 것을 요구하는데, 제6차 조사 결과에 따르면 한국인 응답자의 60.3%가 절약과 저축이라는 경제적인 덕목을 중요한 덕목으로 선택했지만, 박애정신을 선택한 응답자는 12.6%에 불과했다. 절약과 저축의 덕목을 선택한 한국인 응답자 비율은 전체 60개국 가운데 4위, OECD 소속 15개국 가운데 2위에 각각 해당할 정도로 매우 높다. 이에 비해 박애정신을 중요한 덕목으로 선택한 응답자 비율은 전체 60개국 가운데 58위, OECD 15개국 가운데 14위로 각각 나타났다. 한국인은 적어도 자녀교육의 덕목으로 절약과 저축이라는 경제적 덕목을 다른 나라 사람들보다 특별히 중시하는 데 반해 박애정신을 경시하고 있음을 알 수 있다.[96]

〈그림 2〉는 자녀교육의 덕목으로 박애정신이라는 연대적 덕목을 선택한 비율에서 절약과 저축이라는 경제적 덕목을 선택한 비율을 뺀 차이를 제6차 조사에 참가한 OECD 15개국을 대상으로 비교한 것이다. 이 그래프에서 플러스 수치가 나온 국가들의 경우는 연대적 덕목을 선택한 비율이 더 높지만 마이너스 수치가 나온 국가들의 경우는 경제적 덕목을 선택한 비율이 더 높다. 여기서 15개국 가운데 한국은 마이너스 수치가 가장 큰데, 조사에 참가한 전체 60개국 자료를 분석한 결과에서도 한국의 마이너스 수치가 가장 컸다. 이것은 한국인들이 자녀에게 연대적 덕목에 비해 경제적 덕목의 교육을 더 중시한다는 사실을 보여 준다.

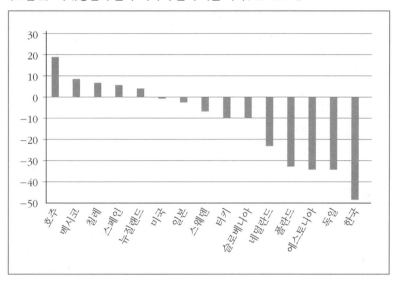

〈그림 2〉 박애정신과 절약·저축의 선택 비율 격차(제6차 조사)

　　그렇다면 한국인 응답자들 중에서 박애정신이라는 연대적 덕목을 특별히 경시하거나 반대로 중시하는 집단은 어떤 사회집단인가? 박애정신을 중요한 인간적 덕목으로 선택한 응답자가 박애정신을 가장 중시하는 10개국에서는 평균적으로 55.5%인 데 비해 한국인 가운데서는 12.6%에 불과하여, 이들의 분포를 분석해 보면 통계적으로 집단 간의 유의미한 차이를 발견하기 어렵다. 그런 가운데서도 교차 분석을 통해 발견할 수 있는 사실은 지적 활동에 종사하는 사람일수록, 그리고 종교를 가진 사람이 갖지 않은 사람에 비해 더 뚜렷한 박애정신을 보인다는 점이다. 그 외에 성별, 연령, 학력, 소득수준, 계층 귀속 의식, 고용 분야 등에 따른 유의미한 차이는 발견되지 않는다. 이런 결과는 친사회적 자아상이나 연대적 자아상과 비교할 때 연대적 덕목에 대한 매우 약한 인식이 한국인 응답자 사이에서는 집단의 차이와 무관하게 훨씬 더 폭넓게 확산되어 있음을 보여 준다.

한편 박애정신을 가장 중시하는 10개국 자료를 분석해 보면 한국 자료에 비해 통계적으로 유의미한 집단 간의 차이를 더욱 폭넓게 보여 주기는 하지만, 친사회적인 자아상의 분포 양상처럼 집단 간의 차이가 그렇게 크지 않다.

이들 10개국의 자료를 분석한 결과와 한국 자료를 분석한 결과를 비교하여 간략히 정리하면 다음과 같다. 첫째, 친사회적 자아상과 달리 박애 정신이 한국에서든 상위 10개국에서든 사회적 약자 집단에서 더욱 약한 것은 일반적인 현상이 아니다. 상위 10개국에서는 소속 계층이 낮을수록, 남성보다는 여성에게서, 정부 및 공공기관보다는 사기업 종사자에게서 박애정신이 조금씩 약한 것으로 나타났을 뿐 학력, 소득, 직무의 성격 등에서는 그렇지 않다. 그리고 한국에서는 직무의 성격에 따른 차이 외에 사회적 약자 집단에서 통계적으로 유의미한 차이를 발견하기 어렵다. 둘째, 상위 10개국의 경우, 직무의 성격에 따른 차이, 즉 육체노동 종사자와 지적 활동 종사자 사이에 박애정신의 차이가 없다. 이에 비해 한국에서는 친사회적 자아상이나 연대적 자아상과 마찬가지로 박애정신에서도 육체노동자가 지적 활동 종사자에 비해 약한 경향을 보인다. 셋째, 친사회적 자아상의 경우 상위 10개국과 달리 한국에서는 고소득 집단이 저소득 집단보다 훨씬 뚜렷하게 나타난다. 하지만 박애정신의 경우에는 상위 10개국에서처럼 한국에서도 소득수준에 따른 의미 있는 차이를 발견하기 어렵다. 넷째, 상위 10개국에서는 20대와 30대 연령층의 박애정신이 다른 연령층들에 비해 상대적으로 강한 데 비해 한국에서는 연령층에 따른 유의미한 차이가 발견되지 않는다. 끝으로, 친사회적 자아상처럼 박애정신도 한국인의 경우 사회집단의 차이와 무관하게 이들 상위 10개국에 비해 전반적으로 매우 약하다. 그렇기 때문에 한국의 가장 강한 사회집단조차도 이들 국가의 가장 약한 사회집단보다 박애정신이 현저히 약한 수준으로 나타났다.

그렇다면 각각의 사회집단은 연대적 덕목인 박애정신을 더 중시하는 경향이 있는가, 경제적 덕목인 절약과 저축을 더 중시하는 경향이 있는가? 앞에서 살펴본 자아 정체성의 경우와 달리 인간적인 덕목과 관련해서는 연대적인 덕목보다 경제적인 덕목을 더 중시하는 경향이 그 반대 경향보다 훨씬 뚜렷하다. 이를 사회집단별로 나누어 살펴보면 연령층이 높을수록, 학력 수준이 낮을수록, 소득수준이 낮을수록, 육체노동에 가까운 직종의 종사자일수록, 그리고 종교를 가진 사람보다는 갖지 않은 사람일수록 이런 경향이 더 뚜렷하다. 친사회적 자아상이나 연대적 자아상이 취약한 사회집단처럼 이런 경향이 가장 뚜렷한 집단도 종교가 없는 사람을 제외하고는 대부분 한국사회에서 사회적 약자에 해당하는 집단들이다.

4. 연대적 인간 지표의 다른 구성 요소들에 대한 국제 비교

연대적 인간 지표를 구성하는 다섯 가지 요소 가운데 지금까지 살펴본 자아 정체성과 인간적 덕목 외에 단체 소속 및 활동, 사회적 관계의 기본 원리에 대한 태도, 기본적인 복지정책에 대한 태도의 세 요소는 앞의 두 요소처럼 전체 조사 참가국 가운데 최하위권에 속할 정도는 아니지만 대체로 중위권에 머물 정도로 비교적 약한 편이다. 여기서는 한국인의 연대적 인간상을 좀 더 자세히 이해하는 방법으로 연대적 인간 지표의 이들 나머지 세 요소를 간략히 살펴보고자 한다. 앞에서는 두 요소가 최하위권에 속할 정도로 약한 사회적인 배경을 이해하기 위해 이들 요소의 사회적 분포를 살펴보았는데, 여기서는 이 작업을 생략하고 그 대신 국제적인 비교, 시대별 변화추이, 다른 사회적 인간 지표의 관련된 요소들과의 비교 등을 중심으로 세 요소에 관해 간략히 살펴본다.

1) 단체 소속 및 활동

단체 활동은 연대적 실천의 중요한 사례에 해당한다. 단체 활동을 하지 않는 사람보다는 단체 활동에 적극적인 사람이 더욱 연대적인 인간일 가능성이 높다. 하지만 여기서 의미하는 단체는 구성원들의 출입이 비교적 자유로우면서 민주적인 관계에 바탕을 둔 것으로서 흔히 자발적 결사체라고 불린다. 물론 자발적 결사체라고 하더라도 그 목적이 사회적 연대 가치에 반하는 것도 있다. 다른 사람들을 지배하려거나 그들을 이윤추구의 수단으로 삼는 결사체가 그 사례이다. 그리고 설혹 목적이 연대 가치에 반하지 않더라도 사회의 공동선을 추구하기보다는 자신들의 유익을 추구하는 데 그치는 결사체도 많은데 친목 단체가 대표적인 사례이다.

이에 비해 흔히 비정부단체(NGO), 비영리단체(NPO) 등으로 불리는 결사체는 권력, 이윤, 혹은 다른 형태의 사적인 이익을 추구하기보다는 사회의 공동선을 추구하는 대표적인 결사체이다. 물론 드러난 명분과 달리 실제로는 권력, 이윤, 혹은 다른 형태의 사적인 이익을 추구하는 단체도 있고, 공동선을 추구하지만 내부적으로 비민주

연대하는 인간, 호모 솔리다리우스

적인 단체도 있다. 그럼에도 사회적 공동선을 추구하는 대부분의 자발적 결사체에 속한 구성원들은 연대 지향적인 인간일 가능성이 높다. 이에 비해 정치권력을 추구하는 정당에 속하여 적극적으로 활동하는 사람은 권력 지향적이라는 의미에서의 정치적인 인간일 가능성이 매우 높다.

지난 여섯 차례의 세계가치조사에서는 응답자들의 소속 단체에 대한 질문이 있었다.[97] 그 가운데 제6차 조사에서는 10개 유형의 단체가 제시되었는데, 이 중에서 사회적 공익성이 가장 뚜렷한 유형으로는 인권·자선 단체, 자활·공제 단체, 환경보호단체 유형이 있다.[98] 인권·자선 단체와 자활·공제 단체는 사회적 연대를, 그리고 환경보호단체는 생태적 연대를 각각 매우 중시하는 단체이다. 그런데 조사 결과에 의하면 한국인 응답자 가운데 자선단체와 자활·공제 단체에 소속해 있다고 밝힌 응답자 비율은 각각 12.9%와 12.3%였으며, 환경보호단체에 속해 있다고 밝힌 응답자는 9.4%였다. 이들 수치는 종교·교회 단체, 예술·음악·교육·문화 활동단체, 스포츠·레크리에이션 단체라는 문화적 결사체의 소속 비율보다는 현저히 낮은 반면에 정당, 노동단체, 소비자보호단체 같은 정치적 혹은 경제적 단체들보다는 오히려 약간 더 높은 편이다.[99]

이런 수치를 국제적으로 비교해 보면 60개국 가운데 한국인의 인권·자선 단체 소속 비율은 29위, 자활·공제 단체는 22위, 환경보호단체는 28위로서 공통적으로 중위권에 있다. 이것은 세 가지 유형의 문화적 결사체에 속한 비율이 모두 8~12위의 상위권에 있는 것과 비교된다.[100] 한편 소비자보호단체 소속 비율과 정당 소속 비율도 각각 30위와 34위로 60개국 가운데 중위권이지만, 노동단체 소속 비

<표 9> 제6차 조사 응답자의 주요 사회단체 소속 비율

	응답자 소속 비율	전체 국가 순위	OECD 국가 순위
인권 · 자선 단체	12.9%	29위/60국	9위/15국
자활 · 공제 단체	12.3%	22위/60국	4위/15국
환경보호단체	9.4%	28위/60국	7위/15국
소비자보호단체	6.8%	30위/60국	8위/15국
노동단체	7.3%	42위/58국	12위/15국

율은 58개국 가운데 42위로서 하위권으로 나타났다.

단체 활동과 관련된 이상의 조사 결과를 종합적으로 살펴볼 때 한국인 응답자들은 단체 활동이라는 형태의 연대적 실천에서 전 세계 조사 대상국 가운데 전반적으로 중상위권에 속하지만, 사회적인 혹은 생태적인 연대 가치를 적극 추구하는 단체보다는 신앙, 문화, 스포츠 활동 등과 관련된 종교적 · 문화적 단체의 활동에 훨씬 더 적극적으로 참여하는 특징이 있음을 알 수 있다.

한편 정당에 소속한 응답자 가운데는 연대 지향적인 일반 시민으로서 정치적 관심을 갖고 참여한 사람들과 정치권력을 적극적으로 추구하는 정치적 인간이 함께 섞여 있다. 그래서 정치적 인간 유형의 분포 정도를 파악하기 위해 정당에 소속한 응답자 가운데 특히 "적극적인" 구성원이라고 스스로 밝힌 응답자들의 비율을 따로 살펴보았다. 그 결과 제6차 조사에서는 응답자 1,067명 가운데 1%에 해당하는 11명이 여기에 해당하는 것으로 나타났다. 이 비율은 질문에 응답한 전체 57개국 응답자 가운데 47위의 하위권으로서, 정당에 소속한 전체 응답자가 7%로서 34위의 중위권인 것과 비교된다.[101]

응답자들의 정치적인 관심을 조사한 결과에서도 어느 정도 이것과 유사한 경향이 발견된다. 즉, 사회의 공공적인 사안에 관심을 갖는 일반 시민들이 다수 포함된 전체 정치적 관심의 소유자가 제6차 조사에서 응답자의 83.2%에 이르는 것으로 나타나서 60개국의 상위권 경계인 20위에 위치했다. 하지만 정치적 인간, 특히 권력 정치 지향적인 인간 유형이 많이 속했을 것으로 추측되는 적극적인 정치적 관심의 소유자는 응답자의 6%로서, 전체 60개국의 52위라는 하위권에 속해 있다. 적극적인 정치적 관심의 소유자와 전체 정치적 관심의 소유자 간의 이런 격차는 제5차 조사에서 훨씬 더 뚜렷했다.[102]

정치적 관심 및 단체와 관련된 이들 자료를 함께 살펴보면, 다음의 두 가지 점을 알 수 있다. 첫째, 한국인들이 시민으로서 정치적 관심을 비교적 폭넓게 공유하고 있으며, 이런 영향으로 인해 정당에 소속한 비율도 전체 60개국 가운데 중간 위치 정도는 된다. 둘째, 하지만 정치적 인간, 특히 권력정치 지향적인 인간 유형이 많이 속한 적극적인 정치적 관심의 소유자와 적극적인 정당 구성원의 비율은 모두 세계적으로 하위권에 위치할 정도로 낮은 편에 속한다.

결국, 단체 활동 참가와 관련하여 한국인들은 연대적 실천으로서의 단체 활동에서는 세계 다른 나라들의 중간 정도 수준을 유지하고 있다. 하지만 정치적 인간으로서의 관심과 단체 활동 참가의 정도는 이들 나라에 비해 비교적 떨어지는 편이라는 점을 알 수 있다.

2) 사회적 관계의 기본 원리로서의 신뢰에 대한 태도와 경쟁관

세계가치조사는 사회, 국가, 세계 등에 대한 응답자들의 인식을 조사하기 위해 다양한 질문을 사용해 왔다. 그중에서 응답자들의 연대적 인식과 반연대적 인식을 파악하는 데 비교적 큰 도움이 되는 질문을 중심으로 한국인 응답자들의 사회, 국가, 세계에 대한 인식을 간략히 살펴본다.

사회적 연대관계를 형성하고 유지하는 기초 요소로는 신뢰, 동감, 소통 등이 있으며, 이에 장애가 되는 요소로는 지배, 경쟁 등이 있다. 이 중에서 신뢰에 대한 응답자들의 태도를 파악하는 질문은 제1차 조사 때부터 최근까지 계속 사용되었으며, 경쟁에 대한 태도를 파악하는 질문도 제2차 조사 때부터 지속적으로 사용되어 왔다.

먼저, 신뢰에 대한 제6차 조사 결과에 따르면 한국인 응답자의 29.7%만이 일반적으로 타인에 대한 신뢰의 태도를 보인 반면에 70.3%는 경계의 태도를 지닌 것으로 나타났다. 한국인이 보인 이런 신뢰의 수준은 이 질문에 응답한 전체 60개국 가운데 21위, OECD 15개국 가운데 9위로 각각 중위권에 해당된다.[103] 그런데 〈그림 3〉에서 보듯이 1980년대 초에 38%였던 신뢰 수준이 지속적으로 떨어져 외환위기 이후인 2001년 제4차 조사에서 27.3%로 최저점에 이르렀고, 다시 조금씩 회복하기 시작하여 제3차 조사 결과인 30.3%에 근접하게 된 것이 제6차 조사 결과이다.

다음으로, 경쟁에 관한 제6차 조사 결과에 따르면, 한국인 응답자의 81%가 경쟁의 단점보다는 장점을 더욱 중시한 반면에 단점에 더 주목한 응답자는 19%에 불과하여 한국인들의 경쟁 지향적인 태도가 매우 뚜렷함을 알 수 있다. 경쟁이 인간의 악함을 조장하기보다는 일을 더 열심히 하게 하고 창조성을 높인다고 긍정적으로 생각하는 응답률 81%는 이 질문에 응답한 전체 60개국 가운데 26위로서 중위권에 해당한다.[104]

〈그림 3〉에서 경쟁에 대한 긍정적인 태도의 변화 추이를 보면, 제2차 조사 결과가 89%였으나, 그 후 제5차 조사 결과 77.6%까지 지속적으로 감소했다가 제6차 조사에서 다시금 약간 회복했다. 1997년 외환위기 전후를 비교해 보면 1990년대 전반에 경쟁에 대한 긍정적인 태도가 크게 감소했는데, 이것이 2000년대에 들어 매우 완만한 감소로 전환되었다가 이명박 정부 시기에 다시 증가한 것이다. 이 시기는 시장경쟁의 원리를 중시하는 신자유주의 이념이 매우 강조되었지만, 외환위기 극복 과정에서 적극 도입된 신자유주의 정책의 결과 고용 불안정성의 증가, 사회적 양극화의 심화 등 사회적 부작용을 크게 경험한 때였다. 이런 과정에서 외환위기가 공식적으로 극복되고 10년 동안의 진보 정권이 2008년 다시금 보수 정권으

〈그림 3〉 신뢰와 경쟁에 대한 태도의 변화 추이

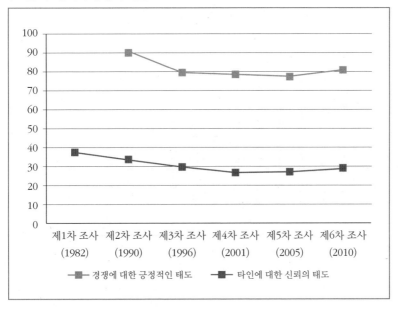

로 교체되면서 시장경쟁의 중요성을 강조하는 목소리가 커진 것이 배경이 되었을 것으로 추정된다.

어쨌든 〈그림 3〉은 타인을 신뢰하는 태도보다 타인을 경쟁의 대상으로 여기는 경쟁의 원리를 인정하는 태도가 훨씬 강력하다는 사실을 보여 준다. 이 두 가지 태도를 단순히 비교하는 데는 여러 문제가 있을 뿐 아니라, 대부분의 국가에서 경쟁 지향적인 태도의 수준이 신뢰의 수준보다 높다. 하지만 이 두 가지 태도 사이의 격차의 크기는 사회 구성원들의 사회적 관계의 연대성을 비교하는 데 의미 있는 도구 역할을 할 수 있다.

〈그림 4〉는 제6차 조사에 참여한 OECD 15개 국가의 두 가지 태도 간의 격차를 비교한 것이다. 한국은 15개 국가 가운데 여섯 번째로 격차가 큰 것으로 나타나 중위권의 제일 앞부분에 위치해 있으

〈그림 4〉 경쟁과 타인 신뢰 간의 긍정적인 태도 격차(제6차 조사)

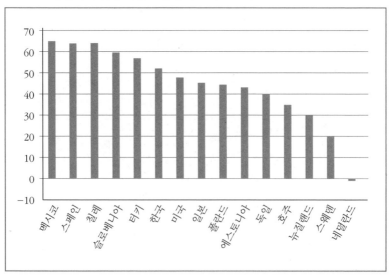

연대하는 인간, 호모 솔리다리우스

며, 전체 60개국 가운데서는 한국의 격차가 35위에 해당하면서 60개국 전체 평균과 일치하는 것으로 나타났다. 이를 통해 알 수 있듯이 한국인들이 사회적 관계의 기본 원리 중에서 신뢰보다는 경쟁을 수용하는 태도가 훨씬 뚜렷하지만, 이것은 한국뿐 아니라 오늘날 전 세계의 일반적인 경향으로 한국은 조사에 참가한 60개국의 평균적인 경향에 해당한다.

〈그림 4〉에 따르면 OECD에 속한 15개국 가운데 격차가 작은 그룹에 속하는 국가는 복지제도가 발달한 중부 및 북부 유럽 국가와 오세아니아의 두 국가임을 알 수 있다. 특히 네덜란드의 경우는 경쟁에 대한 긍정적인 응답률보다 타인 신뢰의 응답률이 더 높게 나타나 있다. 하지만 전체 60개국 가운데 격차가 가장 작은 10개국은 네덜란드, 바레인, 중국, 스웨덴, 카자흐스탄, 키르기스스탄, 남아프리카 공화국, 뉴질랜드, 홍콩, 태국의 순서이다. 이들 국가는 중앙아시아, 서남아시아, 동아시아, 동남아시아 등 문화적인 배경이 서로 다른 아시아 각 지역에 속한 6개국, 유럽 2개국, 오세아니아 1개국, 아프리카 1개국으로 이루어져 있는데, 이는 경쟁 지향적인 사회관을 완화시키는 신뢰 지향적인 태도를 강력히 뒷받침하는 문화적인 배경이 다양하다는 것을 보여 준다.[105]

3) 제도적 연대로서의 복지에 대한 인식

세계가치조사는 일찍부터 정부의 복지 책무에 대한 인식을 파악하는 질문을 사용해 왔다. 복지제도는 제도화된 연대의 대표적인 형태이다. 복지제도의 유형은 국가마다 차이가 있지만 공통점은 사회적 위험의 부담을 전적으로 개인에게 맡기지 않고 사회적으로 혹은 국가적으로 공유한다는 것이다. 이런 관점에서 볼 때 세계가치조사에서 복지와 관련하여 사용된 질문은 제도적 연대 형태로서의 복지에 대한 인식을 조사하려는 것으로 해석될 수 있다. 이런 점에서 특히 주목할 만한 질문은 다음의 세 가지이다. ① 정부가 복지에 더 책임을 져야 한다고 생각하는가, 아니면 당사자가 자신의 생계에 책임을 져야 한다고 생각하는가? ② 민주주의와 관련하여 정부가 부자에게 세금을 부과하여 가난한 사람에게 보조금을 주는 것을 필수 요소로 생각하는가, 그렇지 않다고 생각하는가? ③ 역시 민주주의와 관련하여 국가가 실업수당을 제공하는 것을 필수 요소로 생각하는가, 그렇지 않다고 생각하는가? 이들 세 질문은 모두 연대적 인간 지표의 요소로 사용할 수 있지만, 저자는 이 가운데서 포괄적인 내용에 대해 묻는 첫째 질문 대신에 가장 기본적인 두 복지정책에 대한 생각을 묻는 둘째 질문과 셋째 질문을 묶어서 하나의 요소로 사용했다.

하지만 제도적 연대로서의 복지에 대한 인식이라는 관점에서 한국인 응답자의 연대성을 생각해 보려는 지금에는 이들 세 질문에 대한 응답 결과를 모두 살펴보는 것이 더욱 유익하다.[106] 먼저, 첫째 질문과 관련하여 정부가 복지에 더 책임을 져야 한다고 생각하는 한국인 응답자의 비율이 82.4%로 조사에 참가한 전체 60개국 가운데 8위, OECD 소속 15개국 가운데 1위를 각각 차지할 정도로 수준이 매우 높음을 알 수 있다. 한국사회에서 정부의 복지 책임에 대한 이런 강한 인식은 민간인 정부가 출범한 후에 실시된 제3차 조사부터 최근의 제6차 조사까지 네 차례의 조사 결과에서 지속적으로 발견되는데, 네 차례 모두 80% 이상의 응답자들이 정부의 더 큰 복지 책임

을 기대했다.[107]

이처럼 정부의 복지 책임에 대한 한국인들의 높은 기대는 외환위기를 배경으로 한다고 볼 수 있겠지만, 제3차 조사가 외환위기 발생 이전인 1996년에 실시된 점을 생각하면 이런 높은 기대가 꼭 외환위기 경험 때문이라고 말하기도 어렵다. 그보다는 그동안 한국사회가 정부 주도의 압축 성장을 해 오는 과정에서 발생한 빈곤과 불평등의 문제를 해결할 책임이 정부에게 있다는 인식이 이런 응답에 적극 반영되었을 것으로 여겨진다.

어쨌든 정부의 복지 책임에 대한 높은 기대는 다른 두 질문의 응답 결과를 통해서도 확인된다. 둘째 질문과 셋째 질문에 대해 제6차 조사에서는 한국인 응답자들의 78.6%가 정부의 부자 과세 및 가난한 자에 대한 보조금 지급을 민주주의의 필수 요소라고 응답했으며, 국가의 실업수당 지급에 대해서도 응답자의 75.1%가 같은 생각을 피력했다. 이런 결과는 제5차 조사의 결과와도 크게 다르지 않다. 이런 두 차례의 조사 결과는 실업자와 특히 가난한 자처럼 사회적 연대가 필요한 사회집단에 대해서는 정부가 보다 적극적인 역할을 수행할 책임이 있으며, 이렇게 하는 것이 민주주의를 실현하는 길이라는 인식이 한국인에게 뚜렷하다는 점을 공통적으로 보여 준다.[108]

이처럼 한국인들은 복지와 관련하여 정부의 적극적인 책임과 역할을 특별히 강조하지만, 권위주의 정부에 의한 비민주적인 통치나 권력 행사에 대해서는 매우 비판적이다. 제5차 및 제6차 조사에서는 민주주의 국가에서 사는 것의 중요성을 묻는 질문이 사용되었는데, 두 차례의 조사 결과에서 모두 93%를 넘는 절대 다수의 응답자들이 민주주의 국가의 중요성을 인정했다. 특히 93.4%의 응답자들

〈그림 5〉 기본 복지정책에 대한 태도의 OECD 국가 순위 그래프(제6차 조사)

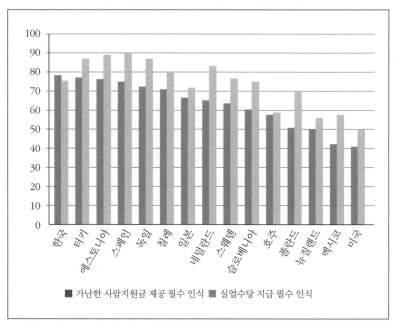

■ 가난한 사람지원금 제공 필수 인식   ■ 실업수당 지급 필수 인식

이 민주주의 국가의 중요성을 인정한 제6차 조사 결과에 따르면, 이 수치가 조사에 참여한 전체 60개국 가운데 12위로 높으며, 민주주의 수준이 상대적으로 높은 OECD에 속하는 조사 참가국 15개 가운데서도 6위에 해당된다.[109]

그러면서 민주주의와 관련하여 한국인 응답자의 30.2%만이 통치자에 대한 순종을 민주주의의 바람직한 요소로 인정했으며, 나머지는 이를 부인했다. 이처럼 사람들이 자신들의 통치자에게 순종하는 것을 민주주의의 요소로 인정한 비율이 한국인 응답자의 경우는 전체 60개국 가운데 57위로 낮을 정도로 통치자의 권력 행사에 대해 경계하는 태도가 매우 강한 편이다. 마찬가지로 제5차 및 제6차

연대하는 인간, 호모 솔리다리우스

조사에서는 권위에 대한 응답자들의 태도를 조사하는 질문이 사용
되었다. 그 결과에 따르면 제6차 조사 응답자들의 26.6%만이 권위
가 더욱 존중되는 것을 바람직하다고 받아들였는 데 반해 41%는 바
람직하지 않다는 비판적인 태도를 보였다. 권위의 존중에 대한 이런
비판적인 응답률은 전체 60개국 가운데 4위, OECD 소속 15개국 가
운데 3위에 해당될 정도로 높으며, 이와 반대로 권위의 존중에 대한
긍정적인 응답률은 60개국 가운데 58위, 15개국 가운데 13위에 각
각 해당될 정도로 매우 낮다.[110]

　　이런 조사 결과를 보면 한국인들이 민주주의 국가를 매우 중요
하게 여기는 가운데 통치자의 권력 행사와 권위에 대해서는 경계하
는 태도가 특별히 강하다는 것을 알 수 있다. 그러므로 한국인이 정
부의 복지 책임을 매우 강조하는 것은 결코 단순한 국가주의 성향
때문이 아니다. 그보다는 앞에서 지적했듯이 정부 주도의 성장 과정
에서 초래된 문제를 해결할 일차적인 책임이 정부에 있다는 역사적
인 인식이 한편에서 중요한 배경으로 작용한 것으로 보인다. 그리고
다른 한편으로는 복지 관념의 가장 중요한 토대인 연대 정신이 확산
되어 국가 경제 수준에 비해 복지제도가 많이 뒤떨어져 있다는 생각
을 시민들이 갖게 되었기 때문이다.

5. 인간적 연대성의 강화를 위한 시사점

　　지금까지 연대적 인간, 경제적 인간, 정치적 인간이라는 사회적
인간 유형의 분포를 알아보기 위해 최근의 세계가치조사에서 사용

된 질문 항목을 토대로 사회적 인간 유형의 지표를 구성한 후 지수를 측정해 보았다. 그 결과 한국인 응답자의 연대적 인간 지수 평균과 한국인 응답자 중에서 연대적 인간 유형이 차지하는 비율이 모두 세계 최하위권이라는 사실이 밝혀졌다. 이에 반해 경제적 인간 지수 평균과 경제적 인간의 비율은 모두 상위권에 해당할 정도로 높으며, 정치적 인간의 경우는 권력정치를 지향하는 인간의 지수 및 구성 비율은 연대적 인간처럼 조사 대상국 가운데 최하위권에 속해 있지만, 시민정치 지향적인 인간의 경우는 모두 중위권에 해당된다는 사실도 밝혀졌다.

저자는 이런 여러 사실 가운데 특히 한국의 연대적 인간의 비율이 조사 대상국 가운데 최하위권이라는 사실에 주목하여 그 원인을 해명해 보려고 시도했다. 그 결과 연대적 인간 지표를 구성하는 요소 가운데 특히 자아 정체성과 인간적 덕목과 관련하여 한국인의 연대성이 최하위 수준인 것이 가장 중요한 원인이라는 점을 확인했다.

그래서 한국인의 자아 정체성과 인간적 덕목에서 연대성이 특별히 약한 배경을 확인하기 위해 이 두 요소의 연대성 정도가 사회인구학적인 배경에 따라 어떤 차이가 있는지를 확인하면서, 이들 두 요소에서 연대성이 특별히 강한 국가들의 사회 인구학적인 배경과 비교해 보았다. 그 결과 연대적인 자아 정체성은 비록 일부 예외가 있지만 전반적으로 볼 때 사회적 강자 집단보다는 약자 집단에서 더욱 약한 경향이 있으며, 다른 나라에 비해 한국에서 이런 경향이 훨씬 뚜렷함을 알 수 있었다. 이에 비해 연대적인 덕목을 강조하는 태도에서 사회적 약자 집단이 더욱 약한 것은 일반적인 현상이 아니며 이런 점에서 한국도 예외가 아니라는 것도 알 수 있었다. 그리고 자아 정체성과 인간적 덕목 모두 종교의 영향을 많이 받아 종교를 가지지 않은 사람에 비해 종교를 가진 사람의 연대성이 강한 것도 알 수 있었다.

이런 작업에 이어 끝으로 연대적 인간의 지표를 구성하는 다른 세 요소에 대해서도 국제 비교의 관점에서 간략히 살펴보았다. 그 결과 단체 활동 형태의 연대적 실천에서는 한국인 응답자들이 전체 조사 대상국 가운데 중상위권에 위치해 있었다. 그리고 사회적 관계의 기본 원리로서 신뢰보다 경쟁을 수용하는 태도가 더욱 뚜렷했는데, 이것은 다른 나라에서도 볼 수 있는 대체로 일반적인 경향이다. 제도화된 연대로서의 복지에 대해서는 한국인 응답자들이 다른 나라 응답자들에 비해 필요성을 인정하는 경향이 뚜렷한 편인데, 이것은 국가주의 성향보다는 복지의 후진성에 대한 문제의식 때문으로 보인다. 이처럼 세 요소와 관련해서는 한국인의 연대성 수준이 다른 나라에 비해 결코 떨어지지 않을 뿐 아니라 상위권에 해당할 정도로 높은 요소도 있다.

이상의 분석 결과는 다양한 학문적인 함의를 제공할 뿐 아니라 현실적으로도 한국사회에서 부족한 연대성, 특히 인간적인 연대성을 강화하기 위한 여러 구체적인 과제에 대한 시사점을 제공하는데, 여기서는 네 가지만 간략히 언급하고자 한다. 첫째, 전체적으로 볼 때 한국인의 연대 지향성이 권력정치 지향성보다는 약하지 않은데 경제 지향성보다는 현저히 약하다는 사실에서, 연대성을 특징으로 하는 한국의 시민사회가 권력정치의 논리가 아닌 시장의 논리에 의해 어느 나라보다 강력히 식민화되고 있는 상황임을 알 수 있다.[111]

둘째, 한국인 응답자들의 정치적 관심이나 생활에서 정치가 중요하다는 인식의 정도는 전체 국가들 가운데 상위권에 해당하지만, 중위권에 해당하는 정당 소속의 정도와 무엇보다 위계적 권위 관계에 대한 특별히 비판적인 태도로 인해 전체적인 권력정치 지향성이 하위권인 데 비해 정치적 민주주의와 시민권에 대한 인식을 고려한 시민정치 지향성은 중위권에 해당한다. 이 사실에서 한국 시민사회의 정치 지향성과 시민의 정치적 관심의 특성을 알 수 있다. 그것은 이런 정치 지향성과 정치적 관심이 시민사회와 분리된 국가권력 그 자체를 위한 것이라기보다는 공화주의 관점을 반영한 아렌트식의 새로운 정치 인식, 즉 사회의 공동선을 추구하는 정치 공동체의 형성과 발전을 위한 것에 훨씬 가깝다는 것이다(아렌트, 2002: 260 이하: 강수택, 2018: 158-160).[112]

셋째, 연대적 인간의 지수나 비율로 나타난 한국인의 연대성은 매우 약하지만 제도적 연대로서의 기본적인 복지에 대한 인식은 약한 편이 아니며, 특히 좁게는 가난한 자들을 위한 국가 지원의 필요성과 넓게는 복지에 대한 국가의 책임을 증대시켜야 할 필요성에 대한 인식은 조사에 참여한 전체 국가의 상위권에 해당할 정도로 강한 것으로 나타났다.[113] 물론 국가의 실업수당 제공의 필요성에 대한 인식이 중위권 정도인 데서 알 수 있듯이 구체적인 복지제도에 대한 태도가 강한 것은 아니다. 그리고 연대 지향적인 사회단체의 소속 및 활동 정도 역시 중위권에 해당하여 한국인의 연대성이 매우 약한 주된 요인은 아니지만 그렇다고 연대성을 강화하는 큰 힘이 되지도 못한다. 그러므로 한국인의 연대성을 강화하기 위해서는 구체적인 사회복지 정책들에 대한 이해도와 연대 지향적인 사회단체에의 참여도를 더욱 높일 수 있는 다양한 방안을 강구할 필요가 있다.

연대하는 인간, 호모 솔리다리우스

넷째, 한국인의 연대성이 매우 약한 가장 중요한 요인은 인간적인 덕목에 대한 인식과 자아 정체성에서 연대성이 특별히 약하다는 점이다. 연대적 자아상만큼은 아니지만 경제적 자아상 역시 다른 나라에 비해 강한 편이 아니어서, 한국인 응답자들의 경우 연대적 자아상이든 아니면 경제적 자아상이든 간에 다른 나라에 비해 사회적 자아 정체성에 대한 인식이 매우 약함을 알 수 있다. 하지만 인간적인 덕목에 대한 인식에서는 박애정신을 중시하는 정도가 전체 국가 가운데 최하위권인 데 반해 경제적인 덕목을 중시하는 정도는 최상위권에 해당되며, 이런 경향이 세계가치조사 초기부터 최근까지 지속적으로 나타났다. 이런 사실은 오랜 경제성장 중심의 근대화 정책으로 인해 한국인이 실제로 추구하는 가치가 그동안 매우 경제주의적인 것으로 자리를 잡아 왔기 때문에 한국인들이 자녀교육을 위해 연대적인 덕목 대신에 경제적인 덕목을 세계에서 가장 중요하게 여기게 되었음을 보여 준다.

그런데 흥미로운 점은, 이처럼 경제적인 덕목을 뚜렷이 중시하는 경향이 경제적인 자아 정체성으로 그대로 반영되지 못한 채 자아 정체성에 대한 약한 인식을 보인다는 것이다. 인간적인 덕목에 대한 인식과 자아 정체성은 모두 사회적인 환경 속에서 전기(傳記)적인 과정을 거치면서 형성되지만 교육과 특히 밀접한 관련이 있다. 그렇기 때문에 〈표 8〉에서 보듯이 세계가치조사 제1차 조사 시기부터 연대적인 덕목보다 경제적인 덕목을 더욱 중시한 부모에게 교육을 받으며 자란 성인 자녀들이 경제적인 덕목보다 연대적인 덕목을 훨씬 경시하면서 전체 국가들 가운데 가장 약한 연대적인 자아상을 드러내게 된 것으로 이해된다.

이런 관점에서 본다면 한국인의 연대성 수준을 향상시키기 위해서는 무엇보다 연대 지향적인 교육을 강화할 필요가 있다. 물론 여기서 의미하는 교육은 가정교육을 넘어 학교교육과 대중매체를 통한 사회교육을 모두 포함한다. 1990년대에 경제적인 세계화와 함께 본격적으로 도입된 후 IMF 외환위기를 극복하는 과정에서 매우 강력히 추진된 신자유주의 정책과 이를 뒷받침한 이념으로 인해, 경제 영역뿐 아니라 교육처럼 전통적으로 비경제적인 시민사회 영역에서도 경쟁의 원리를 도입하고 또한 이를 강화하기 위해 노력해 왔다. 이 과정에서 언론기관, 학교 등의 교육기관이 경쟁의 원리를 강조하는 큰 역할을 수행해 온 결과, 경쟁을 수용하는 태도는 전체 국가 가운데 중위권이지만, 연대적인 자아상에 대한 인식은 최하위권인 나라가 된 것이다.

그러므로 이를 극복하기 위해서는 연대 정신과 그 바탕이 되는 공감, 신뢰, 소통 등의 문화를 확산, 심화시키려는 노력이 필요하며 특히 가정, 학교, 언론기관 등을 통한 다양한 형태의 더욱 적극적인 교육의 역할이 매우 중요하다. 두 차례의 세계가치조사 결과를 보면 종교의 유무가 연대적인 자아상이나 덕목의 인식에 끼치는 긍정적인 영향이 뚜렷함을 알 수 있다. 하지만 젊은층의 이탈로 인해 한국의 종교 인구가 2005년 52.9%에서 2015년 43.9%로 크게 감소했다. 이런 감소 추세로 인한 부정적인 결과를 회복하기 위해서는 종교계에서도 연대의 정신과 문화를 확산시키기 위한 교육적인 역할이 더욱 강화될 필요가 있다(통계청, 2016: 15). 결국 이런 다양한 형태의 연대교육은 한국인의 취약한 연대성을 강화하기 위해 무엇보다 필요한 기능을 수행할 것으로 기대되기 때문에, 9장에서 특별히 연대교육에 관해 자세히 다루고자 한다.

물론 한국인의 취약한 연대성을 강화하기 위해서는 교육을 통한 노력뿐 아니라 사회제도의 개선을 통한 노력도 필요하다. 한국인의 연대성 수준을 최하위권으로 떨어뜨리는 주된 요인인 인간적 덕목에 대한 인식과 자아상에서의 약한 연대성은 한국인 응답자에게서 전반적으로 나타나는 현상이지만, 경제적 혹은 사회적으로 약자인 집단에서 더욱 뚜렷하다. 사회집단 간의 이런 차이는 인간적인 덕목과 자아상의 연대성이 강한 다른 나라보다 한국에서 훨씬 더 뚜렷하다. 사회적 약자 집단이 연대를 통한 사회적 지원을 더욱 필요로 한다는 점에서 보면 이런 결과는 모순적인 현상으로 생각될 수 있다. 하지만 한국인 응답자 가운데서 정부의 복지 책임을 강조하는 경향이 소득수준이나 사회계층이 낮을수록 더욱 강하게 나타나는 것을 볼 때 이들이 연대의 필요성을 인식하지 못하는 것은 아니다. 그보다는 사회경제적으로 어려운 현실적인 여건으로 인해 매슬로(A. Maslow)의 욕구 위계에서 자신들의 기본적인 욕구 충족에 더 큰 관심을 기울인 결과가 인간적인 덕목에 대한 인식과 자아상에 반영되었다고 해석될 수 있다(Maslow, 1943: 372 이하).

따라서 이런 사회적 약자 집단의 자아상과 인간적 덕목에 대한 연대적 인식을 강화하기 위해서는, 이들의 생리적 욕구나 안전 욕구 같은 기본적인 욕구를 충족시킬 수 있도록 사회적 여건을 개선시키는 노력이 연대교육과 함께 매우 필요하다. 사회복지제도란 바로 이런 사회적 약자의 기본적인 욕구를 충족시키기 위한 사회적인 노력의 대표적인 형태인데, 문제는 이런 복지제도의 유지와 발전을 위해서는 거꾸로 연대 문화가 필요하다는 점이다.

HOMO SOLIDARIUS

우리는 왜 연대하는 인간, 호모 솔리다리우스의 확산과 성장에 관심을 가져야 하는가? 2장에서 호모 솔리다리우스에 특별한 관심을 가져야 하는 이유로 첫째, 호모 에코노미쿠스와 호모 폴리티쿠스 같은 모나드형 인간론을 극복할 필요성, 둘째, 새로운 사회학적 인간상의 필요성, 셋째, 반연대적인 인간 현실에 대한 비판적 성찰 및 극복의 필요성을 제시했다. 특히 셋째 이유로 제시한 반연대적인 인간 현실들, 예컨대 오늘날의 심각한 난민 위기, 신자유주의적인 경제 세계화, 지구 생태계의 위기, 근본주의 종교의 정치화 및 종교 갈등, 권위주의 정치체제 등을 극복하기 위해서는 무엇보다도 시민들 사이에 연대정신이 널리 확산되고 강화되어야 하기 때문에 이런 연대 정신을 내면화한 인간의 확산과 성장이 매우 중요하다는 것이다.

그런데 이 셋째 이유는 사회발전 그리고 더 나아가 인간세계의 발전을 위해 연대하는 인간이 필요한 소극적인 이유에 해당한다. 즉, 현실의 문제를 해결하는 데 연대하는 인간이 필요하다는 것이다. 물론 세계가 당면한 현실의 심각한 문제를 해결하는 것 자체가 매우 중요한 의미를 갖는다. 하지만 연대하는 인간의 확산과 성장은 이런 현실의 문제를 해결하기 위해서뿐만 아니라 더 나아가 인간의 행복과 더 나은 사회발전을 위해서도 매우 필요하다. 그래서 여기서는 연대하는 인간, 호모 솔리다리우스의 확산이 인간의 행복과 어떤 관계에 있으며 사회발전과는 어떤 관계에 있는지를 살펴본다.

1. 삶에 대한 만족도, 행복감, 그리고 연대하는 인간

세계가치조사의 설문 항목에는 응답자들의 삶에 대한 만족도와 주관적인 행복감을 묻는 질문이 포함되어 있다. 그래서 제5차 조사와 제6차 조사의 결과 연대적 인간 지수와 삶에 대한 만족도 사이에 어떤 관계가 있는지, 그리고 연대적 인간 지수와 주관적인 행복감 사이에는 어떤 관계가 있는지를 살펴보았다. 그 결과 〈표 10〉에서 보듯이 조사에 참여한 전체 국가 응답자나 한국인 응답자의 자료 모두가 두 차례 조사에서 공통적으로 연대적 인간 지수가 개개인의

〈표 10〉 사회적 인간 유형의 지수와 행복감/삶의 만족도 사이의 상관관계[114]

피어슨 상관계수		행복감의 정도		삶에 대한 만족도	
		전체 국가	한국	전체 국가	한국
제6차 세계가치 조사	연대적 인간 지수	0.064**	0.195**	0.077**	0.230**
	경제적 인간 지수	x	−0.070*	-0.080**	x
	권력정치적 인간 지수	0.057**	0.069*	0.025**	0.084**
	시민정치적 인간 지수	0.037**	0.065*	0.080**	0.131**
제5차 세계가치 조사	연대적 인간 지수	0.107**	0.198**	0.118**	0.186**
	경제적 인간 지수	−0.032**	−0.072*	−0.086**	−0.087**
	권력정치적 인간 지수	0.081**	x	0.028**	x
	시민정치적 인간 지수	0.069**	x	0.075**	0.161**

*$p<.05$, **$p<.01$.

주관적인 행복감뿐만 아니라 삶에 대한 만족도와도 긍정적인 상관관계에 있음을 보여 주었다. 즉, 연대적 인간 지수가 높을수록 개개인의 주관적인 행복감과 삶에 대한 만족도 역시 높은 경향이 있다는 것이다.[115]

이런 긍정적인 상관관계는 연대적 인간 지수 5점을 초과한 연대적 인간 유형의 비율과 행복감 및 삶에 대한 만족도 사이에서도 마찬가지로 확인되었다.

그런데 제6차 세계가치조사 결과에 따르면 한국인 응답자의 행복감은 전체 60개국 가운데 41위, 조사에 참여한 OECD 소속 15개국 가운데 12위로 매우 낮은 것을 알 수 있다. 이런 낮은 순위의 행복감은 제5차 조사 결과와도 별로 다르지 않다. 즉, 58개국 가운데 40위, 20개국 가운데 18위이다. 삶에 대한 만족도의 순위도 행복감의 순위와 거의 비슷하다. 제6차 조사 결과에서는 60개국 가운데 40위, 15개국 가운데 14위, 그리고 제5차 조사 결과에서는 58개국 가운데 40위, 20개국 가운데 19위였다. 이것은 한국인 응답자의 행복감과 삶에 대한 만족도의 순위가 하위권에 있음을 보여 준다.

앞에서 연대적 인간 지수나 연대적 인간 유형의 비율이 행복감 및 삶에 대한 만족도와 긍정적인 상관관계에 있으며, 한국인 응답자의 연대적 인간 지수의 순위나 연대적 인간 유형의 비율 순위가 전체 조사 대상국 가운데 최하위권에 있다는 점을 함께 고려한다면, 이처럼 행복감과 삶에 대한 만족도의 순위가 하위권에 있다는 것은 쉽게 이해된다.

〈그림 6〉은 제5차 세계가치조사에 참여한 OECD 국가들의 행복감의 순위와 삶에 대한 만족도의 순위를 보여 준다. 그런데 이들의

〈그림 6〉 연대적/경제적 인간 지수 순위와 행복감 순위 및 삶의 만족도 순위 (I)

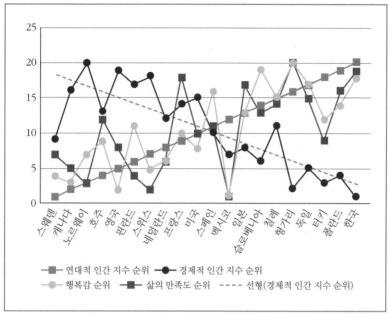

자료: 제5차 세계가치조사 자료

그래프가 상향 경향이 있다는 것은 연대적 인간 지수 순위가 높은 국가일수록 이들 두 감정의 순위도 높은 경향이 있다는 뜻이다. 이에 반해 경제적 인간 지수 순위의 그래프는 하향 경향을 나타냄으로써 경제적 인간 지수 순위가 높은 국가일수록 이들 두 감정의 순위가 낮은 경향이 있음을 보여 준다. 즉, 응답자들이 강한 연대 지향성을 갖는 국가일수록 행복감과 삶에 대한 만족도도 높지만, 강한 경제 지향성을 갖는 국가일수록 행복감과 삶에 대한 만족도는 낮다는 것이다. 〈그림 7〉은 제6차 세계가치조사 결과를 바탕으로 작성된 그래프로서 〈그림 6〉보다는 복잡하다. 하지만 그래프의 추세선을 그려 보면 〈그림 6〉과 다르지 않게 행복감의 순위와 삶에 대한 만족도

<그림 7> 연대적/경제적 인간 지수 순위와 행복감 순위 및 삶의 만족도 순위(Ⅱ)

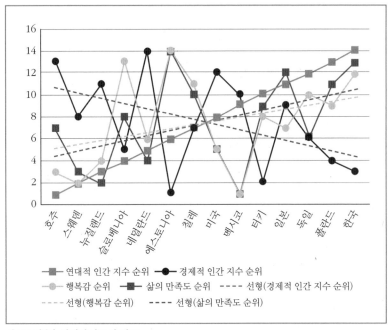

자료: 제6차 세계가치조사 자료

의 순위 추세선은 모두 연대적 인간 지수의 그래프처럼 상향 경향을
보이지만, 유독 경제적 인간 지수 순위의 추세선은 하향 경향을 보
이는 것을 알 수 있다.

경제적 인간 지수가 행복감 및 삶에 대한 만족도와 부정적인 상
관관계에 있다는 사실은 통계분석을 통해서도 확인된다. 제5차 세
계가치조사의 전체 참여국 자료에서나 한국 자료에서 공통적으로
경제적 인간 지수가 응답자의 행복감뿐 아니라 삶에 대한 만족도와
도 통계적으로 유의미한 부정적인 상관관계에 있는 것으로 나타났
기 때문이다. 제6차 조사 결과에서도 조사 참여국 전체 응답자의 경
제적 인간 지수가 응답자의 행복감 및 삶의 만족도와 부정적인 상관

관계에 있으며, 한국인 응답자의 경제적 인간 지수도 행복감과 부정적인 상관관계에 있음이 밝혀졌다. 한국인 응답자의 삶의 만족도 역시 상, 중, 하로 나누어 살펴보면 경제적 인간 지수와 부정적인 상관관계를 보이며, 한국 자료에서 경제적 인간 유형의 비율이 높을수록 행복감과 삶의 만족도가 모두 떨어지는 경향도 확인할 수 있다.

이러한 통계분석의 결과에서 경제적 인간 지수를 통해 파악되는 경제 지향성이 강한 사람일수록 한국에서나 다른 나라에서나 행복감과 삶의 만족도가 함께 떨어지는 경향이 있음을 알 수 있다. 그런데 이런 경향은 연대 지향성이 보여 주는 경향과 대조적이라는 점에 주목할 필요가 있다.

한편, 정치적 인간 지수는 경제적 인간 지수와 달리 행복감이나 삶의 만족도와 긍정적인 상관관계를 보임으로써, 응답자의 정치 지향성이 강할수록 행복감과 삶에 대한 만족도가 높다는 사실을 알 수 있다. 그런데 흥미로운 점은 〈표 10〉에서 보듯이 피어슨 상관계수를 기준으로 할 때 한국에서나 다른 나라에서나 공통적으로 두 유형의 정치적 인간 가운데 권력정치 지향적인 인간이 시민정치 지향적인 인간에 비해 행복감에 대한 좀 더 뚜렷한 상관관계를 보이지만, 삶의 만족도에 대해서는 거꾸로 시민정치적 인간이 권력정치적 인간에 비해 훨씬 더 뚜렷한 상관관계를 보인다는 것이다. 이런 경향은 두 차례의 조사에서 공통적으로 발견된다.

하지만 어느 정치적 인간 유형의 지수든지 연대적 인간 지수보다 행복감에 대한 상관관계가 더 뚜렷하지는 않다. 이런 사실은 사회적 인간 유형의 지수를 통해 살펴본 응답자의 경제 지향성이나 정치 지향성보다 연대 지향성이 행복감의 소유 여부나 소유 정도와 더

밀접한 긍정적인 관계에 있다는 것을 말해 준다.[116]

삶의 만족도에 대한 관계도 이와 크게 다르지 않다. 두 차례의 한국 조사 자료를 보면, 삶의 만족도에 대한 시민정치적 인간 지수의 상관관계가 권력정치적 인간 지수의 그것보다 훨씬 뚜렷하지만 연대적 인간 지수보다는 못하다. 제6차 조사 참여국 전체 응답자 자료에서 시민정치적 인간 지수의 상관계수가 연대적 인간 지수의 그것을 아주 조금 상회하는 것으로 나타났지만, 제5차 조사 자료에서는 연대적 인간 지수의 상관계수가 훨씬 더 크게 나왔다. 그렇기 때문에 지금까지의 자료 분석 결과를 종합하여 전반적으로 살펴볼 때, 사회적 인간 유형 가운데 정치적 인간성이나 특히 경제적 인간성 대신에 연대적 인간성이 널리 확산되고 심화되는 것이야말로 시민들의 행복감과 삶에 대한 만족도를 높이는 가장 분명한 길임을 알 수있다.

2. 연대하는 인간과 시민사회의 발전

인간의 연대성은 주관적인 행복감과 삶에 대한 만족도를 증진시킬 뿐 아니라 객관적인 사회발전의 매우 중요한 바탕이자 원동력이기도 하다. 여기서는 한 사회 구성원의 연대성 수준이 그 사회의 발전과 어떤 관련이 있는지를 앞에서 살펴본 세계가치조사 자료 외에 사회발전에 관련된 몇 가지 공인된 지표들을 활용하여 살펴본다.

사회발전이란 매우 포괄적인 개념이다. 저자는 사회발전이 시민사회, 정치, 경제라는 사회의 세 영역의 발전을 포괄한다고 보면서 이들 가운데 특히 시민사회의 발전에 더욱 주목하려고 한다. 여기서 의미하는 시민사회 발전의 중심에는 시민사회 구성원의 행복 증대와 사회적 결속력의 확보가 위치해 있다. 한편 정치의 발전과 경제의 발전은 입장에 따라 매우 상이한 내용을 가리킬 수 있지만, 여기서는 기본적인 발전에 해당하는 정치적 민주주의의 발전과 경제력의 향상을 중심으로 살펴보고자 한다. 물론 사회발전을 이와 같은 방식으로 단순화시켜 정의하는 것은 이런 내용의 발전을 측정하기 위해 개발된 기존의 공인된 여러 주요 지표들을 활용할 것을 염두에 두고 있기 때문이다.

1) 연대하는 인간과 행복한 사회: 객관적인 행복도

유엔의 지속 가능한 개발 솔루션 네트워크(SDSN)에서 2012년 이후 거의 매년 발간해 온 『세계 행복 보고서』는 1인당 GDP, 사회적 지지, 기대 건강수명, 생활의 자유선택, 나눔 정신, 부패에 대한 인식이라는 여섯 가지 지표를 토대로 각국의 행복도와 그 순위를 측정한다. 제6차 세계가치조사가 이루어진 2012~2014년의 자료를 바탕으로 각국의 행복도를 조사하여 발표한 『세계 행복 보고서 2015』에 따르면 한국의 행복도 순위는 전체 조사 대상국 158개국 가운데 47위인 것으로 나타났다(Helliwell, Layard, and Sachs ed., 2015: 16-17). 물론 『세계 행복 보고서 2015』의 국가별 행복도는 앞에서 살펴본 세계가치조사의 국가별 주관적 행복감 및 삶의 만족도 평균과 높은 긍정적인 상관관계에 있다.

『세계 행복 보고서』는 2012년에 처음 나왔지만 위에서 언급된 여섯 지표를 토대로 행복도를 측정해 온 것은 2013년부터다. 〈그림

<그림 8> 연대적/경제적 인간 지수 순위와 국가 행복도 순위

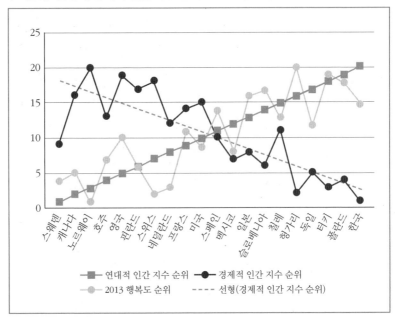

자료: 제5차 세계가치조사 자료, 『세계 행복 보고서 2013』

8)은 『세계 행복 보고서 2013』에 나온 국가들 가운데 제5차 세계가
치조사에 참여한 OECD 소속 국가의 행복도, 연대적 인간 지수, 그
리고 경제적 인간 지수 사이의 관계를 보여 준다. 이것을 보면 행복
도는 연대적 인간 지수 순위가 높을수록 함께 높아지지만 경제적 인
간 지수 순위가 높을수록 낮아지는 경향이 있음을 알 수 있다.[117]

그래서 여기서는 국가의 범위를 넓혀 『세계 행복 보고서 2015』에
수록된 158개국 가운데 제5차 세계가치조사와 제6차 세계가치조사
에 참여하여 연대적 인간 지수 자료를 제공한 전체 국가를 대상으로
각국의 인간 지수 평균과 행복도 사이의 상관관계를 분석해 보았다.
그 결과 <표 11>에서 보듯이 제6차 조사 결과에 의한 연대적 인간

연대하는 인간, 호모 솔리다리우스

〈표 11〉 사회적 인간 유형의 지수와 행복도 사이의 상관관계

피어슨 상관계수		세계 행복 보고서 2013	세계 행복 보고서 2015
제6차 세계가치 조사	연대적 인간 지수	x	x
	경제적 인간 지수	−0.544**	−0.579**
	권력정치적 인간 지수	x	−0.289**
	시민정치적 인간 지수	x	x
	행복감	0.485**	0.475**
제5차 세계가치 조사	연대적 인간 지수	0.343*	0.319*
	경제적 인간 지수	−0.686**	−0.709**
	권력정치적 인간 지수	−0.287*	−0.354**
	시민정치적 인간 지수	x	x
	행복감	0.679**	0.610**
한국의 행복도 순위		41위/156개국	47위/158개국

*p<.05, **p<.01.

지수 및 시민정치적 인간 지수는 행복도와 유의미한 상관관계를 보이지 않은 데 비해 경제적 인간 지수 및 권력정치적 인간 지수는 행복도와 부정적인 상관관계를 보인다. 그리고 권력정치적 인간 지수의 부정적인 상관관계는 비교적 약한 편인 데 반해 경제적 인간 지수의 부정적 상관관계는 매우 뚜렷하다.[118]

그런데 친사회적 자아 정체성을 연대적 인간 지표의 구성 요소로 이용한 제6차 조사 결과와 달리 연대적 자아 정체성을 이용한 제5차 조사 결과는 연대적 인간 지수가 주관적인 행복감뿐 아니라 객관적인 행복도와도 긍정적인 상관관계에 있음을 보여 준다. 제5차 세계가치조사 시기와 가장 가까운 두 보고서인 『세계 행복 보고서 2013』과 『세계 행복 보고서 2015』에 나온 각국의 행복도와 제5차 조

사 결과 사이의 상관관계를 분석해 보면, 연대적 인간 지수가 두 차례 모두 각국의 행복도와 통계적으로 유의미한 긍정적인 상관관계를 이루고 있다.[119]

이런 결과는 연대적 자아 정체성을 포함하는 연대적 인간 지수가 높을수록『세계 행복 보고서』의 행복도 역시 높아지는 경향이 있지만, 권력정치적 인간 지수나 특히 경제적 인간 지수가 높아지면 반대로 행복도가 떨어지는 경향이 있음을 의미한다. 이것은 앞에서 살펴본 주관적 행복감에 대한 상관관계와 비교해 보면, 연대적 인간 지수가 높아질수록 주관적인 행복감뿐 아니라 객관적인 행복도 역시 증가하는 경향이 있지만, 경제적 인간 지수가 높아지면 주관적인 행복감과 객관적인 행복도가 모두 떨어지는 경향이 있다. 이에 비해 권력정치적 인간 지수가 높아지면 주관적인 행복감은 증가하지만 객관적인 행복도는 떨어지는 경향이 있으며, 시민정치적 인간 지수가 높아지는 것은 행복감의 증대에는 긍정적인 영향을 끼치지만 객관적인 행복도의 증대에는 어떤 영향을 끼치는지 분명하지 않다.

그런데 연대적 인간 지수와 행복도 사이의 실질적인 상관관계가 이런 통계분석 결과보다 더 크다는 사실은『세계 행복 보고서』에서도 확인할 수 있다.『세계 행복 보고서 2017』에는 "세계 행복의 사회적 토대"라는 글이 있는데, 이 글의 저자들은 사회적 신뢰가 행복의 증진에 매우 중요한 토대라고 밝혔다. 이들은『세계 행복 보고서』가 부패에 대한 인식을 행복도의 핵심적인 여섯 지표 가운데 하나로 삼은 이유는 이 보고서의 가장 중요한 자료인 갤럽 세계 여론조사 (Gallup World Poll) 자료에서 신뢰에 관한 질문이 정기적으로 포함되지 않는 데 비해, 정부와 기업의 부패에 대한 인식을 묻는 질문은 정기적으로 포함되기 때문이라고 했다. 실제로 보고서의 저자들은 보고서와 함께 자료를 공개하면서 여섯 지표에 관한 자료와 함께 신뢰도에 관한 자료를 공개하기도 한다. 어쨌든 이런 설명과 사실이 의미하는 바는 저자가 연대적 인간의 주요 지표 항목으로 삼은 신뢰도가 사실은 부패 인식보다 행복도를 이루는 더욱 적합한 요소라는 것이다. 그렇기 때문에 만약 신뢰도가 부패 인식도 대신에 행복도의 지표로 사용된다면 연대적 인간 지수와 행복도 사이의 긍정적인 상관관계는 현재보다 현저히 더 커질 것이다(Helliwell, Layard, and Sachs ed., 2017: 33).

2) 연대하는 인간과 사회적 결속력: 사회통합 지수, 사회갈등 지수, 사회적 결속력 지수

시민사회 발전의 두 번째 양상은 사회적 결속력의 강화이다. 사회에서 갈등의 발생은 자연스러운 현상일 뿐 아니라 사회발전의 계기가 되기도 한다. 그러므로 발전된 시민사회는 갈등이 없는 사회가 아니라 갈등을 잘 관리하여 구성원의 행복과 사회발전으로 전환시킬 수 있는 사회이다. 이런 사회에 가장 필요한 것은 차이와 갈등을 포섭할 수 있는 능력으로, 사회적 결속력 혹은 사회통합 능력이라는 것이 여기에 해당된다.

사회학자 이재열, 조병희 등이 중심이 된 서울대 연구팀은 83개국의 갈등 지수와 80개국의 사회통합역량 지수를 바탕으로 79개국의 사회통합 지수를 산정한 바 있다. 이들은 지수의 산정을 위해 제4차와 제5차 세계가치조사, 제4차 유럽가치조사, 세계은행 지니계수 등 각종 자료를 활용했는데, 이들 자료는 1999~2012년 시기에 작성된 것들이다.[120] 이렇게 하여 산정된 한국의 사회통합 지수는 19.74로서 전체 79개국 가운데 40위로 나타났으며, 사회통합역량 지수와 사회갈등 지수는 각각 1.38과 1.74로 80개국 가운데 30위, 83개국 가운데 갈등이 심한 순서로 26위인 것으로 나타남으로써 사회갈등이 매우 심하고 사회통합 수준이 중간 이하임을 알 수 있다 (이재열 외, 2014: 146-147).

〈그림 9〉는 제5차 세계가치조사에 참여한 OECD 소속 국가의 연대적 인간 지수 및 경제적 인간 지수 순위가 이재열 연구팀에서 산정한 국가별 사회통합 지수 및 사회갈등 지수의 순위와 어떤 관계

〈그림 9〉 연대적/경제적 인간 지수 순위와 사회통합/사회갈등 지수 순위

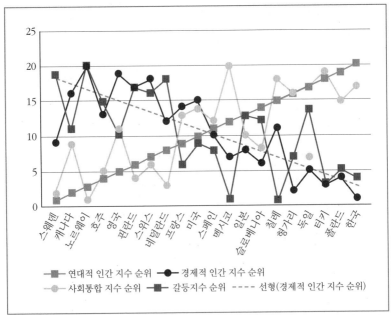

자료: 제5차 세계가치조사 자료, 이재열 연구 팀의 사회통합/사회갈등 지수 자료(이재열 외, 2014).

연대하는 인간, 호모 솔리다리우스

에 있는지를 가시적으로 잘 보여 준다. 그래프에 따르면 연대적 인간 지수의 순위가 높은 국가일수록 사회통합 지수의 순위도 높지만, 사회갈등 지수의 순위는 낮고 경제적 인간 지수의 순위가 높은 국가는 이와 반대되는 경향을 보인다.

이런 경향은 통계분석을 통해 더욱 정확하게 확인할 수 있기 때문에 여기서는 이재열 연구팀이 산정한 자료를 활용하여 이들 네 유형의 인간 지수와 사회통합 및 사회갈등 지수 간의 상관관계를 살펴보았다. 이를 위해 이들이 조사한 국가들 가운데 제5차 세계가치조사에 참여한 52개 국가의 사회통합 지수와 사회갈등 지수를 선택하여 이들이 네 가지 유형의 인간 지수 각각의 평균과 어떤 상관관계에 있는지를 분석했다.[121] 그 결과 〈표 12〉에서 보듯이 연대적 인간 지수가 사회통합 지수뿐 아니라 사회갈등 지수와도 높은 상관관계를 이루는 것으로 나타났다. 이것은 연대적 인간 지수가 높은 나라일수록 사회통합 수준은 높은 반면에 사회갈등의 소지가 적은 나라

〈표 12〉 사회적 인간 유형의 지수와 사회통합/사회갈등 지수 사이의 상관관계

피어슨 상관계수	사회통합 지수	사회갈등 지수
연대적 인간 지수	0.483**	−0.566**
경제적 인간 지수	−0.496**	0.341*
권력정치적 인간 지수	−0.356**	0.315*
시민정치적 인간 지수	x	−0.320*
한국의 지수 순위	40위/79개국	26위/83개국

*$p<.05$, **$p<.01$.

자료: 제5차 세계가치조사 자료, 이재열 연구 팀의 사회통합/사회갈등 지수 자료(이재열 외, 2014).

임을 말해 준다. 흥미로운 점은 이와 반대로 경제적 인간 지수나 권력정치적 인간 지수가 높은 나라에서는 사회통합 수준이 낮고 사회갈등의 소지가 많은 것으로 나타났다는 사실이다.[122]

이런 분석 결과는 각국이 연대적 인간 지수나 경제적 인간 지수에서 차지하는 순위와 사회통합 지수나 사회갈등 지수의 순위 사이의 상관관계를 분석한 결과에서도 크게 다르지 않다. 즉, 연대적 인간 지수의 순위가 앞에 있는 국가일수록 사회통합 지수의 순위에서도 앞에 위치하지만 사회갈등 지수의 순위에서는 뒤에 위치하는 경향이 있다. 이에 반해 경제적 인간 지수의 순위가 앞에 있는 국가의 경우는 그 반대라는 것이다.[123]

각국의 사회갈등 지수를 산정한 연구에는 한국보건사회연구원의 정영호 및 고숙자의 연구와 삼성경제연구소 박준의 연구도 있다(정영호·고숙자, 2015; 박준, 2009). 이들 연구는 사회통합 지수 모델의 개발에 주된 관심이 있었던 앞의 연구와 달리 사회갈등의 경제적 결과를 분석하는 데 공통된 관심이 있었다. 그리고 이들의 사회갈등 지수 모델은 기본적으로 경제학자 로드릭(D. Rodrik)의 사회갈등 지수 모델에 기초하여 개발되었으며, 또한 OECD 국가에 적용되어 이들 국가의 사회갈등 지수가 산정되었다는 점에서도 공통성이 있다. 하지만 이들이 개발한 사회갈등 지수 모델에 의거하여 산정된 각국의 사회갈등 지수도 연대적 인간 지수 및 경제적 인간 지수와 높은 상관관계가 있는 것으로 분석되었다.

즉, 정영호와 고숙자는 한편으로 정부 효과성, 규제의 질적 수준, 부패 규제, 정부소비지출 비중 등을 내용으로 하는 갈등관리 제도와 다른 한편으로 경제적·정치적·사회문화적인 영역의 잠재적 사회갈등 요인을 두 축으로 하는 사회갈등 지수 모델을 개발했다. 그리고 OECD 국가를 대상으로 2009년 28개국, 2010년 25개국, 그리고 2011년에는 24개국의 사회갈등 지수를 산정했다. 그런데 역시 이들 지수의 산정에 사용된 자료들도 2010~2014년의 제6차 세계가치조사 자료보다는 2005~2009년의 제5차 세계가치조사 자료와 시기적으로 훨씬 더 많이 겹친다. 따라서 제5차 조사의 연대적 인간 지수와 2009년의 사회갈등 지수 간의 상관관계를 양쪽 자료가 모두 있는 19개국을 대상으로 분석한 결과 사회갈등 지수에 대해 연대적 인간 지수는 부정적인 상관관계가, 그리고 경제적 인간 지수는 긍정적인 상관관계가 각각 있는 것으로 확인되었다.[124]

박준은 정부 효과성 지수와 민주주의 지수를 활용한 갈등관리 시스템 지수와 지니계수를 활용한 갈등요인 지수를 바탕으로 OECD 국가들의 사회갈등 지수를 산정했는데, 여기에 사용된 자료는 2010년 이전의 자료이다. 그래서 제5차 세계가치조사 자료와의 상관관계를 분석하기 위해 두 자료에 공통적으로 포함된 OECD 19개국을 대상으로 이들 국가의 사회갈등 지수와 연대적 인간 지수 및 경제적 인간 지수가 각각 어떤 상관관계에 있는지를 분석했다. 그 결과 여기서도 사회갈등 지수에 대하여 연대적 인간 지수는 뚜렷이 부정적인 상관관계에 있는 반면에 경제적 인간 지수는 뚜렷이 긍정적인 상관관계에 있는 것으로 확인되었다.[125]

이런 분석 결과들을 보면, 이재열·조병희 등의 모델이나 정영호·고숙자의 모델, 또는 박준의 모델에서 공통적으로 연대적 인간 지수가 높은 국가일수록 사회갈등 지수는 낮아지는 반면에 경제적 인간 지수가 높은 국가에서는 오히려 이 지수가 높아지는 경향이 뚜렷이 나타난다. 즉, 구성원들의 연대 지향성 수준이 높은 국가일수록 사회갈등의 정도가 비교적 뚜렷이 약해지는 데 반해 구성원들의 경제 지향성 수준이 높은 국가에서는 사회갈등이 비교적 뚜렷이 심화되는 경향이 있음을 이들 자료가 보여 준다는 것이다.

이재열, 조병희 등의 연구팀은 사회갈등 지수를 넘어 사회통합 지수까지도 제시했으며, 이들이 산정한 사회통합 지수 역시 연대적 인간 지수 및 경제적 인간 지수와 뚜렷한 상관관계에 있다는 점을 앞에서 살펴보았다. 이들과 달리 OECD 소속 국가들에 한정해서 사회통합 지수를 산정한 연구로는 박명호 연구팀의 연구가 있다. 이들은 자유, 안전, 역능, 복지 및 분배, 저출산 및 고령화, 사회적 자본, 사회적 관용, 정부 역량의 여덟 가지 범주에 해당하는 지표로써 사회통합 지표체계를 구성한 후 OECD 통계, 세계은행 자료, 세계 가치조사 자료 등을 활용하여 OECD 소속 국가들의 사회통합 지수를 산정했다. 이들이 산정한 가장 최근의 사회통합 지수는 2009년 지수로서 한국은 조사 대상 30개국 가운데 24위로 나왔다(박명호 외, 2013: 11 이하).

여기서는 제5차 세계가치조사에 참여한 OECD 국가들을 대상으로 이들 각국의 사회적 인간 유형 지수들의 평균값과 박명호 연구팀이 산정한 국가별 사회통합 지수 간의 상관관계를 분석해 보았다. 그 결과 연대적 인간 지수와 시민정치적 인간 지수는 각각 사회통합 지수와 매우 높은 긍정적 상관관계에 있는 데 반해 경제적 인간 지수는 사회통합 지수와 매우 높은 부정적인 상관관계에 있는 것으로 나타났다.[126]

이제 마지막으로 OECD가 제공한 사회지표 자료를 활용하여

연대하는 인간, 호모 솔리다리우스

OECD 국가의 사회적 결속력을 산정한 후 각국의 사회적 결속력과 사회적 인간 유형의 지수 간 상관관계를 살펴봄으로써 이재열 연구팀 및 박명호 연구팀의 사회통합 지수와의 상관관계 결과와 비교해 보고자 한다.

OECD에서는 회원 국가들의 사회지표 자료를 담은『한눈에 보는 사회(Society at a Glance)』를 발간하는데, 흔히 사회통합 지표로도 번역되는 사회적 결속력(social cohesion) 지표가 여기에 포함되어 있다. 사회적 결속력 지표로 사용되는 변수는 일정하지 않고 자주 바뀌는데, 여기서는『한눈에 보는 사회 2011』에 수록된 사회적 결속력 지표 자료를 활용하여 OECD 국가의 사회적 결속력과 사회적 인간 유형의 지수 간 상관관계를 분석해 보았다.[127] 이 보고서에서는 사회적 결속력 지표로 타인에 대한 일반적인 신뢰의 태도, 사회제도에 대한 믿음, 사회적 행동, 투표율, 사회적 소수집단에 대한 관용적 태도라는 다섯 유형의 지표가 제시되어 있다(OECD, 2011: 89 이하). 그래서 이 다섯 유형의 지표 각각의 국가별 순위를 동일한 비중으로 점수화한 후 총 합계 점수를 사회적 결속력의 최종 점수로 간주하여 사회적 인간 유형의 지수 및 국가별 지수 순위에 대한 상관관계를 분석했다. 그 결과 모든 자료가 제공된 30개국 가운데 한국의 결속력은 27위로 나왔다.[128]

제5차 세계가치조사에 참여한 OECD 소속 각국의 사회적 인간 유형들의 지수와 사회적 결속력 총점 사이의 상관관계를 분석한 결과 이재열 연구팀이나 박명호 연구팀이 산정한 사회통합 지수에 대한 상관관계처럼 여기서도 연대적 인간 지수는 사회적 결속력 총점과 매우 높은 긍정적인 상관관계에 있는 데 반해 경제적 인간 지수는 사회적 결속력 총점과 높은 부정적인 상관관계에 있었다. 한편 정치적 인간 지수의 경우는 박명호 연구팀의 사회통합 지수에 대한 상관관계와 유사하게 시민정치적 인간 지수는 사회적 결속력 총점과 긍정적인 상관관계에 있지만 권력정치적 인간 지수는 유의미한 상관관계에 있지 않았다.[129]

이 분석 결과를 이재열 연구팀이나 박명호 연구팀의 사회통합 지수에 대한 상관관계 분석 결과와 종합하면, 구성원들의 연대 지향성이 강한 국가일수록 사회통합 혹은 사회적 결속력 수준이 높지만 경제적 인간 지수가 의미하는 경제 지향성이 강한 국가에서는 오히려 사회통합 혹은 사회적 결속력 수준이 낮은 경향이 매우 뚜렷함을 알 수 있다.[130]

3. 연대하는 인간과 정치·경제의 발전

이코노미스트 인텔리전스 유닛(The Economist Intelligence Unit, EIU)에서 『민주주의 지수』라는 보고서를 통해 발표하는 세계 각국의 민주주의 지수는 선거 과정 및 다원주의, 행정부의 기능, 정치 참여, 정치 문화, 시민의 자유라는 다섯 개의 민주주의 요소를 바탕으로 산정된다. 그런데 2018년에 발표된 보고서에 따르면 한국의 민주주의 지수는 2017년 기준으로 조사 대상 167개국 가운데 20위의 상위권에 위치해 있다(EIU, 2018: 5).

〈그림 10〉은 제5차 세계가치조사에 참여한 OECD 소속 국가의 연대적 인간 지수 및 경제적 인간지수 순위가 각각 민주주의 지수

〈그림 10〉 연대적/경제적 인간 지수 순위와 민주주의 지수 순위 및 1인당 GDP 순위

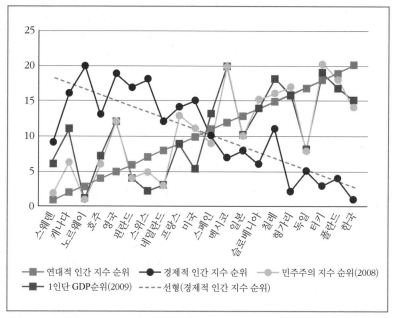

자료: 제5차 세계가치조사 자료, 민주주의 지수 2008(EIU), 1인당 GDP 2009(세계은행)

및 1인당 GDP 순위와 어떤 관계에 있는지를 그래프로 보여 준다. 그래프에 따르면 연대적 인간 지수의 순위가 높은 국가일수록 민주주의 순위와 1인당 GDP 순위가 함께 높은 경향이 있지만, 경제적 인간 지수의 순위는 이와 반대되는 경향을 나타낸다.

이런 경향을 통계적으로 확인하기 위해 네 가지 유형의 인간 지수와 민주주의 지수 및 1인당 GDP 사이의 상관관계를 분석해 보았다. 먼저 제5차 세계가치조사 시기의 2008년 민주주의 지수와 제6차 세계가치조사 시기의 2014년 민주주의 지수를 중심으로 네 가지 유형의 인간 지수와의 상관관계를 살펴본 결과, 〈표 13〉에서 보듯이 권력정치적 인간 지수와 특히 경제적 인간 지수는 두 차례 모두

<표 13> 사회적 인간 유형의 지수와 민주주의 지수/1인당 GDP 사이의 상관관계

피어슨 상관계수	민주주의 지수 (EIU)		1인당 GDP (세계은행)	
	2008	2014	2009	2013
연대적 인간 지수	x (0.301*)[132]	x	0.434**	0.276*
경제적 인간 지수	−0.580**	−0.374**	−0.579**	−0.373**
권력정치적 인간 지수	−0.416**	−0.270*	−0.389**	−0.345**
시민정치적 인간 지수	x	x	x	0.337*

*p<.05, **p<.01.

자료 : 제5차 및 제6차 세계가치조사 자료, 『민주주의 지수 2008』, 『민주주의 지수 2014』, 세계은행의 1인당 GDP 자료(2009, 2013).[133]

민주주의 지수와 부정적인 상관관계에 있는 것으로 나타났다. 이에 비해 연대적 인간 지수의 경우는 2008년 민주주의 지수와 스피어만 상관계수를 기준으로 긍정적인 상관관계에 있으며, 각국의 연대적 인간 지수 순위와 2008년 민주주의 지수 순위 간에도 통계적으로 유의미한 상관관계에 있다.[131] 하지만 연대적 인간 지수와 2014년 민주주의 지수 사이에서는 그리고 시민정치적 인간 지수와 두 차례의 민주주의 지수 사이에서는 통계적으로 유의미한 상관관계가 발견되지 않았다(EIU, 2008: 1-8; 2015: 3-8).

이런 사실에서 권력정치적 인간 지수와 특히 경제적 인간 지수가 높은 국가일수록 선거 과정, 행정부의 기능, 정치 참여, 정치 문화, 그리고 시민의 자유를 내용으로 하는 민주주의 수준이 낮은 경향이 있음을 알 수 있다. 그리고 친사회적 자아상이 아닌 연대적 자아상에 기초한 연대적 인간 지수가 높은 국가에서는 이와 반대로 민주주의 수준도 함께 높지만, 그렇지 않더라도 권력정치적 인간 지수와 특히 경제적 인간 지수의 경우처럼 민주주의 수준이 낮아질 가능성은 적다는 점도 보여 준다.

경제발전과 관련해서는 1인당 국내총생산(GDP)의 증가와 이들 사회적 인간 유형의 지수 사이의 상관관계를 살펴보았다. 그 결과 경제적 인간 지수와 권력정치적 인간 지수는 1인당 국내총생산과 부정적인 상관관계에 있지만, 연대적 인간 지수와 시민정치적 인간 지수는 1인당 국내총생산과 긍정적인 상관관계에 있음을 알 수 있다.

여기서는 세계은행(The World Bank)에서 제공하는 각국의 1인당 국내총생산 자료 가운데 제5차 세계가치조사 시기 및 제6차 세계가치조사 시기에 각각 해당하는 2009년 자료와 2013년 자료를 이용하여 네 가지 유형의 사회적 인간 지수에 대한 상관관계를 분석해 보았다(The World Bank, 2018). 그 결과 〈표 13〉에서 보듯이 경제적 인간 지수와 정치권력적 인간 지수는 공통적으로 두 차례의 조사에서 모두 각국의 1인당 GDP와 뚜렷한 부정적인 상관관계에 있는 것으로 나타났다. 그리고 연대적 인간 지수는 이와 반대로 두 차례 모두 긍정적인 상관관계를 보였고, 시민정치적 인간 지수의 경우는 제6차 조사 결과와 2013년 각국의 1인당 GDP 사이에서만 통계적으로 유의미한 긍정적인 상관관계가 확인되었다.

이런 사실은 경제적 인간 지수와 권력정치적 인간 지수가 높은 국가일수록 민주주의 수준뿐만 아니라 1인당 GDP로 표현되는 경제력의 수준도 낮아지며, 이런 부정적인 경향은 경제적 인간 지수에서 더욱 뚜렷하다는 것을 말해 준다. 그리고 이에 반해 연대적 인간 지수가 높은 국가에서는 민주주의 수준보다 더 뚜렷이 경제력 수준도 높아지며, 시민정치적 인간 지수가 높은 국가에서도 경제력 수준이 향상되는 경향이 있음을 보여 준다.

연대적 인간 지수가 민주주의와 경제력 향상에 긍정적이라는 사실은 민주주의와 경제 발전에서 협력, 신뢰 등과 같은 사회적 자본의 역할이 중요하다는 점을 강조하는 관점에서 어렵지 않게 이해될 수 있다. 이 책에서는 연대적 인간 지표의 핵심 요소로서 신뢰의 태도를 포함시켰는데, 신뢰가 민주주의 발전과 경제발전에 얼마나 중요한 역할을 하는지에 관해서는 이미 많은 연구가 이루어져 있다 (Helliwell, J. F., H. Huang, & S. Wang, 2017: 30 이하; 푸트남, 2000: 281 이하; 후쿠야마, 1996: 29, 54, 91).

어쨌든 결론적으로 연대적 인간의 확산과 성장은 시민사회 구성원들의 주관적인 만족감과 행복감을 향상시킬 뿐 아니라 객관적인 행복도의 향상에도 긍정적인 영향을 끼치며, 시민사회의 갈등을 줄이고 통합과 결속을 강화시키는 방식으로 시민사회의 발전에도 매우 긍정적으로 기여할 수 있다. 그리고 더 나아가 정치적 민주주의와 경제력 향상이라는 정치경제의 발전에도 연대적 인간의 확산은 긍정적인 효과를 지닌다.

이에 반해 경쟁을 통해 부를 추구하는 경제적 인간의 확산은 사회 구성원들의 주관적인 만족감과 행복감뿐만 아니라 객관적인 행복도에도 부정적인 결과를 초래하며, 사회갈등을 낳고 사회통합과 결속을 약화시켜 시민사회의 발전에도 부정적인 효과를 보인다. 더 나아가 정치적 민주주의뿐만 아니라 일반적인 예상과 달리 경제력의 향상에도 긍정적인 결과가 아닌 부정적인 결과를 초래한다. 경제적 인간의 확산이 초래하는 이런 전반적인 작용은 연대적 인간의 확산 효과와 반대되는 방향일 뿐 아니라 네 가지 유형의 사회적 인간

연대하는 인간, 호모 솔리다리우스

가운데 가장 뚜렷한 특징을 보인다.

한편 정치적 인간의 경우는 경제적 인간이나 연대적 인간만큼 그 효과가 뚜렷하지는 않다. 하지만 권력정치적 인간의 확산은 주관적인 삶의 만족감과 행복감에 대한 경우를 제외하고는 대부분 경제적 인간의 확산과 같은 방향의 효과를 보인다. 반면에 시민정치적 인간의 확산은 전반적으로 연대적 인간의 확산과 유사한 방향의 효과를 보이지만, 작용의 강도는 네 가지 유형의 인간 가운데 가장 약한 특징을 보인다.[134]

4. 경제적 탈연대 인간형 국가 및 연대적 탈경제 인간형 국가와 사회발전의 차이

한국은 네 가지 유형의 사회적 인간 가운데 연대적 인간과 경제적 인간의 불균형이 가장 심하며, 그 불균형 정도가 조사 대상 국가 가운데 가장 큰 국가군에 속한다.[135] 그리고 네 가지 유형의 인간 지수 가운데 연대적 인간 지수는 두 차례의 세계가치조사 자료에서 공통적으로 경제적 인간 지수와의 사이에서만 통계적으로 유의미한 부정적인 상관관계를 뚜렷이 형성했다. 그래서 여기에서는 네 가지 사회적 인간 지수 가운데 경제적 인간 지수와 연대적 인간 지수를 선택하여 이들이 가리키는 구성원들의 경제 지향성과 연대 지향성의 정도를 기준으로 전체 조사 대상 국가들을 유형화해 보았다.

〈그림 11〉과 〈그림 12〉는 연대적 인간 지수 및 경제적 인간 지수와 관련하여 세계가치조사 응답자들의 소속 국가별 평균치 간의

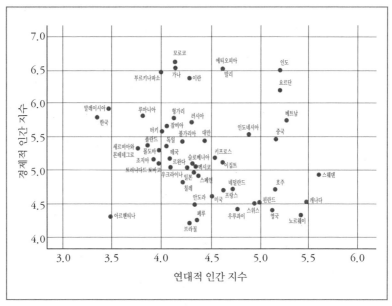

〈그림 11〉 국가별 연대적 인간 지수 평균 및 경제적 인간 지수 평균 산점도
(제5차 세계가치조사)

상대적인 관계를 그래프로 나타낸 것이다. 이를 보면 한국이 국가별 연대적 인간 지수 평균에서 가장 낮은 국가군에 속한 반면에 경제적 인간 지수에서는 높은 편에 속한 것을 알 수 있다.

〈표 14〉는 연대적 인간 지수와 경제적 인간 지수를 기준으로 이들 국가를 네 가지 유형으로 나눈 내용을 보여 준다. 연대적 인간 지수와 경제적 인간 지수 각각의 평균을 상회하는 국가와 미달하는 국가를 네 가지 유형으로 분류한 결과, 낮은 연대적 인간 지수와 낮은 경제적 인간 지수를 특징으로 하는 [유형 I]에는 제5차 조사의 경우 조사 참가국 51개 가운데 스페인, 슬로베니아, 안도라 등 16개가 속하며, 제6차 조사 자료에서는 참가국 58개 가운데 우크라이나, 폴란

연대하는 인간, 호모 솔리다리우스

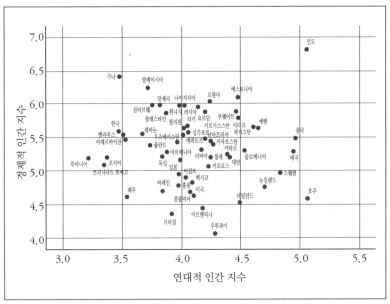

드, 조지아 등 17개가 속했다. 옛 동구권 중심의 유럽 국가와 중남미 국가가 많이 포함된 이 유형의 국가는 비경제 추구적인 저연대 인간형 국가라고 부를 수 있다.

　이 유형과 대조되는 국가는 [유형 IV]로서 높은 연대적 인간 지수와 높은 경제적 인간 지수를 특징으로 한다. 제5차 조사의 경우 이 유형에 베트남, 인도, 중국 등 7개 국가, 그리고 제6차 조사 자료에서는 인도, 중국, 카자흐스탄 등 11개 국가가 각각 속해 있는데, 중동을 포함한 아시아 국가가 대부분을 차지하며 일부 아프리카 국가 등이 포함되어 있다. 이 유형은 경제 추구적인 고연대 인간형이라고 할 수 있다.

〈표 14〉 연대적 인간 지수와 경제적 인간 지수에 의한 국가 유형

			연대적 인간 지수	
			낮음	높음
경제적 인간 지수	제5차 세계 가치 조사	낮음	[유형 I] 스페인, 슬로베니아, 안도라, 세르비아와 몬테네그로, 우크라이나, 몰도바, 조지아, 멕시코, 칠레, 페루, 브라질, 아르헨티나, 트리니다드 토바고, 일본, 태국, 르완다 (16개국)	[유형 II] 스웨덴, 노르웨이, 핀란드, 영국, 스위스, 네덜란드, 프랑스, 키프로스, 캐나다, 미국, 호주, 우루과이, 이집트 (13개국)
		높음	[유형 III] 러시아, 헝가리, 폴란드, 루마니아, 불가리아, 독일, 터키, 이란, 대만, 말레이시아, 한국, 가나, 모로코, 부르키나파소, 잠비아 (15개국)	[유형 IV] 베트남, 인도, 중국, 인도네시아, 요르단, 말리, 에티오피아 (7개국)
	제6차 세계 가치 조사	낮음	[유형 I] 우크라이나, 폴란드, 조지아, 루마니아, 독일, 콜롬비아, 브라질, 페루, 트리니다드 토바고, 멕시코, 미국, 우즈베키스탄, 아르메니아, 바레인, 일본, 홍콩, 이집트 (17개국)	[유형 II] 스웨덴, 네덜란드, 슬로베니아, 키프로스, 호주, 뉴질랜드, 우루과이, 칠레, 아르헨티나, 대만, 태국, 카타르, 남아프리카, 리비아 (14개국)
		높음	[유형 III] 러시아, 벨라루스, 아제르바이잔, 싱가포르, 한국, 말레이시아, 필리핀, 터키, 팔레스타인, 레바논, 튀니지, 나이지리아, 에콰도르, 알제리, 짐바브웨, 가나 (16개국)	[유형 IV] 인도, 중국, 카자흐스탄, 키르기스스탄, 파키스탄, 쿠웨이트, 요르단, 이라크, 예멘, 에스토니아, 르완다 (11개국)

[유형 II]와 [유형 III]은 앞의 두 유형과 달리 연대적 인간 지수와 경제적 인간 지수 사이의 비교적 큰 불균형이 특징적이다. 먼저, 높은 연대적 인간 지수와 낮은 경제적 인간 지수를 특징으로 하는 [유형 II]에는 제5차 조사의 경우 스웨덴, 노르웨이, 핀란드 등 13개국이 속해 있으며, 제6차 조사 자료에서는 스웨덴, 네덜란드, 슬로베니

연대하는 인간, 호모 솔리다리우스

아 등 14개국이 속하는 것으로 나타났다. 유럽, 북미, 오세아니아의 선진국들이 많이 포함된 이 유형은 비경제 추구적인 고연대 인간형이라고 할 수 있다.

이 유형과 대조되는 [유형 III]은 한국이 속해 있는 유형으로서 낮은 연대적 인간 지수와 높은 경제적 인간 지수를 특징으로 하는데 제5차 조사에서는 러시아, 헝가리, 폴란드 등 15개국, 그리고 제6차 조사에서는 튀니지, 나이지리아, 알제리 등 16개국이 각각 속해 있다. 이 유형의 국가는 대부분 옛 동구권 중심의 유럽 국가, 아프리카 국가, 혹은 아시아 국가로서 경제 추구적인 저연대 인간형 국가라고 할 수 있다.

그런데 경제 추구적인 저연대 인간형 국가 중에서도 경제 지향성과 연대 지향성 간의 격차가 특별히 심한 국가들이 있다. 제5차 조사 자료에서는 모로코, 부르키나파소, 말레이시아, 한국, 가나 등이 여기에 해당되며, 제6차 조사 자료에서는 가나, 말레이시아, 짐바브웨, 알제리, 한국 등이 여기에 속한다. 이들은 경제적 인간 지수와 연대적 인간 지수 사이의 격차가 가장 큰 5개 국가로서, 여기서는 이들을 경제 추구적인 저연대 인간형인 [유형 III]의 국가 가운데서도 특별히 경제적 탈연대 인간형(economically de-solidary man) 사회 혹은 경제적 모나드 인간형(economically monadized man) 사회의 국가라고 부르고자 한다. 말레이시아, 한국, 가나의 3국이 두 차례 모두 여기에 해당한다는 점이 눈에 띈다.

이에 반해 비경제 추구적인 고연대 인간형 국가 가운데 경제 지향성과 연대 지향성의 격차가 가장 작거나 오히려 연대 지향성이 경제 지향성보다 더 강한 국가들도 있다. 제5차 세계가치조사 자료에 따르면 노르웨이, 캐나다 등 11개국의 경우에는 연대적 인간 지수가 경제적 인간 지수보다 더 높은데, 이들 중에서 경제적 인간 지수에 비해 연대적 인간 지수가 가장 높은 노르웨이, 캐나다, 영국, 스웨덴, 핀란드의 5개국을 특별히 연대적 탈경제 인간형(solidaristically post-economic man) 사회 혹은 연대적이며 탈경제적인 인간형(solidary and post-economic man) 사회의 국가라고 부르기로 한다. 제6차 조사 자료에서는 두 인간 지수 간의 격차가 가장 작거나 오히려 연대적 인간 지수가 더 큰 호주, 우루과이, 네덜란드, 뉴질랜드, 스웨덴의 5개국이 여기에 속하는데, 스웨덴은 제5차 조사 자료에 이어 두 차례 등장한다는 점이 눈에 띈다.[136]

〈표 15〉는 구성원의 연대 지향성과 경제 지향성 정도에 의한 국가 유형 가운데 경제적 탈연대 인간형 5개국과 연대적 탈경제 인간형 5개국 간의 특징적인 차이를 사회발전 관련 몇몇 지수들의 국가별 순위와 세계가치조사 결과를 바탕으로 보여 준다. 여기서 사용된 지수들은 앞에서 살펴본 사회발전 관련 지수들 중에서 대상을 OECD 국가에 제한하지 않은 것이다.

이 표에 따르면 연대 지향성에 비해 경제 지향성이 지나치게 강한 인간형을 특징으로 하는 경제적 탈연대 인간형 5개국은 세계가치조사 자료에서 나타난 주관적인 행복감과 특히 삶의 만족도가 비교적 떨어지지만, 연대적 탈경제 인간형 5개국은 10위권 내에 해당하는 주관적인 행복감과 삶의 만족도를 느끼고 있음을 제5차 세계가치조사 자료에서 볼 수 있다. 제6차 세계가치조사 자료에서도 이보다는 정도가 덜하지만 마찬가지의 차이를 보여 준다.

또한 〈표 15〉는 이런 주관적인 감정뿐만 아니라 사회발전에 관

연대하는 인간, 호모 솔리다리우스

<표 15> 경제적 탈연대 인간형 및 연대적 탈경제 인간형 국가와 사회발전 지수 순위

순위		삶의 만족도	행복감	국가 행복도	사회통합 지수	갈등 지수	민주주의 지수	1인당 GDP
경제적 탈연대 인간형 5개국 평균 순위	제5차 조사	44위 /58개국	28.6위 /58개국	36.4위 /54개국	39위 /52개국	12.8위 /52개국	38.8위 /54개국	39위 /54개국
	제6차 조사	41위 /60개국	25.2위 /60개국	38.6위 /60개국	24.7위 /43개국	15.3위 /44개국	33.6위 /60개국	38.2위 /58개국
연대적 탈경제 인간형 5개국 평균 순위	제5차 조사	8.8위 /58개국	7.8위 /58개국	5.4위 /54개국	5.8위 /52개국	46위 /52개국	5.6위 /54개국	7.2위 /54개국
	제6차 조사	10.4위 /60개국	18.4위 /60개국	4.6위 /60개국	4.8위 /43개국	37.4위 /44개국	3.2위 /60개국	7.8위 /58개국

자료: 제5차 및 제 6차 세계가치조사 자료, 『세계 행복 보고서 2013』, 『세계 행복 보고서 2015』, 이재열 연구팀의 논문(이재열 외, 2014: 146-147), 『민주주의 지수 2008』, 『민주주의 지수 2014』, 세계은행의 1인당 GDP 자료(2009, 2013).[137]

한 객관적인 자료를 활용하여 산정된 여러 지수에 따른 국가별 순위에서도 경제적 탈연대 인간형 5개국과 연대적 탈경제 인간형 5개국 사이에 매우 뚜렷한 차이가 있음을 보여 준다. 즉, 제5차나 제6차 조사 자료 모두에서 경제적 탈연대 인간형 5개국은 평균적으로 국가의 행복도, 사회통합 수준, 민주주의 수준, 1인당 GDP에서 공통적으로 하위권이나 중위권에 머물러 있지만, 연대적 탈경제 인간형 5개국은 8위권 이내의 최상위권에 위치해 있다. 사회갈등 수준에서는 이와 반대로 경제적 탈연대 인간형 5개국이 갈등이 많은 상위권에 속해 있지만, 연대적 탈경제 인간형 5개국은 최하위권에 속할 정도로 갈등 수준이 낮다. 그렇다면 이들 두 국가 유형 사이의 이런 특징적인 차이는 왜 발생하는가? 사회적 인간 유형의 지수, 특히 연대적 인간 지수 및 경제적 인간 지수가 구성원들의 주관적인 감정 및 몇몇 중요한 사회발전의 특징들과 어떤 상관관계에 있는지를 살펴 본 앞선 논의에서 이 차이의 원인에 대한 의미 있는 설명을 발견할 수 있다.

5. 한국사회의 발전과 연대하는 인간

한국은 약 반 세기라는 짧은 기간 동안 정치적·경제적으로 놀라운 성취를 이루어 냈다. 2018년 민주주의 지수를 기준으로 한국은 조사 대상 167개국 가운데 20번째로 민주주의 수준이 높은 정치발전을 이루었으며, 2017년 1인당 GDP는 약 3만 달러로 세계 27위라는 상위권에 위치하게 되었다. 하지만 사회갈등 지수가 조사 대상 83개국 가운데 26위로 상위권에 있으며, 사회통합 지수는 조사 대상 79개국 가운데 40위의 중간 수준, 그리고 사회적 결속력은 OECD 소속 30개국 가운데 27위의 최하위권이라는 사실이 보여 주듯이 한국의 시민사회는 여전히 심한 혼란의 와중에 있다. 이런 혼란의 결과 사회 구성원의 삶의 만족도와 행복감은 조사 대상 약 60개국 가운데 하위권에 놓일 정도로 떨어져 있다. 그리고 이런 혼란은 2015년 기준 세계보건기구 자료에 따르면 한국의 자살률이 183개국 가운데 10위라는 최고 수준에 이르게 되는 사회적인 배경도 되고 있다(WHO, 2017).

한국사회에서는 지난 약 반 세기 동안 국가에 의한 경제성장 중심의 근대화 정책이 집중적으로 추진되는 과정에서 경제적 자아 구성 프로젝트가 매우 중요한 역할을 했다. 그리고 이런 근대화 과정에서 경제적 자원을 미리 선점하게 된 집단들이 자기 기득권을 정당화하고 강화하기 위해 여러 방식으로 경제적 인간상을 끊임없이 강조하면서 연대 지향적인 인간상에 대해서는 부정적인 태도를 강화해 왔다. 그래서 한국의 시민과 시민사회에서는 "경제적 탈연대화(economic de-solidarization)" 혹은 "경제적 모나드화(economic monadization)"가 지속적으로 이루어져 왔다. 그 결과 한국사회는 경제 추구적인 저연대 사회 유형에 속하게 되었으며, 이 유형에 속한 사회들 가운데서도 정도가 가장 심한 "경제적 탈연대 인간형 사회(society of economically de-solidarized man)" 혹은 "경제적 모나드 인간형 사회(society of economically monadized man)"가 된 것이다.

한국사회는 그동안 급속한 정치적 성취와 특히 경제적인 성취를 이룩했음에도 앞에서 언급한 바와 같이 낮은 수준의 주관적인 행복감과 객관적인 행복도, 낮은 수준의 사회통합 내지는 결속력, 높은 수준의 사회갈등을 보이며 특히 세계 최고 수준의 자살률을 나타내고 있다. 이런 현상은 시민과 시민사회의 경제 지향성과 연대 지향성 사이의 지나친 불균형 상태와 밀접히 관련되어 있다. 앞에서는 인간의 경제 지향성 및 연대 지향성이 각각 사회발전과 어떤 상관관계에 있는지를 살펴보았다. 게다가 많은 현대 철학자, 사회과학자, 심리학자, 자연과학자 등의 연구를 통해 확인되고 있듯이 인간 본성은 이기적인 속성뿐 아니라 이타적인 속성도 함께 지니고 있는데, 경제적 모나드 인간형 사회의 경제 편향적인 과도한 불균형은 이런 양면적인 인간 본성에 크게 모순된다. 경제 지향성과 연대 지향성 간의 불균형이 가장 약한 사회의 안정성과 그 구성원들의 행복감이 높은 데 반해 불균형이 가장 심한 경제적 모나드 인간형 사회의 안정성과 행복감이 낮은 것은 이런 점에서 자연스러운 결과라고 볼 수 있다.

따라서 한국사회가 구성원의 행복 수준을 높이고 시민사회의 결속력을 강화하여 건강성을 회복하기 위한 시급한 과제는 경제적 탈연대화를 극복하는 것이다. 뿐만 아니라 한국사회가 그동안 이룩한 정치 및 경제 발전이 현재 상태에서 중단되지 않고 지속 가능하기 위해서, 더 나아가 연대적 탈경제 인간형 사회 수준으로 진전하기 위해서는 더욱더 경제적 탈연대화를 극복해야 한다. 왜냐하면 앞에서 살펴본 바와 같이 인간의 지나치게 강한 경제 지향성과 지나치게 약한 연대 지향성은 모두 정치 및 경제 발전의 커다란 장애물이기 때문이다. 그동안 한국사회가 이런 성취를 이룩하는 과정에서 국가, 정책, 제도, 기술 등의 요소들이 큰 역할을 수행해 왔다. 이런 요소들은 향후에도 어느 정도 중요한 역할을 하겠지만 앞으로는 인간적 요소의 역할이 더욱 중요해질 것이다. 그러므로 정치 및 경제 발전에 큰 장애가 되는 인간적 요소, 즉 지나친 경제 지향성과 부족한 연대 지향성을 극복하는 일은 한국사회의 발전을 위해 무엇보다 시급한 과제이다.

한국에서 제6차 세계가치조사가 실시된 것은 이명박 정부 시기인 2010년이다. 그 후 한국사회는 박근혜 정부 시기와 촛불혁명을 거쳐 지금은 과거의 어느 때보다 연대적 가치를 중시하는 새로운 정부의 통치를 받고 있다. 그렇기 때문에 그동안 한국인의 연대 지향성에도 적지 않은 변화가 일어났을 가능성이 크다고 추측된다. 성균관대 서베이리서치센터에서 실시하는 한국종합사회조사(KGSS) 설문지에는 연대적 인간 지표의 구성 요소와 관련된 질문이 포함되어 있어서 이들을 통해 2010년 이후의 변화를 어느 정도 간접적으로 추정할 수 있다(김지범 외, 2017).

한국종합사회조사는 연대적 인간 지표의 구성에 사용된 타인 신뢰의 태도에 관한 질문과 비슷한 질문을 사용하여 2010~2016년 사이에 다섯 차례 실시되었다. 그 결과를 보면 2010년에는 응답자의 42.3%, 2016년에는 43.0%가 각각 일반적으로 타인 신뢰의 태도를 보이는 것으로 나타나, 지난 6년 동안 특별한 변화가 없었음을 알 수 있다(김지범 외, 2017: 357).

한편 연대적 인간 지표의 자아 정체성에 해당하지만 세계가치조사 질문과는 매우 다른 형태로 자신을 이타적인 존재로 보는지 아니면 이기적인 존재로 보는지를 묻는 한국종합사회조사가 2010년과 2015년을 제외하고 매년 실시되었다. 이 조사에서 2011년과 2016년에 각각 응답자의 41.7%와 56.1%가 자신을 이타적인 존재로, 30.4%와 35.0%가 이기적인 존재로 본다고 대답했다. 이에 따르면 이타적인 자아상이 크게 증가한 것으로 보이는데, 2014년까지는 특별한 변화가 없다가 2016년 조사에서 갑자기 크게 증가했다. 그리고 같은 기간 동안 이기적인 자아상도 뚜렷이 증가했다(김지범 외, 2017: 56).

이에 비해 연대적 인간 지표를 구성하는 요소인 정부의 기본적인 복지정책에 대한 태도와 관련해서는 그동안 연대적인 태도가 강화되지 않았음을 알 수 있다. 한국종합사회조사 질문 가운데는 비록 세계가치조사 질문과 매우 다른 형태로 만들어진 것이지만 실업자의 적정한 생활수준을 제공할 책임과 빈부 간 소득격차를 완화시킬 책임이 정부에 있다고 보는지를 묻는 질문이 포함되어 있다. 이

두 질문을 사용하여 실시한 2006년과 2016년의 두 차례 조사 결과를 비교해 보면 실업자에 대한 정부의 책임을 인정한 응답자는 10년 사이에 조금 감소한 데 비해 소득격차 완화에 대한 정부의 책임을 인정한 응답자 비율에는 별 다른 변화가 없었다.[138]

결국 이런 한국종합사회조사의 결과를 통해 볼 때 2010년 이후 최근까지 한국인의 연대적 인간 지수가 크게 증가했을 것이라고 추정하기는 어렵다. 물론 한국종합사회조사의 최근 조사는 박근혜 정부 시기인 2016년에 실시된 것이다. 그동안 이명박 정부와 박근혜 정부를 거치면서 한국사회에서 시장경제 원리의 중요성은 더욱 강조되었으나 시민사회의 중심 가치인 연대의 가치는 소홀히 취급되었을 뿐 아니라 억압되기조차 했다는 점을 생각하면, 2016년 이전에 시민들의 연대 지향성이 자연스럽게 널리 확산되기가 쉽지 않았을 것으로 여겨진다.

하지만 시민들의 연대 감정과 정신은 결코 정부가 지향하는 정책이나 이데올로기에 따라 그렇게 쉽게 근절되지 않는다. 실제로 이명박 정부와 박근혜 정부 시기에도 연대의 정신과 가치를 지키려는 실천적인 노력이 꾸준히 이루어져 왔을 뿐 아니라 새로운 형태로 발전했으며, 연대의 관념과 사상 역시 꾸준히 발전되어 왔다(강수택, 2016: 52 이하, 154 이하).[139] 그렇기 때문에 박근혜 정부 말기에 강력한 권력 기반을 송두리째 무너뜨릴 만큼 엄청난 위력을 지닌 일반 시민들의 촛불연대가 출현할 수 있었던 것이다. 박근혜 정부에 이어 출범한 문재인 정부는 이 촛불연대의 힘에 의해, 그리고 촛불연대의 정신을 기반으로 등장하여 과거의 어느 정부보다도 사회적 소수자와의 연대 가치를 강조한다. 따라서 일반 시민에게 그동안 잠재되어

연대하는 인간, 호모 솔리다리우스

있으면서 억압되기도 했던 연대 지향성이 2016년 이후 급격히 전개된 정치적·사회적 상황에서 쉽게 표출되며 시민들 사이에서 빠르게 확산되고 성장하기 시작했을 가능성이 있는데, 이런 변화를 확인시켜 줄 자료를 아쉽게도 아직은 발견하지 못하였다.

9장 호모 솔리다리우스를 위한 교육

앞에서 저자는 한국인의 연대성 수준을 향상시키기 위한 방안으로 연대 지향적인 교육을 통한 노력과 사회복지 제도 같은 연대 지향적인 제도를 통한 노력이 필요하다고 말한 바 있다. 이런 노력은 어느 사회에서나 마찬가지이지만 특히 한국사회에서는 다른 어떤 노력보다도 우선적으로 필요하다.

사회적 약자의 기본적인 욕구를 충족시키는 사회복지 제도 같은 연대 지향적인 제도를 도입하고 정착시키기 위해서는 특정한 사회집단의 일방적인 힘의 행사만으로는 불충분하다. 이해관계가 상충되는 연관된 주요 사회집단들이 이 제도 도입의 필요성에 공감하는 것이 매우 중요하다. 이런 관점에서 본다면 연대 지향적인 가치관이나 사고 등을 포함하는 연대 문화의 확산과 발전은 연대 지향적인 제도의 도입뿐 아니라 성공적인 존속과 발전을 위해서도 꼭 필요하다. 이런 연대 문화의 확산과 정착 과정에서 무엇보다 중요한 역할을 하는 것이 교육이다.

그래서 이 책의 결론부에 해당하는 9장에서는 연대하는 인간, 호모 솔리다리우스의 확산과 성장에 이르는 중요한 방법인 연대 지향적인 교육에 대해 다음 두 가지를 중심으로 간략히 살펴보려고 한다. 하나는 연대 지향성과 교육의 본질 간의 관계에 대한 교육철학적인 논의이다. 다른 하나는 실제로 연대 지향적인 교육이 성공적으로 이루어지는 교육현장의 사례를 통해 연대 지향적인 교육이 충분히 실현 가능한 교육일 뿐 아니라 오늘날의 지나치게 경쟁 지향적인 인간과 이로 인한 비인간적인 사회의 문제점을 극복할 대안적인 교육의 방향이라는 점을 보여 주는 것이다.

1. 교육의 본질과 연대

1) 교육의 본질

교육의 본질이 무엇인지에 대해서는 수많은 주장이 있지만, 확실한 것은 교육의 본질에 대한 인식이 시대와 사회에 따라 변한다는 사실이다. 예컨대 개인보다 공동체를 더 중시한 전근대 사회와 반대로 개인을 공동체보다 더 중요하게 여기는 근대 사회에서 교육의 목표는 다를 수밖에 없다. 물론 사회학자들은 어느 사회에서나 교육이 갖는 공통된 특징을 이야기하기도 한다. 즉, 교육은 사회를 통합하는 역할을 수행하고, 사회의 힘 있는 집단이 기존의 지배 질서를 유지하는 도구로 사용된다는 것 등이 그것이다. 하지만 이런 사회학적인 특징은 교육이 사회에 초래하는 결과에 대한 사후적인 해석으로서 흔히 교육의 사회적 기능이라고 하는 것이다.

이에 비해 교육의 본질 혹은 목표란 교육실천의 지향성에 관한 것으로 사전에 제시되어 교육실천을 통해 추구하려는 대상이다. 이와 관련하여 흔히 해방교육 사상가로 널리 알려져 있는 브라질 출신의 교육 사상가 프레이리(P. Freire)는 현시대가 요구하는 교육의 본질 가운데 하나로 연대를 제시했다. 여기서는 프레이리의 후기 사상에서 특별히 주목을 받는 연대교육 사상을 중심으로 연대가 왜 현시대에 특별히 중요한 교육의 본질인지 간략히 서술한다.

2) 신자유주의 교육관의 문제점

프레이리는 1968년에 발간된 『억압받는 자의 교육학』을 통해 널리 알려졌는데, 억압받는 자의 인간성 회복을 위한 해방교육의 필요성을 강조하고 그 방법론을 제시한 이 책은 한국의 민주화 과정에서도 널리 읽혔다. 그는 1960년대 말에 쓴 두 권의 책, 『자유의 실천으로서의 교육』과 『억압받는 자의 교육학』 외에도 1970~1990년대에 많은 책을 썼다. 그런데 이들 책, 특히 1990년대에 쓰여진 책에서는 경제적인 세계화가 급속히 진행되고 이를 뒷받침한 신자유주의 이념이 전 세계적으로 널리 확산되기 시작하면서 그가 신자유주의 이념과 이로부터 영향을 받은 신자유주의 교육관의 문제점을 비판하고 이를 극복할 대안을 제시한 내용이 많이 발견된다.

그는 자본주의 체제와 권위주의적 사회주의 체제가 모두 비인간적인 체제라는 점에서 이들에 매우 비판적이었다. 그에 따르면 자본주의는 여러 면에서 매우 효율적인 체제이긴 하지만 인간 존재의 윤리적인 차원에 대해서는 철저히 무감각한 내적인 특성을 지닌다. 그 결과 풍요 속의 결핍과 빈곤이 발생하며, 실제로 지구상에서 사실상 식량이 부족하지 않은데도 인류가 부를 두고 아귀다툼을 벌이는 결과 수많은 사람들이 굶주림으로 죽어 가는 사악한 체제가 자본주의라는 것이다. 프레이리에 따르면 신자유주의 이념은 자본주의 체제의 효율성을 강조하면서도 이런 내적인 부당성에 대해서는 불가피한 것으로 받아들일 수밖에 없다는 인식을 주입시키고 있다(프레이리, 2003: 108).

더구나 냉전 시기 동안 자본주의와 경쟁하던 독단적이며 경직된 현실 사회주의 체제가 붕괴되자, 자본주의 체제의 승리를 외치는 자들이 자유주의와 경쟁할 수 있는 다른 이데올로기의 존립 기반이 사라졌다는 의미에서 역사의 종언론을 설파하면서 1990년대에는 신자유주의 이념의 기세가 더욱 강력해졌다(프레이리, 2003: 39-41). 그 결과 경제적 세계화가 적극적으로 추진되는 과정에서 지구상에 수많은 실업자가 양산되기에 이르렀다. 게다가 자본주의 시장경제 원리를 무엇보다 강조한 신자유주의 이념이 단지 사적인 경제활동에 대해서뿐만 아니라 교육과 같은 공적인 서비스 영역에서도 목소리를 높이면서 이들 영역에서 공공성이 약화되거나 왜곡되는 결과가 초래되었다.

이런 관점에서 프레이리는 신자유주의 이념에 의해 왜곡된 교육관에 내재된 심각한 문제점을 날카롭게 드러내 보였다. 그가 신자유주의 교육관의 문제점으로 가장 빈번히 지적한 것은 숙명론적 교육관이다. 그에 따르면 현시대에는 여러 형태의 숙명론이 팽배해 있는데 그 가운데 가장 지배적인 형태가 신자유주의적인 숙명론이다. 역사 종언론, 이데올로기 종언론 등으로 무장한 신자유주의 숙명론은 오늘날 "세계적 규모로 만연되어 있는 대규모 실업이 세기말의 불가피한 현상"이라는 믿음을 확산시키고 있다. 이런 신자유주의 숙명론의 관점에서 보면 "교육은 학생을 불가피한 것, 즉 바뀔 수 없는 것에 적응시키는 행위"이다. 따라서 이런 관점에서 중요한 것은 "기술 훈련"으로서 학생은 기술 훈련을 통해 주어진 세상에 비로소 적응하고 생존할 수 있다는 것이다(프레이리, 2007: 20).

그는 신자유주의 교육관의 실용주의적 특성도 문제점으로 지적했다. 신자유주의자들은 교육의 중립성을 강조하면서 "교육실천을 학습자들에게 단순히 정보를 전달하는 것으로 전락시킨다." 이들에 따르면 "오늘날의 교육실천이 효과적이기 위해서는 기술 훈련이나 학습자에게 내용을 주입시켜 예탁하는 일"이 중요하다. 하지만 프레이리에 따르면 어떠한 교육도 중립적이지 않았으며 앞으로도 그럴 것이다. 왜냐하면 인간은 미완의 존재일 뿐 아니라 이런 미완의 존재라는 특성을 의식하는 역사적인 존재여서 불가피하게 다양한 선택을 요구받기 때문이다. 이런 선택이나 결정의 불가피성이 인간을 교육시켜야 하는 근거가 되기 때문에 교육은 윤리적 특성이나 넓은 의미의 정치적 특성을 지니게 된다. 그러므로 중립적인 교육이라는 것이 실제로는 엄격한 의미에서 중립적일 수 없을 뿐 아니라 언제나 선택에 직면하는 학습자를 위한 진정한 교육이 될 수 없다. 이런 관점에서 그는 질문을 던진다. "중립이란 것이 선택을 회피하거나 불의를 고발하는 두려움을 숨기는 안락하고도 위선적인 방식이 아니라면 도대체 무엇인가? 눈앞에서 억압을 보고서도 손을 떼는 것이 중립이라고 말할 것인가?"(프레이리, 2003: 38, 56; 2007: 133-135, 173; Freire et al., 2014: 25).

프레이리는 또한 교육과 실용적인 훈련을 구별하면서 교육이란 단순한 기술 전달이나 반복적인 훈련 이상이라는 점을 강조했다. 그리고 은행 저금식 교육과 문제 제기식 교육을 구별하면서 일방적으로 지식을 전달하는 은행 저금식 교육은 진정한 의미의 교육이 아니며, 상대방이 세계를 이해하고 변화시킬 수 있도록 의사소통을 통해 협력하는 교육만이 참다운 교육이라고 주장했다(프레이리, 2002b: 86 이하; Freire et al., 2014: 25, 58). 이런 관점에서 그는 실용주의적인 신자유주의자들이 교육을 단순한 기술 훈련이나 은행 저금식의 정보 혹은 지식 주입으로 전락시킴으로써 교육을 왜곡시키고 있다고 지적한 것이다.

끝으로, 프레이리는 신자유주의 교육관의 시장 지향성을 심각한 문제로 지적했다. 여기서 그가 의미한 시장은 물론 자본주의 시장경제의 토대로서의 시장이다. 그에 따르면 윤리가 배제된 교육은 없다. 그러므로 신자유주의자들은 윤리를 배제한 단순한 기술 훈련으로 만족하든지 아니면 '시장 윤리'에 입각한 교육을 추구한다. 여기서 프레이리가 시장 윤리라고 표현한 것은 통상적으로 말하는 '시장 논리'에 가깝다. 왜냐하면 그것은 '이윤의 법칙만을 따르는 좁은 의미의 윤리'로서 시장을 통한 이윤 추구에 기본적인 관심을 기울일 뿐 인간성의 목소리에는 매우 둔감하기 때문이다. 프레이리는 이런 신자유주의적인 시장 윤리에 '보편적 인간 윤리'를 대조시켰다. 보편적 인간 윤리는 진실한 인간성의 목소리에 귀를 기울이는 보편적 인간 열망의 윤리로서, 프레이리는 이것을 '인간 연대의 윤리'라고 표현하기도 했다. 그에 따르면, 진정한 교육은 시장 논리의 단순한 추종과 시장 독재의 추구를 거부하는 대신에 인종, 성, 계급 등에 따른 차별이 존재하는 비인간적인 세계 현실에 맞서 이를 함께 변화시키고자 하는 보편적 인간 윤리를 증진시키고 또한 이 윤리를 실천할 수 있게 하는 것이다(프레이리, 2007: 14-19, 154-156).

3) 교육의 본질로서의 연대

연대에 대한 프레이리의 관심은 가장 잘 알려진 그의 초기 저술 『억압받는 자의 교육학』에서 이미 많이 발견된다. 그가 이 책에서 제시한 유명한 대화론도 교육에 참여한 구성원들 간의 상호 신뢰, 협력 등과 밀접히 관련되어 있는데, 이들은 연대의 중요한 토대 혹은 특징에 해당한다(프레이리, 2002b: 60, 110, 198 이하).

연대교육에 대한 그의 이런 관심은 경제적 세계화가 급속히 진행되고 신자유주의 이념이 널리 확산되면서, 더 나아가 신자유주의 이념이 교육관에도 큰 영향을 끼치면서 훨씬 더 커졌다. 그 결과 그의 신자유주의 비판론에서도 간략히 언급되었듯이 연대는 마침내 신자유주의적인 교육관을 극복할 대안적 교육의 핵심 요소 가운데 하나로 부상했을 뿐 아니라 신자유주의 이념의 뒷받침을 받은 비인간적인 경제 세계화를 극복하기 위한 유토피아의 핵심 요소로 간주되었다(프레이리, 2003: 130; 2007: 15).

(1) 신자유주의 교육관의 확산과 연대교육의 필요성

프레이리는 신자유주의가 세계를 지배하면서 나타난 가장 심각한 부작용으로 냉소적 숙명론을 들었다. 사람들이 숙명론에 빠지면 희망을 상실하고 꿈을 꿀 능력도 사라진다. 하지만 그에 따르면 희망은 인간의 존재론적 특징이다. 인간은 자신이 불완전한 존재라는 사실을 알기에 끊임없이 이를 극복해 가려고 하는데, 여기에 꼭 필요한 것이 희망이기 때문이다. 즉, 희망이 없다면 인간은 자신과 자신이 속한 세계의 불완전성을 극복하기 위한 어떠한 노력도 할 수 없다(프레이리, 2007: 12, 136).

프레이리는 이처럼 인간 개인과 세계의 실존을 위해 너무나도 중요한 희망과 꿈이 교육의 조건이자 가장 중요한 과제라는 점을 강조했다. 왜냐하면 교육이란 인간이 불완전성을 극복하기 위해 영원히 필요한 것이며, 불완전성을 극복할 수 있다는 희망이 있을 때 비로소 가능한 것이기 때문이다. 그런데 신자유주의적인 숙명론이 확산되면서 다르게 꿈을 꿀 권리가 부정되고 꿈을 꿀 능력과 희망이 상실되어 마침내 이런 의미의 교육 자체가 어려워졌다고 그는 진단했다. 그러면서 이 시대에 무엇보다 필요한 것이 희망의 교육학이라고 주장했다. 즉, 희망 없이는 아무것도 할 수 없기 때문에 어떤 장애가 있더라도 정확한 분석을 통해 희망의 기회를 드러내고 또한 변화의 꿈을 꿀 수 있게 하는 것이 교육의 중요한 과제라는 것이다(프레이리, 2002a: 12; 2007: 68-69).

물론 희망 없음, 즉 절망이 문제이듯이 근거 없는 단순한 외고집의 희망도 문제이다. 뿐만 아니라 희망은 인간 개인과 세계의 실존 조건을 개선하는 데 필수조건이지만 충분조건은 아니다. 희망의 실현을 위해서는 실천이 수반되어야 하기 때문이다. 실천이 뒤따르지 않는 희망은 결국 사라지기 쉽기에 희망은 실천에 닻을 내려야 한다. 이를 위해서는 무엇보다 현실의 문제에 대한 정확한 인식과 이를 개선하기 위한 실천적인 노력이 필요하다. 그래서 프레이리는 현실에 대한 비판적 문제의식을 기르는 것을 일찍부터 교육의 중요한 과제로 삼았으며, 문제 제기식 교육과 대화를 교육의 중요한 방법으로 제시했다. 그러면서 그는 실천적인 노력에서 연대의 중요성을 매우 강조했는데, 희망의 실현을 위한 실천적인 노력에서뿐 아니라 교육을 위한 실천적인 노력에서도 연대적 실천이 매우 중요하다고 생각했다. 그가 교육의 중요한 방법으로 제시한 대화도 상대방에 대한 존중, 신뢰, 협력 등을 추구하는 연대적 실천의 중요한 표현 형태라고 할 수 있다(프레이리, 2002a: 11-12; 2002b: 41 이하, 105 이하).

프레이리는 또한 신자유주의가 지배하면서 교육의 중립성과 기능성이 강조되는 것을 크게 우려하면서 교육의 윤리성·정치성 등으로 표현되는 실천적 특성을 강조했다. 그에 따르면 인간은 다른 생명체와 달리 자신과 세계를 대상화시켜서 이들에 대해 생각할 수 있는 존재, 즉 의식적 존재 혹은 대자적 존재이다. 그렇기 때문에 자신과 세계의 불완전성 혹은 한계가 무엇인지 찾아내고 이를 극복할 수 있게 된다. 물론 자신과 세계에 대한 의식이 곧바로 문제의 해결로 귀결되는 것은 아니지만, 문제 해결의 가장 중요한 토대이자 출발점이 될 수 있다. 왜냐하면 인간은 존재에 대한 의식을 바탕으로 자신과 세계를 실질적으로 변화시키는 실천을 할 수 있기 때문이다. 물론 실천은 다시금 새로운 의식의 근원이 되기도 한다. 이런 관점에서 그는 인간을 유일한 의식적인 존재이자 실천적인 존재라고 보았다. 그리고 지속적인 의식과 실천을 통해 새로운 역사를 창조해 가는 존재라는 점을 강조했다(프레이리, 2002b: 118-121).

이처럼 인간을 의식적인 존재이자 실천적인 존재로 이해한 프레이리는 한계상황에 처해 있는 사람들이 자신들의 비인간적인 상황을 인식하고 이를 극복하려고 노력하는 데 대해 교육이 무관심할 수 없다고 보았다. 왜냐하면 이런 무관심은 기존의 비인간적인 상황의 존속을 의미하며 따라서 인간과 세계에 대한 무책임을 의미하기 때문이다. 더 나아가 그는 앞에서도 언급되었듯이 교육 자체가 인간의 불완전성을 극복하려는 과제와 관련되어 있기 때문에 이를 실현하기 위한 선택 혹은 결정에서 자유로울 수 없다고 보았다. 따라서 교육의 윤리적인 혹은 정치적인 지향성은 불가피하다는 관점에서 프레이리는 자신의 책 『억압받는 자의 교육학』의 제목이 암시하듯이 교육의 가장 중요한 과제는 비인간적인 상황에 처해 있는 사람들이 이를 개선할 수 있도록 함께하는 것이라고 보았다(프레이리, 2002a: 205-207; 2002b: 57).[140]

이처럼 그는 비인간적인 상황의 개선에 참여할 과제를 교육에 부여했지만, 그렇다고 교육이 이들 비인간적인 상황에 처한 사회적 약자를 단순한 대상으로 삼아 이들을 위해 제공되는 것이라고는 보지 않았다. 교육적 실천은 어디까지나 이들을 포함하여 실천에 참여하는 사람 모두 주체가 되어 함께 협력하는 과정이기 때문이다. 여기서 매우 중요한 것은 이들 억압 받는 자, 즉 비인간적인 세계의 사람들과의 진정한 연대이다. 무엇보다도 이들이 처한 어려운 상황과 입장에 대한 이해를 바탕으로 한 교육적 실천을 통해 이들의 인간성 회복에 함께 참여하는 것이다. 이와 같이 그는 교육의 실천성 혹은 지향성을 강조하면서 사회적 약자와의 연대에 기초한 교육을 주장했지만, 교육자의 생각을 사회적 약자에게 일방적으로 주입하려는 태도에 대해서는 매우 경계했다. 그것은 교육자의 생각이 언제나 옳을 수 없으며, 이런 비민주적인 방식의 교육이 결국은 인간성 회복의 장애물이 된다고 보았기 때문이다(프레이리, 2002a: 121 이하; 2002b: 57 이하, 82-83).

또한 프레이리는 경제적 세계화가 급속히 진행되고 이를 뒷받침하는 신자유주의 이념이 확산되면서 시장 원리에 입각하여 경쟁, 상업성, 개인주의 등을 중시하는 신자유주의적인 교육관이 전 세계에 널리 퍼지는 것을 크게 염려했다. 왜냐하면 이런 교육관은 억압, 불평등, 차별, 배제, 분열, 갈등, 대립 등을 특징으로 하는 비인간적인 세계의 현실을 유지하는 데 기여하기 때문이다. 그래서 그는 세계의 비인간적인 현실을 개선하고 인간화에 기여할 교육은 시장 원리 대신에 보편적인 인간 윤리를 지향해야 한다고 강조했다(프레이리, 2007: 14 이하).

교육이 지향해야 할 보편적 인간 윤리로 프레이리는 특별히 인간 연대의 윤리를 강조했다. 왜냐하면 인간 연대의 윤리야말로 시장 윤리와 달리 진실한 인간성의 목소리에 민감한 윤리이며, 역사에 의해 형성되는 조건을 뛰어넘을 수 있게 하는 윤리이기 때문이다. 더구나 프레이리는 자본주의적 시장경제가 비록 매우 효율적인 체제이기는 하지만 인간 존재의 윤리적 차원에 대해서는 철저히 무감각해서 이로 인한 시장경제의 사악한 본성이 오늘날 세계화를 통해 극대화되고 있다는 점을 매우 심각하게 인식했다. 그러면서 그는 이런 자본주의의 비인간적인 본성을 숨기려는 신자유주의적인 시장 윤리를 야만적이라고 규정한 후 이에 대항하는 윤리가 필연적이고도 절박하게 필요하다고 주장했는데, 이것이 바로 모든 인간의 연대 필요성을 강조하는 윤리이다(프레이리, 2007: 155-6; 2003: 108).[141]

그런데 꿈꾸고 추구할 유토피아라고까지 프레이리가 표현한 인간 연대는 의식적이며 실천적인 존재라는 인간의 고유한 존재 조건에서 유래한 것으로, 온전한 실현을 위해 적절한 인식과 실천을 필요로 한다. 프레이리는 인간 연대의 실현을 위한 가장 중요한 과제로 '다양성 속의 하나 됨' 혹은 '차이들의 연대'를 주장했다. '다양성 속의 연대'라고 번역되기도 하는 영어 표현 'unity within diversity'

에서 unity는 흔히 통일, 일치, 하나 됨 등으로 번역될 수 있는 표현이지만, 프레이리가 이 표현을 사용한 문맥을 보면 단일한 목표를 강압적으로 추구하는 것과는 거리가 멀다. 오히려 서로 다른 주체들이 이견의 조정 과정을 거치면서 공동의 목표를 달성하기 위해 자발적으로 힘을 합치는 것을 의미하기 때문에 실제 내용으로는 연대를 가리킨다고 할 수 있다(프레이리, 2002a: 237 이하; 2007: 15; 2003: 17, 102 이하, 130).

프레이리는 포스트모더니즘에 대해서 이중적인 태도를 취했다. 포스트모더니즘이 신자유주의 경향의 보수적 정치 이념과 결합할 수 있지만, 현실 변화를 추구하는 진보적 관점과도 결합할 수 있다고 보았기 때문이다. 그러면서 그는 진보적 포스트모더니즘의 관점에서 근대적 관료주의, 중앙집권주의, 획일주의, 권위주의, 엘리트주의, 분파주의, 실용주의 등의 낡은 근대주의 관점을 비판하고 자율성, 분권화, 다양성, 차이의 가치를 중시했다. 그가 '다양성 속의 하나 됨' 혹은 '차이들의 연대'를 연대의 중요한 원리로 특별히 강조한 것은 자신의 실천적인 경험에서 비롯된 것이겠지만, 새로운 시대 정신을 자신의 관점에서 적극적으로 수용한 결과라고도 볼 수 있다(프레이리, 2002a: 14, 78, 152, 310-311).

(2) 연대교육의 핵심 요소

어쨌든 그는 이런 '다양성 속의 연대,' '차이들의 연대'를 지향하는 인간 연대의 필요성을 강조하면서 오늘날의 교육이 시장 윤리 대신에 이런 인간 연대의 윤리를 지향해야 한다고 강조했다. 그러면서 그는 인간 연대의 윤리를 지향하는 교육, 즉 연대교육의 실천을 위해 필요한 점을 몇 가지 지적했는데, 두 가지만 간략히 언급하면 다음과 같다.

첫째, 프레이리가 연대교육의 출발점으로 삼은 것은 서로에 대한 존중이다. 교육에 관련된 사람들, 특히 교사와 학생은 상대방의 인격적인 존엄성, 정체성, 자율성 등을 존중해야 한다는 것이다. 이를 위해서는 자신과 상대방 사이에 그리고 타인들 사이에 존재하는 차이를 존중하고 관용하는 태도가 필요한데, 그는 이런 태도가 무엇보다 겸손한 자세에서 비롯된다고 보았다. 이런 점에서 그는 특히 교사의 오만과 독선, 권위주의적인 자세를 매우 경계하면서, 교사의 겸손한 태도야말로 학생들의 지식과 현실 이해 방식에 대한 존중으로 이어져 교사와 학생 간의 수평적인 대화를 가능하게 하고 마침내 서로에 대한 깊은 신뢰를 낳게 한다는 점을 강조했다(프레이리, 2007: 34, 69 이하, 135; 2002a: 247; 2003: 105; 2002b: 107-110; Freire et al., 2014: 63).

물론 교사가 겸손한 자세로 학생들의 지식을 존중하여 경청하면서 인내할 필요가 있다고 하여 교사와 학생의 차이를 부인하는 것은 결코 아니다. "교사는 교사이며 학생은 학생이다." 프레이리는 이 문제를 '권위와 자유의 조화'라는 주제로 자세히 다루었는데, 여기서 그는 교사가 버려야 할 것이 권위주의, 즉 권위의 남용이지 교육을 위해 공인된 교사의 정당한 권위 자체가 아니라는 점을 분명히 했다. 권위와 자유의 관계는 충돌하기 쉬워서 적절한 경계를 찾기가 어렵다. 하지만 교육에서 분명한 것은 권위의 독재와 자유의 독재, 즉, 무절제한 권위와 무절제한 자유가 모두 민주적인 교육의 심각한 장애물이라는 점이다. 따라서 권위와 자유의 상호 존중이 필요하다. 그리고 교사의 경우 교육자로서의 사명감과 책임의식을 갖고 학생을 비롯한 전체 교육 관련자들과 함께 민주적인 방식으로 교육적인 실천을 적극적으로 행하는 것이 중요한데, 이런 교육적 실천에 힘을 제공하는 것이 교사의 권위이다. 이 권위는 교사의 모범적인 일관성에 의해 지탱된다. 프레이리는 교사의 이런 공인된 권위가 약화되면 교사의 권위주의가 그러하듯이 학생의 자유를 손상시키는 결과를 초래한다고 보았다(Freire et al., 2014: 19; 프레이리, 2007: 105-107, 126 이하; 2003: 113).

둘째, 서로 다른 정체성을 지닌 자율적인 개인들이나 집단들 사이의 연대가 이루어지기 위해서는 상호 존중하는 태도가 필요하지만, 이것만으로는 충분하지 않다. 왜냐하면 상호 존중하는 태도는 상대방의 존엄성, 정체성, 자율성 등을 침해하는 것을 방지하기는 하지만, 더욱 적극적으로 서로를 묶어 주기에는 부족하기 때문이다. 그래서 프레이리는 연대교육의 두 번째 중요한 요소로서 꿈과 희망의 중요성을 특별히 강조했다. 그에 의하면 개인이나 집단이 각각 추구하는 서로 다른 목표를 넘어 하나가 되기 위해서는 이들 목표를 포용할 수 있는 더욱 큰 목표와 이것을 달성하려는 큰 꿈과 강렬한 희망이 필요하다. 이것을 그는 유토피아라고 부르기도 했는데, 앞에서 언급된 인간적 연대의 유토피아가 바로 이에 해당한다(프레이리, 2003: 104).

인간 본성은 '더 나은 존재가 되려는 지향성'을 지니고 있다. 이런 지향성은 자신이나 타인에 대한 어떤 종류의 차별, 지배, 착취 등과도 공존할 수 없다. 그러므로 성 차별, 계급 차별, 인종 차별 등의 각종 차별이나 지배, 착취 같은 비인간적인 현실을 개선하고 마침내 이를 극복하기 원하는 사람들에게는 서로에 대한 경쟁과 투쟁 대신에 모두가 인간으로서 존중받고 살아갈 수 있는 세계를 함께 만들어 가고자 하는 큰 꿈과 희망이 필요하다. 물론 이런 비인간적인 현실을 유지하거나 강화하기를 원하는 사람들은 분할 통치의 원리를 적극 활용하여 이런 현실로 고통당하는 사람들의 단결을 막으려 할 것이다. 아니면 앞에서 언급된 신자유주의 숙명론처럼 이런 현실이 불가피하기 때문에 변화시키려 하기보다 스스로 적응하는 것이 올바른 태도라고 주장할 것이다. 그러므로 연대교육은 비인간적인 현실을 유지하려는 온갖 시도와 주장의 부당성을 한편으로 드러내면서 다른 한편으로는 좀 더 인간적인 세계에서 모두 함께 살아가기를 갈망하는 큰 꿈과 희망을 스스로 발견할 수 있게 해야 한다는 것이다 (프레이리, 2003: 104-105, 130-131; Freire et al., 2014: 63).[142]

(3) 프레이리의 연대교육 사상의 특징과 의미

이런 내용의 연대교육론을 주장한 프레이리의 교육사상은 여러모로 특징적이다. 무엇보다 먼저, 그의 연대교육 사상은 사회적 약자와의 연대를 중시하면서 이들이 자신들의 객관적인 현실을 개선 혹은 극복하는 데 기여하려는 실천적이며 진보적인 의도를 분명히 하고 있다는 점이다. 둘째는 종래의 실천적이며 진보적인 많은 연대 사상과 달리 그의 연대교육 사상은 낡은 근대주의 관점을 거부하는 진보적 탈근대주의 관점에서 자율성, 분권화, 다양성, 차이의 가치를 전제로 하는 연대를 추구한다는 점이다. 셋째는 신자유주의적인 경제 세계화 및 교육관이 빠르게 확산되는 문제 상황에 직면하여 여기에 굴복하거나 도피적인 태도를 취하는 대신에 이 상황을 적극적으로 극복하고자 했으며, 이를 위해 자신의 초기 연대교육 사상을

시대에 맞게 더욱 다듬고 보완하여 대안적인 교육관으로 발전시키려고 했다는 점이다.[143]

다만 아쉬운 점은 그가 초기 저술에서부터 연대의 중요성을 분명히 인식하여 자신의 교육사상의 중심 요소로 다루면서 연대교육에 필요한 중요한 통찰을 많이 제공했지만, 연대교육에 대한 논의를 체계적으로 제시했다고 보기는 어렵다는 것이다.[144]

또한 그의 교육사상, 특히 후기의 사상은 진보적 탈근대주의 관점에서 차이와 다양성을 존중할 것을 매우 강조한다. 하지만 초기부터 일관되게 중시해 온 그 자신의 인간주의적인 입장은 생태주의적인 인식과 충돌할 가능성에 대한 우려를 낳을 수 있다. 하지만 교육학이 기본적으로 인간을 향한 학문이라는 점에서 인간성 회복을 특별히 중시하는 그의 인간주의 관점은 낡은 근대주의 관점과 동일시될 수 없다. 그는 생태계 문제에 대해서는 직접적으로 많은 논의를 하지 않았지만, 그가 중시한 연대 관념은 인간세계를 넘어 생태계로까지 범위가 확장되는 관념이다. 이런 점에서 그의 연대교육 사상이 인간적 연대의 범위를 넘어 생태적 연대로까지 확장되는 연대를 교육의 중심 과제로 삼을 수 있도록 후속 연구자들이 이를 더욱 보완하고 발전시켜가야 할 것이다.

하지만 프레이리의 연대교육 사상은 어쨌든 현대교육, 특히 제3세계의 교육현장과 한국의 민주화 과정에서 매우 큰 영향을 끼친 그의 교육사상이 냉전 시기의 낡은 정치적 이념 대립을 극복하고 인간성 회복을 추구하는 과정에서, 그리고 더 나아가 냉전체제 붕괴 이후에 새로운 지배 이념 역할을 자처한 신자유주의 극복을 위해 노력하는 과정에서 연대의 정신과 실천을 매우 중요하게 다루었음을 알려 준다. 그런데 한국사회는 아직까지 냉전체제로부터 온전히 벗어나지 못한 상태에서 교육을 비롯한 사회의 여러 중요한 영역은 신자유주의 이념과 정책에 큰 영향을 받고 있다. 따라서 1970년대에 민중교육으로 큰 주목을 받았던 그의 교육사상이 오늘날에는 연대교육으로 한국사회를 비롯한 세계의 다른 나라에도 여전히 중요한 메시지를 던지고 있다. 연대교육은 흔히 학습자의 연대 능력을 향상시키기 위해 공감, 신뢰, 박애, 자발적 협력 등에 대한 교육을 특별히 강조하는데, 앞에서 살펴본 프레이리의 연대교육 사상이 바로 이런 점을 매우 중시한다는 것을 쉽게 확인할 수 있다.

2. 연대와 학교교육

1) 연대 가치와 교육현장

프레이리의 교육사상은 브라질을 비롯한 남미의 각국 민중들의 문해교육 현장에서 실천되기 시작한 후 전 세계 민중들의 교육현장으로 빠르고 폭넓게 확산되었다. 이렇게 보면 그의 연대교육 사상은 초기에는 주로 성인들을 대상으로 하는 실천적 사회교육 현장을 염두에 두었다고 할 수 있으나, 점차 일반 학교교육 현장에서도 적용되었다. 이것은 특히 신자유주의 이념이 널리 확산되는 과정에서 교육 영역으로 깊이 침투하여 학교교육 현장에서 큰 영향을 끼치게 되면서 이를 극복할 필요성을 깊이 인식한 교사를 비롯한 여러 학교교육 관련자들을 통해 이루어졌다.

그런데 연대교육을 위한 사상적인 노력이나 실천적인 노력은 경

연대하는 인간, 호모 솔리다리우스

제 세계화가 본격적으로 진행되기 시작한 20세기 말부터 시작된 것도 아니고, 남미, 아프리카 같은 제3세계 민중교육에서 시작된 것도 아니다. 근대적 연대 사상은 19세기에 형성, 발전되는 과정에서 사회학, 사회주의 사상, 연대주의 사상, 가톨릭 사회윤리 등에 적극 수용되었고, 이들 사상과 관련된 각종 교육현장에서 근대적 연대사상을 학습자들에게 가르쳤다. 예컨대 사회학적 연대 사상은 대학교육 현장에서, 사회주의적 연대 사상은 정치교육 현장과 노동교육 현장에서, 연대주의적 연대 사상은 협동조합 교육현장에서, 그리고 가톨릭 연대 사상은 종교교육 현장뿐 아니라 가톨릭계의 각종 기관들, 예컨대 정당, 학교, 사회단체 등과 관련된 교육현장에서도 매우 중요한 교육 내용이 되었다(강수택, 2012a: 33 이하).

뿐만 아니라 사회주의 전통의 노동운동과 가톨릭, 개신교 같은 종교가 정치, 경제, 사회문화 등 사회의 전 분야에 매우 큰 영향을 끼친 서구사회에서는 연대 가치에 대한 교육이 위에서 언급된 개별 교육현장을 넘어 교육적 실천이 이루어지는 사회 곳곳에서 이루어져 왔다. 연대 정신이 그동안 서구사회에서 자유, 평등, 민주주의, 정의 등과 함께 가장 중요한 사회적 가치로 받아들여졌기 때문이다. 이것은 이념을 중시하는 유럽연합 정치세력의 양대 축인 각국의 중도 우파 정당 연합체 '유럽 민중당(European People's Party, EPP)'과 중도 좌파 정당 연합체 '유럽 사회주의자당(Party of European Socialists, PES)'이 공통적으로 연대가 자유, 평등, 정의와 함께 자신들이 추구하는 가장 중요한 기본 가치임을 명백히 밝히고 있는 데서 쉽게 확인할 수 있다. 유럽 각국의 주요 정당이 연대를 기본 가치로 삼고 있다는 것은 이들 정당의 정책이 연대 가치의 실현을 추구한다는 것을 의미

할 뿐 아니라, 정치교육을 비롯한 정당의 각종 공식적인 활동이 연대 가치를 지향한다는 것을 의미한다(EPP, 2012: 1-2; PES, 2011: 1).

물론 오늘날 세계가 당면한 난민 위기 상황에서 유럽의 극우 정치세력이 연대 가치에 반하는 구호와 정책으로 자기 세력을 넓히고 있어, 앞으로 유럽의 정치 지형이 어떻게 변할지 불확실하다. 하지만 20세기 중엽 이후 적어도 현재까지는 서구사회에서 연대 정신이 가장 중요한 사회적 가치 중의 하나로 받아들여짐으로써 비교적 확고한 자리를 잡아 왔다. 그렇기 때문에 시민들의 가정교육이나 학교교육에서뿐 아니라 종교교육, 정치교육, 노조교육 등의 각종 사회교육 현장에서 연대 가치에 대한 교육이 자연스럽게 이루어져 왔다. 더 나아가 영향력이 큰 각종 공공 대중매체들이 연대 가치를 자유, 평등, 정의, 민주주의 등과 함께 오늘날의 서구사회 질서를 떠받치는 가장 중요한 정신적인 토대로 간주하여 이를 끊임없이 강조하는 방식으로 사회교육 기능을 행해 왔다(Pötzsch et al., 1986: 18, 29; Höffner, 1978: 43 이하; DGB, 1996: 30-31; Prüß, 1995; ZDF, 2006: 33, 39).

2) 연대와 학교교육 : 핀란드 학교교육의 사례

(1) 연대 지향적인 학교교육

오늘날 정보통신기술의 급속한 발전과 노동시간의 단축 등으로 학교 밖에서 그리고 성인이 되어서도 교육을 받을 기회가 이전보다 크게 늘어났지만, 학교는 여전히 가장 중요한 교육 현장이다. 특히 연대교육의 관점에서 보면 더욱 그렇다. 나라마다 어느 정도 차이가 있긴 하지만 대다수의 학교교육이 국가의 공식적인 제도의 틀 안에서 이루어진다는 점에서 교육에 직간접적으로 참여하는 사람들, 즉 학생, 교사, 행정 인력, 학부모 등의 규모가 다른 어떤 형태의 교육에서보다 크기 때문이다. 그리고 학교교육을 받는 학생들은 연령 면에서 볼 때 다양하지만 인성, 특히 사회성이 형성되는 과정에서 매우 중요한 아동, 청소년 시기에 해당하는 경우가 많기 때문이기도 하다.

그래서 비교적 일찍부터 연대 가치의 중요성을 인식한 서구사회에서는 앞에서 언급된 학교 바깥의 다양한 교육현장에서뿐 아니라 학교에서도 연대교육을 강화하기 위해 다양한 노력을 기울여 왔다.[145] 보이얼레(D. Bäuerle)는 학생들을 지원하고 돕기 위해 모든 힘을 모으는 것이 연대적 교육학(solidarische Pädagogik)이 추구하는 연대교육이라면서 이것을 위해서는 다른 사람을 위해 수고할 준비, 위험을 감당할 준비, 시민적 용기, 타인의 문제에 대한 반응 등이 특별히 교사와 학부모에게 필요하다고 보았다. 그에 따르면 다양한 연대교육의 공통분모는 간단히 표현하여 "서로에게 맞서는(gegeneinander) 식이 아니라 서로 함께(miteinander) 가르치고 배우는 것"이다(Bäuerle, 1980: 58).

보이얼레가 의미한 이런 연대교육과 더 나아가 프레이리의 연대교육 사상의 기본 정신이 학교교육 현장에서 체계적으로 이루어지는 가장 대표적인 사례로 핀란드의 학교교육을 들 수 있다. 여기서는 연대교육의 관점에서 본 핀란드 학교교육에 대해 간략히 소개한다.

(2) 교육개혁을 위한 핀란드의 길과 연대교육

핀란드의 교육체계는 오늘날 교육개혁에 관심을 갖는 사람들이 가장 많이 주목하는 대상이다. 그것은 경제협력개발기구(OECD)가

2000년부터 정기적으로 실시하고 있는 국제학업성취도평가(PISA) 결과에서 핀란드가 거의 언제나 최상위권을 차지하였기 때문일 뿐 아니라, 핀란드 교육의 이런 우수한 학업 성취도가 신자유주의 교육관에 기초한 경쟁 지향적인 교육체계와는 정반대의 특징을 지닌 교육체계에 의한 결과라는 점 때문이기도 하다.

대표적인 교육개혁 전문가들인 하그리브스(A. Hargreaves)와 셜리(D. Shirley)는 현대 학교교육이 그동안 걸어온 길을 국가의 지원이 중시되던 '제1의 길', 시장주의적 경쟁이 강력히 도입되던 '제2의 길', "시장주의의 장점과 국가의 풍부한 지원을 결합해 교사의 자율성과 책무성 사이에서 균형점을 찾으려" 한 '제3의 길'로 분류했다. 그리고 최근의 '제3의 길'이 중앙집권적인 통제의 길, 데이터에 집착하는 기술주의의 길, 비뚤어진 열정의 길이라는 장애요인 때문에 사회적으로 기대에 못 미치는 결과를 낳았다고 비판했다. 그러면서 이들은 학교교육이 나아가야 할 새로운 길인 '제4의 길'을 제시했는데, 한마디로 학교교육에서 "비전의 고취와 혁신을 지향하며 책임감과 지속가능성을 추구하는 노선"이다. 이 길에서는 "열정 있는 교육자들, 참여하는 대중, 안내는 하지만 통제는 하지 않는 정부라는 삼자가 교육이라는 공공선을 함께 추구하고 향상시켜 나가기 위해 파트너십을 맺고 활발하게 상호작용한다." 하그리브스와 셜리는 이런 '제4의 길'이야말로 21세기라는 새로운 시대가 요청하는 길이라고 하면서 이미 핀란드의 학교교육이 이 새로운 길의 모습을 보여 준다고 주장했다(하그리브스·셜리, 2015a: 19-20, 168, 173, 248).

핀란드 교육개혁 전문가인 살베르그(P. Sahlberg)는 핀란드 교육개혁을 소개한 자신의 책에서 하그리브스와 셜리가 '제4의 길'이라고 부른 것을 '핀란드의 길'이라고 고쳐 불러도 무방하다고 주장하면서 학교교육에서의 '핀란드의 길'을 다음과 같이 간략히 표현했다. "핀란드의 길은 개선을 향해 가는 전문적이고 민주적인 길이다. 아래에서 성장하고 위에서 이끌고 옆에서는 지지와 압력을 가한다"(살베르그, 2016: 242).

그렇다면 학교교육에서 핀란드의 길과 연대교육 사이에는 어떤 관계가 있는가? 실제로 핀란드 학교교육을 소개한 글들을 보면 '연대'라는 표현이 자주 등장하지는 않는다. 그렇지만 '협력'은 핀란드 교육을 특징짓는 가장 중요한 단어로서 매우 빈번하게 등장한다. 뿐만 아니라 형평성, 지원, 돌봄, 복지, 신뢰, 존중, 다양성 같은 단어도 핀란드 교육의 특징을 묘사할 때 자주 등장한다. 이에 반해 경쟁, 민영화, 표준화, 시험, 최고, 성적, 성과급, 책무성, 훈련, 통제 같은 단어는 핀란드 교육에서 비교적 이질적이거나 적어도 그 자체로는 그렇게 중심적인 역할을 하지 못한다. 이렇게 본다면 경쟁이나 지배 대신에 상호 협력과 약자에 대한 지원을 추구하는 연대정신이야말로 핀란드 교육의 가장 중요한 토대를 이룬다고 할 수 있다.

핀란드 교육의 연대 지향적 특성은 핀란드 교육을 오늘날 세계 교육계의 지배적인 흐름이 되어 있는 시장 중심의 교육과 비교하면 더욱 뚜렷이 드러난다. 오늘날 많은 나라에서 급속한 세계화를 비롯한 시대변화에 적극 대응하기 위해 교육개혁을 적극적으로 추진하고 있다. 살베르그는 미국과 영국을 비롯한 대부분의 나라가 시장 중심의 신자유주의적인 교육개혁의 기조와 방향을 따르고 있다면서 이런 움직임을 세계교육개혁운동(Global Education Reform Movement, GERM)이라고 불렀다. 그에 따르면 이 교육운동은 신자유주의 정책과 이념이 본격적으로 부상한 1980년대 이후에 등장하여, 이 명칭의 영어 약자가 암시하듯이 '세균'처럼 전 세계로 급속히 번져나가 마침내 전 세계 많은 나라들이 이것을 '새로운 정통 교육'으로 받아들이게 되었다(살베르그, 2016: 229).

세계교육개혁운동이 이처럼 세계적으로 큰 인기를 얻은 것은 학교교육에 관련된 몇 가지의 매우 새로운 방향을 강조했기 때문이다. 예컨대 미리 설정된 성취 기준에 따라 표준화된 교육 및 학습 과정으로 수업을 진행한 후 외부에서 관장하는 표준화된 시험으로 학업 성취도를 평가한다. 그리고 학교, 교사, 학생들 간의 경쟁이야말로 교육의 질을 향상시키는 가장 생산적인 방식이라고 간주하여 시장 경제의 논리와 절차를 적극 도입함으로써 학교와 교육제도를 민간 기업의 경영 논리에 맞추어 나간다(살베르그, 2016: 236, 240).

핀란드는 1990년대 초에 이웃한 옛 소련이 붕괴되면서 극심한 경제위기를 겪자 이를 극복하기 위해 1970~1980년대의 교육개혁에 이은 새로운 교육개혁을 추진했는데, 서구의 많은 나라들과 달리 세계교육개혁운동을 정면으로 거스르는 길을 선택했다. 그 길은 표준화된 교육 및 학습 내용 대신에 지역별·개인별 최적의 맞춤형 내용을 모색하며 특수교육이 필요한 사람에게는 개인별 학습 계획을 제공하는 길이었다. 그리고 창의적인 학습에 집중하면서도 위험을 감수하려는 태도를 장려하는 길이며, 교육의 전통적인 가치를 귀하게 여기면서도 쇄신을 추구하는 길이었다. 또한 무엇보다 특징적인 것은 교사와 학교장의 전문성을 중시하면서 적극 신뢰하는 가운데 이들이 서로 협력하고 책임을 공유한다는 점이었다. 시장 중심의 신자유주의적인 교육정책에 의하면 실패하거나 뒤처지는 학교, 교사,

학생은 자신의 책임에 따른 개별적인 불이익을 감수해야 된다. 하지만 핀란드 교육이 선택한 길에서는 실패하거나 뒤처질 위험이 있는 학교, 교사, 학생에게 관련자들이 책임을 공유하면서 재정적으로나 인적으로 적극 지원하는 체계가 제공된다(살베르그, 2016: 83 이하, 236, 241 이하).

핀란드는 시장 중심의 길과는 반대되는 이런 새로운 교육개혁의 길을 선택한 결과, 대부분의 다른 나라들과 달리 학업 성취도와 교육의 형평성 양쪽에서 동시에 교육제도의 우수성을 입증할 수 있었다. 이것은 교육에서 경쟁과 선택 대신에 협력과 평등에 집중하면 모든 학생이 잘 배울 수 있는 교육제도를 확립할 수 있음을 증명한 것이다. 핀란드의 교육제도가 경쟁과 선택을 위한 시장 중심의 고부담 시험정책에 오염되지 않은 것은 이런 정책을 채택한 다른 나라들의 표준화된 시험을 통한 경쟁과 선택이 과연 학교교육에 유익하게 작용할지에 대해 핀란드 교육계가 매우 회의적이었기 때문이다(살베르그, 2016: 33, 95-96, 241).

물론 그렇다고 해서 핀란드 교육이 협력과 평등만을 강조하고 경쟁은 아예 배제한다는 뜻은 아니다. 고등학교와 대학교 입학생 선발 과정에서는 경쟁이 분명히 존재하기 때문이다. 게다가 대학교, 즉 고등교육 분야를 중심으로 시장주의적인 교육개혁의 도입이 시도되고 있다. 하지만 초등학교 과정과 중학교 과정을 포괄하는 핀란드 종합학교의 입학과정에서는 경쟁이 거의 없을 뿐 아니라, 종합학교 입학 후에도 석차나 등수를 매기지 않기 때문에 학생들 사이에 경쟁체제가 형성되어 있지 않다. 이렇게 보면 종합학교 9년까지는 평등과 협력 중심의 교육이 오랫동안 집중적으로 이루어지다가 그 후로는 학생들이 서서히 경쟁의 원리를 함께 경험하는 방식으로 교육이 이루어지는 것을 알 수 있다(김병찬, 2017: 88-90, 96 이하, 117 이하, 193-196, 211-212).

그럼에도 핀란드 교육정책은 기본적으로 경쟁이 아닌 협력을 목표 달성의 더욱 중요한 수단으로 간주한다. 그래서 "학교 간 협력을 장려하고 나쁜 경쟁으로부터 학교를 보호"하려고 한다. 그리고 "경쟁과 최고를 향한 경주가 아니라 협력과 우호적인 경쟁을 독려한다." 핀란드는 1990년대의 교육개혁을 통해서 지방자치단체와 학교의 협력, 학교 간 협력, 학교·학부모·기업·비정부기구의 네트워크 형성 등 교육 관련자들의 자발적이며 협력적인 운동을 장려한 결과 모든 핀란드 학교, 교장, 교사가 개방적인 네트워크를 형성하여 학교개선 사업에 직접 참여하는 결실을 맺었다. 이 사업은 네트워크 참여자들의 책임 공유, 개인별 맞춤형 교육, 학습의 질 향상을 위한 공동 노력 등을 통해 학교의 개선을 추구하는 과정에서 학교 간 경쟁도 초래했다. 하지만 다른 학교를 경쟁자로 여기기보다는 생각을 공유하고 문제를 함께 해결해 가는 태도를 특별히 강조함으로써 학교 간 경쟁 분위기를 모두가 더 우수한 학교가 되기 위해 함께 노력하는 분위기로 바꾸었다. 살베르그는 이처럼 핀란드가 기본적으로 교육 관련자들 간의 불필요한 경쟁 대신에 적극적인 협력과 지원을 통해서 그리고 여기에 더해 어느 정도 선의의 경쟁을 통해 교육의 목표를 끊임없이 새롭게 추구한 결과, 경쟁이 치열한 21세기의 지식경제에 적합한 교육 경쟁력을 지닌 국가가 될 수 있었다고 평가했다(살베르그, 2016: 89-91, 279-282).

(3) 핀란드 학교교육의 연대 지향성과 프레이리의 연대교육 사상

핀란드 국가교육위원회는 2003년 국제학업성취도평가(PISA)에서 핀란드가 높은 성적을 올릴 수 있었던 이유를 제시한 바 있다. 여기에는 ① 평등한 교육기회, ② 지역에 관계없이 가능한 교육활동, ③ 성별에 따른 분리와 차별의 거부, ④ 모든 교육의 무상 제공, ⑤ 종합학교의 운영으로 선별하지 않는 기초교육 실시, ⑥ 교육의 전체적인 틀은 중앙에서 조정하지만 각 지역의 실정에 맞도록 유연하게 지원하는 교육행정, ⑦ 모든 교육단계에서 서로 영향을 주고받으면서 동료애를 발휘하여 협력하는 교육활동, ⑧ 학생의 학습 및 복지와 관련해서 개인의 특성에 맞게 지원하는 제도, ⑨ 시험과 성적에 의한 등수 제도를 없애고 발달 시점에서 학생들을 평가하는 체제, ⑩ 고도의 전문성을 갖고 자율적으로 행하는 교사, ⑪ 사회구성주의적인 (socio-constructivist) 학습 개념 등이 속한다(후쿠타 세이지, 2008: 73-74).

여기에 열거된 항목에서 보듯이, 핀란드는 형평성을 교육의 기본 가치로 삼아 누구에게나 평등한 교육기회를 제공할 뿐 아니라 무상교육을 통해 부모의 열악한 경제적 지위로 인해 자녀의 교육기회가 실질적으로 차단되지 않도록 한다. 그리고 교사가 지속적으로 학생을 평가하지만, 학생 간의 경쟁을 초래하는 획일적인 시험과 성적에 따른 서열화를 거부한다. 그 대신 학생 간의 협력 역량을 키우는 다양한 활동을 통해 학교가 협력과 참여를 배우는 장이 되도록 노력한다(쿰플라이넨·랑키넨, 2017: 116; 라보넨·유티, 2017: 220; 니에미·튬·칼리오니에미, 2017: 429-430; 김병찬, 2017: 14, 90-91, 116-117, 174-5, 241; 후쿠타 세이지, 2008: 89-93).

이런 교육이 이루어지는 중에 학업이나 일상생활에서 어려움을 겪는 학생이 나타나면 그 어려움의 성격에 따라서 담임, 담당교사, 특별지원교사, 사회복지사, 상담교사, 교장, 학부모 등이 참여하는 협력체제 및 학생과의 적극적인 상호작용을 통해 각각 다른 맞춤형 교육과 복지를 제공함으로써 학업 능력을 향상시키며 문제 해결에 도움을 준다. 이와 같이 핀란드 학교에서는 약자를 배려하는 지원 체계가 잘 갖추어져 있는데, 이런 체계는 단지 제도로만 존재하는 것이 아니라 실제로 매우 잘 작동하고 있다(후쿠타 세이지, 2008: 151 이하; 툼·후수, 2017: 78; 크르쉬바키·페코넨·라이네, 2017: 183-184; 김병찬, 2017: 79-82, 154 이하).

그것은 핀란드 교육의 또 다른 특징인 교육자들의 강한 공동 책임감과 이를 바탕으로 한 적극적인 협력 덕분이다. 동료 교사 간의 협력이 매우 강조될 뿐 아니라 교장과 교사의 협력, 학교와 학부모의 협력, 학교와 지방자치단체의 협력 등 교육환경을 이루는 인적 자원 간의 다중적인 네트워크와 민주적인 협력 관계가 비교적 잘 형성되어 있다는 점이 핀란드 학교교육의 중요한 특징으로 빈번히 지적된다(김병찬, 2017: 161-6; 툼·후수, 2017: 78; 크르쉬바키·페코넨·라이네, 2017: 183).

이런 다중적인 네트워크와 민주적인 협력관계는 학교 같은 공공기관과 특히 교사에 대한 매우 높은 사회적 신뢰와 존중을 기초로 한다. 물론 공공기관에 대한 신뢰는 공공기관의 투명성에 의해 뒷받침되며 교사에 대한 신뢰는 교사가 교육 전문가로서 가진 능력과 책임성을 바탕으로 한다. 교육과 교직에 대한 신뢰와 존중은 오랜 역사적 뿌리를 갖고 있는 핀란드 사회의 문화적 특성이다. 하지만 핀란드 교사들이 오늘날 누리고 있는 높은 수준의 신뢰와 존중은 교사를 믿고 지원하면서 자율성을 보장해 주려는 국가의 정책적 노력과 주어진 자율성을 바탕으로 자신의 전문성을 향상시키려 애써 온 교사들의 적극적인 노력 때문에 가능했다(니에미, 2017: 43 이하, 63 이하; 김병찬, 2017: 142-146).

이처럼 교육의 형평성을 중시하면서 학생 간의 경쟁 대신에 협력을 강화하려고 노력하는 점, 어려움을 겪는 학생들을 더욱 배려하는 지원 체계가 잘 갖추어져 있는 점, 교사들을 비롯한 학교교육 관련자들이 교육에 대한 높은 책임감을 바탕으로 서로 적극 협력하는 문화가 자리를 잡고 있는 점, 교육자, 특히 교사에 대한 사회적 신뢰와 존중의 정도가 높은 점 등과 같은 핀란드 교육의 특징은 바로 연대정신을 가리키거나 연대정신과 매우 가깝다. 따라서 핀란드 학교교육을 연대 지향적인 교육이라고 특징지어도 전혀 무리가 없다.

사실 핀란드의 연대 지향적인 학교교육에서는 프레이리의 연대교육 사상에서 특별히 강조된 많은 중요한 요소가 발견된다. 예컨대, 프레이리의 교육사상은 객관주의 교육관을 거부한 구성주의의 특성을 매우 뚜렷이 지니는데, 핀란드 학교교육도 마찬가지로 객관주의적 교육관을 거부하고 구성주의, 특히 사회적 구성주의의 관점을 적극 수용하여 교육에서의 학생들의 적극적인 역할, 특히 협력 활동을 매우 강조한다. 이런 관점에서 프레이리와 핀란드 교육은 공통적으로 주입식 교육으로부터의 해방을 강조한다(Freire et al., 2014: 27-28; 후쿠타 세이지, 2008: 74, 124-130).

또한 프레이리는 학생, 교사 등 교육에 관련된 사람들의 자율성을 매우 존중하는 민주적인 교육관과 개별성, 차이, 다양성 등을 존중하는 탈근대적 교육관을 강조했는데, 이런 교육관은 핀란드 학교 교육의 매우 중요한 특징이라는 점을 위에서 쉽게 확인할 수 있다. 이처럼 프레이리와 핀란드 교육은 공통적으로 자율성을 중시하지만 시장 중심의 신자유주의적인 교육관은 명백히 거부한다. 이런 이유에서 이들은 오늘날 세계 많은 국가들의 교육계를 지배하는 신자유주의적인 교육관의 문제점을 극복할 대안적인 사상과 제도로서 크게 주목받고 있다.

더 나아가서, 프레이리의 연대교육 사상은 사회적 약자가 스스로 자신의 능력을 발휘할 수 있도록 지원하는 데 일차적인 관심이 있다. 그런데 핀란드 학교교육 역시 교육의 형평성이라는 기본가치에 입각하여 사회적 약자의 교육기회를 보장할 뿐 아니라 교육현장에서도 학업에 앞서 가는 학생들보다 뒤처진 학생들이나 일상생활에서 문제가 있는 학생들에 대한 관심, 배려, 지원에 더욱 적극적인 체계를 제공한다. 핀란드 학교교육의 이런 체계는 학습공동체에 긍정적인 영향을 끼쳐서 결국 핀란드가 매우 우수한 학업성취도를 달성하게 되었을 뿐 아니라, 학생 간의 그리고 특히 학교 간의 학업성취도 차이가 작은 국가가 되었다(밸리애르비·술쿠넨, 2017: 23; 김병찬, 2017: 149-152; 살베르그, 2016: 128-134).

뿐만 아니라 프레이리는 교육의 실천성을 강조하면서 진보적인 교육사상을 추구했다. 여기서 실천성과 진보적이라고 하는 의미는 교육이 진보적인 목표를 의식적으로 추구한다는 것인데, 진보적 목표에는 학습자의 교육환경, 생활환경, 사회환경 등의 개선이 해당된다. 그는 이들 환경의 개선 방향을 인간성 회복 혹은 비인간적인 현실의 인간화로 표현했는데, 인간성이 회복된 현실 혹은 인간화된 현실의 가장 중요한 특징은 인간적 연대가 실현된 상태이다. 그런데 핀란드 교육에서는 교육이 복지와 밀접히 연관되어 있다. 즉, 교육이 복지의 중요한 영역이자 사회복지 실현의 필수 조건으로 간주된다. 사회복지 제도가 흔히 제도화된 연대라고 불리는 데서 알 수 있듯이 사회복지는 사회적 연대의 대표적인 하나의 표현 형태이다. 이런 관점에서 본다면 학생들 개인의 복지 향상과 핀란드 사회복지의 발전을 위한 역할을 적극 수행할 뿐 아니라 교육환경의 개선을 위해서도 끊임없이 노력하는 핀란드 교육의 특성은 프레이리의 진보적 교육이 추구한 방향에서 그리 멀리 떨어져 있지 않다. 이들이 공통적으로 시장 중심적인 신자유주의 교육관의 반연대적 특성을 거부하고 연대 지향적인 교육을 적극 추구한 것은 이런 사실을 보여 주는 명백한 증거이다(티리, 2017: 109-110; 살베르그, 2016: 248 이하; 툼·후수, 2017: 85; 김병찬, 2017: 237-238; 후쿠타 세이지, 2008: 198-201).

이처럼 프레이리의 교육사상과 핀란드 교육에서 공통적으로 발견되는 진보적 성격 혹은 개혁 지향성은 미래의 변화에 대한 꿈과 희망을 토대로 하며, 이를 실현하기 위해서는 교육 관계자들의 적극적인 협력이 필요하다. 프레이리는 교육에서 꿈과 희망이 지니는 의미를 누구보다 강조했을 뿐 아니라, 특히 연대교육을 위해서는 큰 꿈과 강렬한 희망이 필요하다고 주장했다. 그리고 이를 실현하기 위한 전체 교육 관련자들의 민주적인 협력의 필요성을 강조했다.

핀란드 교육에서는 젊은 학생들과 핀란드 사회의 미래에 대한 기대를 담은 이상주의적인 기조가 존재해 왔다. 이것은 복지국가와 민주주의 제도의 발전에 대한 희망과 그 실현을 위한 교육의 역할에 대한 폭넓은 공감에 의해 뒷받침되었다. 그래서 툼(A. Toom)과 후수

(J. Husu)는 핀란드 교육에서 "희망은 주어진 교육 환경 속에서 교사와 학생을 움직이게 하는 강력한 도구"라고 진단했다. 그리고 살베르그는 제2차 세계대전 이후 핀란드인이 가졌던 교육에 대한 꿈이 그동안 몇 차례의 교육개혁을 통해 성취되어 왔다고 보면서 이제는 미래 교육의 발전을 위한 새로운 꿈이 필요하다고 주장했다.[146] 이렇게 보면 핀란드 교육에서는 미래의 진보적 변화에 대한 꿈과 희망이 매우 중요한 역할을 수행해 왔고, 시대의 변화에 따라 다시금 새로운 꿈과 희망으로 이어져 온 것을 알 수 있다. 그리고 핀란드인들이 지녀온 이런 꿈과 희망은 연대 지향적인 특성이 뚜렷하여 세계교육개혁운동에 의한 시장 중심의 신자유주의적인 교육의 꿈과 희망과는 그 방향에서 뚜렷이 구별된다는 것을 알 수 있다. 뿐만 아니라 앞에서 이미 지적되었듯이 이런 꿈과 희망의 실현을 위해 핀란드에서는 교육 관련자들의 자발적이면서도 적극적인 협력 체계가 비교적 잘 활용되고 있다. 결국 꿈과 희망, 그리고 교육 관련자들의 적극적인 협력도 프레이리의 교육사상과 핀란드 교육현실에서 공통적으로 발견되는 연대교육의 매우 중요한 요소이다(툼·후수, 2017: 85; 살베르그, 2016: 307-308, 315).

3. 한국의 교육현실에 제공하는 시사점

프레이리의 연대교육 사상과 핀란드의 연대 지향적인 학교교육은 한국의 교육현실에 매우 많은 시사점을 제공한다. 특히 핀란드 교육이 걸어가고 있는 길은 세계적인 교육개혁 전문가들인 하그리브스와 셜리가 '제4의 길'이라고 부르면서 높이 평가한 선구적이면서도 성공적인 길이다. 그리고 후쿠타 세이지는 유럽연합의 교육 관련 보고서를 분석한 후, '사회적 구성주의'를 기반으로 한 핀란드 교육이야말로 유럽의 교육개혁 흐름에 가장 앞장서 있다고 평가했다. 그러므로 프레이리의 연대교육 사상과 핀란드의 연대 지향적인 학교교육은 한국사회가 당면한 교육현실의 문제를 극복하는 데뿐만 아니라 앞으로 한국 교육이 추구해야 할 미래의 방향을 설정하는 데에도 매우 의미 있는 시사점을 제공할 것이다. 그래서 저자는 연대하는 인간 교육이라는 이 책의 마지막 주제에 대한 논의를 마무리하면서 이들 시사점 가운데 특히 중요한 세 가지만을 간략히 언급하고자 한다(하그리브스·셜리, 2015a: 248-249; 2015b: 115, 151; 후쿠타 세이지, 2008: 225).

첫째, 교육의 목표에는 여러 가지 있지만 궁극적인 목표는 학생과 사회 전 구성원의 행복을 증진하는 데 있다. 프레이리가 추구한 인간화란 바로 인간을 불행하게 만드는 현실의 개선을 의미하며, 핀란드 교육이 추구하는 바도 학생의 전인적인 발달을 통해 결국은 학생과 전체 사회의 행복에 기여하는 것이다. 교육의 여러 다른 목표는 결국 모든 학생의 행복과 이를 통한 사회 전 구성원의 행복을 증진하기 위한 하위 목표에 해당한다.

프레이리의 교육사상과 핀란드 교육체제는 이런 뚜렷한 교육 목표의 중요성을 잘 보여 주며, 이와 관련하여 꿈과 희망의 중요성도 일깨워 준다. 만약 국가 교육정책의 궁극적인 목표와 모든 교육 종사자들, 특히 교사들의 사명감과 헌신의 방향이 분명하게 설정되지 않으면 일관된 교육정책, 안정된 교육체계, 교사의 진정한 헌신적인 교육실천을 기대하기 어렵다. 왜냐하면 어느 사회에나 정치적·경제적 혹은 사회문화적인 이해관계 때문에 교육을 이용하려는 유혹이 존재하는데, 교육의 궁극적인 목표에 대한 교육계의 분명한 인식과 폭넓은 공감대가 없다면 교육계가 쉽게 흔들릴 수밖에 없기 때문이다. 그리고 공유된 뚜렷한 교육목표가 있다고 하더라도 실현 가능성에 대한 희망과 이것을 뒷받침할 꿈이 없다면 목표가 실질적인 큰 힘을 발휘하기 어려울 것이다.

한국의 초중등 교육은 안타깝게도 그동안 대학입시 준비활동으로 변질되어 왔다. 그리고 교육정책이 정권에 따라 수시로 변해 왔을 뿐 아니라, 기업이 교육계에 깊숙이 침투하여 경제의 논리를 강요하면서 교육의 상업화를 촉진해 왔다. 이런 현상들은 모두 교육계가 폭넓게 받아들이는 뚜렷한 교육철학이나 궁극적인 교육목표가 없는 결과라고 볼 수 있다. 설혹 공식적으로는 이상적인 교육목표가 존재한다고 하더라도 그 실현을 위한 구체적인 노력을 가능하게 하는 강렬한 희망과 큰 꿈이 한국의 교육계와 교육을 대하는 사회 구성원들에게 아직 넓게 자리를 잡지 못하고 있다.

둘째, 이런 궁극적인 교육목표의 실현을 위해서 프레이리의 교육사상과 핀란드 교육은 20세기 말부터 급속히 진행되어 온 시대변화에 대응하는 방안으로 세계의 많은 나라 교육계가 채택한 시장 중심의 신자유주의적인 교육관과 교육개혁 노선을 거부했다. 그러면서 이런 교육목표의 실현에 좀 더 적합한 교육관과 교육개혁 노선으로 채택한 것이 교육에서의 상호 존중, 신뢰, 협력, 약자에 대한 지원, 형평성, 정의 등을 특별히 강조하는 연대 지향적인 교육이었다.

현재 한국의 교육현장은 신자유주의적인 교육관과 교육정책에 지배되고 있다. 비록 한국 학생의 학업 성취도는 세계 상위권으로서 높은 인정을 받지만, 마찬가지로 높은 학업 성취도를 보이는 핀란드 교육계와 달리 한국 교육계에서는 프레이리가 표현한 보편적 인간 윤리 대신에 시장의 논리, 기업의 논리 등의 경제 논리가 판을 치고 있다. 그 결과 학급, 학교 등의 교육현장에서 학생 사이에서뿐 아니라 교사 사이에서도 치열한 경쟁이 벌어지며, 경쟁에서 낙오한 학생이나 경쟁에 대한 두려움에 사로잡힌 학생의 학업 포기가 매우 빈번하게 이루어진다. 더 큰 문제는 교육현장의 이런 극심한 경쟁이 경쟁에서 낙오한 학생뿐 아니라 대부분의 학생과 교사에게도 불행감을 주며, 더 나아가 학부모인 일반 시민에게도 경쟁심, 불안감, 불행감, 지나친 경제부담 등을 유발한다는 것이다. 교육현장에서 이루어지는 이런 과도한 경쟁 외에도 교육의 상업화는 교육의 변질, 경제적 부담 상승, 교육 양극화의 심화 등을 초래하는 등 교육계뿐 아니라 한국사회 전반적으로 매우 심각한 문제를 양산하고 있어서 교육관과 교육개혁 정책의 패러다임 전환이 시급히 요청된다. 이런 점에서 프레이리를 비롯한 여러 연대교육 사상가들의 교육사상과 핀란드의 연대 지향적인 교육개혁 정책 및 교육체계는 한국 교육이 나아갈 새로운 방향을 모색하는 데 의미 있는 통찰과 지혜를 제공한다.

끝으로, 이처럼 교육이 앞으로 나아가야 할 방향은 경쟁보다는 협력과 지원을 중시하는 방향이므로 교육현장에서의 협력교육이 매우 중요하지만, 교육은 사회환경과 분리되어 있지 않고 양자가 밀접히 관련되어 있다. 그래서 프레이리의 교육사상이나 핀란드 교육은 모두 교육현장에서 학생의 민주적인 협력 역량을 키우는 데 큰 관심을 기울이지만, 동시에 학생의 교육환경과 생활환경 개선에도 관심을 가지며 더 나아가 사회발전을 위한 교육의 책무도 매우 중요하게 여긴다. 그리고 교육과 사회환경이 밀접히 연계되어 있다는 이들의 인식을 바탕으로 교사의 교육실천을 위해서는 교육현장 안팎에 있는 관계자들이 적극적으로 협력하는 것이 중요함을 강조하고 있다.

지나치게 경쟁 지향적인 한국의 교육현실을 개선하기 위해서는 일차적으로 교육현장에서 학생들의 협력 역량을 키우는 교육실천이 필요하다. 하지만 이런 실천이 교사만의 노력으로는 한계가 있기 때문에 학교가 연대교육의 장이 되도록 교육환경을 개선해야 한다. 이를 위해서는 일차적으로 교육행정 담당 기관의 역할이 매우 중요하지만 그에 못지 않게 학부모와 지역사회 구성원들의 역할도 중요하다. 그리고 더 나아가 학교교육 현장을 경쟁의 장으로 변질시키는 데 책임이 있는 교육제도의 큰 틀을 시대정신에 맞추어 연대 지향적인 방향으로 개선하는 노력이 필요하다. 또한 연대 지향적인 교육제도가 유지될 수 있는 정치·경제·사회문화적인 환경을 만들어 나가는 노력도 필요하다.

한국사회에서 소수의 집단이 치열한 경쟁체제에서 승리하여 누리는 큰 혜택은 많은 경우 결국 패배자들의 희생의 대가 위에서 이루어지는 것이다. 이런 사실을 받아들이기가 불편한 사람은 자신이 누리는 큰 혜택이 경쟁의 패배자와 낙오자가 없는 체제에서 순수히 자신의 능력을 발휘한 만큼 획득한 정당한 결과라고 생각하는 경향이 있지만 안타깝게도 한국의 현실은 그렇지 않다. 반면에 프레이리의 교육사상이나 핀란드 교육이 추구하는 사회환경은 이처럼 적어도 교육에서는 패배자가 없고 실패를 하더라도 낙오자가 되지 않을 수 있는 환경이다. 이런 환경은 교육에서뿐 아니라 삶의 모든 영역에서 사회의 전 구성원들이 최소한의 인간다운 삶을 살 수 있는 체제로, 핀란드에서는 주변의 다른 북유럽 국가들처럼 복지국가의 형태로 갖추어졌다. 핀란드의 연대 지향적인 교육체제는 이런 복지체제의 일환으로 성립되었지만, 거꾸로 핀란드 복지국가 체제의 유지를 위해 필수적인 요소가 되었다.

물론 한국사회의 환경과 핀란드의 환경은 다르며 또한 핀란드 사회가 가장 이상적인 사회일 수도 없다. 하지만 연대 지향적인 교육은 연대 지향적인 사회체제 안에서 가장 자연스럽게 그리고 지속 가능한 방식으로 이루어질 수 있다. 그렇기 때문에 한국의 교육현실을 연대 지향적인 방향으로 대폭 개선하기 위해서는 정치, 경제, 사회문화 등 사회환경의 제도와 문화를 연대 지향적인 방향으로 개혁해야 한다. 그런데 연대 지향적인 사회 제도를 구축하고 또한 이를 유지하기 위해서는 사회 구성원의 연대 지향성과 역량을 향상시키는 교육이 필요하다.

연대 지향적인 사회환경이 마련되면 연대교육과 선순환적인 관계를 이루어 서로를 강화하게 된다. 하지만 반대로 연대 지향적인 사회환경이 마련되지 않으면 이를 구축하기 위해 연대교육이 필요한데, 이 또한 친화적인 사회환경을 요구한다는 점이 딜레마이다. 핀란드는 전자의 선순환 관계를 가진 경우이지만 한국사회나 프레이리의 브라질은 후자의 경우에 해당한다. 따라서 이런 상황에서 악순환의 고리를 끊고 이를 선순환 고리로 전환하기 위해서는 사회 각 부문에서 실천적인 노력이 함께 필요하지만, 연대교육의 관점에서 본다면 교육 실천의 소명을 갖고 현장에 뛰어든 교사를 중심으로 한 교육계의 다양한 종사자들에게 일차적인 역할이 주어져 있다고 볼 수 있다.

물론 교사를 비롯한 교육계 종사자들의 노력은 마땅히 연대 지향적인 방식으로 이루어져야 한다. 핀란드 교육의 가장 중요한 성공 요인 가운데 하나로 널리 인정받는 것이 핀란드 교사의 역할인데, 이들은 책임성과 전문성을 바탕으로 사회적인 존중과 신뢰를 받으면서 다양한 형태의 협력 활동을 통해 교육적 실천에 종사한다. 이들이 행하는 연대적 노력에는 앞에서 언급된 학교 교육현장 안팎의 관련자들과의 직접적인 협력 활동이나 다른 학교 교사들과의 폭넓은 네트워크를 통한 교류 및 협력이 있지만, 이 밖에 노조 참여를 통한 연대 실천도 있다. 핀란드 교사들은 대부분의 교사가 참여하는 노조의 단결된 힘을 통해 자기 목소리를 정부의 교육정책에 반영하려고 노력해 왔는데, 이런 점도 한국 교육현실의 극복을 위한 교사들의 노력에 시사하는 바가 크다.[147]

다행히 한국 교육계에서도 경쟁 지향적인 교육현실을 극복하기 위한 다양한 노력이 꾸준히 이루어지고 있다.[148] 그리고 이런 문제의식을 가진 개인이나 기관들 가운데서 특별히 핀란드 교육에 크게 주목하면서 교육의 패러다임을 경쟁 패러다임에서 협력 패러다임으로 전환시키려는 움직임도 발견된다. 하지만 한국 교육현실의 문제가 복잡하게 얽혀 있어서 매듭을 풀기가 그렇게 쉽지 않다. 그러다 보니 문제를 풀기 위해 여러 가지 방식으로 노력하면서도 교육개혁 혹은 교육혁신의 방향을 놓쳐 버리기가 쉽다. 그래서 저자는 프레이리의 교육사상과 핀란드 교육체제의 핵심에 연대교육이 있다는 점을 강조한다. 그러면서 한국의 교육개혁이 이런 방향, 즉 일차적으로는 모든 학생이, 그리고 더 나아가 모든 사회 구성원이 함께 행복을 누리기를 바라며 이를 실현시킬 역량을 키우는 연대교육의 방향으로 분명히 나아갈 수 있기를 희망한다(경기도교육청, 2017: 3 이하; 조희연, 2017: 93 이하).

10장 책을 마무리하며

지금까지 우리는 호모 솔리다리우스라고 하는 연대하는 인간의 여러 면을 살펴보았다. 연대하는 인간에 관한 담론의 뿌리와 역사, 연대하는 인간의 정체와 필요성, 현대 서구사회와 한국사회의 변화 과정에서 연대하는 인간이 걸어온 길과 당면 과제, 연대하는 인간의 분포 양상과 사회발전에 대한 관계, 연대하는 인간을 위한 교육 등이 우리가 살펴본 주요 주제이다.

　여기서 확인할 수 있는 가장 중요한 사실은 근대 이후의 인간 역사에서 지배적인 인간상을 둘러싼 치열한 경쟁과 갈등이 사회 각 분야에서 벌어져 왔으며 오늘날에도 여전히 벌어지고 있다는 점이다. 그리고 현재 우리가 살아가고 있는 21세기 전반이라는 시대는 과거 어느 때보다도 연대적 인간상을 필요로 하는 시대라는 점이다. 이런 새로운 시대의 요구 혹은 시대정신에 대해 여러 학자들이 다각도로 주장한 내용은 앞에서 충분히 소개되었기 때문에 여기서 반복할 필요가 없을 것이다. 그리고 연대하는 인간상을 필요로 하는 새로운 시대정신의 현실적인 배경에 대해서도 충분히 다루었다.

　중요한 점은, 비록 학자에 따라 다양한 이름으로 불릴 수는 있겠지만 연대하는 인간상이야말로 이런 새로운 시대정신에 가장 부응하는 인간상이라는 사실을 21세기를 살아가는 오늘날의 독자들이 분명히 인식할 필요가 있다는 것이다. 물론 이 시대의 세계경제 질서는 여전히 자본주의적이며, 게다가 20세기 말 세계경제를 광풍처럼 휩쓴 신자유주의 이념과 정책이 여전히 커다란 영향력을 발휘하고 있다. 뿐만 아니라 패권적인 강대국 중심의 국제정치 질서도 여전히 굳건히 자리를 잡고 있으며 이로 인한 전쟁의 위험도 사라지지 않았다. 따라서 세계경제와 국제정치의 이런 현실은 현 시대에도 연대하는 인간상이 아니라 경쟁을 추구하는 경제적 인간상이나 지배를 추구하는 정치적 인간상이 여전히 절실히 요구된다는 주장의 근거로 제시된다.

그런데 여기서 연대하는 인간상을 새로운 시대정신에 부합하는 인간상으로 간주하면서 호모 솔리다리우스의 확산과 성장의 필요성을 강조한다고 해서, 호모 에코노미쿠스와 호모 폴리티쿠스의 현실적인 필요성을 전적으로 부인하는 것은 아니다. 그보다는 적어도 시장경제 영역과 권력정치 영역이 아닌 시민사회 영역에서는 연대하는 인간상이 대표적인 인간상으로서 확고히 자리를 잡아야 한다는 점을 역설하는 것이다.

물론 시장경제 영역, 권력정치 영역, 시민사회 영역의 경계가 언제나 그렇게 분명한 것은 아니다. 게다가 시장경제 영역과 권력정치 영역에서 효과적이기는 하지만 비인간적인 근대질서를 효과적이면서도 인간적인 새로운 질서로 변화시키려는 노력이 그동안 꾸준히 진행되어 왔다. 그 결과 오늘날 유럽을 중심으로 세계 곳곳에서 연대 지향적인 경제질서와 정치질서를 구축하려는 노력이 많이 이루어지고 있다. 이런 움직임을 통해 알 수 있는 것은 기존의 근대적인 경제질서와 정치질서를 더욱더 인간적인 질서로 전환시키려는 것이 새로운 시대의 경향이자 요청이며, 이런 변화의 방향에서 민주주의와 연대성이 무엇보다 중요한 역할을 한다는 것이다. 따라서 경제 및 정치 영역의 구성원들이 기존의 반연대적인 시장경제 질서와 권력정치 질서에만 안주하여 이를 강화하기보다는 이들 질서의 원리를 충분히 숙지하면서도 더욱더 민주적이며 연대적인 질서와 활동을 확장시키는 것이 새로운 시대정신에 부응하는 길이다. 이를 위해 이들에게도 연대적 자아상과 그 토대가 되는 연대하는 인간상이 매우 필요하다.

어느 사회에서나 그렇지만 한국처럼 압축적인 사회변화를 경험한 사회에서는 더욱더 다양한 인간상이 공존하는 가운데 사회 구성원들이 자아 정체성의 혼란을 경험하기 쉽다. 예컨대 가족이나 친구집단 같은 시민사회의 구성원으로서 기대되는 정체성과, 경제활동이 이루어지는 직장의 구성원으로서 기대되는 정체성 간의 긴장과 갈등은 자아 정체성의 혼란을 야기하는 대표적인 원인이다. 물론 이런 자아 정체성은 상이한 인간상에 의해 뒷받침된다. 그런데 세계가치조사 결과를 통해 알 수 있듯이, 세계의 다른 나라들에 비해 한국사회에서는 연대적 인간상을 내면화한 사람의 비율이 매우 낮다. 이 것은 시장에서의 경쟁을 추구하는 경제적 인간상을 내면화한 사람의 비율이 세계적으로 높은 편에 속하는 것과 대조된다. 그 결과 한국사회 구성원들의 주관적인 행복감과 삶의 만족도, 한국사회의 객관적인 행복도, 사회통합 역량, 사회갈등 수준 등이 경제력과 비교할 때 매우 부정적인 것으로 나타났다.

그러면서도 오랜 독립운동과 민주화운동의 역사, 그리고 최근의 촛불혁명에서 보듯이 한국인들은 용감한 연대적 실천을 통해 부당한 국가권력에 지속적으로 대항함으로써 마침내 민족 해방과 정치 민주화를 실현해 왔다. 물론 독립운동과 민주화운동의 역사를 보면 때로는 수많은 시민들이 광범위하게 참여했으나 때로는 소수의 선구자 집단만이 참여한 것을 알 수 있다. 하지만 어쨌든 이런 독립운동과 민주화운동의 역사는 연대교육의 학습 과정이 되어 마침내 2016~2017년에는 세계적으로도 유례를 찾기 힘든 엄청난 규모의 촛불연대가 형성되기에 이르렀다. 한국인들의 이런 정치적 잠재력은 세계가치조사 참여국 가운데 중간 정도의 순위를 차지한 시민정치적 인간 유형의 비율이나 조사 대상국 가운데 상위권을 차지한 민주주의 지수 등을 통해 부분적으로 확인되지만, 최하위권의 연대적 인간 유형의 비율이나 매우 낮은 연대적 인간 지수와는 매우 상반된다.

대다수 한국인들의 일상생활, 즉 일상적 사고와 실천에서는 경쟁을 중시하는 경제 지향성이 전근대적인 집단 이기주의 경향과 함께 현실적으로 매우 큰 영향력을 행사하고 있다. 따라서 연대 지향성은 많은 경우에, 특히 경제적으로나 사회적으로 약자에 해당하는 사회집단에서 이상적 가치와 규범으로 잠재된 형태로만 존재하는 경향이 있다. 그러다가 사회의 모순, 특히 주권에 대한 위협이 심각할 정도로 누적되어 일상적인 경험세계를 뛰어넘는 역사적인 사건이 발생하는 상황이 되면, 일상생활의 현실적인 요청을 잠시 뒤로 미룬 채 그동안 잠재되어 있던 시민적 연대 지향성을 현재화시키게 된다. 물론 이런 과정에서 신뢰할 만한 여론의 역할이 얼마나 크게 작용하는지에 대해서는 더 이상 말할 필요가 없다. 하지만 이보다 더 중요한 것은 시민들이 지닌 역사적인 책임의식이나 공동체적인 책임의식이다. 이는 2016~2017년 촛불혁명 과정에 참여한 수많은 일반 시민들이 자신들의 연대 참여가 갖는 역사적 의미를 뚜렷이 인식하여 역사교육의 차원에서 어린 자녀들을 대동했던 사실에서 쉽게 확인된다.

2016~2017년 촛불혁명은 일단 완료되었다. 이 당시에 표출된 시민들의 정당한 뜻이 새로운 정권의 출범 이후에 잘 실현되는지 계속해서 지켜보는 일이 여전히 남아 있기는 하지만 대부분의 시민들은 일단 일상생활의 현장으로 돌아갔다. 이제 중요한 것은 역사적인 현장에서 표출한 연대 지향성을 일상생활 세계에서도 드러내는 것이다. 그런데 일상생활 세계에서는 다시금 현실의 원리가 강력히 작동하기 때문에 연대의 정신을 실현하려는 개인의 마음만으로는 충분하지 않다. 그래서 필요한 것이 한편으로는 연대 지향적인 삶의 조건과 사회적 환경을 함께 만들어 가는 것이며, 다른 한편으로는 이 모든 것의 출발점이자 연대적인 사회를 유지하는 가장 중요한 토대가 되는 연대교육이다.

이처럼 교육을 통해 연대하는 인간, 곧 호모 솔리다리우스의 확산과 성장을 이루려는 노력은 개혁적 실천을 통해 차별과 배제가 없는 연대적인 사회를 이루려는 노력과 더불어 오늘날 한국사회의 심각한 분열과 갈등, 시민들의 낮은 행복감의 문제를 극복하는 데 꼭 필요하다. 뿐만 아니라 이런 노력은 한국사회와 구성원들이 변화하는 시대정신에 맞추어 미래를 적극적으로 준비하기 위해 가장 필요한 과제이기도 하다.

미주

2장

1 호모 사피엔스는 18세기 중엽 스웨덴의 생물학자 린네(Carl von Linné)가 붙인 이름이다.

2 호모 에코노미쿠스라는 경제적 인간상에 대한 자세한 설명은 저자의 논문을 참조할 수 있다(강수택, 2018: 149-153).

3 정치적 인간상인 호모 폴리티쿠스에 대한 자세한 설명도 앞에서 언급된 저자의 논문을 참조할 수 있다(강수택, 2018: 154-160).

4 홉스는 이런 관점에 따라 인간의 교제와 우정의 기초가 되는 공감이나 이타적 사랑의 역할에 대해서도 평가절하했으며, 오히려 이것들을 개인의 자기애의 결과로 간주했다. 게다가 그는 개인들 사이의 자발적인 협력관계보다 지배가 개인의 편익에 훨씬 유리하며 인간사회의 무차별적인 지배관계는 더욱 강력한 권력에 대한 두려움을 통해 억제될 수 있다는 지배주의적인 인식을 제공했다. 이를 통해 그는 이런 인식을 체화한 지배주의적인 인간상과 지배주의적인 정치행태를 정당화하는 데 기여했다(홉스, 2013b: 37-40). "설령 상호 간의 협력을 통해 현재 생활의 편익이 훨씬 증대될 수 있다 하더라도, 다른 사람들과 교류하기보다는 다른 사람을 지배함으로써 더 많은 편익을 얻을 수 있을 것이다. 그러므로 내 생각에 인간은 두려울 게 전혀 없으면 본성적으로 다른 사람과 교류하기보다는 다른 사람을 지배하는 데 더욱더 몰두할 것이라는 점을 의심할 사람은 아무도 없을 것이다."(홉스, 2013b: 40)

5 사회학적 인간상을 의미하는 호모 소시올로기쿠스에 대한 자세한 설명도 앞에서 언급된 저자의 논문을 참조할 수 있다(강수택, 2018: 160-168).

6 아처의 호모 센티엔스에 대한 자세한 설명은 저자의 논문(강수택, 2018: 173)을 참조할 수 있다.

7 기존의 호모 소시올로기쿠스 모델에 대한 부동의 대안적 논의에 대해서는 저자의 앞선 논문(강수택, 2018: 172)을 참조할 수 있다.

8 "역할 거리"는 자신에게 주어진 역할이 마음에 들지 않을 때는 그 역할을 준수하게 만드는 강제적인 힘이 아무리 강력하더라도 그 역할로부터 어느 정도 거리를 두려고 하는 경향이 사람들에게 있음을 말하는 것으로서 고프만이 제시한 개념이다.

9 새로운 사회학적 인간상으로서의 호모 솔리다리우스에 대한 자세한 논의는 저자의 논문을 참조할 수 있다(강수택, 2018: 174-179).

10 던랩과 캐턴은 1978년 논문에서는 "인간 예외주의 패러다임(Human Exceptionalism Paradigm)"과 "신 환경주의 패러다임(New Environmental Paradigm)"이라고 불렀으나, 그 후의 논문에서 "인간 면제주의 패러다임(Human Exemptionalism Paradigm)"과 "신 생태주의 패러다임(New Ecological Paradigm)"이라고 고쳐서 불렀다. 하지만 영어 약자 표기 HEP와 NEP에는 변화가 없다.

11 벡은 지구적 위험을 생태계 위기에서만 찾지 않고 세계 금융 위기 같은 경제적 위험과 테러 같은 정치적 위험 등에서도 찾았다. 하지만 생태계 위기는 그가 지구적 위험의 대표적인 사례로 초기부터 일관되게 강조한 주제다(벡, 2010: 37).

12 이 보고서는 ① 선거 과정 및 다원주의, ② 시민의 자유, ③ 행정부의 기능, ④ 정치 참여, ⑤ 정치 문화의 다섯 범주를 바탕으로 각 국가의 민주주의 정도를 측정한 후에 이들 국가를 완전한 민주주의, 결함 있는 민주주의, 혼합 체제, 권위주의 체제의 네 가지 유형으로 분류했다(EIU, 2017: 52 이하).

3장

13 "사람의 본성은 악하니 그 선한 것은 '위(僞)'이다. … 그래서 사람의 본성대로 따르고 사람의 감정대로 따른다면 반드시 쟁탈하는 데 나아가 범절을 어기고 도리를 어지럽히는 데 알맞아 포악한 상태로 돌아갈 것

이다. 그러므로 반드시 '사법(師法)'의 교화와 예의의 지도가 있은 연후라야 사양하는 데로 나아가 도리에 알맞고 다스려지는 데로 돌아갈 것이다. 이렇게 본다면 바로 사람의 본성이 악함은 분명하다. 그 선한 것은 '위'다."(순자, 2006: 2015).

14 성(性)과 위(僞)를 구별한 후에 위를 통해 성을 바꾸어 가려는 순자의 인간개조 방법은 화성기위(化性起僞)론이라고 불린다. 이것에 대한 자세한 설명은 홍일립의 글(2017: 131-140)을 참조할 수 있다.

15 인간의 이기적인 본성으로 인한 갈등과 무질서를 극복하기 위해 순자는 예의와 법도라는 도덕적인 방안을 제시한 데 반해 홉스는 절대국가의 강력한 권력이라는 현실 정치적인 방안을 제시한 것이다.

16 흄은 이런 관점에서 "이성은 정념의 노예이고 또 노예여야만 한다. 바꿔 말해 이성은 정념에 봉사하고 복종하는 것 외에 결코 어떤 직무도 감히 탐낼 수 없다"고 주장하기도 했다(흄, 2009: 452).

17 흄은 정의가 인위적으로 만들어진 덕인 데 비해 인간 본성의 가장 중요한 특성인 동감은 자연적인 덕이라면서 동감이야말로 모든 인위적 덕의 원천적인 도리라고 주장했다(흄, 2009: 624).

18 경제 주체로서의 개인의 역할을 특별히 강조하면서 이기심을 경제학의 관점에서 적극 옹호한 애덤 스미스의 사상은 이후에 경제학자들 사이에서 호모 에코노미쿠스라는 경제적 인간 관념이 형성되는 데 중요한 기초가 되었다.

19 다윈은 인간 본성의 진화에 관한 낙관적인 견해를 바탕으로 루소의 문명 비판론적 관점, 즉 자연 상태의 인간 본성이 문명화 과정에서 이기적인 성격으로 퇴보했다는 인식을 거부했다(다윈, 2008: 213 이하).

20 다윈의 진화론은 단순화되고 왜곡된 형태로 자유주의자뿐 아니라 파시스트 같은 국가주의자, 인종차별주의자, 제국주의자 등에 의해서도 이용되었다(홍일립, 2017: 781 이하).

21 크로포트킨은 개별적인 동정심이나 사랑이 상호부조 혹은 상호 협력보

다 훨씬 좁은 감정이어서 동물이나 인간의 사회성을 동정심이나 사랑으로 환원시키면 그 일반성과 중요성이 축소되어 버린다고 보았다. 그래서 그는 사회성의 근거를 상호부조에서 찾았는데, 이것은 일종의 연대감으로서 개별적인 동정심이나 사랑보다 범위가 훨씬 더 넓은 본능적인 감정이며 더욱 높은 수준의 도덕감정이 발전하는 토대이기도 하다(크로포트킨, 2005: 16-17).

22 물론 윌슨도 인간에 대한 문화적인 영향을 부인하지는 않았다. 하지만 그는 문화의 진화 역시 자연선택을 통한 유전적인 진화의 구속으로부터 크게 벗어날 수 없다는 과학적 유물론 혹은 과학적 자연주의 입장을 견지했다(윌슨, 2011: 206, 242 이하).

23 윌슨은 인간의 이타주의를 맹목적 이타주의와 목적적 이타주의로 나누었는데, 전자는 가까운 친척에 주로 적용되는 것으로서 사회적 보상이나 처벌과 비교적 무관하다. 이에 비해 후자는 자신이나 가까운 친척의 범위를 넘어 비교적 폭넓게 적용되는 것이지만 보답에 대한 계산을 전제로 하기 때문에 결국 이기적인 것이라고 보았다. 그러면서 그는 꿀벌, 흰개미 같은 사회성 곤충과 달리 인간에게는 맹목적인 이타주의보다 목적적인 이타주의의 비중이 크다는 점에서 인간이 계산적이며 이기적이라고 보았다. 그리고 그는 이런 인간의 성향 때문에 인간이 오히려 "한없이 더 큰 조화와 사회적 항상성"을 이룰 수 있다고 주장했다. "참된 이기주의는 거의 완벽한 사회계약을 이룰 열쇠가 된다."(윌슨, 2011: 192 이하).

24 도킨스에 따르면, 자연선택을 통해 진화해 온 것은 무엇이든 이기적일 수밖에 없다. 그렇기 때문에 개체 수준에서 어느 정도 이타성을 보이는 유전자도 이를 통해 자신의 이기적인 목표를 달성하려고 하는 것이다. 진화에서는 보편적인 사랑이나 종 전체의 번영 같은 것은 결코 있을 수 없다(도킨스, 2010: 40-42).

25 도킨스는 자신이 유전자 결정론자가 아니라고 해명하면서, 유전자가 행동을 최종적으로 결정한다기보다는 "통계적인 의미에서만 … '결정'

한다," 혹은 "통계적으로 유의미한 수준에서 영향력을 행사한다"고 주장했다(도킨스, 2010: 429, 511).

26 바우어(J. Bauer)는 이런 거울 뉴런이 사회성의 다른 핵심 토대인 신뢰의 기초이기도 하다고 보았다. 왜냐하면 거울 뉴런 체계는 모든 인간에게 주어지는 초개인적인 신경 틀로서 이를 통해 "사람들 사이에 의미가 통하는 공통된 공간," 즉 "공유된 유의미한 상호주관적인 공간(shared meaningful intersubjective space)"이 형성되기 때문이다. 이 공간에는 "사람들이 경험할 수 있는 전형적인 행동과 감정의 단계에 관한 모든 프로그램이 들어 있어 세상에 존재하는 감정을 직감적으로 알 수 있다." 그 결과 이 공간에서는 다른 사람의 태도를 예측하거나 추측하는 것이 가능하기 때문에 이 공간이 신뢰의 기초가 된다는 것이다(바우어, 2006: 183).

27 물론 유전학자와 동물행동학자 가운데서도 윌슨, 도킨스 등의 이기주의적인 인간 본성론에 도전한 사람이 적지 않다. 유전학자 르원틴(R. Lewontin), 동물행동학자 발(F. de Waal) 등이 대표적인 인물인데, 르원틴은 생물 개체의 활동에서 유전자 자체의 작용보다 환경과의 상호작용이 훨씬 더 중요하다는 관점에서 인간 본성에 대한 유전자의 영향을 지나치게 강조하는 이들의 주장에 반대했다. 그리고 발은 자연 속의 많은 동물, 특히 영장류와 인간은 경쟁뿐 아니라 협동과 공유를 통해서 생존하기 때문에 인간 본성에서는 이기적인 특성과 함께 사회적인 특성이 중요하다면서 사회적 특성의 기초가 되는 공감 능력을 강조했다. 그리고 이 공감 능력은 인간 본성의 다른 특징과 함께 오랜 진화 과정에서 자연선택에 의해 만들어져 온 것이라는 점에서 그는 인간 본성의 이기적 특성을 지나치게 강조하는 이들의 진화론적인 설명을 거부했다(르원틴, 2001: 56, 89; 발, 2017: 21 이하, 73, 279 이하).

28 생물학자 로즈(S. Rose), 사회학자 콜린스(R. Collins) 등은 일부 유전적 진화론자나 사회생물학자의 주장이 엄밀한 과학적인 설명을 넘어 보수적인 이념을 뒷받침하는 세계관을 대변한다고 지적했다. 실제로 도킨스의 유전자 선택론과 윌슨의 사회생물학이 보수적인 자유주의자들에 의

해 크게 환영받았으며, 윌슨의 사회생물학의 경우는 일부 결론이 유럽의 극우파들에 의해 이용되기도 했다. 이것은 19세기 말과 20세기 초에 진화론이 당시의 개인주의적 자유주의자에 의해 크게 환영받았을 뿐 아니라 제국주의자와 심지어 나치주의자들에 의해 이용되기도 한 것과 유사하다(로우즈 외, 2009: 21 이하, 275 이하; Collins, 1983: 307; 홍일립, 2017: 960 이하).

29　코스미데스와 투비 외에도 여러 진화심리학자들이 인간의 호혜적 이타주의를 위해서는 비용을 치르지 않고 편익만 취하려는 기만 행동을 하는 사람을 간파하는 능력과 진정한 동기를 지닌 이타주의자를 간파하는 능력이 함께 필요하여 이런 능력이 인간에게 진화해 왔다고 설명하는 등 호혜적 이타주의가 진화하기 위한 다양한 원리를 찾아 해명하려고 노력해 왔다(버스, 2012: 431 이하).

30　액설로드는 호혜주의에 입각한 협력을 증진시키는 다섯 가지 방안을 제시하기도 했다. ① 상호작용이 오래 지속되게 하거나 서로 더 자주 만나게 함으로써 현재의 선택으로 인한 미래의 영향력을 키우는 것, ② 협력을 통한 편익과 배반에 따르는 비용의 크기를 바꾸는 것, ③ 서로에 대한 배려를 가르치는 것, ④ 호혜주의를 가르치는 것, ⑤ 과거에 상호작용했던 상대방을 인식하고 그 상호작용을 기억할 수 있는 능력을 키우는 것이다(액설로드, 2009: 152 이하).

31　볼스는 긴티스(H. Gintis)와 함께 1998년에 발표한 다른 논문에서 호모 레시프로칸스에 대해 보다 자세히 설명하면서 호모 에코노미쿠스와의 차이점을 더욱 분명히 설명했다. 이들에 따르면, 이기적이며 결과 지향적인 호모 에코노미쿠스도 협력적인 행동을 할 수 있지만 이들의 협력 행동은 미래의 보상을 철저히 염두에 둔 것이다. 이에 비해 호모 레시프로칸스의 협력은 미래의 보상이 예상되지 않더라도 이루어진다. 그래서 이들은 호모 에코노미쿠스의 협력을 "약한 상호성(weak reciprocity)"으로 그리고 호모 레시프로칸스의 협력은 "강한 상호성(strong reciprocity)"으로 구별하여 특징지으면서, 앞에서 살펴본 호혜

적 이타주의와 팃포탯 전략에 의한 협력을 약한 상호성의 이기적인 협력 사례로 간주했다. 물론 그렇다고 호모 레시프로칸스의 협력이 무조건적인 이타주의나 상대방에 대한 선의에 필수적으로 근거한 것이라고 보지도 않았다. 이들에 따르면, 호모 레시프로칸스는 상대방에 대한 배려와 함께 결과에 이르는 과정의 공정성에 특별한 관심을 기울인다. 그래서 상대방과의 평등한 결과를 추구하는 대신에 자신의 부담과 보상 간의 대략적인 균형에 관심을 쏟는다(Bowles & Gintis, 1998).

32 한국사회에서 경제학계 바깥에서 호혜적 인간상에 주목한 사례로는 인성교육의 대안과 방향을 모색하면서 특별히 호모 레시프로칸스에 주목한 교육학자 이은아를 들 수 있다. 이은아는 신자유주의 체제와 경쟁적인 교육제도가 경제적 인간상인 호모 에코노미쿠스를 만들어 내고 있다는 점을 비판하면서, 경쟁 중심의 교육으로부터 배려의 윤리를 중시하는 교육으로, 그리고 "개인적이고 원자론적인 '경제적 인간(Homo economicus)'에서 상호 협력 사회에서 상호 의존적이고 관계적 존재로서의 '호혜적 인간(Homo reciprocan)'으로 교육의 지향가치와 패러다임이 전환되지" 않으면 안 된다는 점을 강조했다(이은아, 2015: 238, 244 이하). 참고로 최정규로부터 시작하여 원용찬과 이은아가 모두 '호모 레시프로칸스(Homo reciprocans)'를 'Homo reciprocan'으로 표기해 왔는데 특별히 타당한 근거가 있어 보이지 않는다.

33 동정심, 연민 등으로 번역되는 compassion, commiseration 등도 일찍부터 사용되어 왔다.

34 셸러의 동감, 상호 동일적 감정, 감정전염, 감정합일의 영어 표기는 바르트키(S. L. Bartky)의 글에서처럼 각각 (genuine) sympathy, true fellow-feeling, emotional infection, emotional identification으로 쓰이기도 하지만 셸러의 동감론 책이 영어권에 소개되기 시작한 초기의 표기들인 sympathy, compathy, transpathy, unipathy가 많이 사용되기도 한다(Bartky, 2002: 73-77; Becker, 1928: 640-641; 박성희, 2004: 39-40).

35 셸러는 현상학적인 관점에서 감정이입 없이도 동감이 이루어질 수 있

다고 주장했다. "우리는 투사하는 감정이입이 전혀 없어도 타인의 감정 상태들을 표정 현상 자체에서 원본적으로 파악할 수 있기 때문에 여기서 [립스의] 발생론적 이론은 무의미하다. 그러나 여기서 문제는 자신의 고통과 기쁨의 재생산이 진정한 순수한 동감에서 한몫을 해 내는가, 그리고 해 낼 수 있는가 하는 것이다."(셸러, 2006: 116-117). 그러면서 그는 립스의 이론을 여러 면에서 신랄하게 비판했는데, 립스의 감정이입 이론에 대한 셸러의 비판론에 대해서는 바르트키(S. L. Bartky)의 글(2002: 77-79)을 참조할 수 있다.

36 셸러와 다월 외에도 동감 혹은 공감의 유형론을 제시한 학자가 많다. 예를 들어 한국의 사회학자 가운데 이승훈은 셸러와 다월의 유형론을 바탕으로 동감의 유형론을 제시한 바 있는데, 감정적 동감, 인지적 동감, 그리고 진정한 동감이 그것이다. 감정적 동감은 바르트키가 동감의 세 요소로 거론한 상상력, 인식, 사랑 가운데서 감정의 측면을 특별히 강조하는 유형으로서 나와 타인 사이의 거리감을 허용하지 않는다. 인지적 동감은 타자에 대한 인식적 관심에 머무는 동감, 즉 특정한 상황에 처한 타인의 감정을 인식하거나 이해하는 데 관심이 있을 뿐 타인의 안녕에 대한 관심 같은 감정적인 측면을 결여하고 있는 유형으로서, 이승훈은 공감, 감정이입, 추체험 등이 여기에 해당한다고 보았다. 그리고 인지적 동감은 나와 타인 사이의 구분을 전제한다는 점에서도 감정적 동감과 구별된다고 보았다. 끝으로, 진정한 동감은 바르트키가 언급한 세 요소를 모두 지닌 유형으로서, 특히 인지적 관심과 정서적 관심을 함께 중요하게 고려하는 동감이다(이승훈, 2012: 17 이하; Bartky, 2002: 83). 그런데 이처럼 동감의 유형론을 제시하기 위해 동감의 구성요소에 대한 바르트키의 견해를 활용한 바 있는 이승훈은 그 후 동감의 구성요소에 대한 자신의 독자적인 설명을 제시하기도 했다. 그에 따르면 동감의 첫째 요소는 나와 타자 사이의 차이를 구분하는 것이며, 둘째 요소는 상상력을 통해 타자의 입장에 설 수 있는 인지적인 능력이며, 마지막 셋째 요소는 타자에 대한 관심과 연대감이다(이승훈, 2015: 10). 한편 교육

학자 박성희는 공감의 구성요소를 세 가지 제시했는데, 인지적 요소, 정서적 요소, 그리고 의사소통적 요소가 그것이다(박성희, 2004: 48-61).

37 리프킨은 동감이 "다른 사람의 곤경을 보고 측은함을 느끼는 감정"으로서 수동적인 의미를 갖는 데 비해 공감은 "관찰자가 기꺼이 다른 사람의 경험의 일부가 되어 그들의 경험에 대한 느낌을 공유하는" 것으로서 적극적인 의미를 갖는다고 둘을 구별한 후에 공감을 중심으로 자신의 논의를 전개하려고 했다. 하지만 앞에서 보았듯이 셸러, 다월 등은 오히려 동감을 공감에 비해 더욱 적극적인 감정으로 간주했다. 이처럼 타인의 감정을 공유하려는 보다 적극적인 태도를 리프킨처럼 공감에서 찾는 사람이 있지만, 동감에서 찾는 사람도 있고 심지어 이 둘의 차이에 별로 주목하지 않는 사람도 적지 않다. 실제로 리프킨이 공감 현상을 설명하는 과정에서 소개한 학자 가운데도 동감론을 주장한 사람이 적지 않으며 또한 동감과 공감을 구별하지 않고 타인 감정의 공유를 가리키는 것으로 보는 연구 결과도 많다. 그러므로 리프킨의 공감론은 엄격한 의미의 공감에 대한 논의라기보다는 공감과 동감을 포함한 넓은 의미의 타인 감정의 공유에 대한 논의라고 볼 수 있다(리프킨, 2010: 19-20).

38 리프킨은 또한 분산 자본주의 경제에서는 "경쟁보다 협동이 대세를 이루고 접속권이 재산권만큼 중요해지며 삶의 질이 개인의 재정적인 성공에의 갈망만큼 두드러지게" 생각된다고 보았다(리프킨, 2010: 685).

39 이 과정에서 리프킨은 특히 1968년의 학생 혁명이 있었던 1960년대를 서구사회에서 공감의 큰 파도가 일었던 시기로 보았다. "저항문화 세대는 자신의 내면을 들여다보고 느낌과 감정을 탐색하고 밖으로는 의미 있는 관계와 공감적 유대를 수립하기 시작했다." 또한 이 시기에 "자식을 갖기 시작한 베이비붐 세대들은 … 자신들이 새로 찾아낸 가치를 육아에 적용했다. 공감의 파도는 그들의 아이들에게 전달되어 보다 더 관용적이고 개방적인 세대를 만들어 냈다." 리프킨이 역사상 가장 공감적인 세대라고 부른 밀레니엄 세대는 이처럼 1960년대에 일었던 공감의 파도가 여세를 몰아 이어지게 된 세대라는 것이 그의 해석이었다(리프

킨, 2010: 628-629).

40 리프킨은 이기적 인간상의 이론적 근거를 제시한 것으로 흔히 인용되어 온 애덤 스미스와 찰스 다윈조차도 인간 본성의 도덕성 혹은 사회성과 그 근거가 되는 동감이라는 감정의 중요성을 매우 강조했다고 지적했다(리프킨, 2010: 19, 111 이하).

4장

41 그리고 이런 맥락에서 제시되는 연대적 인간상이 호모 솔리다리스보다는 호모 솔리다리우스로 표기되는 경우가 훨씬 많다는 것도 알 수 있다.

42 사회통합론 관점과 사회갈등론 관점의 차이는 대표적인 사회갈등론자인 다렌도르프가 구조기능주의자인 파슨즈의 관점을 비판적으로 정리한 글에서 잘 드러나 있다(다렌돌프, 1980: 191-199).

43 갈등 적대적 연대, 갈등 산출적 연대, 그리고 갈등 포섭적 연대에 대해서는 저자가 이미 다른 글에서 언급한 바 있다(강수택, 2007a: 274-276).

44 과거에는 사회통합론 관점과 사회갈등론 관점에서 모두 연대 참여자 개인의 자율성보다는 전체 사회나 집단의 관점을 우선시하는 경향이 매우 강했으나, 지금은 이런 경향이 현저히 약해지고 있다.

45 연대적 실천의 대표적인 형태인 사회운동 가운데 노동운동처럼 이해관계 연대에 기초한 유형을 흔히 구사회운동이라고 부르고, 정체성 연대나 생태적 연대 같은 새로운 연대에 기초한 유형을 흔히 신사회운동(새로운 사회운동)이라고 부른다.

46 사회학에서 일반적으로 행위론의 관점을 대변하는 학자로는 베버, 슈츠(A. Schutz), 고프만 등이 언급되며, 구조론의 관점을 대변하는 대표적인 학자로는 풀란차스(N. Poulantzas), 파슨즈, 다렌도르프 등이 거론된다. 물론 파슨즈처럼 행위론을 제시하는 구조론자도 있지만 전반적으로 볼 때 구조론자는 사회 구성원의 주관적인 행위보다는 사회 구조의 객관적인 조건을 훨씬 더 중시하는 경향이 있다.

47 코헨과 아라토에 따르면, "연대는 같은 양의 지지를 교환하지 않고, 개인적인 이득을 계산하지 않고, 그리고 무엇보다도 강요 없이 개인들이 상호성과 호혜성에 기초하여 서로에게 반응하고 서로와 농일시할 수 있는 능력을 가리킨다."(코헨·아라토, 2013: 205).

48 저자는 이런 연대적 인식을 '연대주의 10원칙' 혹은 '연대주의 기본정신'이라는 이름으로 정리하여 소개한 바 있다(강수택, 2012a: 310-311; 2014: 57-59).

49 연대성의 감성적 기초로는 동감 능력 외에 관심, 책임감, 신뢰감 등도 중요한데 이들은 도덕성 혹은 윤리와도 밀접히 관련되어 있어서 이어지는 연대적 윤리에 관한 논의에서 다루어질 것이다.

50 동감, 동정심, 그리고 특히 공감 개념과 이들 사이의 관계에 대해서는 여러 의견이 존재하지만 저자는 여기서 동감을 타인의 감정을 공유한다는 포괄적인 의미로 사용하고자 한다. 다만, 타인의 감정을 공유하는 것이 모두 연대적 감성을 의미하지 않기 때문에 연대적 감성에 해당되는 감정의 공유에 대해 설명하게 될 것이다.

51 타인 감정의 공유를 뜻하는 이들 감정이 연대 형성의 기초가 된다는 점을 지적한 학자는 매우 많다. 예를 들면, 아렌트(H. Arendt)는 루소가 중시한 동정심이 연대 형성의 가장 중요한 계기가 됨으로써 실제로 프랑스 혁명 과정에서 행한 특별한 역할을 흥미롭게 분석한 바 있다(아렌트, 2004: 154 이하, 171 이하). 이승훈은 동감이 사회적 연대의 토대라고 보았으며, 박형신·정수남은 동감, 공감 등이 연대의 배후 감정으로서 고도 경쟁사회에서 고도 연대사회로의 전환을 가능하게 하는 감정적인 토대라고 지적했다. 좀 더 구체적으로 박형신·이진희는 미국산 쇠고기 수입 반대 촛불집회를 분석하면서 공포에 대한 분노의 감정이 동감을 형성한 결과 연대의 토대로 작동했다고 주장했다(이승훈, 2012: 29; 박형신·정수남, 2015: 262; 박형신·이진희, 2008: 177). 그리고 리프킨은 공감의 확장이야말로 복잡해지는 사회적 교류와 인프라를 가능하게 하는 사회적 접착제라면서 공감이 없는 사회생활이나 사회조직은 상상조차 할 수

없다고 주장했다(리프킨, 2010: 54).

52 이런 관점에서는 인간이 도덕적 존재라는 것이 곧 도덕적 책임을 지니는 존재를 의미하기도 한다.

53 바우만은 관용에서 연대로의 전환을 도덕적 완성이자 관용의 생존 조건이라고 표현했다(Bauman, 1991: 256).

54 바우만은 사회적 관계에서 어떻게 연대가 실현될 수 있는지에 관심을 갖고 다루었지만, 탈근대 사회에서 연대를 무력화하는 힘에 대해서도 다루었다. 그에 따르면 근대사회에서는 국가권력과 시장이 사회를 유지하는 두 중심 기둥으로서 연대를 위협하는 주된 요인이었지만, 국가권력과 시장 사이의 힘의 균형이 깨진 탈근대 사회에서는 시장의 유혹을 통한 개인화가 연대를 무력화하는 주된 요인으로 부상했다. 따라서 근대사회에서는 구성원들이 주로 조직화된 연대를 통해 국가권력과 기업의 도전에 맞서 연대를 지켜 왔으나 탈근대 사회에서 시장의 개별적인 유혹에 맞서 연대를 지키고 강화하기 위해서는 다른 연대 전략이 요구된다. 이런 점에서 본다면 탈근대 사회의 실천적인 연대론은 윤리적인 의미뿐 아니라 정치적인 의미도 뚜렷이 갖는다(Bauman, 1987: 168, 188 이하; 1992: 112; 강수택, 2007a: 191).

55 연대를 통한 책임성의 실현은 매우 적극적인 실천을 동반하며 자기희생적인 특성을 지닌다. 그래서 바우만은 자기희생의 행위를 윤리적 연대, 즉 위하는 관계의 핵심이자 표현이라고 묘사하기도 했다(Bauman, 1993: 61).

56 대표적인 사례로는 이들의 이론이 감정적 연대의 중요한 토대가 되는 가정을 제공한다는 관점에서 이들의 이론을 감정적 연대론의 맥락에서 언급한 딘(J. Dean)이 있다(Dean, 1996: 20).

57 노딩스는 윤리적 이상을 유지하는 데 일상생활에 대한 긍정적인 태도가 중요하다는 점을 강조했다. 왜냐하면 일상생활은 윤리성의 근원을 제공하며, 우리가 배려할 타인과 우리를 배려할 타인을 만나는 것도 대

부분 일상생활에서 이루어지기 때문이다. 뿐만 아니라 일상생활은 우리의 수용성을 증대시키고 배려하는 기술을 실천할 기회를 제공하며 우리에게 깊고 평온한 기쁨을 가져다주기 때문이다(노딩스, 2009: 186).

58 함석헌은 불의와 이기심에 굴복하여 연대하지 못하는 것이 용기 부족인 경우가 많으므로 이를 극복하기 위해 정신과 믿음의 내면화 및 강화가 필요하다고 보았다. 그리고 이런 정신과 믿음의 요소는 본래 인간에게 있는 것이어서 외부 요인에 의해 억압되거나 왜곡된 경우에는 이를 회복시키려는 노력이 필요하지만, 이들 요소와 진정한 용기는 지식인처럼 가진 사람보다는 일반 민중, 곧 씨올에게서 찾기가 더 쉽다고 보았다(함석헌, 2009: 256; 1972: 33-34; 1989: 201; 1966: 310; 1971: 252).

59 지배적 인간(Homo dominans)이라는 표현은 빈터(G. Winter)의 글에서, 경쟁적 인간(Homo concurrens)이라는 표현은 리히터의 글에서 각각 발견된다. 그리고 앞의 논의에서 보면 저자가 호모 솔리다리우스라고 부르는 연대적 인간 개념으로 발전시킬 수 있는 다양한 인간상 혹은 자아상이 이론적인 관점에 따라 다양한 형태로 등장한 것을 알 수 있는데, 연대적인 개인(코헨과 아라토), 개별 인격체(셸러), 도덕적 자아(바우만), 윤리적 자아(노딩스) 등이 그 예다(Winter, 2005: 2; Richter, 2010: 217).

60 생활세계의 경험에 입각한 논리는 슈츠의 '상식적 사유(common-sense thinking),' 기든스의 '관행적 의식(practical consciousness)' 등에 가까우며, 이런 경험에 입각한 감정은 바우만의 도덕적 감정, 노딩스의 자연적 배려의 감정 등에 가깝다(Schutz, 1973: 7 이하; 기든스, 1991: 54).

61 초기 근대사회에 비해 오늘날 후기 근대 혹은 탈근대 사회에서는 연대관계의 참여자들이 자율성을 훨씬 더 추구하는 경향이 있다. 이런 경향은 사이버 공간에서의 연대 형성의 폭증을 가져왔으며, 이것이 오프라인 연대의 발전에도 크게 기여하고 있다. 어쨌든 오늘날 정보통신기술의 발달에 힘입어 급속히 진행되고 있는 정보사회의 발전은 호모 솔리다리우스의 활동에 매우 유리한 조건이 되고 있다.

62 근대적 개인들이 사회의 공공 영역을 통해서만 호모 솔리다리우스로 탄생할 수 있었던 것은 아니다. 가족, 친지, 친구 같은 친밀한 영역에서도 사회적 관계의 성격이 개인의 자유와 평등에 입각한 근대적인 관계로 전환되면, 즉 친밀한 영역의 민주화를 경험하면 개인들이 호모 솔리다리우스로 탄생할 수 있었다. 가족을 비롯한 이들 친밀한 영역은 그 자체가 잠재적인 연대 영역이기 때문에 구성원들의 관계가 민주적으로 전환되기만 하면 호모 솔리다리우스가 여기서 자연스레 출현할 수 있었던 것이다. 그런데 비록 근대가 공공 영역에서처럼 친밀한 영역에서도 민주화가 실현될 수 있는 기회가 되었으나 가족 내에서 여성들의 지위가 향상되어 양성 간의 민주화가 실현되는 데에는 오랜 가부장제 문화로 인해 더 많은 시간이 필요했다. 그리고 가족 내에서 청소년들의 지위가 향상되는 데에도 더 많은 시간이 요구되었다(기든스, 1996: 167 이하, 291 이하).

63 산업화가 늦게 시작된 독일에서는 도시의 수공업자들과 농촌의 소농 경영자들을 중심으로 신용협동조합 운동이 활발히 일어나서 일찍부터 자리를 잡아 갔으며, 러시아에서도 농촌을 중심으로 협동조합 운동이 시작되었다(윤형근, 2013: 180 이하, 245 이하).

64 파시즘이 결속 혹은 단결을 뜻하는 파쇼(fascio)라는 단어에서 유래한 데서 알 수 있듯이 연대 사상과 유사하게 결속 혹은 단결을 강조했다. 하지만 연대 사상이 개인의 자유와 평등에 입각한 자율적인 결속 혹은 단결을 추구한 데 반해 파시즘은 일반 민중의 능력을 불신하고 또한 민주주의에 비판적인 관점에서 국가권력에 기초한 결속과 단결을 추구했다(미셸, 1979: 13).

65 현대 서구사회의 새로운 사회운동을 촉발시킨 1968년 혁명에서는 억압적 관료주의와 위계적 권위주의를 비판하는 목소리와 자율적인 참여의 중요성을 강조하는 목소리가 매우 두드러졌다. 뿐만 아니라, 그 후에 다양한 형태로 전개된 새로운 사회운동에서도 중앙집권화된 통제의

거부와 자율성의 강조가 가장 뚜렷한 특징이었다(정수복, 1993: 27; 오페, 1993: 94; 주성수, 2006: 28 이하).

66 사회적 경제 헌장은 사회적 경제가 연대의 원리에 기초한 경제임을 다음과 같이 명백히 제시하고 있다. "사회적 경제 개념은 연대 기반 경제(연대경제), 제3섹터, 협동조합, 공제조합, 결사체, 재단처럼 나라에 따라 달리 사용되는 다양한 단위들을 포괄한다. ... 사회적 경제에서는 기업의 성공을 경제적 성과만으로 측정할 수 없지만 공제조합으로서의 목표 달성과 연대의 관점에서 경제적 성과는 필요하다. 하지만 기업의 성공은 무엇보다도 연대, 사회적 응집, 그리고 지역의 유대와 관련하여 행한 기여로써 측정되어야 한다. ... 사회적 경제는 능동적 시민권의 과정에 대한 개인적인 참여와 연대의 원리에 기반해 있다. ... 사회적 경제는 더 많은 참여, 민주주의, 연대를 제공하는 다원적인 사회의 발전에 중요한 기여를 한다."(CEPCMAF, 2007).

67 세계사회포럼이 2001년 공포한 원칙 헌장은 세계화, 경제, 새로운 세계 건설 등이 경쟁 대신에 연대를 통해 이루어져야 한다는 점을 분명히 밝히고 있다. "④ 세계사회포럼에서 제안되는 대안들은 ... 연대하는 세계화(globalization in solidarity)가 세계사에서 하나의 새로운 단계로서 반드시 지배하게 되도록 설계되었다. ... ⑩ 세계사회포럼은 경제, 발전, 역사에 대한 모든 전체주의적이며 환원주의적인 관점에 반대하며 ... 인권 존중, 진정한 민주주의 실천, 참여 민주주의, 평화적인 관계가 민중, 인종, 성별, 국민들 사이에서 평등과 연대 가운데서 이루어지는 것을 지지한다. ... ⑭ 세계사회포럼은 참가하는 조직과 운동들로 하여금 ... 연대를 통해 하나의 새로운 세계를 건설하면서 실험해 보는 변화 유도적인 실천들을 세계적인 의제로 끌어들이도록 격려하는 하나의 과정이다."(WSF, 2001). 그리고 아탁은 자신들의 소개문에서 연대가 핵심 가치와 원칙이라고 천명했다. "대안 세계화 운동은 신자유주의적인 세계화에 반대하는 해방운동이다. 그 활동가들이 확신하는 바는, 모든 사람의 기본 욕구에로의 접근과 인류의 해방은 세계적인 경제적 경쟁과 자

유시장을 통해 이루어질 수 없으며, 오직 세계적인 연대의 형성과 이들 권리를 보장할 수 있는 세계적인 재정을 통해서만 가능하다는 점이다." "Attac은 사회에 대한 금융시장의 지배야말로 사회적인, 생태적인, 민주적인, 그리고 연대 의존적인 새로운 발전양식으로 이동하는 데 있어서 주된 장애물이라고 본다." "남과 북의 연대. 신자유주의적인 세계화는 조세회피를 조직하면서 엘리트들의 부패를 통해 새로운 형태의 식민주의를 빈국에 강요한다. 그것은 자유무역을 통해 빈국의 농민과 부국의 영농 대기업 소유자 간의 경쟁을 강요한다. 그것은 부채 기제를 통해 세계은행과 국제통화기금이 개발도상국에 엄청난 규제완화 정책을 강요하도록 허용한다."(ATTAC, 2018).

68 앞에서 언급했듯이 자원봉사 활동의 동기는 다양하지만 약자의 지원이라는 윤리적인 동기가 특히 자원봉사 형태의 연대적 실천에서는 큰 비중을 차지한다. 물론 윤리적 동기뿐 아니라 합리적인 동기도 자원봉사 활동을 비롯한 다양한 연대적 실천에 참여하는 개인들에게서 매우 중요하다. 앞에서 살펴본 호혜적 협력이나 호혜적 이타주의는 합리적인 동기에 의한 연대적 실천의 대표적인 예이다. 볼스, 페어 등이 제시한 호혜적 인간, 즉 호모 레시프로칸스는 이런 호혜적 협력 혹은 호혜적 이타주의를 추구하는 인간상으로서 일종의 합리적인 호모 솔리다리우스에 해당한다고 볼 수 있다. 그런데 앞에서 저자는 호모 레시프로칸스의 확산에 관한 흥미로운 연구 결과를 소개했다. 즉, 도멘(T. Dohmen)을 비롯한 연구팀이 독일경제연구소(DIW)의 2005년도 독일 사회경제패널(SOEP) 자료를 분석한 후 독일 성인에게 호혜적 성향, 특히 긍정적인 호혜성이 일반화되어 있다는 사실 등을 근거로 독일사회에서는 호모 레시프로칸스가 확산되어 있을 뿐 아니라 이들이 다른 사람에 비해 친구관계, 경제적 소득, 삶의 만족도의 면에서 인생을 더욱 성공적으로 살아간다는 연구 결과를 제시한 것이다. 이것은 21세기 초의 독일사회에서 적어도 합리적인 성향의 호모 솔리다리우스가 어느 정도 확산되어 있음을 실증적인 자료로써 보여 주었다(Dohmen et al., 2009: 598).

69 유영렬에 따르면 1896년 창립된 독립협회의 회원이 2년 후인 1898년 말에는 4천 명에 이르렀다(유영렬, 1991: 57).

70 물론 이 시기에 민중들 혹은 시민들 사이에서 이루어진 연대 실천이 이런 결사체를 통한 사회운동이나 집회 및 시위의 형태를 띤 것만은 아니었고 자원봉사, 기부 등의 형태로 이루어진 연대 실천도 꾸준히 증가했다.

71 저자는 다른 글에서 연대친화적인 시장경제를 연대경제라고 부르면서 이것의 기본 성격과 원칙에 대해 간략히 소개한 바 있다(강수택, 2007a: 352-357; 2012a: 492-503).

72 통계청 자료에 따르면 지난 2006~2016년 사이에 소득 하위 20% 집단의 소득 대비 상위 20% 집단의 소득 비율이 2006년 6.65배에서 2016년 9.32배로 높아졌으며, 소득불평등 정도를 나타내는 지니계수도 0.330에서 0.353으로 증가하여 불평등이 심화된 것으로 나타났다. 한편 한국행정연구원의 2017년 사회통합실태조사 자료에 따르면 응답자들의 85.5%가 한국사회에서 빈곤층과 중·상층 간의 사회갈등을 심각한 문제로 여겼으며, 응답자들이 사회갈등의 원인으로 가장 많이 지목한 것은 빈부격차였다. 그리고 소득수준이 높은 집단보다 낮은 집단에서 이런 인식이 더욱 뚜렷했다(통계청, 2018; 한국행정연구원, 2017: 260-261).

73 경제협력개발기구(OECD)의 자료에 따르면 2013년 한국의 1인당 사적인 소비 지출액은 34개국 가운데 19위였다. 이것은 2000년 이후 사적 소비 지출이 34개국 가운데 여섯 번째로 빠르게 증가한 결과이며, 이로 인해 2013년 1인당 가계배출 도시폐기물 양은 통계자료가 제공된 20개국 가운데 12위로 많게 나타났다(OECD, 2015: 49).

74 시장은 강요와 유혹의 방법 외에도 연대 자체를 상품화함으로써 진정한 연대의 위축과 파괴를 초래하기도 한다. 각종 사회 서비스의 상품화는 이런 대표적인 사례로서 구매력을 지닌 사람들에게 실제적인 도움

이 되기는 하겠지만 타인, 특히 사회적 약자를 영리추구의 수단으로 삼음으로써 이들에 대한 진정한 관심에 기초한 연대 정신과 가치를 훼손시키는 결과를 초래한다.

75 조직화 정도가 낮은 한국 노동자, 특히 중소기업 노동자는 현재 장시간 노동으로 매우 큰 고통을 받고 있다. 그리고 대기업 노동자와 중소기업 노동자, 정규직 노동자와 비정규직 노동자, 남성 노동자와 여성 노동자 사이에는 소득격차가 매우 큰 것이 현실이다. 한국 노동자의 노동시간은 2016년 기준으로 경제협력개발기구 34개국 가운데 멕시코 다음으로 긴 것으로 나타났다. 제조업에서 남녀 임금격차도 경제협력개발기구에서 자료를 제공한 2015년의 16개국 가운데 가장 컸으며, 2014년의 20개국 가운데서는 세 번째 큰 것으로 나타났다. 2015년의 남성 노동자 임금 대비 여성 노동자 임금은 64.2%에 불과했다(OECD, 2017; 통계청, 2017).

76 과거의 비교적 안정된 공동체 사회와 비교할 때 개인화되고 급변하는 현대사회에서는 비록 개인의 자유가 크게 신장되었으나 불확실성이 증가하여 개인적인 책임감과 불안감이 커졌다. 그래서 소비자들이 유행을 따라 다른 많은 사람들과 유사한 소비를 함으로써 이런 불안감을 해소하려고 하며, 온라인에서는 인터넷 카페 같은 사이버 공동체에 속함으로써 이런 불안감을 해소하려고 한다. 프랑스 사회학자 마페졸리(M. Maffesoli)는 탈근대 사회에서 사람들이 추구하는 이런 새로운 공동체와 이것을 추구하는 경향을 각각 부족과 (새로운) 부족주의라고 불렀다(Maffesoli, 1996: 76-77; 마페졸리, 1997: 18 이하, 209 이하).

77 김덕영은 한국의 근대화를 "환원 근대화"로 특징지으면서 "한국의 근대화는 경제와 동일시되고 경제는 다시 경제성장과 동일시되었다"고 주장한 바 있다. 이런 한국의 환원 근대화의 원인을 김홍중은 "생존주의"에서 찾으면서 특히 1997년 이후의 생존주의에 대해 세계적 신자유주의 질서에로의 편입 요구를 배경으로 설명했다. 김홍중에 따르면 한국의 근대화가 환원 근대화의 성격을 띠게 된 것은 사회에서 직접적인

생존 기능을 담당하는 영역이 생존주의 레짐에 의해 전폭적으로 지지된 반면에 연대성 같은 다른 영역의 사회적 가치는 억압되었기 때문이다. 하지만 경쟁 지향적인 경제와 투쟁 지향적인 정치가 공존·협력·연대를 지향하는 경제와 정치보다 생존에 더욱 기능적이라고 단정할 수 없다. 이런 관점에서 본다면 한국의 환원 근대화는 생존주의 레짐과 반(/탈)생존주의 레짐 간의 투쟁의 결과라기보다는 생존을 위한 연대주의 레짐과 반연대주의 레짐 간의 투쟁의 결과라고 보는 것이 보다 적절하다(김덕영, 2014: 65; 김홍중, 2017: 244 이하).

78 세계가치조사(World Values Survey) 결과에 따르면 일반적으로 타인을 신뢰하는 한국인이 1982년 응답자의 36.0%였으나 그 후 지속적으로 감소하여 2010년에는 26.5%로 나타났다. 한국 종합사회조사(KGSS) 결과는 일반적으로 타인을 신뢰하는 한국인의 비율이 매년 조금씩 차이가 있지만 2003~2016년 동안 36.3~53.1% 사이에서 움직이면서 대체로 40%대에 많이 머물러 있음을 보여 주었다. 이처럼 두 조사 결과 사이에 어느 정도 차이가 있지만 경제협력개발기구(OECD)의 보고서는 2008년 기준으로 한국인들의 이런 일반적인 타인 신뢰 수준이 경제협력개발기구 소속 30개국 가운데 25위로서 상당한 하위권에 있음을 보여 주었다. 그 후 2014년 자료에서는 전체 회원국 35개 가운데 23위로 나타나서 조금 향상된 것을 알 수 있지만, 한국인의 타인 신뢰 수준은 여전히 이 기구 회원국의 평균 이하 수준에 머물렀다(WVS, 2014; WVS, 2015a; WVS, 2015b; WVS, 2015c; WVS, 2015d; WVS, 2016; SRC, 2007: 137; SRC, 2016: 138; 김지범 외, 2017: 357; OECD, 2011: 91; OECD, 2016: 129).

79 이런 세계주의적이며 평화주의적인 연대관은 함석헌의 씨올 사상에서도 이미 뚜렷이 제시되어 있다(강수택, 2019).

7장

80 한국에서 진행된 제5차 세계가치조사와 제6차 세계가치조사의 응답자는 각각 1,200명이었다.

81 제5차 조사 결과에 의한 지수 상위 10개국의 순서는 스웨덴, 캐나다, 노르웨이, 베트남, 요르단, 인도, 호주, 중국, 영국, 그리고 핀란드다. 서구의 복지 선진국이 여기에 많이 포함되어 있으며, 아시아권의 몇몇 국가도 함께 속해 있는 것을 알 수 있다. 제6차 조사 결과에서도 서구의 복지 선진국과 아시아권 국가가 상위 10개국을 주로 구성하고 있다. 연대적 인간 지수를 산정한 전체 케이스는 제5차 세계가치조사의 경우 61,982명이었으며, 제6차 세계가치조사의 경우 78,449명이었다.

82 연대적 인간 유형의 비율에서도 상위 10개국은 서구의 복지 선진국과 몇몇 아시아 국가로 이루어져 있다. 제5차 조사 결과에 의한 상위 10개국의 순서는 스웨덴, 캐나다, 노르웨이, 베트남, 요르단, 중국, 호주, 영국, 인도, 그리고 핀란드다. 이들을 지수 상위 10개국과 비교하면 일부 순위의 차이는 있으나 국가의 차이는 없다. 연대적 자아 정체성 대신에 친사회적 자아 정체성을 지표로 사용한 제6차 조사 결과에서는 제5차 조사 결과의 경우 아시아권에 속한 이슬람 국가가 요르단뿐인 데 비해 예멘, 파키스탄, 쿠웨이트, 그리고 이라크의 4개국이 포함되어 있다는 것이 큰 차이점이다.

83 두 차례 조사에서 한 번이라도 상위 10개국에 속했던 나라는 가나(2), 나이지리아, 남아프리카공화국, 르완다, 말리, 모로코, 부르키나파소, 알제리, 에티오피아, 짐바브웨, 러시아, 에스토니아, 말레이시아(2), 인도(2), 요르단, 이란, 그리고 쿠웨이트다. 이들은 옛 동구권 2개국, 아시아권 중동 3개국, 남아시아 및 동남아시아 각 1개국을 제외하고는 모두 아프리카 대륙에 위치한 국가들이다. 한편 두 차례 조사에서 하위 10위권에 해당하는 20개국에서는 노르웨이, 영국, 뉴질랜드, 미국 등 서유럽·북미·오세아니아 8개국과 페루, 우루과이 등 남미 5개국이 대부분을 차지하며, 이들 외에는 홍콩과 바레인만 속해 있다. 이런 결과를 보면 비록 일부 예외가 있긴 하지만 전반적으로 볼 때 최상위권에는 경제적으로 매우 어려운 나라들이 많은 반면에 최하위권에는 경제적으로 발전한 나라들이 일부 남미 국가들과 함께 속해 있다는 것을 알 수 있

다. 경제적 인간 비율을 산정한 전체 케이스는 제5차 세계가치조사의 경우 6만 6,699명이었으며, 제6차 세계가치조사의 경우 8만 2,220명이었다.

84 한국의 권력정치적 인간 비율이 매우 낮게 나온 것에 대해 예상 밖의 결과라는 반응이 있을 수 있다. 그런데 한국인의 정치 지향성은 결코 약하지 않지만, 그동안 민주주의 의식과 평등의식이 널리 확산되어 온 결과 위계적 권위관계를 전제로 하는 정치에 대해서는 매우 비판적인 반면에 시민권 중심의 민주주의를 추구하는 정치에 대해서는 긍정적인 경향이 자리를 잡아 온 것으로 해석할 수 있다. 권력정치적 인간 비율과 시민정치적 인간 비율을 산정한 전체 케이스는 제5차 세계가치조사의 경우 각각 6만 9,159명과 6만 5,116명이었으며, 제6차 세계가치조사의 경우 각각 8만 1,012명과 7만 8,996명이었다.

85 한국인들의 정치 지향성이 경제 지향성보다 약하다는 사실은 정치적 인간 지수의 평균치를 통해서도 확인된다. 제5차 조사와 제6차 조사에서 한국의 권력정치적 인간 지수는 공통적으로 전체 국가 지수 평균보다 많이 낮은 3.1742와 3.0439로 각각 나왔는데 이들은 세계 54개국 가운데 51위, 57개국 가운데 55위, 그리고 OECD 소속 21개국 가운데 20위, 15개국 가운데 14위에 각각 해당한다. 그리고 한국의 시민정치적 인간 지수는 전체 국가 지수 평균과 일치하거나 근접한 5.2300과 5.1931로 각각 나와서 세계 52개국 가운데 31위, 57개국 가운데 28위 그리고 OECD 소속 20개국 가운데 14위, 15개국 가운데 11위에 각각 해당한다. 정치적 인간 지수의 평균치에 따른 이들 순위는 정치적 인간 비율의 순위와 매우 비슷하다.

86 시민정치적 인간 비율의 최하위 10위권 20개국에는 옛 동구권 국가 및 소련으로부터 독립한 5개국, 남미 6개국, 동남아시아 2개국과 중동, 아프리카, 유럽의 각 1개국이 속해 있다. 이들 가운데 남미와 옛 동구권의 4개국은 두 차례씩 최하위 10위권을 차지하였다. 이것을 보면 이들 최하위권에 옛 동구권 국가 및 소련으로부터 독립한 국가가 많이 포함되

어 있지만 서유럽·북미·오세아니아 국가와 아프리카 국가는 거의 포함되어 있지 않다는 점이 두 유형의 정치적 인간에 공통되는 점임을 알 수 있다. 하지만 권력정치적 인간 비율의 최하위권에는 동아시아 국가가 많이 포함되어 있는 데 비해 시민정치적 인간의 경우에는 동아시아 국가가 최하위권에 전혀 포함되지 않은 대신 남미 국가가 매우 많이 포함되어 있다는 차이점을 발견할 수 있다. 한편 시민정치적 인간 비율의 최상위 10위권 20개국은 스웨덴(2), 독일(2), 네덜란드, 스위스, 노르웨이, 미국(2), 호주, 중국(2), 일본, 말레이시아, 태국, 베트남, 조지아, 에티오피아, 이집트, 그리고 르완다이다. 이들은 서유럽 5개국, 북미와 오세아니아 각 1개국, 동북아시아 2개국, 동남아시아 3개국, 아프리카 3개국, 그리고 소련에서 독립한 조지아로 이루어져 있다. 이에 비해 권력정치적 인간 비율의 상위 10위권 20개국은 가나(2), 르완다(2), 예멘, 나이지리아, 이집트, 짐바브웨, 리비아, 트리니다드토바고(2), 인도(2), 이라크, 말리, 잠비아, 부르키나파소, 베트남, 남아프리카 공화국, 그리고 멕시코다. 이들은 중남미 2개국, 아시아권 중동 2개국, 남아시아와 동아시아 각 1개국을 제외하고는 모두 아프리카 대륙에 위치한 국가들이다. 이들을 살펴보면 권력정치적 인간 비율의 상위 20개국에는 아프리카 국가가 과반수를 차지하고 서구·북미·오세아니아·동아시아 국가는 전혀 없다. 이에 비해 시민정치적 인간 비율 상위 20개국에는 서구·북미·오세아니아 국가가 절반을 차지하며 동아시아의 일본과 중국까지 포함하면 이들이 2/3에 이른다는 대조적인 사실을 알 수 있다. 그리고 권력정치적 인간 비율 상위 10위권 20개국 분포는 경제적 인간 비율 20개국 분포와 유사하고 연대적 인간 비율 상위권 국가 분포와는 대조적이다. 연대적 인간 비율 상위권 20개국 분포는 오히려 시민정치적 인간 비율 상위 20개국 분포와 비교적 유사하다.

87 자녀가 배워야 할 특별히 중요한 덕목에 대한 인식 조사는 1980년대 초의 제1차 조사에서부터 여섯 차례 계속되었다. 이 조사에서 한국인 응답자들이 중요한 덕목으로 절약과 저축이라는 경제적 덕목을 지적한

비율은 변함없이 전체 조사 대상국 가운데 앞 순위 1~4위를 차지한 데 반해 박애정신이라는 연대적 덕목을 지적한 비율은 끝 순위 3~5위를 차지해왔다.

88 자신을 한국 민족, 지역 공동체, 세계시민, 그리고 동북아 지역의 일원으로 인식한 응답자 비율이 각각 94.2%, 89.6%, 83.3%, 그리고 77.0%였다. 그리고 자신을 독자적인 개인으로 인식하는 비율은 65.4%였다.

89 제5차 조사 결과에 따르면, 한국인들은 국민 의식이 93.6%, 세계시민 의식이 80.3%, 그리고 독자적인 개인 의식이 69.8%였는데, 이들 수치는 응답에 참여한 48개 국가 가운데 각각 35위, 20위, 35위에 해당된다.

90 다른 여러 나라의 조사에서는 이 두 가지 인간상이 함께 제시되기도 했다.

91 연대적이거나 친사회적인 인간상과 달리 부유한 삶을 추구하는 경제적인 인간상과 자신을 동일시하는 비율은 경제적으로 어려운 나라에서 훨씬 더 높은 편이다. 그래서 조사에 참여한 OECD 국가 가운데서 차지하는 순위만 본다면 경제적 인간상의 응답률이 제5차 조사와 제6차 조사에서 각각 20개국 가운데 10위, 15개국 가운데 7위로 중간에 위치해 있다. 하지만 연대적이거나 친사회적인 인간상의 응답률은 마찬가지로 최하위권이다.

92 제5차 조사의 전체 참가국 52개 가운데서는 한국인의 경우 연대적 자아상과 경제적 자아상의 격차가 28위로 나타나, 〈표 7〉의 연대적 자아상 순위보다 많이 앞서는 것을 알 수 있다. 그리고 연대적 자아상 대신에 친사회적 자아상을 조사한 제6차 조사 결과에서도 친사회적 자아상과 경제적 자아상의 비율 격차가 한국의 경우 전체 60개국 가운데 23위, OECD 소속 14개국 가운데 9위로 각각 나타나서 〈표 7〉의 친사회적 자아상의 순위뿐만 아니라 제5차 조사의 연대적 자아상과 경제적 자아상 간의 격차 순위보다도 많이 앞서는 것을 알 수 있다. 이것은 한국인 응답자의 경우 연대적 자아상이나 친사회적 자아상이 가장 약한

국가에 해당하지만, 자아의 경제 지향성에 대비한 연대·친사회 지향성은 이보다는 훨씬 덜 취약하다는 사실을 보여 준다.

93 설문지에는 종사 직종이 육체 노동과 지적 활동에 어느 정도 관련된 것인지를 응답하게 하는 질문이 포함되어 있는데, 저자는 응답 내용을 육체 노동, 혼합형, 지적 활동의 세 유형으로 나누어 분석했다.

94 제5차 조사 결과에 따르면 가족과 친구를 중요한 요소로 간주한 응답자는 각각 99.8%와 93.8%였는 데 비해 직장, 여가시간, 정치, 종교를 중요한 요소로 인정한 응답자는 각각 91.1%, 85%, 54.2%, 46.9%였다.

95 생활의 중요한 요소로서 봉사 활동에 대한 태도를 묻는 질문은 그동안의 여섯 차례 조사 가운데 2001년에 실시한 제4차 조사 때에만 유일하게 포함되어 있었다. 그런데 이 조사 결과에 따르면 한국인 응답자 가운데 봉사 활동을 중요하게 여긴 사람의 비율이 64.7%로서, 이 질문의 응답에 참여한 전체 38개국 가운데 35위로 매우 낮게 나타난 바 있다.

96 이런 현상은 제5차 조사 결과에서도 마찬가지로 나타나 있다. 즉, 절약과 저축이라는 경제적 덕목을 선택한 응답자 비율은 72.5%로서, 이 질문의 응답에 참여한 58개국 가운데 가장 높은 1위를 기록했다. 이에 반해, 박애정신이라는 덕목을 선택한 비율은 11.6%에 불과하여 전체 58개국 가운데 최하위권에 해당하는 54위를 기록했으며, 이 설문에 참여한 OECD 22개국 가운데서는 21위를 기록했다.

97 여섯 차례의 조사에서 소속 여부를 질문한 단체들에 차이가 있어서 이들 자료를 단순하게 비교하기는 어렵다. 다행히 제6차 조사와 제5차 조사 때에는 한 개의 항목을 제외하고는 거의 비슷한 질문이 사용되어 두 차례의 조사 결과를 함께 이용하는 데 큰 어려움이 없다.

98 노동단체와 소비자보호단체의 두 유형도 공익성이 비교적 뚜렷한 단체지만 사적인 이익의 증진 혹은 보호를 함께 추구하는 경제적인 결사체라는 공통점을 갖고 있다. 정당 역시 공익성을 지니지만 권력을 추구하는 정치적인 단체다. 종교·교회 단체, 예술·음악·교육·문화 활동

단체, 스포츠·레크리에이션 단체의 세 유형은 개인적인 혹은 사회적인 신앙, 문화, 스포츠 활동의 유지와 증진을 추구하는 문화적 결사체들이며, 전문가 협회는 이익단체의 성격이 강하다.

99 제5차 조사에서는 비록 자활·공제 단체 유형이 빠져 있긴 하지만 나머지 단체 유형과 관련해서는 제6차 조사 결과의 이런 경향이 여기서도 비슷하게 발견된다.

100 OECD 소속 15개국 가운데서는 자활·공제 단체 소속 비율의 경우 4위로서 다소 상위권에 있으나, 인권·자선 단체와 환경보호단체의 경우는 각각 9위와 7위로서 모두 중위권에 있다.

101 이런 분석 결과는 제5차 조사에서도 비슷하게 나왔다. 즉, 1,195명의 응답자 가운데 1%에 해당하는 12명이 스스로를 적극적인 정당원이라고 밝혔는데, 이 비율은 전 세계 56개국 가운데 50위의 하위권에 해당했다.

102 제5차 조사 결과에 따르면 전체 정치적 관심의 소유자는 응답자의 85.2%로서 전체 58개국 가운데 15위의 상위권이었는 데 반해 적극적인 정치적 관심의 소유자는 3.4%에 불과하여 전체 58개국 가운데 최하위권인 56위를 차지했다.

103 세계가치조사 결과와 유럽가치조사 결과를 종합하여 제시한 OECD 보고서에 따르면, 2014년 기준으로 한국인의 타인에 대한 신뢰 수준이 OECD 전체 35개 국가 가운데 23위로 중위권의 끝 부분에 해당한다.

104 제6차 세계가치조사에서는 경쟁에 대한 태도를 묻는 이 질문을 보완하는 다른 질문이 있었다. 그것은 부의 축적이라는 경제활동에 반드시 타인의 희생이라는 반연대적인 사회관계가 필요하다고 생각하는지 묻는 질문이다. 이 조사 결과에 따르면 한국인 응답자의 44.5%가 타인의 희생이 필요하다고 응답했다. 이 응답률은 조사에 참여한 전체 국가 60개 가운데 19위에 해당하는 것으로서, 부자가 되기 위해서는 경쟁을 비롯한 여러 반연대적인 방식의 사용이 불가피하다는 생각의 경향이 한국인 응답자에게 매우 강하다는 것을 의미한다.

105 60개국 가운데 격차가 가장 큰 10개국은 순서대로 가나, 트리니다드토바고, 조지아, 아르메니아, 모로코, 짐바브웨, 리비아, 루마니아, 튀니지, 그리고 페루로서, 아프리카 5개국, 남미 2개국, 옛 소련 및 동구권 3개국으로 이루어져 있다. 이들은 2018년 1인당 GDP에서 4개국이 56~88위에 그리고 나머지 6개국이 112~156위에 속할 정도로 경제적인 형편이 대체로 좋지 않은 국가들이다.

106 이 세 질문에 대한 응답은 공통적으로 찬성 의견과 반대 의견의 양 극단 사이의 10개 지점 가운데 하나씩 선택하는 방식이다. 저자가 결과를 분석할 때는 10개 지점을 양분화하여 찬성 쪽의 5개 지점은 찬성 응답으로, 반대 쪽의 5개 지점은 반대 응답으로 단순화시켜서 처리했다.

107 이런 인식 수준은 세계적으로 매우 높은 것이어서 제5차 조사와 제6차 조사에서는 각각 58개국 가운데 6위와 60개국 가운데 8위의 상위권에 해당했으며, 그 이전의 제3차 조사와 제4차 조사에서는 각각 52개국 가운데 1위와 41개국 가운데 2위로서 최고 수준이었다. 그리고 조사에 참가한 OECD 국가들 가운데서는 네 차례 모두 가장 높은 수준이었다.

108 〈표 6〉의 아래 부분은 기본적인 복지정책에 관한 두 질문에 대해 응답자들이 찬성과 반대 사이의 10개 응답 지점 가운데 하나를 선택한 것을 점수화한 후, 이 점수의 국가별 평균을 비교했을 때 한국의 순위를 보여 준다. 정부의 부자 과세와 가난한 자에 대한 보조금 지급이 민주주의의 필수 요소라고 찬성한 한국인 응답자의 비율은 두 차례 조사에서 모두 전체 국가들 가운데 매우 높은 순위에 있다고 나타났다. 그리고 국가의 실업수당 지급이 민주주의 요소라고 응답한 한국인 응답자의 비율은 전체 국가들의 중위권에 해당한다는 것을 알 수 있다. 〈그림 5〉는 제6차 조사에서 두 복지정책에 대한 OECD 소속 15개국 응답자의 태도를 비교한 그래프이다. 어쨌든 이런 결과들은 정부의 기본적인 복지정책, 특히 가난한 자를 위한 소득 재분배 정책의 필요성에 대한 한국인의 인식이 다른 나라에 비해 강한 편이라는 사실을 공통적으로 확인시켜 준다.

109 제5차 조사 결과는 93.7%로서 전체 54개국 가운데 26위, OECD 소속 국가 21개 가운데 11위로 각각 중위권에 해당한다.

110 제5차 조사 결과도 이것과 크게 다르지 않다. 권위의 존중에 대한 비판적인 응답률은 41.3%로서 전체 57개국 가운데 5위, OECD 소속 21개국 가운데 3위에 각각 해당될 정도로 높다. 반면에 긍정적인 응답률은 28.3%에 불과하여 전체 57개국 가운데 52위, 21개국 가운데 19위에 각각 해당될 정도로 낮다.

111 제6차 조사 결과를 보면 한국의 경우 경제적 인간 비율에서 연대적 인간 비율을 뺀 차이가 전체 58개국 가운데 8위, OECD 소속 14개국 가운데 1위를 차지할 정도로 크다. 이것은 한국 시민사회의 경제적 식민화가 그만큼 강력히 이루어지고 있음을 보여 준다. 경제적 인간 지수의 국가별 순위와 연대적 인간 지수의 국가별 순위 사이의 격차를 기준으로 보더라도 한국은 58개국 가운데 5위, OECD 소속 14개국 가운데 1위로 응답자의 연대 지향성에 비해 경제 지향성의 순위가 훨씬 앞서는 것으로 나타나서 경제적 식민화의 높은 정도를 알 수 있다. 제5차 조사 결과에서는 이런 경향이 더욱 뚜렷하여, 두 유형의 차이에서 한국이 모두 OECD 소속 20개국 가운데 1위를 차지했다.

112 한국인 응답자의 시민정치 지향성은 평화적 시위와 촛불집회 같은 시민적 연대 실천 내지는 시민 참여형의 정치행동에 대한 참여 경험과 의사를 묻는 질문에 대한 응답에서도 확인된다. 즉, 평화적 시위에 참여한 경험이 있거나 참여할 의사가 있다는 한국인 응답자들은 제6차 조사의 한국인 응답자의 71.3%로서, 이 질문에 응답한 전체 54개국 가운데 네 번째로 높으며 15개 OECD 소속 국가 가운데서도 4위를 차지할 정도로 높다. 촛불집회에 대한 질문은 한국에서만 이루어졌기 때문에 다른 나라와 비교할 수는 없지만, 한국인 응답자의 60.5%가 참여한 경험이 있거나 참여할 의사가 있다고 했다.

113 위계적인 권위관계에 대한 한국인의 강한 비판의식과 약하지 않은 시민정치 지향성 등을 고려한다면 위에서 언급한 것처럼 이런 인식이 국

가주의적인 성향이 아닌 복지의 후진성에 대한 비판의식과 깊은 관련이 있다고 보인다. 그동안 한국사회에서는 경제수준에 크게 못 미치는 복지수준과 특히 경제적인 양극화 경향에 대한 비판적인 문제제기가 지속적으로 이루어져 이를 개선할 필요성에 대한 인식이 증대되어 왔다. 게다가 IMF 외환위기를 맞이하여 이를 극복하는 과정에서 겪게 된 경제적·사회적인 어려움은 복지제도 확충의 필요성에 대한 공감대를 널리 확산시키는 매우 중요한 계기가 되었다. 2005년과 2010년 조사에서 나타난 국가의 기본적인 복지정책에 대한 한국인 응답자들의 적극적인 태도는 이런 배경 속에서 형성된 것으로 추정된다.

8장

114 세계가치조사에 참여한 모든 국가의 응답자 가운데 행복감과 삶의 만족도를 각각 묻는 질문에 응답한 사람의 수는 제5차 조사의 경우 8만 3,089명과 8만 3,018명이었으며, 제6차 조사의 경우는 8만 9,604명과 8만 9,771명이었다. 한국인 응답자 가운데서는 이 두 질문에 응답한 사람이 제5차 조사의 경우 각각 1,200명과 1,198명이었고, 제6차 조사에서는 1,199명과 1,189명이었다.

115 잉글하트의 탈물질주의 가치도 행복감 및 삶에 대한 만족도와 긍정적인 상관관계에 있지만, 두 차례 조사 결과를 바탕으로 볼 때 연대적 인간 지수가 이들 두 감정에 대해 갖는 상관계수가 더 높게 나온다는 점에서 탈물질주의 가치보다 더 뚜렷한 상관관계에 있음을 알 수 있다.

116 이런 경향은 조사 참여국 전체 응답자들 가운데 연대적 인간, 경제적 인간, 그리고 두 유형의 정치적 인간 각각의 비율과 행복감의 정도 사이의 상관관계에서도 발견된다.

117 제5차 세계가치조사 자료와 『세계 행복 보고서 2013』의 자료를 사용한 것은 제6차 세계가치조사에 참여한 OECD 국가 가운데 연대적 인간 지수의 산정이 가능한 국가는 14개에 불과하다는 점과 『세계 행복 보고서 2013』이 비록 제5차 세계가치조사의 시기와 일치하지는 않지만 현재의

연대하는 인간, 호모 솔리다리우스

방식으로 측정한 보고서 가운데 최초의 보고서일 뿐 아니라 제5차 조사 시기와 인접한 시기의 자료를 활용했다는 점 때문이다. 그렇지만 제6차 세계가치조사에 참여한 14개국의 인간 지수 순위와『세계 행복 보고서 2013』이나『세계 행복 보고서 2015』의 행복도 순위 사이의 관계도 〈그림 8〉이 보여 주는 것과 크게 다르지 않다.

118 경제적 인간 지수와 행복도 사이의 부정적인 상관관계를 잘 보여 주는 예로서, 제6차 조사 결과의 경제적 인간 지수 상위 20개국 가운데『세계 행복 보고서 2015』의 행복도 상위 20개국에 해당하는 나라가 2개에 불과하지만 행복도 하위 20개국에 해당하는 나라는 11개나 된다는 점을 들 수 있다. 그런데 흥미로운 점은 연대적 인간 지수 상위 20개국 가운데서는 행복도 상위 20개국에 해당하는 나라가 10개나 된다는 사실이다. 한편 권력정치적 인간 지수와 시민정치적 인간 지수 각각의 상위 20개국 가운데 행복도 상위 20개국에 속하는 나라는 5개와 8개로서 경제적 인간 지수의 2개와 연대적 인간 지수의 10개 사이에 해당한다. 이런 경향은『세계 행복 보고서 2013』의 자료에서도 마찬가지로 발견된다. 연대적 인간 지수 상위 20개국 가운데 9개가 행복도 상위 20개국에 속하는 데 비해 시민정치적 인간 지수, 권력정치적 인간 지수, 그리고 경제적 인간 지수의 경우는 각각 7개, 6개, 그리고 3개가 행복도 상위 20개국에 속한다. 반면에 연대적 인간 지수 상위 20개국 가운데『세계 행복 보고서 2015』의 행복도 하위 20개국에 속하는 나라는 7개지만, 경제적 인간 지수 상위 20개국 가운데서는 11개가 여기에 속한다. 그리고『세계 행복 보고서 2013』의 행복도 하위 20개국에는 연대적 인간 지수 상위 20개국 가운데 단지 3개만 포함되어 있지만, 경제적 인간 지수 상위 20개국 가운데서는 7개가 속해 있다. 이렇게 본다면 비록 연대적 인간 지수와 행복도 사이의 긍정적인 상관관계가 통계적으로 유의미한 정도로 존재하는 것으로 확인되지 않았지만, 사회적 인간 유형들 가운데 연대적 인간의 지수가 커질수록 행복도가 커질 가능성이 가장 크다는 것을 알 수 있다.

119 연대적 인간 지수 외의 다른 사회적 인간 유형의 지수의 경우는 제6차 조사 결과와 다르지 않은 것으로 나왔다. 즉, 두 차례의 보고서에서 발표된 각국의 행복도에 대해 시민정치적 인간 지수는 어떠한 유의미한 상관관계도 보이지 않는 데 비해 권력정치적 인간지수는 비교적 약한 부정적인 상관관계를, 그리고 경제적 인간 지수는 매우 뚜렷한 부정적인 상관관계를 드러낸 것이다.

120 이들은 갈등 지표와 사회통합역량 지표를 바탕으로 사회통합지수 모델을 개발했는데, 갈등 지표는 경제적 양극화, 사회적 양극화, 가치 양극화의 세 변수를, 그리고 사회통합역량 지표는 공공 교육지출, 고등교육 이수율, 공적 사회지출, 언론 자유, 여성 불평등 지수, 투표율, 민주주의, 제도 투명성의 여덟 개 변수를 각각 이용하여 만들어졌다(이재열 외, 2014: 145).

121 여기서 제5차 세계가치조사의 연대적 인간 지수 자료가 사용된 것은 사회통합 지수와 갈등 지수의 산정에 이용된 자료의 해당 시기가 제6차 세계가치조사 자료 수집 시기보다는 제5차 조사 시기에 해당하는 경우가 훨씬 많기 때문이다.

122 시민정치적 인간 지수는 연대적 인간 지수처럼 사회통합 지수와는 긍정적인 상관관계를, 그리고 사회갈등 지수와는 부정적인 상관관계를 보인다. 하지만 사회통합 지수와의 긍정적인 상관관계는 유의확률 0.05 수준을 넘는 것이어서 통계적으로 유의미한 상관관계가 없는 것으로 처리되었다.

123 스피어만 상관계수를 분석해 본 결과 정치적 인간 지수 순위의 경우도 앞에서와 크게 다르지 않은 것으로 나타났다. 다만 권력정치적 인간 지수의 순위와 사회갈등 지수 순위 간의 상관관계가 여기서는 좀 약하게 나와서 유의확률 0.05 수준에서 유의미하지 않다는 것이 다른 점이다.

124 연대적 인간 지수와 사회갈등 지수 간의 피어슨 상관계수는 -0.524, 그리고 경제적 인간 지수와 사회갈등 지수 간의 상관계수는 0.529로 각각 나왔으며, 둘 다 유의확률 0.05 수준에서 통계적으로 유의미한 것으로

확인되었다.

125 여기서는 앞에서보다 상관관계가 더 분명하고 높은 것으로 나왔다. 즉, 연대적 인간 지수와 사회갈등 지수 간의 피어슨 상관계수는 -0.656이며 경제적 인간 지수와 사회갈등 지수 간의 상관계수는 0.654인 것으로 나왔으며, 둘 다 유의확률 0.01 수준에서 통계적으로 유의미한 것으로 확인되었다.

126 연대적 인간 지수와 사회통합 지수 간의 피어슨 상관계수는 0.760, 시민정치적 인간 지수와 사회통합 지수 간의 피어슨 상관계수는 0.642, 그리고 경제적 인간 지수와 사회통합 지수 간의 피어슨 상관계수는 -0.704로 각각 나왔으며, 모두 유의확률 0.01 수준에서 통계적으로 유의미한 것으로 확인되었다. 한편 권력정치적 인간 지수의 경우는 사회통합 지수와의 상관관계가 통계적으로 유의미하지 않은 것으로 나왔다. 각국별 사회적 인간 유형의 지수 순위와 사회통합 지수 순위 사이의 상관관계를 분석한 결과도 이와 비슷하게 나왔다.

127 2011년의 자료를 활용한 이유는 이 자료가 그 이전의 자료에 비해 제5차 세계가치조사 자료와 비교하기에 시기적으로 더욱 적절하기 때문이며, 다른 시기에 발간된 자료에 비해 사회적 결속력 지표 자료를 보다 손쉽게 이용할 수 있도록 단순한 형태로 제공하고 있기 때문이다.

128 사회제도에 대한 믿음은 한편으로 기업과 정부의 투명성에 대한 인식과 다른 한편으로는 군부, 사법부, 행정부로 대표되는 국가 기구에 대한 믿음의 두 세부 지표로 제시되었으며, 사회적 행동은 친사회적 행동과 반사회적 행동의 두 세부 지표로 제시되었다. 그래서 이 두 유형의 경우는 각각 두 세부 지표의 순위 점수 비중을 반으로 줄여서 계산했다. 사회적 결속력이 강한 5순위 국가는 1위부터 순서대로 덴마크, 호주, 네덜란드, 뉴질랜드와 공동 5위인 핀란드, 노르웨이, 스웨덴의 3개국이며, 하위 5개국은 30위부터 순서대로 멕시코, 헝가리, 슬로바키아, 한국, 그리고 체코로 나왔다.

129 연대적 인간 지수와 사회적 결속력 지수 순위 총점 간의 상관계수는 피어슨 0.784, 스피어만 0.800이며, 경제적 인간 지수와 사회적 결속력 지수 순위 총점 간의 상관계수는 피어슨 −0.696, 스피어만 −0.694로 각각 나왔다. 이들은 모두 유의확률 0.01 수준에서 통계적으로 유의미한 것으로 확인되었다. 한편 시민정치적 인간 지수의 경우는 상관계수가 피어슨 0.495, 스피어만 0.557로 나왔으며, 둘 다 유의확률 0.05 수준에서 통계적으로 유의미하다. 각국별 사회적 인간 유형의 지수 순위와 사회적 결속력 총점 순위 사이의 상관관계를 분석한 결과도 이런 경향들을 그대로 뒷받침해 준다. 그리고 제6차 세계가치조사 결과를 바탕으로 이 조사에 참여한 OECD 소속 15개국의 연대적 인간 지수 및 경제적 인간 지수가 사회적 결속력 총점과 어떤 상관관계에 있는지를 분석한 결과에서도 마찬가지로 연대적 인간 지수는 매우 높은 긍정적인 상관관계에 있지만, 경제적 인간 지수는 높은 부정적인 상관관계에 있는 것으로 확인되었다.

130 다만, 정치적 인간 지수와 관련해서는 이들 분석 결과 사이에 약간의 차이가 있음을 발견할 수 있다. 즉, 분석 대상을 OECD 국가에 제한하지 않은 이재열 연구팀의 자료에서는 권력정치적 인간 지수가 사회통합 지수와 통계적으로 유의미한 부정적인 상관관계를 보이는 데 비해 시민정치적 인간 지수는 의미 있는 상관관계를 보이지 않는다. 하지만 이와 반대로 OECD 국가만을 대상으로 분석한 박명호 연구팀의 자료와 저자의 자료에서는 공통적으로 시민정치적 인간 지수가 사회통합 혹은 사회적 결속력 지수와 높은 긍정적인 상관관계를 나타내는 데 비해 권력정치적 인간 지수는 의미 있는 상관관계를 나타내지 않는다.

131 연대적 인간 지수의 각국별 순위와 2008년 민주주의 지수의 순위 사이의 스피어만 상관계수는 0.301이며 피어슨 상관계수는 0.311로서 둘 다 유의확률 0.05 수준에서 유의미하다.

132 2008년 민주주의 지수와 연대적 인간 지수 사이의 피어슨 상관계수는 유의확률 0.05 수준에서 통계적으로 유의미하지 않지만, 스피어만 상

관계수를 기준으로 할 때는 유의확률 0.05 수준에서 둘 사이에 유의미한 상관관계가 있다. 괄호 속의 값 0.301은 스피어만 상관계수이다.

133 2008년 민주주의 지수와 2009년 1인당 GDP에 대한 네 유형의 인간 지수 자료는 제5차 세계가치조사 자료이며, 2014년 민주주의 지수와 2013년 1인당 GDP에 대한 인간 지수 자료는 제6차 세계가치조사 자료이다.

134 지금까지는 사회적 인간 유형의 지수와 사회발전 관련 지수 사이의 상관관계를 분석하여 제시했다. 그런데 상관관계가 곧바로 인과관계를 의미하는 것은 아니다. 그렇기 때문에 상관관계 분석 결과만으로 예컨대 연대적 인간 지수의 증가가 사회발전을 낳고 경제적 인간 지수 증가는 사회발전에 부정적인 영향을 끼친다고 단정할 수 없다. 이런 주장을 하기 위해서는 앞에서 부분적으로 언급하기도 한 추가적인 논의나 더 진전된 분석이 필요하지만 이를 후속 작업으로 남겨 두고자 한다. 따라서 현 단계에서는 사회적 인간 유형의 지수가 사회발전에 끼치는 효과에 대한 논의가 원칙적으로 가능성에 관한 것이라고 말할 수 있다. 하지만 연대적 인간 지표를 이루는 사회적 신뢰의 수준이 행복도, 사회 갈등, 사회 통합, 민주주의, 경제발전 등에 끼치는 효과에 대해 이미 많은 연구 결과가 나와 있는 것에서 알 수 있듯이 이들 사회적 인간 지표들이 사회 발전에 끼치는 효과를 현 단계의 분석 결과를 통해 적극적으로 추정하거나 해석할 수 있는 여지도 결코 적지 않다.

135 제6차 세계가치조사 자료에 따르면 한국은 경제적 인간 지수와 연대적 인간 지수 간의 격차가 58개국 가운데 다섯 번째로 큰 국가이며, 제5차 조사 자료에서도 한국은 51개국 가운데 네 번째로 격차가 큰 국가다.

136 여기서 탈경제적이라고 부르는 것은 잉글하트의 탈물질주의적이라는 것과 부분적으로 공통점을 갖고 있지만 정확하게 일치하지는 않는다. 둘의 공통점은 매슬로의 욕구위계에서 기본 욕구를 충족한 이후의 상태와 관련되어 있다는 것이며, 차이점은 여기서 말하는 탈경제 개념과 달리 잉글하트의 탈물질주의 개념이 전제하는 물질주의가 경제와 안전

을 함께 가리킨다는 점이다(잉글하트, 1983: 28-29, 39 이하; 강수택, 2012b: 170-171). 이처럼 탈경제가 탈물질주의보다 좁은 개념이긴 하지만 탈물질주의의 가장 중요한 축을 이루기 때문에 탈경제적인 국가가 탈물질주의적인 국가일 가능성이 크다. 제5차 조사 자료에서 연대적 탈경제 인간형 사회에 해당하는 노르웨이, 스웨덴, 캐나다, 핀란드, 영국은 잉글하트의 탈물질주의 12항목 지표에 의한 지수 평균 순위에서 51개국 가운데 차례대로 2위, 3위, 5위, 9위, 12위를 차지할 정도로 탈물질주의적인 사회이기도 하다. 마찬가지로 제6차 조사 자료의 스웨덴, 우루과이, 네덜란드, 뉴질랜드도 탈물질주의 지수의 국가별 평균 순위에서 각각 1위, 6위, 7위, 15위를 차지할 정도로 탈물질주의적이지만, 호주의 경우에는 59개국 가운데 35위여서 탈경제적인 국가를 탈물질주의적인 국가와 동일시할 수 없음을 잘 보여 준다.

137 국가 행복도 순위 자료는 『세계 행복 보고서 2013』(제5차 조사)와 『세계 행복 보고서 2015』(제6차 조사)이며, 사회통합 지수 및 갈등 지수 순위 자료는 이재열 연구팀의 논문이며, 민주주의 지수 순위 자료는 『민주주의 지수 2008』(제5차 조사)과 『민주주의 지수 2014』(제6차 조사)이다. 1인당 GDP 순위 자료는 세계은행에서 발표한 2009년 1인당 GDP 자료(제5차 조사)와 2013년 1인당 GDP 자료(제6차 조사)이다. 그리고 제6차 조사 자료에 의한 경제적 탈연대 인간형 5개국 가운데 사회통합 지수와 갈등 지수가 제공된 국가는 가나, 말레이시아, 한국의 3개국뿐이어서 이 경우에는 3개국 평균치를 나타낸 것이다.

138 실업자에 대한 정부의 책임을 인정한 응답자 비율은 2006년 68.2%에서 2016년 64.6%로 감소했으며, 빈부 간 소득격차의 완화를 위한 정부 책임을 인정한 비율은 두 차례 조사에서 모두 78.5%로 나왔다. 한편 연대적 인간 지표의 구성 요소 가운데 중시하는 인간적인 덕목과 단체의 소속 및 활동에 관련된 질문도 한국종합사회조사에 일부 포함되어 있지만, 2010년대 중엽 이후의 변화상을 보여 줄 수 있도록 동일한 질문을 사용하여 2010년대 중엽 전후에 두 차례 이상 실시된 조사가 발견되

지 않는다.

139 김홍중은 프로이트의 개념을 빌어서 '사회적' 가치가 생존주의 레짐에 의해 '억압'되어 왔다고 해서 사라진 것이 아니며 반드시 회귀한다고 역설했다. "억압은 소멸이 아니라 보존이며, 보존된 에너지는 증상이나 대체물을 통해 반드시 회귀한다." "사회적 가치의 여러 형태들은 사회 공간의 '무의식'에 침전되어 … 실체 없고 권능 없는 수사(修辭)의 세계에 유폐되어 있었다. … 이른바 '생존문화'가 지배적인 세계에서는 사회, 도덕, 아름다움, 정의, 사랑 같은 말들은 공동화된다. … 상징적 살해와 억압을 통해서 이들의 생명력이 소거되지만 그렇게 거두어진 생명이 다시 음성적인 에너지를 획득하여 예기치 않은 상황에 회귀하는 패턴이 형성되었던 것이다."(김홍중, 2017: 256-257). 그런데 한국사회에서는 가장 억압적인 권위주의 군사 정권 아래에서조차 연대의 정신과 가치가 수사의 세계에 머물러 있지 않고 현실세계에서 끈질기고도 강력하게 실천되었다. 그러니 이명박 정부와 박근혜 정부에서는 말할 것도 없었다.

9장

140 프레이리가 의미하는 '억압받는 자'는 단지 정치적으로 지배받거나 경제적으로 착취당하는 자뿐 아니라, 인종차별, 성차별 같은 사회문화적인 차별을 받는 자를 포함하는 다양한 형태의 비인간적인 상황에 처한 사람을 가리킨다.

141 프레이리는 자신이 거부하는 자본주의의 부당한 속성의 본질이 바로 반연대성이라고 표현하기도 했다(프레이리, 2003: 108).

142 프레이리는 일찍이 『억압받는 자의 교육학』에서 억압의 현실이 단지 억압받는 자뿐 아니라 억압하는 자의 인간성도 상실하게 만들기 때문에 억압의 현실을 극복하는 것은 억압받는 자와 억압하는 자 모두의 인간성을 회복시키는 일이라고 지적했다. 이런 관점에서 보면 그의 연대 교육의 취지가 비록 일차적으로는 각종 차별, 지배, 착취 등으로 인한 비인간적인 세계에서 고통당하는 사람들이 현실을 극복하고 좀 더 인간

적인 세계에서 살아갈 수 있게 하는 데 있지만, 최종적으로는 모든 인간이 이처럼 인간성을 회복한 세계에서 함께 살아갈 수 있게 하는 데 그 취지가 있다. 그러므로 연대교육은 고통을 당하는 자들뿐 아니라 고통을 가하는 위치에 있는 자들에게도 이런 현실의 비인간성을 깨닫게 하여 현실 극복을 위한 실천적인 노력에 함께 참여할 수 있게 하려고 한다(프레이리, 2002b: 58 이하).

143 이 외에도 그의 연대교육 사상에는 양식(good sense), 비판적 인식, 소통, 대화적 친교 등의 중요성에 대한 언급, 세계 및 인간에 대한 깊은 사랑과 신념의 역할에 대한 지적 등이 포함되어 있다. 그리고 무엇보다 연대 가능성에 대한 적극적인 모색의 필요성, '다양성 속의 연대'가 지니는 진가와 위력을 경험할 수 있는 교육실천 제도화의 필요성 등에 관한 주장도 담겨 있다. 이와 같이 프레이리의 연대교육 사상에는 비록 그렇게 체계적인 형태는 아니지만 연대교육에 의미 있는 중요한 통찰들이 다양하게 들어 있음을 발견할 수 있다(프레이리, 2007: 43-44, 71 이하; 2002b: 107 이하, 153 이하, 198 이하; 2003: 112; Freire et al., 2014: 63).

144 프레이리의 저서 가운데 『연대의 교육학』도 있다. 하지만 이 책은 그의 말년에 있었던 한 학술행사에서의 강연과 공개적인 대화 내용을 중심으로 그의 사후에 편집하여 발간된 것으로서, 그의 다른 책과 마찬가지로 연대교육에 대한 많은 통찰을 담고 있지만 연대교육에 대한 체계적인 논의를 제공하지는 않는다.

145 예컨대 독일에서는 초등학교에서 외국인 학생들에 대한 차별이 문제되자, 1970년대 중엽 괴팅겐 대학교 연구자들과 괴팅겐 초등학교 교사들 간의 공동 작업을 통해 관용과 연대의 정신을 더욱 강화하는 초등학교 사회교육 과정을 만들어 교육개혁에 기여하려고 한 바 있다. 그리고 보이얼레(D. Bäuerle)는 학교에 대한 학생, 학부모, 교사들의 두려움이 독일 교육계에서 큰 문제로 부각된 상황에서 연대성을 학교교육의 핵심 원리로 삼은 중등교육 교과과정을 구상하여 학교교육의 개혁에 기여하려고 했다(Schmitt, 1976: 13 이하, 43 이하; Bäuerle, 1980: 52 이하, 63 이하).

146 살베르그는 "모든 젊은이가 자신의 재능을 발견할 수 있는 공동체 만들기"를 핀란드 교육의 새로운 큰 꿈으로 제시하면서 이를 네 가지 요소로 나누어 설명했다. 그 가운데 하나가 다른 사람과 협력하면서 문제를 해결하는 능력을 키우도록 교육하는 것이다(살베르그, 2016: 308-317).

147 1973년에 설립된 핀란드 유일의 교원노조인 핀란드 교육노조(OAJ)에는 교사의 95% 이상이 조합원으로 참여해 있다. 그래서 핀란드 교육노조는 교사들의 이런 강력한 단결력을 바탕으로 정부의 교육정책 수립에 중요한 협력 파트너로 적극 참여해 왔다. 핀란드 교육이 시장 중심의 경쟁적 교육 개혁 모델을 따르지 않고 독자적인 길을 걸어 올 수 있었던 데에는 교육에 기업 경영 모델을 도입하는 것을 한 목소리로 반대해 온 핀란드 교육노조의 역할도 매우 크다(살베르그, 2016: 187, 284; 김병찬, 2017: 184; OAJ, 2018: 3-6).

148 교육의 혁신을 추구하는 교사 단체, 학부모 단체, 일반 시민사회 단체, 연구자 모임, 교육 관청 등을 통한 다양한 노력이 여기에 해당된다. 물론 저자의 관심처럼 연대 지향적인 새로운 인간상을 기반으로 현재의 경쟁 지향적인 인성 교육을 협력 지향적인 인성 교육으로 전환시키는 데 학술적으로 기여하려는 연구자들의 개인적인 노력도 여기에 속한다(이은아, 2015; 이인경, 2014).

참고문헌

강수택. 2007a. 『시민연대사회』. 아르케.

강수택. 2007b. "서구 시민문화의 최근의 변화양상." 『사회이론』. 제31호: 107-135쪽.

강수택. 2012a. 『연대주의. 모나디즘 넘어서기』. 한길사.

강수택. 2012b. "한국 사회운동의 변화와 탈물질주의." 『한국의 사회변동과 탈물질주의』. 강수택·박재흥 엮음. 오름. 157-190쪽.

강수택. 2013. "연대의 개념과 사상." 『역사비평』. 제102호: 10-39쪽.

강수택. 2014. "연대주의란 무엇인가?" 『협동과 연대의 인문학』. 김창진 엮음. 가을의 아침. 42-63쪽.

강수택. 2016. 『연대의 억압과 시장화를 넘어: 한국사회 연대영역의 구조 변화』. 경상대학교출판부.

강수택. 2018. "사회과학적 인간론과 새로운 사회학적 인간." 『사회와 이론』. 제32집: 145-187쪽.

강수택. 2019. 『씨올과 연대: 함석헌의 연대 사상』. 새물결.

경기도교육청. 2017. 『경기교육 발전계획: 학생이 행복한 경기혁신교육. 2017-2022』. 경기도교육청 공식 홈페이지 자료. http://www.goe.go.kr.

그레빙, 헬가. 1985. 『독일 노동운동사』. 박경서 옮김. 한벗 (Helga Grebing. 1966. *Geschichte der Deutschen Arbeiterbewegung*).

기든스, 안소니. 1991. 『사회이론의 주요 쟁점』. 윤병철·박병래 옮김. 문예출판사 (A. Giddens. 1979. *Central Problems in Social Theory: Action, Structure and Contradiction in Social Analysis*).

기든스, 앤소니. 1996. 『현대사회의 성·사랑·에로티시즘: 친밀성의 구조변동』. 배은경·황정미 옮김. 새물결 (A. Giddens. 1992. *Transformation of Intimacy: Sexuality, Love, and Eroticism in Modern Society*).

길리건, 캐롤. 1997. 『다른 목소리로』. 허란주 옮김. 동녘 (C. Gilligan. 1982. *In a Different Voice*).

김덕영. 2014.『환원근대』. 도서출판 길.

김병찬. 2017.『왜 핀란드 교육인가』. 박영스토리.

김지범 외. 2017.『한국종합사회조사 2003-2016』. 성균관대학교 동아시아학술원 서베이리서치센터. 성균관대학교 출판부.

김지범, 강정한, 김석호, 김창환, 박원호, 이윤석, 최슬기, 김솔이. 2017.『한국종합사회조사 2003-2016』. 성균관대학교 출판부.

김홍중. 2017. "생존주의, 사회적 가치, 그리고 죽음의 문제."『사회사상과 문화』. 제20권 4호: 237-273쪽.

노딩스, 넬. 2009.『배려: 윤리와 도덕교육에 대한 여성적 접근법』. 한평수 옮김. 천지 (N. Noddings. 1984. *Caring: A Feminine Approach to Ethics and Moral Education*).

니에미, 한넬레 & 아울리 툼 & 아르토 칼리오니에미 엮음. 2017. "미래를 어떻게 준비할 것인가?"『핀란드 교육의 기적: 핀란드 학교의 가르침과 배움, 그 원리와 실천』. 니에미, 한넬레 & 아울리 툼 & 아르토 칼리오니에미 엮음. 장수명 외 옮김. 살림터. 422-432쪽.

니에미, 한넬레 & 아울리 툼 & 아르토 칼리오니에미 엮음. 2017.『핀란드 교육의 기적: 핀란드 학교의 가르침과 배움, 그 원리와 실천』. 장수명 외 옮김. 살림터 (H. Niemi, A. Toom, A. Kallioniemi. 2012. *Miracle of Education: The Principles and Practices of Teaching and Learning in Finnish Schools*).

니에미, 한넬레. 2017. "핀란드 교육과 학교교육에 도움이 되는 사회적 요소."『핀란드 교육의 기적: 핀란드 학교의 가르침과 배움, 그 원리와 실천』. 니에미, 한넬레 & 아울리 툼 & 아르토 칼리오니에미 엮음. 장수명 외 옮김. 살림터. 43-69쪽.

다나카 다쿠지. 2014.『빈곤과 공화국: 사회적 연대의 탄생』. 박해남 옮김. 문학동네.

다렌돌프, 랄프. 1980.『산업사회의 계급과 계급갈등』. 정대연 옮김. 홍성사 (R. Dahrendorf. 1959. *Class and Class Conflict in Industrial Society*).

다윈, 찰스. 2006. 『인류의 유래 1』. 김관선 옮김. 한길사 (C. Darwin. 1998. *The Descent of Man*).

다윈, 찰스. 2014. 『종의 기원』. 김관선 옮김. 한길사 (C. Darwin. 1859. *On the Origin of Species*).

도킨스, 리처드. 2010. 『이기적 유전자』. 홍영남·이상임 옮김. 을유문화사 (R. Dawkins. 2006. *The Selfish Gene*).

라보넨, 야리 & 칼레 유티. 2017. "핀란드 의무교육 학교의 과학교육." 『핀란드 교육의 기적: 핀란드 학교의 가르침과 배움, 그 원리와 실천』. 니에미, 한넬레 & 아울리 툼 & 아르토 칼리오니에미 엮음. 장수명 외 옮김. 살림터. 190-220쪽.

랭카스터, 린 C. & 데이비드 스틸먼. 2010. 『밀레니얼 제너레이션』. 양유신 옮김. 더숲 (L. C. Lancaster & D. Stillman. 2010. *The M-Factor: How the Millennial Generation is Rocking the Workplace*).

로우즈, 스티븐 & 리차드 르원틴 & 레온 카민. 2009. 『우리 유전자 안에 없다』. 이상원 옮김. 한울아카데미 (S. Rose, R. Lewontin, & L. Kamin. 1984. *Not in Our Genes: Biology, Ideology, and Human Nature*).

루소, 장 자크. 2003a. 『에밀』. 김중현 옮김. 한길사 (J.-J. Rousseau. 1762. *Émile, ou de l'éducation*).

루소, 장 자크. 2003b. 『인간 불평등 기원론』. 주경복·고봉만 옮김. 책세상 (J.-J. Rousseau. 1755. *Discours sur l'origine et les fondements de l'inégalité parmi les hommes*).

르원틴, 리차드. 2001. 『DNA 독트린』. 김동광 옮김. 궁리 (R. Lewontin. 1991. *Biology As Ideology: The Doctrine of DNA*).

르페브르, 죠르즈. 1982. 『프랑스혁명: 1789년』. 민석홍 옮김. 을유문화사 (G. Lefebvre. 1939. *Quatre-vingt-neuf*).

리프킨, 제러미. 2010. 『공감의 시대』. 이경남 옮김. 민음사 (J. Rifkin. 2009. *The Empathic Civilization: The Race to Global Consciousness in a World in Crisis*).

리프킨, 제러미. 2012. 『3차 산업혁명: 수평적 권력은 에너지, 경제, 그리고 세계를 어떻게 바꾸는가』. 안진환 옮김. 민음사 (J. Rifkin. 2011. *The Third Industrial Revolution: How Lateral Power is Transforming Energy, the Economy, and the World*).

마페졸리, 미셸. 1997. 『현대를 생각한다: 이미지와 스타일의 시대』. 문예출판사 (M. Maffesoli. 1993. *La Contemplation du Monde*).

맹자. 1986. 『맹자』. 채희순 역해. 한국교육출판공사.

미드, 조지 허버트. 2010. 『정신 · 자아 · 사회』. 나은영 옮김. 한길사 (George Herbert Mead. 1934. *Mind, Self, and Society*).

미셸, 앙리. 1979. 『세계의 파시즘』. 유기성 옮김. 청사 (H. Michel. 1977. *Les Fascismes*).

미헬스, 로베르트. 2002. 『정당사회학: 근대 민주주의의 과두적 경향에 관한 연구』. 김학이 옮김. 한길사 (R. Michels. 1911. *Zur Soziologie des Parteiwesens in der modernen Demokratie: Untersuchungen über die Oligarchischen Tendenzen des Gruppenlebens*).

바우만, 지그문트. 2013. 『유행의 시대: 유동하는 현대사회의 문화』. 오월의봄 (Z. Bauman. 2011. *Culture in a Liquid Modern World*).

바우어, 요아힘. 2006. 『공감의 심리학』. 이미옥 옮김. 에코리브르 (J. Bauer. 2005. *Warum Ich Fühle, Was Du Fühlst*).

박명호, 오완근, 이영섭, 한상범. 2013. "지표를 활용한 한국의 경제사회발전 연구: OECD 회원국과의 비교분석." 『경제학연구』. 제61집 4호: 5-35쪽.

박성희. 2004. 『공감학: 어제와 오늘』. 학지사.

박완규. 2007. 『리바이어던, 근대 국가의 탄생』. 사계절.

박 준. 2009. "한국의 사회갈등과 경제적 비용." 『CEO Information』. 제710호: 1-21쪽. 삼성경제연구소.

박형신 · 이진희. 2008. "먹거리, 감정, 가족동원: 미국산 쇠고기 수입 반대 촛불집회의 경우." 『사회와 이론』. 제13집: 147-183쪽.

박형신 · 정수남. 2015. 『감정은 사회를 어떻게 움직이는가: 공포 감정의 거시사회학』. 한길사.

박효종. 1994.『합리적 선택과 공공재 I』. 도서출판 인간사랑.

발, 프란스 드. 2017.『공감의 시대』. 최재천 옮김. 김영사 (F. de Waal. 2009. *The Age of Empathy: Nature's Lessons for a Kinder Society*).

밸리애르비, 요우니 & 사리 술쿠넨. 2017. "국제 비교를 통해 본 핀란드 학교."『핀란드 교육의 기적: 핀란드 학교의 가르침과 배움, 그 원리와 실천』. 니에미, 한넬레 & 아울리 툼 & 아르토 칼리오니에미 엮음. 장수명 외 옮김. 살림터. 18-42쪽.

버거, 피터. 1978.『사회학에의 초대』. 현대사상사 (P. L. Berger. 1963. *Invitation to Sociology: A Humanistic Perspective*).

버스, 데이비드. 2012.『진화심리학: 마음과 행동을 탐구하는 새로운 과학』. 이충호 옮김. 웅진지식하우스 (D. Buss. 2011. *Evolutionary Psychology: The New Science of the Mind*).

베버, 막스. 1997.『경제와 사회 I』. 박성환 옮김. 문학과 지성사 (M. Weber. 1922. *Wirtschaft und Gesellschaft*).

벡, 울리히. 1991. "공업화된 '위험사회'로 가는 길목에서."『현대 독일사회학의 흐름』. 최재현 엮음. 형성사 (U. Beck. 1987. "Auf dem Weg in die industrielle Risikogesellschaft." *Blätter für deutsche und internationale Politik*. 1987년 2월호).

벡, 울리히. 1997.『위험사회: 새로운 근대(성)을 향하여』. 홍성태 옮김. 새물결 (U. Beck. 1986. *Risikogesellschaft. Auf dem Weg in eine andere Moderne*).

벡, 울리히. 2010.『글로벌 위험사회』. 박미애·이진우 옮김. 도서출판 길 (U. Beck. 2007. *Weltrisikogesellschaft*).

브라운, 한스. 2006.『사회연대의 이론과 실천』. 정재훈·김태희 옮김. EM 커뮤니티 (H. Braun. 2003. *Und Wer ist Mein Nächster?: Solidarität als Praxis und als Programm*).

브레처, 제러미 외. 2003.『아래로부터의 세계화』. 이덕렬 옮김. 아이필드 (J.

Brecher, T. Costello & B. Smith. 2000. *Globalization from Below: The Power of Solidarity*).

브린톤, 크레인 외. 1963.『세계문화사. 중』양병우 외 옮김. 을유문화사 (C. Brinton, J. B. Christopher & R. L. Wolff. 1960. *A History of Civilization*. Vol. 2).

살베르그, 파시. 2016.『핀란드의 끝없는 도전』. 이은진 옮김. 푸른숲 (P. Sahlberg. 2011. *Finnish Lessons: What Can the World Learn from Educational Change in Finland?*).

셸러, 막스. 1998.『윤리학에 있어서 형식주의와 실질적 가치윤리학』. 이을상 외 옮김. 서광사 (M. Scheler. 1980. *Der Formalismus in der Ethik und die Materiale Wertethik*).

셸러, 막스. 2006.『동감의 본질과 형태들』. 조정옥 옮김. 아카넷 (M. Scheler. 1923. *Wesen und Formen der Sympathie*).

순자. 2006.『순자 2』. 이운구 옮김. 한길사.

스미스, 아담. 2009.『도덕감정론』. 박세일·민경국 옮김. 비봉출판사 (A. Smith. 1790. *The Theory of Moral Sentiments*).

신용하. 1973. "독립협회의 사회사상."『한국사연구』. 제9권: 127-208쪽.

아감벤, 조르조. 2008.『호모 사케르. 주권 권력과 벌거벗은 생명』. 박진우 옮김. 새물결 (G. Agamben. 1995. *Homo Sacer. Il potere sovrano e la nuda vita*).

아렌트, 한나. 2002.『인간의 조건』. 이진우·태정호 옮김. 한길사 (H. Arendt. 1958. *The Human Condition*).

아렌트, 한나. 2004.『혁명론』. 홍원표 옮김. 한길사 (H. Arendt. 1991. *On Revolution*).

액설로드, 로버트. 2009.『협력의 진화: 이기적 개인의 팃포탯 전략』. 이경식 옮김. 시스테마 (R. Axelrod. 1984. *The Evolution of Cooperation*).

어수영. 2010. "한국인의 삶과 가치변화에 관한 연구 자료 (2010.02)." 한국 사회과학데이터센터(KSDC) 공식 홈페이지 수록 자료. http://www.ksdc.

re.kr.

오창은. 2016. "난민의 세계화와 현대성의 파국." 『문화과학』. 제88호: 28-46 쪽.

오페, 클라우스. 1993. "새로운 사회운동: 제도정치의 한계에 대한 도 전." 『새로운 사회운동과 참여민주주의』. 정수복 편역. 문학과 지성사. 78-129쪽 (C. Offe. 1985. "New Social Movements: Challenging the Boundaries of Institutional Politics." *Social Research*. vol. 52. no. 1: 817-868).

원용찬. 2005. "경제의 실체적 개념과 호모 리시프로칸." 『산업경제연구』. 제 18권 5호: 2345-2365쪽.

윌슨, 에드워드. 1992. 『사회생물학 I』. 이병훈·박시룡 옮김. 민음사 (E. O. Wilson. 1975. *Sociobiology*).

윌슨, 에드워드. 2011. 『인간 본성에 대하여』. 이한음 옮김. 사이언스 북스 (E. O. Wilson. 1978. *On Human Nature*).

유엔난민기구. 2017. 『2016 연례보고서』. 유엔난민기구 한국대표부 홈페이 지 자료. http://www.unhcr.or.kr.

유영렬. 1991. "독립협회의 성격." 『한국사연구』. 제73권: 49-79쪽.

윤형근. 2013. 『협동조합의 오래된 미래 선구자들』. 그물코.

이기백. 1997. 『한국사신론』. 일조각.

이승훈. 2012. "다양성, 동감, 연대성." 『동양사회사상』. 제25집: 5-34쪽.

이승훈. 2015. "'동감'의 조건과 그 구성: 한국사회에 대한 비판적 성찰." 『공 공사회연구』. 제5권 1호: 5-35쪽.

이영재. 2014. "데이비드 흄의 '공감' 개념에 관한 연구." 『한국정치학회보』. 제48권 4호: 155-174쪽.

이영재. 2015. "스코틀랜드 도덕철학의 전통에서 본 Adam Smith 도덕감정 론의 함의." 『시민사회와 NGO』. 제13권 2호: 229-264쪽.

이은아. 2015. "인성교육의 대안과 방향: '경제적 인간'에서 '호혜적 인간'으 로." 『사회과학연구』. 충남대 사회과학연구소. 제26권 4호: 235-255쪽.

이인경. 2014. "'호모 엠파티쿠스(Homo Empathicus)'를 찾다: 공감 담론에 기초한 인성교육 시론." 『교양교육연구』. 제8권 1호: 311-342쪽.

이재열, 조병희, 장덕진, 유명순, 우명숙, 서형준. 2014. "사회통합: 개념과 측정, 국제비교." 『한국사회정책』. 제21집 2호: 113-149쪽.

이준서·신선영. 2016. "유토피아에 대한 실험실로서의 연극: 레베카 크리헬도르프의 『호모 엠파티쿠스』가 상상한 신뢰와 공감의 공동체." 『뷔히너와 현대문학』. 제47호: 129-153쪽.

잉글하트, 로날드. 1983. 『조용한 혁명』. 정성호 옮김. 종로서적 (R. Inglehart. 1977. *The Silent Revolution: Changing Values and Political Styles among Western Publics*).

잉글하트, 로날드. 1996. "새로운 사회운동의 가치, 이데올로기, 그리고 인지적 동원." 『새로운 사회운동의 도전』. 달턴·퀴흘러 엮음. 박형신·한상필 옮김. 한울아카데미. 71-99쪽 (R. L. Dalton & M. Kuechler. ed. 1990. *Challenging the Political Order: New Social and Political Movements in Western Democracies*).

장대익. 2012. "거울 뉴런에 대한 최근 연구들: 모방과 공감을 중심으로." 『정보과학회지』. 2012년 12월호: 43-51쪽.

정수복. 1993. "1968년 프랑스 5월 운동의 전개와 '새로운 사회운동'의 탄생." 『새로운 사회운동과 참여민주주의』. 정수복 편역. 문학과 지성사: 11-40쪽.

정영호·고숙자. 2015. "사회갈등지수 국제비교 및 경제성장에 미치는 영향." 『보건복지 포럼』. 제221호: 44-55쪽.

조희연. 2017. "핀란드 교육 현장을 돌아보며 든 몇 가지 단상." 『인물과 사상』. 제225호. 인물과 사상사. 93-118쪽.

주성수. 2006. "대의민주주의를 넘어서: 참여민주주의의 시대로." 『민주주의 대 민주주의』. 주성수·정상호 엮음: 11-49쪽.

주성수. 2010. 『사회적 경제: 이론, 제도, 정책』. 한양대학교출판부.

최정규. 2000. "조정의 실패, 제도 그리고 진화: Homo Reciprocan의 존재

및 진화 가능성에 대한 연구." 『동향과 전망』. 제45호: 121-141쪽.

최정규. 2009. 『이타적 인간의 출현』. 뿌리와 이파리.

코엔, 다니엘. 2013. 『호모 이코노미쿠스: 새로운 시대에 방황하는 선구자』. 박상은 옮김. 에쎄 (D. Cohen. 2012. *Homo Economicus*).

코울, G. D. H.. 1975. "사회주의란 무엇인가?" 『현대 이데올로기』. 크레스피그니 · 크로닌 엮음. 강두호 · 박철호 옮김. 인간사랑 (A. de Crespigny & J. Cronin. ed. 1975. *Ideology of Politics*).

코헨, 진 L. & 아라토, 앤드루. 2013. 『시민사회와 정치이론 2』. 박형신 · 이혜경 옮김. 한길사 (Jean L. Cohen & Andrew Arato. 1992. *Civil Society and Political Theory*).

콜, G. D. H.. 2012. 『영국 노동운동의 역사』. 김철수 옮김. 책세상 (G. D. H. Cole. 1925. *A Short History of the British Working Class Movement*).

쿰플라이넨, 크리스티나 & 티모 랑키넨. 2017. "교육의 형평성 및 수월성을 위한 노력: 핀란드 기초교육의 평가와 측정." 『핀란드 교육의 기적: 핀란드 학교의 가르침과 배움, 그 원리와 실천』. 니에미, 한넬레 & 아울리 툼 & 아르토 칼리오니에미 엮음. 장수명 외 옮김. 살림터. 114-132쪽.

크로포트킨, 표트르. 2005. 『만물은 서로 돕는다』. 김영범 옮김. 르네상스 (P. A. Kropotkin, 1955. *Mutual Aid: a Factor of Evolution*).

크르쉬바키, 헤이디 & 레일라 페코넨 & 아누 라이네. 2017. "수학적 사고력 증진시키는 핀란드 수학교육." 『핀란드 교육의 기적: 핀란드 학교의 가르침과 배움, 그 원리와 실천』. 니에미, 한넬레 & 아울리 툼 & 아르토 칼리오니에미 엮음. 장수명 외 옮김. 살림터. 168-189쪽.

터너, 조나단. 2001. 『현대사회학이론』. 정태환 외 옮김. 나남출판사 (J. H. Turner. 1997. *The Structure of Sociological Theory*. 6th Edition).

토크빌, 알렉스 드. 1997. 『미국의 민주주의 II』. 임효선 · 박지동 옮김. 한길사 (A. de Tocqueville. 1848. De la Démocrtie en Amérique II).

통계청. 2016. "2015 인구주택 총조사 표본 집계 결과: 인구 · 가구 · 주택 기본특성항목." 통계청 공식 홈페이지 수록 자료. http://kostat.go.kr.

통계청. 2017. "남녀 임금격차(제조업, OECD)." 국가통계포털 자료. http://kosis.kr.

통계청. 2018. 『가계동향조사』. 국가통계포털 자료. http://kosis.kr.

툼, 아울리 & 유카 후수. 2017. "'많은 것들을 만드는 사람', 핀란드 교사." 『핀란드 교육의 기적: 핀란드 학교의 가르침과 배움, 그 원리와 실천』. 니에미, 한넬레 & 아울리 툼 & 아르토 칼리오니에미 엮음. 장수명 외 옮김. 살림터. 70-93쪽.

티리, 키르시. 2017. "학교 교육학의 핵심: 핀란드 교사들이 보는 가르침의 합목적성." 『핀란드 교육의 기적: 핀란드 학교의 가르침과 배움, 그 원리와 실천』. 니에미, 한넬레 & 아울리 툼 & 아르토 칼리오니에미 엮음. 장수명 외 옮김. 살림터. 94-112쪽.

퍼트넘, 로버트 D.. 2009. 『나 홀로 볼링』. 정승현 옮김. 페이퍼로드 (R. D. Putnam, 2000. *Bowling Alone*).

푸코, 미셸. 2012. 『생명관리정치의 탄생』. 심세광 외 옮김. 도서출판 난장 (M. Foucault. 2004. *Naissance de la biopolitique: Cours au Collège de France 1978-1979*).

푸트남, 로버트 D. 2000. 『사회적 자본과 민주주의』. 안청시 외 옮김. 박영사 (R. D. Putnam. 1994. *Making Democracy Work: Civic Traditions in Modern Italy*).

프레이리, 파울로. 2002a. 『희망의 교육학』. 교육문화연구회 옮김. 아침이슬 (P. Freire. 2000. *Pedagogy of Hope: Reliving Pedagogy of the Oppressed*).

프레이리, 파울로. 2003. 『망고나무 그늘 아래서』. 교육문화연구회 옮김. 아침이슬 (P. Freire. 2000. *Pedagogy of the Heart*).

프레이리, 파울로. 2007. 『자유의 교육학: 민주주의와 윤리 그리고 시민적 용기』. 사람대사람 옮김. 아침이슬 (P. Freire. 2001. *Pedagogy of Freedom: Ethics, Democracy, and Civic Courage*).

프레이리, 파울루. 2002b. 『페다고지』. 남경태 옮김. 그린비 (P. Freire. 1970. *Pedagogy of the Oppressed*).

하그리브스, 앤디 & 데니스 셜리. 2015a.『학교교육 제4의 길. 1: 학교교육 변화의 역사와 미래방향』. 이찬승·김은영 옮김. 21세기교육연구소 (A. Hargreaves & D. Shirley. 2009. *The Fourth Way*).

하그리브스, 앤디 & 데니스 셜리. 2015b.『학교교육 제4의 길. 2: 학교교육 변화의 글로벌 성공사례』. 이찬승·홍완기 옮김. 21세기교육연구소 (A. Hargreaves & D. Shirley. 2012. *The Global Fourth Way*).

하버마스, 위르겐. 1996.『현대성의 새로운 지평』. 한상진 편. 나남출판사.

하버마스, 위르겐. 1997.『담론윤리의 해명』. 이진우 옮김. 문예출판사 (Jürgen Habermas. 1991. *Erläuterungen zur Diskursethik*).

하버마스, 위르겐. 2000.『사실성과 타당성: 담론적 법이론과 민주주의적 법치국가 이론』. 한상진·박영도 공역. 나남출판사 (Jürgen Habermas. 1992. *Faktizität und Geltung: Beiträge zur Diskurstheorie des Rechts und des demokratischen Rechtsstaats*).

하버마스, 위르겐. 2006a.『의사소통행위이론 1: 행위 합리성과 사회 합리화』. 장춘익 옮김. 나남출판사 (Jürgen Habermas. 1981. *Theorie des Kommunikativen Handelns. Bd.1: Handlungsrationalität und gesellschaftliche Rationalisierung*).

하버마스, 위르겐. 2006b.『의사소통행위이론 2: 기능주의적 이성 비판을 위하여』. 장춘익 옮김. 나남출판사 (Jürgen Habermas. 1981. *Theorie des Kommunikativen Handelns. Bd.2: Zur Kritik der Funktionalistischen Vernunft*).

한국행정연구원. 2017.『2017년 사회통합실태조사』. 한국행정연구원.

한완상. 1977.『현대사회학의 위기』. 경문사.

함석헌. 1965.『뜻으로 본 한국역사』. 함석헌저작집 제30권. 한길사.

함석헌. 1966. "대중과 종교."『한국 기독교는 무엇을 하려는가』. 함석헌저작집 제16권. 한길사. 299-310쪽.

함석헌. 1971. "군인정치 10년을 돌아본다."『민중이 정부를 다스려야 한다』. 함석헌저작집 제4권. 한길사. 233-265쪽.

함석헌. 1972. "3·1운동의 현재적 전개." 『생각하는 백성이라야 산다』. 함석헌저작집 제5권. 한길사. 27-36쪽.

함석헌. 1989. "참 해방." 『우리 민족의 이상』. 함석헌저작집 제13권. 한길사. 183-219쪽.

함석헌. 2009. "약함이 사는 길이다." 『하나님의 발길에 채여서』. 함석헌저작집 제7권. 한길사. 251-256쪽.

홉스, 토마스. 2008. 『리바이어던 1』. 진석용 옮김. 나남 (T. Hobbes. 1845. *Leviathan, or the Matter, Form, and Power of Commonwealth, Ecclesiastical and Civil*).

홉스, 토마스. 2013a. 『인간론』. 이준호 옮김. 지식을 만드는 지식 (T. Hobbes. 1972. *On Man*).

홉스, 토마스. 2013b. 『시민론』. 이준호 옮김. 서광사 (T. Hobbes. 1972. *On Citizen*).

홍일립. 2017. 『인간 본성의 역사』. 한언.

홍찬숙. 2015. 『개인화: 해방과 위험의 양면성』. 서울대학교출판문화원.

후쿠야마, 프랜시스. 1996. 『트러스트』. 구승회 옮김. 한국경제신문사 (F. Fukuyama. 1996. *Trust: The Social Virtues and the Creation of Prosperity*).

후쿠타 세이지. 2008. 『핀란드 교육의 성공』. 나성은·공영태 옮김. 북스힐 (福田誠治. 2006. 『競争やめたら學力世界一 フィンランド教育の成功』).

흄, 데이비드. 2009. 『인간이란 무엇인가-오성·정념·도덕』. 김성숙 옮김. 동서문화사 (D. Hume. 1985. *A Treatise of Human Nature*).

Archer, M. S. 2000. "Homo Economicus, Homo Siciologicus and Homo Sentiens." *Rational Choice Theory*. M. S. Archer & J. Q. Tritter(ed.) London: Routledge. 36-56.

ATTAC. 2018. "Overview." "We fight for." "Our Ideas." ATTAC 공식 홈페이지 자료. https://www.attac.org/en.

Axelrod, Robert & William D. Hamilton. 1981. "The Evolution of Cooperation." Science. vol. 211: 1390-1396.

Bartky, Sandra L.. 2002. *"Sympathy and Solidarity" and Other Essays.* Rowman & Littlefield Publishers.

Bäuerle, D. 1980. *Solidarität: Entwurf für eine Christliche Pädagogik.* Düsseldorf: Patmos.

Bauman, Z. 1987. *Legislators and Interpreters.* Cambridge: Polity Press.

Bauman, Z. 1991. *Modernity and Ambivalence.* Cambridge: Polity Press.

Bauman, Z. 1992. *Intimations of Postmodernity.* London: Routledge.

Bauman, Z. 1993. *Postmodern Ethics.* Oxford: Blackwell.

Bauman, Z. 1995. *Life in Fragments: Essays in Postmodern Morality.* Oxford: Blackwell.

Bauman, Z. 2001. *Community: Seeking Safety in an Insecure World.* Cambridge: Polity Press.

Becker, Howard. 1928. "Theorie der ethischen Gefühle, von Adam Smith; Wesen und Formen der Sympathie, von Max Scheler." *American Journal of Sociology.* vol. 33. no. 4: 637-642.

Bowles, Samuel & Herbert Gintis. 1998. "Is Equality Passé?" Boston Review. December 1. 1998. http://bostonreview.net/samuel-bowles-herbert-gintis-is-equality-passe.

Bowles, Samuel & Herbert Gintis. 2002. "Behavioural science: Homo reciprocans." *Nature.* vol. 415: 125-128.

Bowles, Samuel & R. Boyd & E. Fehr & H. Gintis. 1997. "Homo reciprocans: A Research Initiative on the Origins, Dimensions, and Policy Implications of Reciprocal Fairness." working paper, University of Massachusetts. 1-30.

CEPCMAF. 2007. "The Social Economy." European Standing Conference of Co-operatives, Mutual Societies, Associations and

Foundations(CEPCMAF) 공식 홈페이지 자료. http://www.cepcmaf.org

Collins, Randall. 1983. "Upheavals in Biological Theory Undermine Sociobiology." *Sociological Theory*. 1983. January. Blackwell Publishing. 306-318.

Dahrendorf, R. 1958. "Toward a Theory of Social Conflict." *The Journal of Conflict Resolution*. vol.2. no.2: 170-183.

Dahrendorf, R. 1974. *Homo Sociologicus: Ein Versuch zur Geschichte, Bedeutung und Kritik der Kategorie der Sozialen Rolle*. Opladen: Westdeutscher Verlag.

Darwall, Stephen. 1998. "Empathy, Sympathy, Care." *Philosophical Studies*. vol. 89: 261-282.

Dean, J. 1996. *Solidarity of Strangers: Feminism after Identity Politics*. Berkeley: University of California Press.

DGB. 1996. *Grundsatzprogramm des Deutschen Gewerkschaftsbundes*. Berlin: DGB. DGB 공식 홈페이지 자료. http://www.dgb.de/

Dohmen, Thomas & A. Falk & D. Huffman & U. Sunde. 2009. "Homo Reciprocans: Survey Evidence on Behavioural Outcomes." *The Economic Journal*. vol. 119: 592-612.

Dunlap, R. E. & W. R. Catton, Jr. 1979. "Environmental Sociology." *Annual Review of Sociology*. vol. 5: 243-273.

Durkheim, E. 1984. *The Division of Labor in Society*. translated by W. D. Halls. N.Y.: The Free Press.

EESC. 2012. *The Social Economy in the European Union*. European Economic and Social Committee(EESC) 공식 홈페이지 자료. https://www.eesc.europa.eu/

EIU. 2008. *Democracy Index 2008*. London: The Economist Intelligence Unit. EIU 공식 홈페이지 자료. http://www.eiu.com/

EIU. 2015. *Democracy Index 2014*. London: The Economist Intelligence

Unit. EIU 공식 홈페이지 자료. http://www.eiu.com/

EIU. 2017. *Democracy Index 2016*. London: The Economist Intelligence Unit. EIU 공식 홈페이지 자료. http://www.eiu.com/

EIU. 2018. *Democracy Index 2017*. London: The Economist Intelligence Unit. EIU 공식 홈페이지 자료. http://www.eiu.com/

EP. 2011. *European Parliament Special Eurobarometer 75.2: Voluntary Work*. European Parliament 'Monitoring Public Opinion' Unit. http://www.europarl.europa.eu/pdf/eurobarometre/2011/juillet/04_07/SA_en.pdf.

EPP. 2012. "EPP Manifesto." 2012년 Bucharest Congress에서 채택. EPP 공식 홈페이지 자료. https://www.epp.eu/

Freire, P, A. M. A. Freire, W. de Oliveira. 2014. *Pedagogy of Solidarity.* Walnut Creek: Left Coast Press.

Goffman, E. 1961. *Encounters: Two Studies in the Sociology of Interaction.* Indianapolis: The Bobbs-Merrill Company.

Goffman, E. 1974. *Frame Analysis: An Essay on the Organization of Experience.* N.Y.: Harper & Row Publishers.

Gutierrez, Luis T.. 2008. "Human Dimension of Sustainable Development." *Solidarity, Sustainability, and Non-Violence.* vol.4. no.3.

Hechter, M. 1987. *Principles of Group Solidarity.* Berkeley: University of California Press.

Helliwell, J. F., H. Huang, & S. Wang. 2017. "The Social Foundations of World Happiness." in *World Happiness Report 2017.* Helliwell, J. F., R. Layard, & J. Sachs (ed.). 8-47. N.Y.: Sustainable Development Solutions Network.

Helliwell, J. F., R. Layard, & J. Sachs (ed.). 2013. *World Happiness Report 2013.* N.Y.: Sustainable Development Solutions Network.

Helliwell, J. F., R. Layard, & J. Sachs (ed.). 2015. *World Happiness Report*

2015. N.Y.: Sustainable Development Solutions Network.

Helliwell, J. F., R. Layard, & J. Sachs (ed.). 2017. *World Happiness Report 2017.* N.Y.: Sustainable Development Solutions Network.

Höffner, J. 1978. *Christliche Gesellschaftslehre.* Köln: Butzon & Bercker Kevelaer.

Hussain, Shumon T.. 2013. *Homo Empathicus: Versuch einer Evolutionären Anthropologie der Empathie.* Bonn: Dr. Rudolf Habelt Verlag.

Inglehart, R., C. Haerpfer, A. Moreno, C. Welzel, K. Kizilova, J. Diez-Medrano, M. Lagos, P. Norris, E. Ponarin & B. Puranen et al. (eds.). 2014. World Values Survey: All Rounds - Country-Pooled Datafile 1981-2014. Madrid: JD Systems Institute. Version: http://www.worldvaluessurvey.org/WVSDocumentationWVL

Kricheldorf, Rebekka. 2015. "Homo Empathicus." *Theater Heute.* Jahrgang 56. Heft 1. Beilage: 1-11.

Maffesoli, M. 1996. *The Time of the Tribes: The Decline of Individualism in Mass Society.* translated by D. Smith. London: Sage Publications (M. Maffesoli. 1988. Le Temps des Tribus).

Maslow, A. H. 1943. "A Theory of Human Motivation." *Psychological Review.* vol. 50: 370-396.

OAJ. 2018. "The Trade Union of Education in Finland." OAJ 발간 공식자료. https://www.oaj.fi.

OECD. 2011. *Society at a Glance 2011: OECD Social Indicators.* OECD Publishing. http://dx.doi.org/10.1787/soc_glance-2011-en.

OECD. 2015. *Environment at a Glance 2015.* OECD Indicators. OECD Publishing.

OECD. 2016. *Society at a Glance 2016. OECD Social Indicators.* OECD Publishing.f

OECD. 2017. "Average annual hours actually worked per worker." OECD 통계 포털의 노동력 통계 자료. http://stats.oecd.org.

Offe, C. & S. Fuchs. 2004. "A Decline of Social Capital?" *Democracies in Flux: The Evolution of Social Capital in Contemporary Society.* R. D. Putnam (ed.). pp. 189-243. N.Y.: Oxford University Press.

Parsons, T. 1978. *Action Theory and the Human Condition.* N.Y.: The Free Press.

Pedicone, Fernando Raúl. 2001. "¿Homo Economicus vs Homo Solidarius?" Doctoral Thesis in the Faculty of Legal and Social Sciences of the National University of Tucumán.

PES. 2011. "PES Declaration of principles." 2011년 PES Council에서 채택. PES 공식 홈페이지 자료. https://www.pes.eu/en/about-us/our-values/

Pötzsch, H., H. Homberg, M. Bormann. 1986. Politische Ideologien. Informationen zur Politischen Bildung 212. Bonn: Bundeszentrale für Politische Bildung.

Prüß, E. 1995. *Arbeiterbildung zwischen Aufklärung und Solidarität.* Bremen: Akademie für Arbeit und Politik an der Universität Bremen.

Putnam, Robert D.. 1995. "Bowling Alone: America's Declining Social Capital." *Journal of Democracy.* vol. 6. no.1. pp. 65-78.

Richter, Thomas. 2010. "Die Prinzipien Konkurrenz und Kooperation." *Solidarische Räume & Kooperative Perspektiven: Praxix und Theorie in Lateinamerika und Europa.* Kollektiv Orangotango (Hrsg.) Neu-Ulm: AG Spak Bücher. 211-218.

Scarel, Eduardo. 2012. "RIO+20: Clear Results Lacking: Much Work Remains to be Done." *CARME NGO.* vol.5. no.3: 1-4.

Schmitt, R. et al.. 1976. *Soziale Erziehung in der Grundschule: Toleranz, Kooperation, Solidarität.* Frankfurt/Main: Arbeitskreis Grundschule e.V.

Schutz, A. 1973. *Collected Papers I: The Problem of Social Reality.* The

Hague: Martinus Nijhoff.

SEE. 2018. "Social Economy." Social Economy Europe(SEE) 공식 홈페이지 자료. http://www.socialeconomy.eu.org/social-economy.

Simonson, J. & C. Vogel & C. Tesch-Röomer. 2016. *Freiwilliges Engagement in Deutschland: Zusammenfassung Zentraler Ergebnisse des Vierten Deutschen Freiwilligensurveys*. Bundesministerium für Familie, Senioren, Frauen und Jugend(Hrsg.).

SRC. 2007. 『한국종합사회조사(KGSS) 2006』. 성균관대학교 서베이리서치센터. 성균관대학교출판부.

SRC. 2016. 『한국종합사회조사 KGSS 2014』. 성균관대학교 서베이리서치센터. 성균관대학교출판부.

The World Bank. 2016. *Poverty and Shared Prosperity 2016: Taking on Inequality*. 세계은행 보고서 공식 홈페이지 자료. http://www.worldbank.org/psp

The World Bank. 2018. *GDP per capita (current US$)*. 세계은행 데이터뱅크의 자료. http://databank.worldbank.org.

Trivers, Robert L.. 1971. "The Evolution of Reciprocal Altruism." *The Quarterly Review of Biology*. vol. 46. no. 1: 35-57.

UN. 2007. Report of the Committee on the Elimination of Racial Discrimination. General Assembly Official Records 62 session Supplement No. 18. (A/62/18).

Wagner, Helmut J.. 2013. *Der Homo Empathicus: ein Leitbild für die Humanökologische Neuordnung einer nachhaltigen Gesellschaft*. München: Oekom.

WHO. 2017. "Suicide Rates, Age Standardized - Data by Country." World Health Organization. 2015. Last updated 2017.04.04. Retrieved 2018.07.26. http://apps.who.int/gho/data/node.main. MHSUICIDEASDR?lang=en.

Winter, Georg. 2005. "Harmonisation between Human Civilisation and Nature by Environmental Management and Ecotechnology." I. K. Kumarasivam Memorial Public Lecture for 2005. June 8, 2005 at the Pan Pacific Hotel, Kuala Lumpur.

Winter, Georg. 2015. "Grundlagentext 'Rechte der Natur/ Biokratie'." *Biokratie und Brundtland-Triade: Die Rechte der Natur in Ökonomie und Organisation*. Betriebswirtschaftliche Schriften über Rechte der Natur/ Biokratie. Bd. 1. Haus der Zukunft (Hrsg.). Hamburg: Metropolis.

Wiswede, Günter. 2001. "Solidarität: Versuch einer Synopse." *Solidarität: Konflikt, Umwelt und Dritte Welt*. Opladen: Leske+Budrich. 223-350.

WSF. 2001. "World Social Forum Charter of Principles." World Social Forum(WSF) 2016 공식 홈페이지 자료. https://fsm2016.org/en/

Wuthnow, R. 2004. "The United States: Bridging the Privileged and the Marginalized?" *Democracies in Flux: The Evolution of Social Capital in Contemporary Society*. R. D. Putnam (ed.). pp. 59-102. N.Y.: Oxford University Press.

WVS. 2014. *World Values Survey (1990-1994). South Korea 1990*. World Values Survey 공식 홈페이지 자료. http://www.worldvaluessurvey.org

WVS. 2015a. *World Values Survey (1981-1984). South Korea 1982*. World Values Survey 공식 홈페이지 자료. http://www.worldvaluessurvey.org

WVS. 2015b. *World Values Survey (1995-1998). South Korea 1996*. World Values Survey 공식 홈페이지 자료. http://www.worldvaluessurvey.org

WVS. 2015c. *World Values Survey (1999-2004). South Korea 2001*. World Values Survey 공식 홈페이지 자료. http://www.worldvaluessurvey.org

WVS. 2015d. *World Values Survey (2005-2009). South Korea 2005*. World Values Survey 공식 홈페이지 자료. http://www.worldvaluessurvey.org

WVS. 2016. *World Values Survey (2010-2014). South Korea 2010*. World

Values Survey 공식 홈페이지 자료. http://www.worldvaluessurvey.org

WVS. 2018. "Who we are." World Values Survey 공식 홈페이지 자료. http://www.worldvaluessurvey.org/wvs.jsp

ZDF. 2006. *Der Wert des ZDF für die Menschen in Deutschland.* ZDF 공식 홈페이지 자료. https://www.zdf.de/zdfunternehmen/positionen-berichte-100.html.

부록

1. 연대적 인간 지수 및 비율의 국제 비교 (제6차 조사 및 제5차 조사)

연대적 인간 지수 (제6차 조사)		연대적 인간 지수 (제5차 조사)		연대적 인간 비율 (제6차 조사)		연대적 인간 비율 (제5차 조사)	
호주	5.0525	스웨덴	5.5949	호주	45.5%	스웨덴	58.2%
인도	5.0462	캐나다	5.4742	인도	44.2%	캐나다	53.6%
중국	4.9593	노르웨이	5.4193	태국	42.9%	노르웨이	52.1%
태국	4.9349	베트남	5.2732	스웨덴	40.4%	베트남	51.9%
스웨덴	4.8330	요르단	5.2064	뉴질랜드	38.1%	요르단	51.2%
뉴질랜드	4.6989	인도	5.2043	중국	37.8%	중국	47.3%
예멘	4.6459	호주	5.1588	예멘	35.4%	호주	45.6%
파키스탄	4.6053	중국	5.1554	파키스탄	34.5%	영국	43.8%
슬로베니아	4.5308	영국	5.1149	쿠웨이트	32.5%	인도	41.7%
네덜란드	4.4931	핀란드	4.9853	이라크	32.0%	핀란드	41.6%
이라크	4.4814	스위스	4.9449	슬로베니아	31.3%	스위스	40.8%
에스토니아	4.4730	인도네시아	4.8855	네덜란드	30.2%	네덜란드	38.5%
쿠웨이트	4.4593	우루과이	4.7707	대만	29.6%	인도네시아	38.5%
대만	4.4065	네덜란드	4.7194	에스토니아	29.2%	우루과이	36.7%
카타르	4.3897	프랑스	4.6250	우루과이	28.1%	프랑스	35.3%
우루과이	4.2832	말리	4.6233	칠레	27.6%	에티오피아	34.5%
남아프리카	4.2611	에티오피아	4.6213	르완다	27.5%	이집트	34.2%
카자흐스탄	4.2470	이집트	4.6092	키르기스스탄	27.0%	미국	32.3%
칠레	4.2442	키프로스	4.5353	남아프리카	26.8%	말리	32.0%
르완다	4.2371	미국	4.5158	카자흐스탄	26.7%	키프로스	31.9%
키프로스	4.2305	전체	4.4483	아르헨티나	26.4%	대만	30.3%
요르단	4.2006	대만	4.4364	미국	26.2%	전체	30.2%
키르기스스탄	4.1964	스페인	4.3720	카타르	26.0%	스페인	29.2%
아르헨티나	4.1787	페루	4.3552	요르단	25.5%	일본	28.3%
리비아	4.1711	멕시코	4.3417	키프로스	25.2%	슬로베니아	27.7%
전체	4.1563	안도라	4.3361	전체	24.4%	멕시코	27.7%
러시아	4.1380	일본	4.3311	멕시코	23.0%	페루	26.8%
미국	4.0965	슬로베니아	4.3144	일본	22.5%	러시아	26.4%
멕시코	4.0913	러시아	4.3102	싱가포르	22.3%	이란	25.5%
콜롬비아	4.0716	브라질	4.2854	홍콩	22.2%	브라질	25.5%
싱가포르	4.0549	이란	4.2795	리비아	22.1%	칠레	25.4%
터키	4.0422	르완다	4.2674	튀니지	22.1%	안도라	25.3%

연대하는 인간, 호모 솔리다리우스

연대적 인간 지수 (제6차 조사)		연대적 인간 지수 (제5차 조사)		연대적 인간 비율 (제6차 조사)		연대적 인간 비율 (제5차 조사)	
이집트	4.0220	칠레	4.2156	러시아	21.5%	불가리아	25.2%
필리핀	4.0210	불가리아	4.2118	나이지리아	21.3%	우크라이나	24.9%
튀니지	4.0163	가나	4.1424	이집트	20.6%	헝가리	24.6%
에콰도르	4.0113	모로코	4.1361	콜롬비아	20.6%	르완다	22.3%
나이지리아	3.9895	헝가리	4.1252	필리핀	20.3%	태국	22.1%
아르메니아	3.9881	우크라이나	4.0983	터키	19.9%	잠비아	21.8%
일본	3.9809	태국	4.0846	팔레스타인	19.5%	가나	21.8%
홍콩	3.9769	잠비아	4.0548	아르메니아	18.3%	독일	21.3%
우즈베키스탄	3.9606	독일	4.0512	우즈베키스탄	18.1%	부르키나파소	21.0%
브라질	3.9160	터키	4.0067	알제리	17.9%	몰도바	20.1%
팔레스타인	3.8768	부르키나파소	3.9945	에콰도르	17.6%	모로코	19.9%
우크라이나	3.8706	몰도바	3.9688	브라질	17.6%	트리니다드 토바고	19.4%
바레인	3.8421	트리니다드 토바고	3.9649	바레인	16.9%	터키	19.0%
독일	3.8362	조지아	3.9113	우크라이나	16.5%	조지아	17.2%
알제리	3.8077	폴란드	3.8546	레바논	16.2%	폴란드	16.5%
짐바브웨	3.7583	루마니아	3.8066	독일	15.9%	루마니아	14.2%
폴란드	3.7417	세르비아와 몬테네그로	3.7633	짐바브웨	15.3%	세르비아와 몬테네그로	13.6%
말레이시아	3.7138	아르헨티나	3.4917	폴란드	15.1%	한국	12.8%
레바논	3.6692	말레이시아	3.4604	말레이시아	14.8%	말레이시아	11.1%
페루	3.5292	한국	3.3540	벨라루스	14.1%	아르헨티나	9.1%
아제르바이잔	3.5170			한국	13.9%		
벨라루스	3.5022			아제르바이잔	11.2%		
가나	3.4845			가나	9.7%		
한국	3.4692			페루	9.4%		
조지아	3.3619			조지아	8.9%		
트리니다드 토바고	3.3535			트리니다드 토바고	8.3%		
루마니아	3.2191			루마니아	5.5%		

* 진한 글자는 OECD 소속 국가

2. 각국의 연대적 인간 지수, 경제적 인간 지수, 정치적 인간 지수 순위 (제6차 조사 및 제5차 조사)

■ 연대적 인간 지수 (제6차)

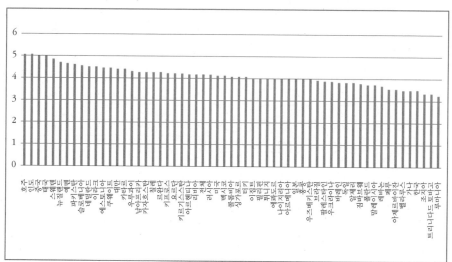

■ 연대적 인간 지수 (제5차)

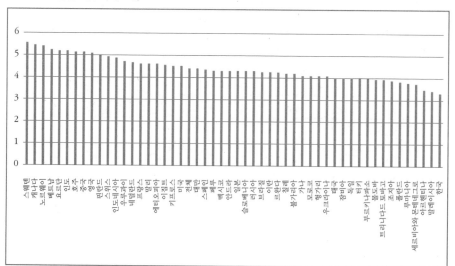

연대하는 인간, 호모 솔리다리우스

■ 경제적 인간 지수 (제6차)

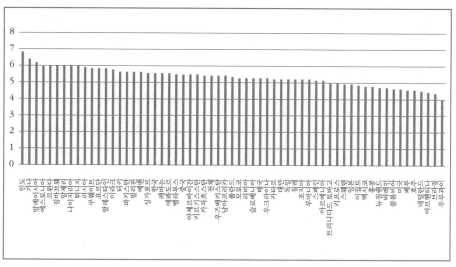

■ 경제적 인간 지수 (제5차)

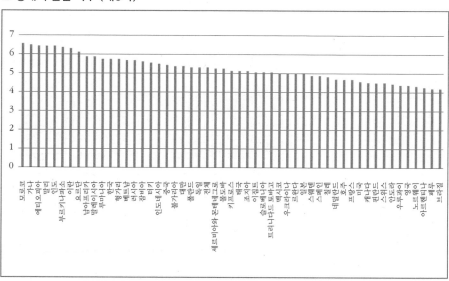

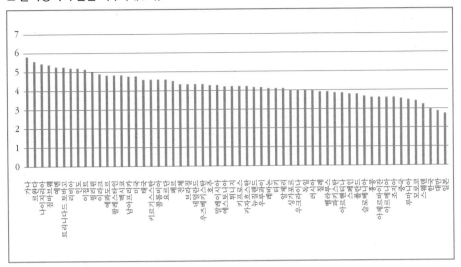

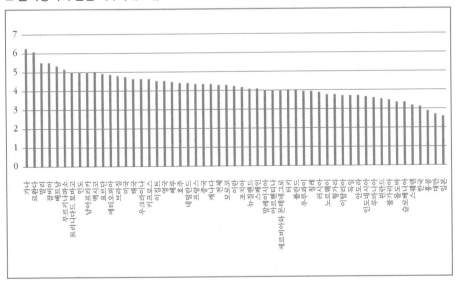

■ 시민정치적 인간 지수 (제6차)

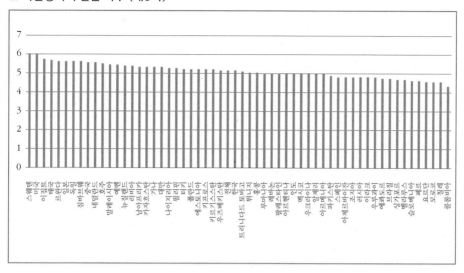

■ 시민정치적 인간 지수 (제5차)

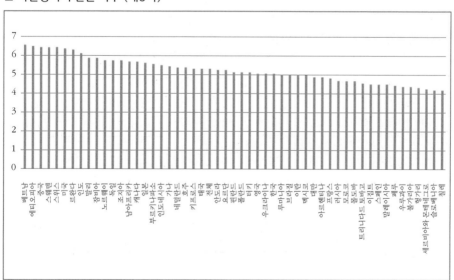

3. 경제적 인간 지수와 연대적 인간 지수의 격차 국제 비교

(제6차 조사 및 제5차 조사)

■ 경제적 인간 지수와 연대적 인간 지수의 차이 (제6차)

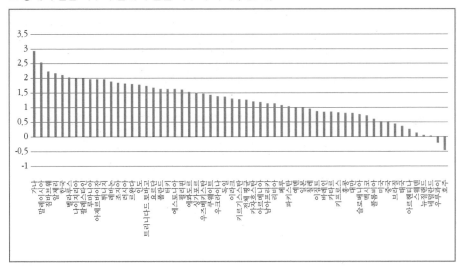

■ 경제적 인간 지수와 연대적 인간 지수의 차이 (제5차)

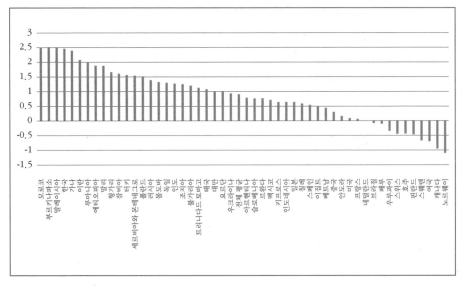

연대하는 인간, 호모 솔리다리우스

4. 연대적 덕목 선택 비율과 경제적 덕목 선택 비율의 격차 국제 비교
(제6차 조사)

■ 연대적 덕목 선택 비율과 경제적 덕목 선택 비율의 격차 (제6차)

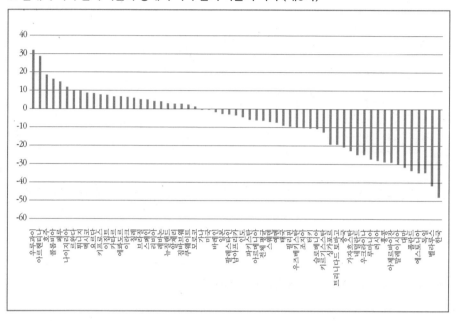

5. 친사회적·연대적 자아상과 경제적 자아상의 격차 국제 비교

(제6차 조사 및 제5차 조사)

■ 친사회적 자아상과 경제적 자아상의 격차 (제6차)

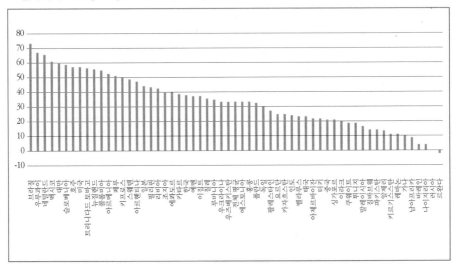

■ 연대적 자아상과 경제적 자아상의 격차 (제5차 조사)

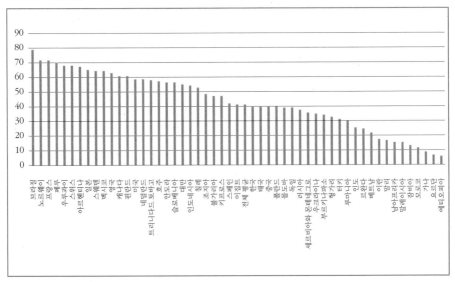

연대하는 인간, 호모 솔리다리우스

6. 경쟁 태도와 신뢰 태도의 격차 국제 비교 (제6차 조사)

■ 경쟁 태도와 신뢰 태도의 격차 (제6차)

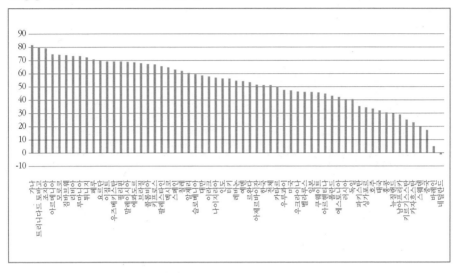

7. 기본적인 사회복지 정책에 대한 태도의 국제 비교 (제6차 조사)

■ 가난한 사람 지원금 제공 필수 인식 (제6차)

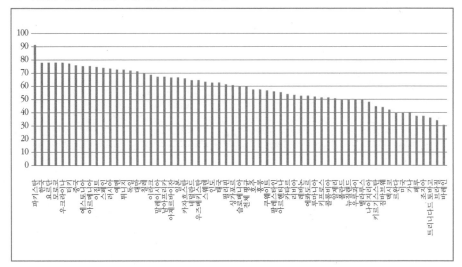

■ 실업수당 지급 필수 인식 (제6차)

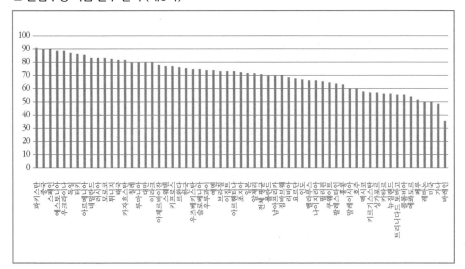

연대하는 인간, 호모 솔리다리우스

찾아보기

〈인명〉

〈주제〉